姚中秋著

国史纲目

海南出版社
HAINAN PUBLISHING HOUSE

图书在版编目（CIP）数据

国史纲目 / 姚中秋著 . -- 海口 : 海南出版社，
2013
ISBN 978-7-5443-5211-6

Ⅰ．①国… Ⅱ．①姚… Ⅲ．①中国历史 Ⅳ．① K20

中国版本图书馆 CIP 数据核字（2013）第 211506 号

国史纲目

作　　　者：姚中秋

责任编辑：王景霞　任建成

装帧设计：黎花莉

责任印制：杨　程

印刷装订：三河市祥达印装厂

读者服务：李会恩

海南出版社　出版发行

地址：海口市金盘开发区建设三横路 2 号

邮编：570216

电话：0898－66812776

E-mail：hnbook@263.net

经销：全国新华书店经销

出版日期：2013 年 10 月第 1 版　　2013 年 10 月第 1 次印刷

开　　本：787mm×1092mm　1/16

印　　张：31.25

字　　数：496 千

书　　号：ISBN 978-7-5443-5211-6

定　　价：68.00 元

目　　录

卷四　汉晋体制

卷五　宋明体制

卷六　现代

著者告白

本书之命名，受启发于两位先贤："纲目"取自朱子《通鉴纲目》，"国史"取自钱穆先生《国史大纲》。

所谓纲者，道也，所由适于治之路也；所谓目者，所由以塑造治理秩序之信仰、思想、风俗、政制也，概言之观念与制度也。

本书旨在探究、揭示尧舜以至于今日之治理秩序的演进历程，进而体认其中一贯之华夏—中国治理之道。观念和制度必有更替，秩序必有变迁，然天不变，道亦不变。道成秩序。今日及未来中国之收拾人心、创制立法，亦必循乎此道。

著者对中国历史之认知，受钱穆先生影响最大。著者希望，凡读本书者，皆具钱穆先生于《国史大纲》书首所期望于读者之诸信念：

一、当信任何一国之国民，尤其是自称知识在水平线以上之国民，对其本国已往历史，应该略有所知。（否则最多只算一有知识的人，不能算一有知识的国民。）

二、所谓对其本国已往历史略有所知者，尤必附随一种对其本国已往历史之温情与敬意。（否则只算知道了一些外国史，不得云对本国史有知识。）

三、所谓对其本国已往历史有一种温情与敬意者，至少不会对其本国已往历史抱一种偏激的虚无主义，（即视本国已往历史为无一点有价值，亦无一处足以使彼满意。）亦至少不会感到现在我们是站在已往历史最高之顶点，（此乃一种浅薄狂妄的进化观。）而将我们当身种种罪恶与弱点，一切诿卸于古人。（此乃一种似是而非之文化自谴。）

四、当信每一国家必待其国民具备上列诸条件者比较渐多，其国家乃再有向前发展之希望。（否则其所改进，等于一个被征服国或次殖民

1

地之改进，对其国家自身不发生关系。换言之，此种改进，无异是一种变相的文化征服，乃其文化自身之萎缩与消灭，并非其文化自身之转变与发皇。)

卷一
肇造

第一章　尧舜之道

自觉的华夏—中国文明，始自尧、舜。

追溯华夏文明之源，古来即多有人言"三皇五帝"。然而，司马迁已经感叹："学者多称五帝，尚矣。然《尚书》独载尧以来；而百家言黄帝，其文不雅驯，荐绅先生难言之。"① 今人论中国文明之早期历史，又多关注考古发掘。然而，仅靠考古发现的零零散散之文明遗存，似无力系统揭示华夏—中国文明之道。

本书所关注者乃连续且内在一致的华夏—中国文明之道及其呈现的人心、制度之发生与演进。孔子定《尚书》，断自尧、舜。正是在此圣王时代，华夏—中国文明之道凝定，连绵至于今日。故本书始于尧、舜，且据《尚书》寻绎尧舜之道。

协和万邦

《尚书·尧典》开篇云：

日若稽古：帝尧曰放勋，钦、明、文、思、安安，允恭、克让。光被四表，格于上下。

"曰若稽古"意为稽考古事。它已明白而诚实地说明，《尧典》并非成文于尧舜之时，而成文于周时。推测起来，大约是周室史官或瞽师稽考历代口耳相传之史而写定，因此它读起来是明白晓畅的韵文。

经文首先列举帝尧七德，此处之"德"为德行。帝尧之德共两组。第一组是治国之德。

---

① 《史记·五帝本纪》。

帝尧德行之首为"钦"，钦就是敬。敬是一种精神状态，紧张、诚悫、专一。以"战战兢兢、如临深渊、如履薄冰"之态度面对天、神、人、事、物等，严肃、负责任。对未来可能的风险则尽可能做好应对准备。敬是其他一切德行之心理前提。帝尧以敬为德之首，对于华夏族群具有典范意义。此后五千年，敬始终在华夏—中国德行纲目之首，历代圣贤也反复发明、重申之。

帝尧之第二德为"明"。明是视觉的卓越品质，说明帝尧具有高超的认知能力，对九族、百姓、万邦各自之特征，对这些共同体横向、纵向间的关系有准确把握。更深一层，帝尧对于人之天性，人之上的超越者等，都具有准确的理解。

帝尧之第三德为"文"。文就是礼文，礼乐，及由此礼乐所塑造的高贵、优美的形象。人皆有向往文明之心，帝尧以其"文德"获得人们普遍而诚心的尊敬。而此后，华夏文明也总是以"修文德"吸引远方之人。

帝尧之第四德为"思"，也即"塞"。《皋陶谟》中皋陶论"亦行有九德"，内有"刚而塞"；而《舜典》记载，帝舜命夔教胄子以四德，内有"刚而无虐"。可见，"塞"即"无虐"。明、文均具有刚的倾向：明即明察，文则高贵。两者若失之于过，则令人敬而远之，不足于协和万邦。帝尧道德纯备，虽明、虽文，而不苛虐。

帝尧第五德是"安安"，意思是"晏晏"，和柔、宽和。

帝尧的第二组德行是"允恭、克让"。不懈于位曰恭，帝尧在天下共主位上，能恪尽职守，履行共主之位所要求之义务。推贤尚善曰让。帝尧完全以公心对待位。因此，他能谦让此位，而不贪恋此位，以确保此位的公共性。《礼运篇》说的"天下为公"就是"克让"。

帝尧正是依凭这样的伟大德行构造天下。帝尧确立了华夏之道的根本范式：德行为本。帝尧以自己的伟大德行展开构造天下之伟大事业：

> 克明俊德，以亲九族。九族既睦，平章百姓。百姓昭明，协和万邦。黎民于变时雍。

帝尧本人具有建国者之伟大美德，此即"克明俊德"。《史记·五帝本纪》把这句话转写为"能明驯德"，《索隐》"言圣德能顺人也"。

帝尧彰显自己的"顺人"之德，以使九族相互亲睦。

"族"是最小的共同体单元。《白虎通义·宗族》这样解释："族者何也？族者，凑也，聚也，谓恩爱相流凑也。生相亲爱，死相哀痛，有会聚之道，故谓之族。""族"是长期共同生活的一群人，其间的联系纽带主要是感情。此感情可能来自血缘，来自婚姻，但也可能来自同一地域的共同生活关系。族并不单纯是血缘团体，关键是长期而密切的联系所产生的恩爱之情，这是今人所说的"熟人社会"。它是自然地形成并保持长期稳定的最小的社会治理聚合体。

天下由这些族组合而成的。但从族到天下需经过几个层次，形成大小不同的共同体。帝尧运用不同的原理，构建或者说稳固不同层级的共同体：

首先，若干族聚合而为"九族"。"九族"是生活在相邻地区的若干群人联结而成的较为紧密的共同体。"族"是自然形成的，"九族"则带有人为的成分，需通过特别的努力，以具体制度联络，这就是"亲"。九族因此而结成封建之"家"。

"平章"是辨别、彰明，"平章百姓"就是分别"百姓"，令其相互分别，不相混杂。"百姓"是百官。在古典时代，姓、氏均与治理权相关，是对较大范围内若干家行使治理权的那个优势之家的标识。以其为中心构成"国"。"百姓"就是百国，百国之君也即诸侯在王室任职，就是"百官"。

诸国之间可能产生冲突，帝尧必须减少各国之间的纷争，建立和平秩序。"平章百姓"就是厘定各姓之治理权，这包括：帝尧承认各姓诸侯既有之治理权，这是一种"承认的封建"。其次，借助于帝尧的承认，"百姓"也即诸侯也相互承认彼此的治理权，确认相互间的权利、义务。经由这一自上而下的承认与相互承认，作为天下之组成单位的共同体——国——内部的"君道"，也在各自国内树立起来。这一点对于国维持其内部秩序具有重要意义。反过来，诸侯内部权威之稳定又可减少各国彼此冲突的可能。

可见，"亲"与"平章"以及它们所达到的效果——"亲睦"与"昭明"，在性质上是相反的。

在此基础上，帝尧更进一步，"协和万邦"，构建和平、合作的天下秩序。协者，协调也，其目的是"和"。"和"以"不同"为前提，目标则是寻求"不同"的各方之相互应和。"和"绝不等于"同"，"和"恰恰反对"同"。"不同"绝不是劣势，而是巨大的优势。"不同"乃是生机所在。但是，"不同"也可能导致疏离，引发冲突。让"不同"发挥优势的唯一方案就是"协"，而达到"和"的状态，也即，让不同的人和群各自发挥优势，形成合作、互补。由此，各方均可从中得到合作收益。文明就依赖于这样的"协和不同"之智慧：让"不同"各自实现其天性，同时让其处于相互协调的状态，而共享合作收益。"和"是处理"不同"的唯一健全方案。

"和而不同"就是中国一大治理智慧。周太史史伯曾对郑桓公论"和而不同"①，晏子曾对齐侯论"和而不同"②。孔子也曾说："君子和而不同，小人同而不和。"③ 帝尧的伟大恐怕就在于具有了协和的意识，也掌握了协和的技艺。协和在华夏治理之道中的重要意义，无论如何强调，都不过分。

"万邦"当实有其数，只是后来，"邦国"的联系日趋密切，相互合并，数量不断减少。帝尧能够"协和"广大地域内的万邦，说明其影响的范围相当广泛，这就是上文所说的"光于四表"之大义所在。

总之，帝尧能构造天下，因其有"顺人之德"。而帝尧能顺人，则人必有可顺之处。这就是人皆具有之顺人之德，也即人的合作天性。居于领导地位的人或群体只需提供一些制度构想，引导人们循奉自己的合作本性，人们即会广泛参与天下之构造事业。因此，帝尧的顺人之德实为对人人皆有之顺人之德的自觉，而引导人人皆自顺己德。帝尧的历史性作用在于发现和运用了实现人的合作天性之三种进路：情感亲睦，礼法界定，合而和之。这就是治国平天下之大法。

帝尧努力的结果是"黎民于变时雍"。黎，众也。时，是也。雍，和也。众民因此而发生变化，以至于和之状态。"和"是尧舜时代即已确立的中国人心目中社会治理之最高理想。

---

① 《国语·郑语》。
② 《左传·昭公二十年》。
③ 《论语·子路篇》

天道信仰

接下来，帝尧做了另外一件伟大的事情。《论语·泰伯篇》记孔子赞美帝尧："大哉，尧之为君也！巍巍乎，唯天为大，唯尧则之。"帝尧法则上天，"绝地天通"①，确立了华夏族群之主流信仰——天道信仰，并建立了法天而治的社会治理理念：

乃命羲、和，钦若昊天。

首先值得注意的是"乃"这个语词。帝尧清楚，为巩固人间之"和"，必须进一步体认、架构社会治理之超越性维度，即天道信仰。

同样值得注意的是"命"字。帝尧之前的天下共主同时担任天官甚至祭司，借助天地鬼神之力量维护其在人间的权威。帝尧实现了一次伟大的跃迁：人神分立，他专任天下共主，而"命羲和"担任天官。由此，世俗之王与天官分立。世俗权威与神圣权威之分立，构成华夏治道的根本原则之一。

天官所司者有两项相互关联又有所区别的职责：第一项是"钦若昊天"，钦，敬也。若，顺也。天官的首要职责是敬顺上天。华夏族群崇拜之对象向来是多元的。逐渐的，天从中突出。到了帝尧，天终于稳固地成为最高崇拜对象。反之，诸神现在则落于天之下，也即地上，最多只是在天地之间。天就是宇宙之最高的超越者。如此，则人对于天就当有最高的敬意，并顺从于天。

这样的天作为最高神灵，自然超越于地方性神灵，从而令稳定的"天下"成为可能。此前，各国都信仰专属于自己的神灵，这个神灵只保护本国。帝尧树立天道信仰，"天"高居于万国各自信仰的神灵之上，而这些区域性神灵终究是在地上，天则在地之上，最为崇高。只有天下共主可祭天。借由天的信仰之确立，天下共主之权威获得了最高阶的神灵之确认和保障，华夏天下的普遍秩序获得了超越性终极保障。

---

① 《尚书·吕刑》述及绝地天通，《国语·楚语下》记载楚之智者观射父在上古信仰演变史脉络中对楚昭王论"绝地天通"之含义。

7

在敬天基础上，天官承担起第二项职责，制定历法：

历象日、月、星辰，敬授民时。

帝尧之前行"火历"，以观察大火星（心宿二）的位置安排生活。黄帝以来，不断观察日月运转，经历代积累，至帝尧时代，天官更准确地观察、推算日、月、星辰，得以制定出新历。

日月从众星中凸显，与天从诸神中凸显，互为表里。天成为最高崇拜对象，意味着信仰之理性化；历法之观测对象由"大火"转到日、月，也意味着理智之大幅度提升。借助这样的历法，人的活动被纳入天道：

分命羲仲，宅嵎夷，曰旸谷。寅宾出日，平秩东作。日中，星鸟，以殷仲春。厥民析，鸟兽孳尾。

日、耕作、四季、人民、鸟兽等因素被整合在天所统摄的有机体系中，天地间万物，包括人都法天而运行，人民的生活节奏与天道合拍。由此发展出"朔政"制度和《月令》体系。天既是崇高的，又是具体的。人崇拜天，天道左右着人间的生活节奏；人无时无刻不与天发生关系，而这样的关系基本上是理性的。人敬畏天，人法天而行，天道信仰乃是一种高度理性的信仰。

羲仲居东方，羲叔居南方，和仲居西方，和叔居北方，总之，羲、和二氏四人居于东、西、南、北四方之极远处，这就是"四表"。由于观测范围扩大，羲、和二氏得以积累更为丰富的天文知识，制定出更为准确的历法和更为全面的朔政。更为重要的是，他们所定朔政为四表范围内之天下所共用。由此，华夏共同体向外大幅度扩展，且逐渐形成共同的生活方式，不论私人的还是公共的。

帝曰：咨！汝羲暨和，期三百有六旬有六日，以闰月定四时，成岁。允厘百工，庶绩咸熙。

天道信仰和新历法之制定、颁行，极大地提升了天下治理之水平。

"百工"就是"百官"，似与前文"百姓"同义，也就是诸侯。帝尧确定天道信仰，制定新的历法，将人事系统地纳入天道之中。君子法天而行，如此则人人，尤其是君子皆致力于德行。天道信仰以及历法、朔政之建立推动了治理之理性化："绝地天通"也即神、人分立之后，人只能是人，而不能成为神。人要达到自己的目标，不能指望神灵，而须充分运用自己的德行和理性。同时，天地间万物纳入天道，包括公共和私人活动，人就被施加了法天而行的天赋义务。人须履行此义务，人出于对天的敬畏，也会积极地履行此义务。因此，人必须探究天道规则，建立各种客观的制度，此即"众功咸熙"。

至此，"天下"被完整地构建起来。天下就不再只是地理概念，而是文明概念，其核心乃是信仰，以及这个信仰所支撑的共同的生活秩序。没有天，就没有天下。分散于大地上的人共同崇奉天，共同按照天道运行的法则而生活，才可生成最为深刻的共同体感。由此，才有"天下"可言。

帝尧之道呈现了华夏治理之道的三个关键词：天，德，和。天道信仰是天下之本，德以敬为本，构建不同层次的共同体应采用的原理——亲睦、辩章与协和。

华夏文明始于"天下"之构造。自帝尧始，华夏文明就在天下框架中展开、演进。天下的最突出特征是地理、人口、社会结构上的超大规模，这就是华夏文明与生俱来的基本特征。历代圣贤所追索者，就是天下之优良治理。这是华夏文明相当独特之处。在很多文明，比如古希腊文明中，哲人所思考的是点状的城邦的治理。但华夏文明始于点状的邦、国之联合，其思考和实践者乃天下之优良治理。体认华夏—中国治理之道，不能不注意这一事实；思考中国治理之道在当代之实现形态，也须立足于这一事实。

天下为公

天道信仰建立之后，共同体只能由不可成神的人来治理。由此，治理者，尤其是最大共同体之最高治理者的品德、能力之高下，及其更换的方式之健全与否，成为衡量治理架构是否优良的重要指标，这些因素在很大程度上决定着共同体治理秩序之良窳。帝尧针对这一重要事务，建立了一个伟大的宪制：禅让制。

《礼记·礼运篇》云："大道之行也，天下为公。"公就是共，王位共有，而非世袭。大道之行的根本标志是"天下为公"，天下是天下人之天下，而非一家一姓一人之天下。天下不能没有君王；但君王乃为天下之共同福利而设、而树立。为此，天下当由德能最为卓越者治理，君位当通过客观的、理性的程序和平地转移给天下之德能最卓越者，而不可根据血缘或其他自然因素，在封闭群体内传承。尧舜之君位转移就依循禅让程序，从而把"天下为公"树立为华夏治道之根本原则。

《尧典》在记录了帝尧合和万国、分隔人天之后，后半部分完全记录禅让过程。帝尧君臣就这个问题进行了两轮协商。先看第一轮：

> 帝曰：畴咨若时登庸？
> 放齐曰：胤子朱启明。
> 帝曰：吁，嚚讼，可乎？
> 帝曰：畴咨若予采？
> 驩兜曰：都！共工，方鸠僝功。
> 帝曰：吁，静言，庸违。象恭，滔天。

"畴咨"意为广泛征求意见，帝尧希望大家就君位传承问题自由地提出自己的意见。这是禅让制的第一条规则：继嗣者之遴选，系由共同体内成员，至少是其中部分成员通过集体讨论而决定，而不是现任君主一个人独立决定。

放齐首先推荐尧之子，并提出理由。随后，驩兜推荐共工，同样提出推荐理由。由此可见禅让制第二条规则：有一些人有权利推荐继嗣候选人。第三条规则：提出人选时，须同时提出这些人适合担任继嗣者的理由，该人选必须具有治理之德行：既有德，也有行。

放齐推荐尧之子。这是禅让制度第四条规则：在位君主之子至少可以充当君位继嗣者的候选人，且似乎享有某种优先权。帝尧根据自己对儿子的了解，并不同意他成为候选人。驩兜又荐举了共工。尧指出其明显缺点，予以否决。由此可以得出禅让制第五条规则：现任君主对于他认为不合适的提名人选，有权予以否定，当然，需提出明确而令人信服的理由。

放齐等人提名的理由和帝尧否定的理由也揭示了君所应具有的德行。这一点是禅让制的第六条规则,它规定了继嗣者需具备某种治理的德行。

若干年后,帝尧君臣第二回讨论禅让问题:

帝曰:咨!四岳。朕在位七十载,汝能庸命,巽朕位?

岳曰:否德,忝帝位。

曰:明明,扬侧、陋。

师锡帝曰:有鳏在下,曰虞舜。

帝曰:俞,予闻。如何?

岳曰:瞽子,父顽,母嚚,象傲。克谐以孝,烝烝乂,不格奸。

帝曰:我其试哉!女于时,观厥刑于二女。

厘降二女于妫汭,嫔于虞。帝曰:钦哉!

帝尧扩大了征询意见的范围,征询四岳意见,他们也许是四方诸侯之代表。这是禅让制第七条规则:诸侯代表可参与天下共主的遴选过程。帝尧仍首先征询四岳能否继嗣君位。这表明,四岳似乎也享有充当君位继位者的资格。他们均自认为品德、能力不足,因而不敢应承。但这一事实揭示了禅让制的第八条规则:诸侯是可以担任天下共主的。

帝尧让他们扩大荐举的范围,首先在"贵戚"之中选择,然后在相对"疏远"的人中间选择,最后在根本无名无姓的庶民中选择。这构成禅让制第九条规则:即便籍籍无名的庶民也有资格成为君位候选人,尽管他们排在最后。

按照这样的遴选次序,四岳最后荐举了舜。他们也提出了舜具有这一资格的理由:舜生活在一个父母兄弟全部有点变态的家庭,却能创造和维持还算和谐的家庭秩序。史书夸张舜的家庭成员之变态,显示了古人对家庭治理之复杂性的深刻认知,也凸现了舜的治理能力。

四岳对舜治理家庭的德行和能力的描述深深地吸引了帝尧,他立刻接受了这个提名。然而,帝尧事先早已知道舜的德行,却并没有自行提名,而一直在等待他人提名。直到四岳提出,他才迫不及待地表示同意。回头再来看前面的讨论,立刻可以发现一个共同现象:所有的继嗣人选都由臣、由四岳提出。帝尧自己从未提出过人选。这一点构成禅让制第十条规则，也许是最为重要的规则：在位之君无权提名继任者，只能由他之外的人提名。他拥有否决他人所提名之候任者的权利，而没有自行提名的权利。

禅让制第十一条规则是：提名者需接受考察。帝尧考察舜的方式很特别：把两个女儿嫁给舜。这一情节深刻地体现了中国人对于治理的理解：治理无处不在，由小到大、自近及远。如《大学》所说，由个人之修身，到齐家，然后到治国、平天下。

这只是第一步考察，由此，舜的治理的德行充分呈现出来。但治国者除了这种德行，还需有治国的技艺。帝尧决定授予舜以治理天下之权柄。这构成禅让制第十二条规则：继嗣者应被安排以治国的实习。《舜典》记载：

　　［舜］玄德升闻，［尧］乃命以位。慎徽五典，五典克从。纳于百揆，百揆时叙。宾于四门，四门穆穆。纳于大麓，烈风雷雨弗迷。

舜从事了君王要承担的最为重要的三大类事务：第一，慎徽五典，建立典常，也即从事立法活动。第二，行政管理，舜轮流承担各种行政管理工作。第三，舜也接待、朝会四方诸侯。在所有这三个领域，舜都表现了自己的杰出治理技艺。不过，仅有这些考察还是不够的，在舜继嗣君位的过程中，天意、神意也是至关重要的因素。而舜证明了，自身具有异常的禀赋，显然来自上天之授予。这是禅让制第十三条规则：候选人必须被天接纳。

通过这个考察的继嗣人仍不能立即继嗣，正式的继嗣必须在帝尧驾崩之后。这构成禅让制第十四条规则：继嗣者可在君驾崩之前即确定，不过，在此之前，继嗣者只能摄位。舜通过隆重的仪式取得摄位资格。最后，当帝尧去世后，舜正式继嗣君位。

由此可见，禅让制其实是一个相当复杂的制度。对于这样的禅让过程，孟子曾这样概括："使之主祭，而百神享之，是天受之。使之主事，而事治，百姓安之，是民受之也。天与之，人与之。"一个人成为继嗣者由多个因素决定：强有力的荐举，前任君王的认可，诸侯的认可，天意的认可，庶民的认可。但唯独前任君主无权提名。这也就是孟子说的

"天子不能以天下与人"①。归根到底，禅让制乃是众人推举并经众人同意而最终完成的政治权力转移程序。它当然不是现代民主选举制，但带有强烈的民主成分。

协和礼制

经由上述开放性遴选程序，华夏共同体遴选出最具有德行、技艺和智慧的王，这就是帝舜。他带领华夏文明进入一个伟大的立宪时代。

帝尧已协和万邦，天下已初步形成。但这只是一个最为初步的天下，帝舜摄位之后，就立刻开始深化华夏共同体内部的联系。他做了两项工作。第一项是"协和"礼制。首先关涉天道信仰：

> 在璇玑玉衡，以齐七政。

帝舜开始构建系统的天道信仰体系，将天道信仰的对象具体化，包括对于天道的运转做出预测。这一能力将赋予天下共主以巨大权威。在此基础上，帝舜开始建立天下共主独有的祭祀体制：

> 肆类于上帝，禋于六宗，望于山川，遍于群神。

帝舜建立了支持其世俗权威的祭祀体制。这里出现了"上帝"一词。随着天道信仰建立，天的绝对性逐渐树立，人们已习惯于祈告于天。天是绝对超越的存在，人无法与之沟通。信仰的内在倾向驱使人们崇拜天的人格化形态——上帝。天上有上帝，上帝在天上，上帝就是天，他是人们可祈求的对象。由于具有超越性知觉，上帝也有能力监察人间。

同时，帝舜广泛祭祀各地名山大川和神灵。由此，华夏大地不再只是一个单纯的地理概念，而是一个文明共同体概念。共同体意识之塑造是帝舜为华夏共同体的成长做出的最为重要的贡献。

在此一祭祀制度和华夏共同体意识的基础上，尚在摄位的帝舜顺理

---

① 《孟子·万章下篇》。

成章地构建了第一项自觉的封建性治理制度:

> 辑五瑞,既月乃日,觐四岳群牧,班瑞于群后。

帝舜与诸侯之间建立了权威相互认证的制度。"瑞"是玉制的符信,天下共主通过这些符信确认诸侯在一定区域内的治理权。诸侯也通过特定仪式承认天下共主的普遍治理权。这样,天下的联结就不再是口头的,而带有了成文的纽带。仪式化的君臣之"礼"开始出现了,玉就是礼之"器"。

也只有在双方确立了这样的关系之后,尤其是帝舜的共主权威被诸侯们承认之后,帝舜的"巡守"才是可能的:

> 岁二月,东巡守。至于岱宗,柴。望秩于山川。

与诸侯定期聚会之制,对维系天下共同体至关重要。帝舜创建了中国封建制演变史上最为重要的制度之一:定期朝会。定期朝会可采取两种方式:一种是诸侯到京师朝王,一种是国王定期或不定期地巡守四方。此处所记为后一种。帝舜每次巡守,都祭祀所在方位的名山大川:

> 肆觐东后。协时、月,正日,同律、度、量、衡。

帝舜推动各邦国协调,统一历法与度、量、衡。它们是社会生活赖以正常进行的基础性标准。礼法确定生命和公私生活的节奏,度量衡提供生活的基本尺度。这可以大大地推动跨邦国的合作、交换,各邦国可从中获得更大收益,这一点必然大大增加华夏共同体的内在凝聚力。至关重要的是,这些法度关涉每个民、人的日常生活,因而,天下也就突破了王与诸侯的封建关系层面,进入庶民生活中,变成庶民生活之文明框架。这为天下作为人的共同体——而不仅仅是万邦的共同体——的存在,提供了最为坚实的基础。

上述祭祀、朝会制度以及普遍的规范已构成了至关重要的"经礼",也即规范人际、邦际基本权利—义务的根本法。帝舜进一步创制仪礼:

修五礼，五玉，三帛，二生，一死赞。如五器，卒乃复。

这是君子交往之仪礼。帝舜与诸侯朝会还承担着另一功能：共同探索、生成华夏之共同仪礼。各邦国各有自己的仪礼，华夏天下之成立和维系则需要共同的华夏仪礼。帝舜所做的工作是"修"，也即，各国诸侯演练本国仪礼，诸侯们从中学习更为文明的仪礼，由此逐渐形成大家共同接受的华夏礼制。

与东方诸侯朝会之后，帝舜继续巡守其他三方，最后总结说：

五载一巡守，群后四朝。敷奏以言，明试以功，车服以庸。

"敷奏以言"也就是帝舜与诸侯们共同就天下治理中遇到的最为重大的问题，包括礼制取舍问题，进行共同协商。礼制就在这样的协商过程中被发现、改进、提升、传播。对于在这些讨论中表现突出的诸侯，帝舜予以表彰，赐以车、服，它们象征着荣耀与身份。同时，这些车服连同它们的主人，也成为正在形成中的、更为高级的、普遍的华夏文明的载体，这文明借着这些人、借着这些器物，逐渐向各邦国内部渗透。

也正是在此巡守过程中，帝舜对华夏大地进行某种程度的界定：

肇十有二州，封十有二山，濬川。

十二州古已有之。这是华夏最早的地理分区概念，它以名山大川作为自然的分界线，其划分相当粗疏，只具有最简单的方位标定价值。各州之间的边界并无任何治理意义，因而也是模糊的。舜接受了人们的这一认知，并实现了它们从地理向治理意义的转换：在这十二州各树立某些祭祀对象，逐个祭祀这十二州之山川。如是，原来纯粹地理意义上的十二州，变得具有治理和文明意义了。

总之，帝舜大体搭建了华夏礼制之骨架，包括经礼和仪礼。通行的华夏共同礼制把天下有效地联结起来，它们为诸侯、为万民之跨邦的合作、交易提供了共同的规则体系和制度依托。帝舜从事此工作，遵循帝尧协和之道，也即，协调诸侯，寻找成本最低的解决方案。这样的礼制体系，也即律法体系和生活方式，是华夏共同体联结为一体的筋脉。

共同治理

上述华夏共同礼制架构的搭建工作是帝舜摄位期间完成的。正式即位之后，帝舜把更为细致的礼制构造和执行工作分派给九位圣贤：

帝曰：俞，咨！禹［作司空］，汝平水土，惟时懋哉！

帝曰：弃，黎民阻饥。汝后稷，播时百谷。

帝曰：契，百姓不亲，五品不逊。汝作司徒，敬敷五教，在宽。

帝曰：皋陶，蛮夷猾夏，寇贼奸宄。汝作士。

帝曰：俞，咨！垂，汝共工。

帝曰：俞，咨！益，汝作朕虞。

帝曰：俞，咨！伯，汝作秩宗。夙夜惟寅，直哉惟清。

帝曰：夔，命汝典乐，教胄子。

帝曰：龙，朕堲谗说殄行，震惊朕师。命汝作纳言，夙夜出纳朕命，惟允！

帝曰：咨！汝二十有二人，钦哉！惟时亮天功。

这是历史上第一次对治理活动作明确分工。舜正式继嗣王位之后所做的工作，《舜典》所记者只此一件：通过协商程序，委任九人为自己的"共同治理者"，从而确立了共治宪制之典范。上述九人加上其他十三人为二十二人。

这些人被遴选出来，帝舜说："钦哉，惟时亮天功。"这二十二个人固然是臣，但它们承担的是上天赋予的职责。因此，在天之下，他们和舜共同治理天下。舜是君王，但君臣是伙伴关系，舜与他们是共同治理者。

帝舜把君臣共治视为自己最为重要的制度遗产。《尚书·益稷》记载帝舜让位于禹时歌曰："臣哉邻哉！邻哉臣哉！"禹强调帝舜一人之德能对于天下治理的重要性，帝舜却强调，臣之协助，君臣之合作，对优良治理才是至关重要的。接下来，帝舜更为具体地阐明了他心目中的君臣关系：

帝曰：臣作朕股肱、耳目。

帝舜把君臣视为一个身体。君是头脑，臣是股肱耳目。两者间当然有高低贵贱之分，但归根到底，君臣乃为一"体"。天下治理是君臣的共同事业，两者是天下的共同治理者。帝舜接下来详尽列举共同治理的事务及其方式：无论治民，对外用兵；无论制作仪礼，倾听民情，都需要臣之协助。自己有任何过失，臣都有权矫正。帝舜相信，共同治理乃是治理的唯一正道，他的一切治理都由他的"股肱耳目"来完成。

《大禹谟》记录帝舜禅位于禹的过程，开篇，帝舜谆谆叮咛于禹的，也正是共治理念：

帝［舜］曰："俞！允若兹，嘉言罔攸伏，野无遗贤，万邦咸宁。稽于众，舍己从人。"

君须做到野无遗贤，君的主要职能就是发现和信任自己的共同治理者，把具体治理工作委托给他们。舜自己就是这样做的，在这里，可以看到"虚君共治"的理念。在日常治理过程中，遇到任何公共治理问题，君都必须与众人协商，当然首先是贤人。而且，决策的基本原则是舍己从人：君须以众人的意见作为自己的意见，而不当用自己的欲望或意志支配他人。

在《益稷篇》最后，帝舜再度以歌表达了虚君而治的理念："股肱喜哉！元首起哉！百工熙哉！"股肱、元首、百工的排列顺序即表明帝舜的虚君共治理念：帝舜把"股肱"置于优先位置，在他看来，唯有"股肱"各自独立而尽力地履行自己的职能，元首才能成就自己的治理之功。《论语·泰伯篇》赞美帝舜：

无为而治者，其舜也舆！夫何为哉？恭己正南面而已。

在帝舜时代君与臣之间形成合理分工，构成共同治理架构，从而君的作用限定于君道所必需的最低范围，共同治理者各自发挥作用。如此，在日常治理中，君就是无为的，尽管君依然是治理的中心权威。

唯有从共同治理和舍己从人之原则，方可准确理解"允执厥中"

之含义。《论语·尧曰篇》记载：

> 尧曰："咨！尔舜！天之历数在尔躬。允执其中。四海困穷，天禄永终。"

《中庸》记载：

> 子曰："舜其大知也与！舜好问而好察迩言，隐恶而扬善，执其两端，用其中于民。其斯以为舜乎！"

《尚书·大禹谟》记载舜对禹曰：

> 人心惟危，道心惟微，惟精惟一，允执厥中。

事皆有其理，循理而做事，就是事务之"宜"。但由于人的不可避免的缺陷，任何人都不可能完整地获知"宜"。于是，次优而可行的治理之道就是"允执其中"或"允执厥中"。厥者，其也，也即参与共同决策的人。对于如何处理一项事务，不同的人基于不同的理念，由于不同的利益，当然会有不同意见。做出决策的唯一健全途径，就是通过辩论、审议形成合义之共识，这就是事务之"中"。事务之"中"存在于拥有决策参与权的众人之"中"。此"中"不在君的心"中"，不可能由君一人发现，只能在众人理性的辩论过程中逐渐呈现。"中"在君子们之"中"，共同治理就是"允执其中"的唯一可行制度。

第二章　治道之凝定

帝尧构建华夏共同体，帝舜初步建立其治理结构。帝舜的共同治理者则为华夏共同体创制了诸多法度，其中最重要的是皋陶和大禹。皋陶概括尧舜之道，尤其是确立了天道治理观。大禹通过治水、平土，自觉地封建，树立了君道，并推动公天下向家天下之转型。

以刑弼教

帝舜的共同治理者中最为重要的当数皋陶。正是皋陶确定了必须依照客观的正义规则治理之宪制原则，提出了一套关于规则性质与治理架构的论说。他因此成为华夏历史上第一位思想家。

《舜典》显示，帝舜初步搭建了礼制框架，这个礼就其性质而言是习惯法。在大多数情况下，绝大多数人会遵循这些礼，但总有人违犯礼制。为确保礼制被有效遵循，当有强制执行机制，这就是刑。华夏天下之治理实体，也即天下共主，就是因应于刑之需要而形成的。《舜典》在描述上述礼制之后马上说：

> 象以典刑，流宥五刑，鞭作官刑，扑作教刑，金作赎刑。眚灾，肆赦；怙终，贼刑。钦哉，钦哉，惟刑之恤哉！流共工于幽洲，放驩兜于崇山，窜三苗于三危，殛鲧于羽山，四罪而天下咸服。

帝舜建立了强制执行礼制的原则、规则和程序，并作为天下共主坚定而公正地运用了自己的执法权。一旦这样的治理实体建立，就难免专业分工：皋陶被委任为"士"，也即司法官。皋陶很好地履行了自己的职责。《大禹谟》记载，帝舜这样称赏皋陶：

帝曰：皋陶，惟兹臣庶，罔或干予正。汝作士，明于五刑，以弼五教，期于予治。刑期于无刑，民协于中。时乃功，懋哉。

在实施刑罚的过程中，皋陶对规则的正当性、依据进行深入思考。关于刑律之治，皋陶提出两个核心理念："以刑弼教"，"刑期于无所刑"。这两个理念将一直支配未来中国历史，以迄于今。

皋陶是"士"，掌管刑罚。由此，他深知刑罚作为一种治理工具的有限性。刑罚是必要的，但不是最重要的。优良治理首要的工具是"教"。"五教"是五常之教，即教人以父义，母慈，兄友，弟恭，子孝，这是人世间最基本的五项伦理规范。华夏天下自始即以此为教。

五教实为教人以伦理自治。社会的最基本单元，家或者熟人的族群，通过五常实现自主治理。帝舜、皋陶所说的"教"，并非长期以来人们所理解的道德教化，而是社会的伦理的自主治理。这是与刑治的他治相对而言，优良治理必以自我治理为基础。皋陶确认，在治理架构中，教的地位是高于刑的。立国者、治国者绝不可迷信刑，而应创造条件，让各种伦理规范获得尊重，发挥作用，由此，民众在基层自主治理。如此，需要用刑的次数自然减少。

更进一步，刑、教间的正常关系是刑辅弼于教。伦理构造和维系基础性社会秩序。当然，并不是所有人总能顺从合作本能的指引，也不是所有人总是理性的。这就需要刑，借以强制执行正当行为规则，惩罚那些给他人造成伤害的人。以刑辅教的含义是给普通而正当的伦理规范增加一个具有更大约束力的第三方强制执行机制，运用刑罚工具强制执行社会自发生成的正当规则体系。但皋陶主张，具有强制性权威的治理机构是有边界的，它必须甘居于辅助性位置，治理的基础和中心是社会的自我治理，为此，需要教。

唯有做到这一点，才能做到"刑期于无刑"。运用刑罚，乃是为了执行礼法规则，从而向民众揭示，何为行为之"中"，也即在具体情境中，什么样的行为是正当的、不当的。就此而言，刑罚本身也就是一种"教"，教人以礼法规则。当然，在人间社会，恐怕不可能真正达到"无刑"的境界。但是，司法者、治国者应当具有这样的心态、理想。在未来华夏历史上，这样的理念将产生巨大影响，孔子说过："听讼，吾犹人也。必也使无讼乎！"①

接着帝舜上面一段话，在法律哲学层面上，皋陶论证了刑罚的基本原则。这是一个人道主义的刑罚原则，同样构成未来中国几千年刑事法律活动之主流观念：

> 皋陶曰：帝德罔愆：临下以简，御众以宽。罚弗及嗣，赏延于世。宥过，无大；刑故，无小。罪疑，惟轻；功疑，惟重。与其杀不辜，宁失不经。好生之德，洽于民心。兹用不犯于有司。

皋陶阐述的强制执行刑事法律的基本原则，可用一个字概括："宽"。这是以教辅刑的治国理念在刑事法律领域的具体运用。

《皋陶谟》记载，皋陶提出了两个重要的治理理念，首先是德、位相应说：

> 皋陶曰：都！亦行有九德。亦言其人有德，乃言曰，载采采。
> 禹曰：何？
> 皋陶曰：宽而栗，柔而立，愿而恭，乱而敬，扰而毅，直而温，简而廉，刚而塞，强而义。彰厥有常，吉哉！

这是文献所见对于德行的较早完整论述。这是君子之德的总目，或者干脆可以说是"君"之德。当然，这里的"君"当包括各个层次的君。每个德都提出两个意思相反的词来描述，上下两者须同时具备而得其中，方可谓之德。因而，德就是两者形成一个最好的搭配，而"允得厥中"。如果有所偏颇，就不成其德。

> 日宣三德，夙夜浚明，有家；日严祗敬六德，亮采，有邦。

皋陶在这里提出《礼记·礼运篇》所说"选贤与能"的具体操作方案。九德是完美的德行纲目，几乎很少有人能同时具备。一个人若具备其中三种德行，就有资格成为大夫。一个人若具备其中六种德行，就

---

① 《论语·颜渊篇》。

有资格成为诸侯。至于王，则应同时具备九德。

这样，皋陶在一个人的德行程度与他应享有的荣誉、地位、治理权之间，建立了对应关系。德行—治理权对应说、也即德、位对应说，被皋陶作为一个法度提出。由此，在君王以下各个层级治理权的分配，成为一个纯粹客观的程序性问题，而不再是君王私人意志范围内的事务。一个人具有某种程度的德行，让他自然地具备了享有相应治理权的资格。这样的公理也可倒过来推导：目前获得治理权的人们，必然具备了相应程度的德行。他们的治理权正来自客观的德行，而不是君王的赏赐和意志。因此，他们的权威是客观的，也就是独立的，不依赖于君王。德行是其分享之治理权的唯一正当性渊源所在。他们的治理权既非君王所予，自然也就不是君王所能取。

天道治理观

接下来，皋陶提出天道治理观。首先，为了儆戒即将继嗣君位的禹，皋陶对君臣共同治理的帝舜之道提供了一个超越性论证：

无旷庶官。天工，人其代之。

共同体为维系其和平的合作、交易秩序，必须处理一些公共性事务。为此，必须确认和执行某些规则。为此，必须设立某些官职，以实施规则，并在必要时强制执行规则。然而，这些官职的依据何在？是源于某人的意志，还是某个客观的源泉？皋陶提出"天官说"。这些官职有其客观性，它们是天下治理这一事物之自然、本性所决定的，而不是君王的欲望或意志之外部投射。必要而正当的官职就是天命于人之官，也即"天官"。只要人们追求优良治理，或者哪怕只是追求有效治理，就当顺从天意，循乎自然，设立那些官职。既然这些官职并非出自君王之好恶，君王当然也就没有理由随意兴废之。

"天官说"与"德位对应说"共同构成对帝舜所确立的共同治理架构之正当性的强有力论证。治国所需的官职是客观的，君王不可因自己的欲望和意志而随意变化。填入这些官职的人的资格也是客观的，有什么样的德行就应享有什么样的治理权。君王所应做的工作不过是让这些本就对应的关系得以实现。对于君王来说，共同治理已成为必然性。

那么，这个共同治理的架构应执行什么样的规则？皋陶顺理成章地进入对这个重大问题的思考。皋陶深入思考天道、君道、人道之关系，构造了一个治国的"治理神学"体系。在中国历史上，皋陶第一个提出"天命规则"说。或许，这是人类历史上自然法学说的最早阐述——西塞罗等罗马人要在两千多年后才提出自然法学说。皋陶是这样论述的：

> 天叙有典，敕我五典五惇哉。
> 天秩有礼，自我五礼有庸哉。
> 同寅、协恭，和衷哉。

五典和五礼从两个不同角度规范天下最为基本的社会关系：五典偏重于伦理，五礼属于礼法。两者涵括了天下治理最为重要的规则体系。寅者，恭也，敬也。"协"、"和"已见于《尧典》。衷者，中也。这些典、礼约束人们，协调人们的关系。所有人都应敬慎于典、礼，尊重典、礼，依之而行。由此就可以达到和于"中"，合于正当。

> 天命有德，五服五章哉。
> 天讨有罪，五刑五用哉。
> 政事懋哉懋哉。

五典、五礼为规则，五服、五刑关乎政事。"有德"指有德之人，也就是有位之人，也即君子。天命五服说也是天官说的另一种表述。典、礼皆为上天所命于人者，那么，人违反典、礼，就是悖逆天意，则天必予以惩罚。所以，皋陶说，天讨人之罪，为此，天也命人以五刑。五服、五刑共同构成"政事"。皋陶要求，各级君子应当于政事勤勉，恪尽职守。

总之，皋陶认为，人间治理之一切规则、制度，并非出自人的欲望或意志，而是上天命于人间者。也许，第一点最为重要：天叙有典，人有其"常性"，这种常性是上天所命。这是《中庸》"天命之谓性"的最早渊源。人并非生物性存在，也不是孤立的存在，相反，人之生乃是最为宏大的天道规划的组成部分。人存在于天的支配、包裹之中，人的存在形态、目的不是自我界定的，而由天界定。由此，人是高贵的。因为人是天然地要面对天而生的，人的心灵天然地指向上方，尽最大的努力模仿天，以天为典范塑造自我和人际关系，以追求天所昭示的圆满状态。但同时，面对崇高的天，人是卑微的，永远不能成为天本身。天在监察着人们，人也必然会就自己面对天所采取的各种行动，对天承担责任。

既然天次叙人之常性，则人间如何治理的奥秘就蕴藏于天道中。最好的治理就是顺乎人之常性的治理，从某种意义上说，这也是唯一可能的治理。因为，反乎天理、逆于人性的治理，从逻辑上说就是不可能的。人要追求合理的、健全的治理，或者说追求最低限度的治理，就必须怀着敬畏之心，探究人之常性。这也就是探究天道，从中发现合乎天理、顺乎普遍的人之常性的治理之道。也就是说，达致优良治理的规则和制度是客观的，它就在天道中，就在人的常性中。因而，这些规则和制度先于也高于任何人，不管是君、是臣、是民。人，尤其是立法者、治理者的正当职责就是探究和适用那些客观的规则与制度。

皋陶的天叙说乃是主导华夏历史的天道主义思想的一次革命性深化。帝尧通过再度分别人、神，以及神向天的转换，确立了天的崇高性、至高性。帝舜建立了一套治理架构，也即礼法规则及其执行体系。皋陶让天照临于这套治理架构之上。由此，天成为人间健全治理秩序的终极渊源。

这一学说具有多重宪政主义含义。首先它强调，人间治理的正当行为规则和合理制度必出自客观的天道与同样客观的人之常性，君王与其共同治理者要做的工作是发现这些规则以及执行它们。也因此，君王也在这些规则之下，他必须依照这些客观的制度执行那些同样客观的规则。

其次，经由这一学说，立法活动摆脱了个体的变幻不定的欲望和意志的支配而具有客观性。人间治理所必需的正当规则体系和合理制度绝非出于任何人的欲望、意志、激情，基于欲望和意志的规则和制度不具有正当性。规则的客观性要求立法活动必须是理性的，公共的。立法的本质就是探究客观的天道和人之常性，而从事这项工作所需要的只是理智和智慧，而非强制性力量。那么，任何具有足够理智和智慧的人都有资格从事立法工作，也只有他们有立法的资格。掌握着支配力的君王倒未必具有这样的理智和智慧，这样的君王也就不具有立法的理智、技艺，因而也就不具备立法者的资格。

尽管如此，立法权终究是由人来行使的，因而同样有可能出错。当然，执行规则的过程更可能出错，掌握着权威的人甚至为了私人欲望而故意侵害臣民的权利与利益。作为华夏第一思想者，皋陶敏锐地意识到这一危险，并提出了判断人世间一切权威之正当性的终极性标准：

天聪明，自我民聪明。天明畏，自我民明威。达于上下，敬哉有土。

上天是规则的渊源，立法者借助其理性，可探究这些规则。但现实中，君王或者立法者所制定的规则或者规则的强制执行过程真的合乎天道么？未必。然而，如何判断？理想的判断者是上天。但是，上天没有听觉、知觉。皇天无心，而以百姓之心为心。规则和强制执行的制度若合乎天道，也就自然地顺乎人之常性，万民也就安居乐业。规则或者强制执行的制度若不合乎天道，也就自然地拂逆于人之常性，万民就会不满、愤怒、背弃。上天以万民的知觉、听觉为自己的知觉、听觉，以万民的判断为自己的判断。这一天—民一体命题成立的前提就在于天叙有典，天命之谓性，故悖逆人性就是悖逆天道。

这样，皋陶把华夏治理提升到新高度。他把自然地存在的万民，拥有支配性力量的治理者，与帝尧确立的崇高的天，以及他自己创设的立法者，整合成为一个完整的体系。从政治哲学角度看，天高高在上；立法者面对天道，探究人间治理的规则及执行这些规则的制度；君王与其共同治理者依照这些规则、透过这些制度进行治理；万民服从立法者和君王，而其受命于天的常性得以发挥。但从政治神学角度看，这个关系需颠倒过来：天仍高高在上；万民为天之耳目，为天所特别保护；立法者对天道的探究、君王的治理，均须要接受万民的监察，而这就是天的监察。在人世间，治理离不开立法者与治理者。但他们须依天而治，否则，他们就会同时在民和天那里丧失正当性。此两项正当性丧失之后果就是治理权的丧失。由此，皋陶已为古典"革命论"准备了基本的观念素材。

《益稷篇》最后记载了皋陶意味深长的言辞：

庶尹允谐，帝庸作歌，曰："敕天之命，惟时惟几。"乃歌曰："股肱喜哉！元首起哉！百工熙哉！"

皋陶拜手稽首，飏言曰："念哉！率作兴事，慎乃宪，钦哉！屡省乃成，钦哉！"

帝舜之歌体现了虚君共治理念，皋陶则接过帝舜的话头高声说：君臣治事，必须敬慎法度。宪者，法度也。成者，成例也，惯例也。宪、成包括所有的规则、制度。皋陶的意思是，君臣治理天下，必须敬慎法度，遵行既有之惯例。皋陶最为简洁地概括了优良治理之基本原则："慎乃宪"，以虔敬的心态服从、遵守规则。在皋陶看来，这是君、任何人兴事治国之本。"慎乃宪"三字最清楚地宣告了优良治理之基本原则：客观规则之治。此规则是客观的，普遍的，王也必须敬服之。因此，皋陶的理想乃是，包括王在内的一切人，皆在客观的正当规则之下。

自觉的封建

帝舜时代涌现的圣贤中，禹的功业最大。他的职责是平治华夏天下秩序所立基之大地。借由平治水土，禹扩展了华夏共同体的地理范围，尤其强化了华夏各邦国彼此间的合作，及对于一个治理权威的向心力。借此机会，禹走上自觉构建封建之天下秩序的立国之路，从而建立了中国历史上第一个"家天下"王朝。

《舜典》记载，舜正式即王位之后，委任官职，进行共同治理，禹为第一人。禹作司空，其职责包括平水、平土两项。首先是治水，大禹治水采取了引水入海的策略，也就是《益稷篇》大禹自己说的"决九川，距四海"。疏浚河道，引水入海。

实施这样的治水策略，存在巨大难题。先民一般都临水而居，禹的治水策略要求疏浚河谷，或者重开河道。这必然对相关各国的生存造成巨大影响，实施这一策略意味着，现有各"国"的控制范围要进行一定的调整，有些国甚至需要整体迁徙。同时，治水也要求禹在很多时候深入各国内部，将漫漶之水引入河川，经由河川疏导入海。

凡此种种，要求各国相互协调，需要一个具有较大权威的协调者。

恐怕正是这个制度性难题让禹的父亲鲧失败了。鲧治水采用"堙"的策略，他不得不这样。那时，万国之间的关系并不紧密，相互之间缺乏信任。尤其是王的权威较为弱小，万国对其缺乏信任。在这种制度环境下，鲧无力协调各国、进行合作和利益的交换。他只好采取下策，实施就地堵塞策略。这说明华夏共同体面临集体合作困境。

一代人以后，情况发生了相当大的变化。随着尧、舜二帝合和之道的运用，万国的共同体意识逐渐强化，也从共同体的存在中得到收益，集体合作意向逐渐增强。禹在治水时，也向各国提供好处，他一直与益和稷紧密合作，向各国提供种植知识，供应优良品种。这方面的示范效应必能大大强化各国的合作意向。同时，禹也深沉而富有远谋，有能力说服相关邦国协调利益，愿意合作。故唯禹能治水。

这样的治水经历也一定让禹产生了进一步强化华夏共同体凝聚力的想法。事实上，为了有效地展开工作，在平治水土的过程中，禹就必须开始实施这样的构想。《益稷篇》中，禹陈说自己的功业："惟荒度土功。弼成五服，至于五千。州十有二师，外薄四海，咸建五长。各迪有功。"禹建立了"州"制、"服"制。关于"州"，《舜典》的说法与《禹贡》有所不同：前者说十二州，后者说九州。当洪水漫溢之时，陆地切割得更为细碎。禹导水入海，水退之后，原来分散的土地连接，州的数量减少。而自然的阻隔减少，必有更多邦国加入华夏共同体。

总之，在治水过程中，禹协调各邦，引导、推动其相互合作，强化其共同体意识。由此，禹走上"王天下"之路，自觉地以封建制构建更为紧密的政治共同体。尧、舜时代的封建基本上是自下而上的联合。现在，禹在这个体系中植入自上而下的权威。由此，相对完整的封建制被构建出来。只有禹具有这样的制度意识，也具有这样的能力。

由此而有"服制"。"服"就是服从、臣服之义。"五服"制刻画不同邦国服从天下共主的程度，也就是他们对华夏共同体的向心程度。这样的向心程度，禹当有最为直观的认知，它完全可以对平水土事业的支持程度来衡量。

"服制"之完整描述见于《禹贡》之最后。大禹在"治水"之后"治土"，"治土"就是后来周人所说的"疆"理土地，就是封土建国。《禹贡》相当完整地显示了封建的制度安排：

> 九州攸同，四隩既宅。九山刊旅，九川涤源，九泽既陂。四海会同。六府孔修，庶土交正。厎慎财赋。咸则三壤，成赋中邦。

禹治水之后，天下山川各得其正，九州人民安居乐业，因此而形成了"四海会同"的制度。"会同"就是朝会。此前是没有这样的制度的，由此，万国与天下共主间建立起直接的、定期的制度化联系。这样的联系让帝尧所构造的天下之凝聚程度陡然提升。

在此基础上，舜开始向万国征收"贡、赋"。"贡"通常对边缘地区的诸侯征收，只是臣服的象征，而不具有财政意义。"赋"则指诸侯向王提供军役，也即带领装备完整的战车，包括全副士、车、马、兵器、徒卒，奉王命会猎、戍守、出征。

《禹贡》所说"服制"如下：

> 五百里甸服，五百里侯服，五百里绥服，五百里要服，五百里荒服。

服制是依据臣服于王的程度划分的，越在华夏中心地区，臣服的程度越高，赋役负担就越重。《禹贡》清楚显示九州田、赋之间错位的情况。比如，列为第一的冀州"厥赋惟上上错，厥田惟中中"，列为最后的雍州"厥田惟上上，厥赋中下"。田指自然的土地状况，赋则是对王承担义务的多寡，而这是由"服"的程度所决定的，与田的好坏并无直接关联。

后来周的封建制也按照同样的原则分派赋役负担。夏、商、周三代，《禹贡》都被视为至关重要的宪法性文件。它既是王对天下之治理权的权威表述，也是确定诸侯对王之义务的基本依据。

至此，封建的策命制已建立，也即封土建国的制度已建立。《禹贡》"咸则三壤，成赋中邦"之后恰恰是这样说的："锡土、姓：祗台德先，不距朕行。"这是禹策命诸侯之辞：我建你为诸侯，封你以土田，你可因此以为你的姓。你所敬养者，当以德为先，不可有背叛我之行径。

《禹贡》表明，禹已对尧舜的天下治理之道进行了一次深刻革命：他开始自觉地"封建"诸侯，由此，王与诸侯间关系从联盟的协和关系，深化为封建的君臣关系，华夏治理架构演进的历史由禹带入自觉的、建制化的封建制。伴随着王对诸侯可以主张事先确定的义务，王就不再只是一个协调者，而王位也开始在家内传承。

君道之构造

《礼记·礼运篇》描述"大道之行、天下为公"的尧舜治理秩序后，接着描述天下为家的小康治理秩序：

> 今大道既隐，天下为家。各亲其亲，各子其子。货力为己。大人世及，以为礼。城郭、沟池，以为固。礼义以为纪，以正君臣，以笃父子，以睦兄弟，以和夫妇。以设制度，以立田里。以贤勇知，以功为己。故，谋用是作，而兵由此起。

> 禹、汤、文、武、成王、周公，由此其选也。此六君子者，未有不谨于礼者也。以著其义，以考其信。著有过，刑仁，讲让，示民有常。如有不由此者，在势者去，众以为殃。是谓小康。

小康之制的核心是天下为家，为禹所创。禹与尧舜的最大区别，正在于其强烈的家意识。《尚书·益稷篇》记载，舜对禹这样说：

> 帝曰：无若丹朱傲，惟慢游是好，傲虐是作。罔昼夜额额，罔水行舟。朋淫于家，用殄厥世。予创若时。

禹借助治水事业，积累起巨大权威。而在帝舜、皋陶看来，这样的权威终究只是应付非常事态才需要的，而不能在常态下使用。禹却将非常事态下的权威发展成为常态的制度性权威，永久性地行使一种前所未有的治理权。这就是"罔水行舟"：发洪水时自然要乘舟，今水已退去，仍居舟中，让人推行。帝舜已经看出，大禹的权威将会颠覆"天下为公"制度，为此告诫禹不要"朋淫于家"，家人过于紧密地聚集在一起，为了家的私利而共同行动。

禹听出其中深意，急切地辩解："娶于涂山，辛壬癸甲。启呱呱而泣，予弗子，惟荒度土功。"禹首先说明，自己娶的是涂山之女，涂山在今安徽省中部，距离当时的华夏文明中心——黄河中游地区，相当遥远。禹想说明，自己的婚姻不会对公共治理构成威胁。禹接着说，自己公而忘私，以至于根本顾不上养育自己的儿子。禹想向帝舜说明，儿子与他之间其实没有什么强烈的私人情感。因此，他并没有家天下的意图。但是，妻子、儿子出现在关于自己功劳的描述中，这一做法本身就是前所未有的。而且，在禹的叙述中，儿子也因为我平治水土做出了牺牲，禹的言外之意是，儿子理应得到回报。

这段对话是"天下为公"向"天下为家"转换之关节点。凭借着无可争议的功劳，禹继嗣君位已经铁板钉钉，在这种优势下，禹又在有条不紊地扶持自己的儿子。"家天下"的格局成形。当然，《尚书·胤征篇》表明，大禹传王位于自己的儿子，引发了很大冲突。但家天下制度最终巩固下来，一直持续到20世纪初。

由此，君道也就成为一个大问题。禹在平治水土后，开始深思君道。《大禹谟》记载禹对君道之论述：

禹曰："於！帝念哉！德惟善政，政在养民。水、火、金、木、土、谷，惟修。正德，利用，厚生，惟和。九功惟叙，九叙惟歌。戒之用休，董之用威，劝之以九歌，俾勿坏。"

禹在这里已提出一种全新的君道理念。帝尧、帝舜只是协和者：帝尧合和万国，帝舜合和诸臣。禹则成长为真正的王，于是，他给自己施加了"养民"之责。这是尧、舜都没有过的理念，他们的治理只及于万国之邦君。他们是天下之共主，实际上是诸侯之共主，他们的治理没有穿越这一层向下延伸。禹超越了诸侯的层面，直达万民。

这是中国治理观念史上一次重大突破。它让天下变成"国家性治理"实体成为可能。为了平治水土，禹行走天下，广泛接触各色人等，并且可以推测，他必然与诸侯等级之下的人们有过直接而频繁的接触，并可能产生过直接整合人民的念头。由此，"民"进入政治思考的视野。

由于万民进入政治视野，君的责任不能不有重大调整。帝尧的工作是协和万国，其所面对的治理单位是邦国。帝舜一直在赞美自己身边的共同治理者——"股肱"，也是各邦之主。到禹那里，君王的责任是养民，那就意味着，君王要实施某些积极性措施，这要求提高君王的权威，而行使这一权威又需要资源。君王权威加大的前提及后果，都是君王取之于民的资源之增加。凡此种种权威，如果行使不善，就必给万民直接造成伤害。禹自然地产生了"善政"的理念。

善政的基础是为政以德，而是否有德，要看君是否收到了养民之效。据此，禹提出六府三事说：六府是水、火、金、木、土、谷，这是六种能给人间带来好处的资源，万民资养之要素。禹之所以能够做出这样的概括，乃是因为，在平治水土过程中，他不得不面对水、土，也必然广泛使用金、木、火作为工具。在平治水土过程中，他也与益、稷合作，寻求谷物种植、增长之良方。由此，他必然对水、土、金、木、火、谷之性获得前所未有的了解。尤其是，他必然会对这六种资源的相互关系形成一种前所未有的整体性、综合性了解，因而他将其综合成"六府说"。"六府说"是后来"五行"说的前身。只不过，六府依然停留在资源、物质层面上。至于六府之功，在于养民。

禹接下来提出"正德，利用，厚生"。至关重要的是此论说结构，这一结构确立了君的主体性。天下万民之幸福系于君的德行，利用、厚生的主体都是君。这样的理念是帝尧和帝舜所没有的。《皋陶谟》中，皋陶说，君道"在知人，在安民"。通过知人，也即与共同治理者合作，共同安民。在禹的君道构想中，主体只是一个人，即君王本人。共同治理者消失不见了。

禹所说的"养民"也大大地不同于皋陶所说的"安民"。在法天道而立的正当规则之下，万民可以自养。君的功能只在于协调万民关系，使之各安其分。"养民"则突出了民的被动性，君的治理主体性突出，民是治理对象。君主制树立起来了。

因此，舜禹禅让过程一俟完成，一个时代就结束了，华夏文明进入一个新时代："天下为公"的大同世界被"家天下"的小康世界替代了。而禹通过继嗣前的工作和继嗣过程，则建立了君道。

第三章　文武之道

三代皆行封建。尧舜通过承认的封建构建天下，禹夏开始有意识地进行主动的封建。但此后千余年，封建制始终停留在比较粗疏、原始的状态，华夏共同体的地理范围甚至也没有多大扩展。周人具有高超的治理之德行、技艺与智慧，通过综合地运用联合的技艺，构建了经典的封建制。借由这一制度创新，华夏文明实现了自尧舜立法时代以来的又一次跃迁。

一、周人之精神气质

周人先祖名"弃"，按照《史记·周本纪》的记载，其母有邰氏女，曰姜原。周文明的兴起始于其与"姜"人之结盟。姜原到野外，见巨人足迹而踩之，结果怀孕。姜原认为这个孩子不祥，将其抛弃。但他总是获得保佑而生存下来，故名为弃。弃自幼就喜欢扎根于大地的事业：农业种植。这个事业最为枯燥、平庸，从事它需要耐得住寂寞，需要计算天时，利用地利，还需要聚集人和。弃却乐此不疲。因此，他被帝尧封为"后稷"，即"农官"，姓姬氏。

但后来，周人失去了这个荣耀，失去其在自然环境较好的关中的封地，被迫向北迁徙，流落于戎狄之间，也即豳，大约在今陕西省境内与甘肃接壤的旬邑县。在这里，周族出了一位杰出首领公刘，《周本纪》记载：

公刘虽在戎狄之间，复修后稷之业。务耕种，行地宜。自漆、沮度渭，取材用。行者有资，居者有畜积。民赖其庆，百姓怀之，多徙而保归焉。周道之兴自此始。

周人族群内分成"行者"与"居者"两类人。"居者"大约在泾水两岸平坦地区从事农业生产，而"行者"从事远距离贸易活动。这一点并不令人惊讶。秦汉以后，生活于华夏、戎狄交接地区的群落通常从事夷、夏之间互通有无的贸易。借助"行者"的往来，周人可积累关于外部世界的广泛知识，了解其他族群的特点，学习其较为优良的技术和制度。最为重要的是，在贸易过程中，周人可训练出与其他族群打交道的技艺：言辞说服的技艺。贸易活动也让周人具有有较为强烈的规则意识和信用意识。凡此种种知识和技艺都有助于周人训练、积累"联合的技艺"。

周人崛起过程中第二位重要人物是间隔了九代的古公亶父，《周本纪》记载：

> 熏育戎狄攻之，欲得财物，予之。已，复攻，欲得地与民。民皆怒，欲战。古公曰："有民立君，将以利之。今戎狄所为攻战，以吾地与民。民之在我与其在彼，何异？民欲以我故战，杀人父子而君之，予不忍为。"乃与私属遂去豳，度漆、沮，逾梁山，止于岐下。豳人举国扶老携弱，尽复归古公于岐下。及他旁国闻古公仁，亦多归之。

古公虽是族群首领，但他相信，"有民立君，将以利之"。君王的正当职责是增加民的公益。若君王损害民的利益，君王也就丧失治理的正当性。为保护民的利益，古公决定迁徙。这一次，周人因祸得福，从华夏边缘内迁到岐。此地已接近关中平原的最西端，同样与西方之戎狄相接，但周人所面临的压力没有以前那样大了。

《周本纪》记载，迁徙至此，"古公乃贬戎狄之俗，而营筑城郭室屋，而邑别居之。作五官有司。"周人开始其文明的再建，邦国制度的构建，其中包括"疆理"土地。这个词的基本含义就是君封建土地、庶民给自己的"士"。也正是在此基础上，周人设立了行政官员——司空、司徒。周人也开始建立城邑、王宫、宗庙、社。总之，周人在西方立国。周人后来认为，周的王者之象形成于古公。

当周人迁至岐下立国时，东方的殷商文明已接近腐烂，殷王对诸侯的控制力因此而大幅度下降。正是在此历史背景下，周人才能从戎狄出没的华夏文明边缘地区迁徙到地理、文化环境更为优越的岐。同时，在殷商王室腐败权威的压迫下，天道信仰正在人民中间强化、重建。周人重回华夏文明地区的机缘，来得正是时候。在这个华夏共同体的边缘地区，周人秉其刚健质朴的气质，以其对古老治理智慧的记忆，以其对戎狄、华夏制度的了解，以其纯朴的信仰，以其在艰难生活中习得的联盟技艺，开始平天下。

文王受命

周人建国事业的第一推动者乃是周文王姬昌。文王生时已被承认为受命之君，而受命乃是古典革命之关键环节。

经由几代人的积累，姬昌被上天选定。上天之选定文王，实因其德行、技艺与智慧，这是他获受天命的前提。首先是天下士人归往，《周本纪》描述，文王：

> 笃仁，敬老，慈少。礼下贤者，日中不暇食以待士。士以此多归之：伯夷、叔齐在孤竹，闻西伯善养老，盍往归之。太颠、闳夭、散宜生、鬻子、辛甲大夫之徒，皆往归之。

"天聪明自我民聪明"，天命在人间的呈现就是人的普遍承认。一个人膺受天命的首要标志就是获得人们的广泛承认。当然，人可以至少区分为君子、庶人。"得士"，得到君子的支持，是文王受命之最为重要的标志。

这一点对于理解周人后来何以走向经典封建制，至关重要。《史记·商本纪》记载殷商历史，反复提到"师保"类型的人物，比如伊尹，却几乎没有提及"士"。从周代开始，"士"成为一个活跃的群体，也是革命过程中的基础力量。士被大量提及，正在文王时代。《诗经》描述文王的各篇反复提到士。《大雅·文王》说："济济多士、文王以宁"；《大雅·緜》说："予曰有疏附，予曰有先后，予曰有奔奏，予曰有御侮。"这是四种类型的士，分别掌握四种治理技艺：行政管理，礼仪操作，协和异邦，作战。掌握这四种技艺之士对邦国的安宁，尤其对邦国的扩展，是不可或缺的。

文王之士固然有本宗、本族子弟，也有一批与姬姓没有血缘关系的士。本族之外的士为什么归往周人？因为，周王对这两类士同等对待。文王在决策过程中，让士广泛地参与。在士的眼里，周人给他们提供了上升的机会。

周人如何安顿这些士？采用封建制。有意识地封建，是周人吸引天下之士，从而迅速成长的关键原因。周人到岐下后，系统地实施主动的封建：君王将田邑连带其庶民分封给士。

如此彻底的封建与车战之法互为表里。从《诗经》诸多诗句可以看出，大约从文王时代起，周人大量采用车战之法。这是文明跃迁的重要象征，也代表周人战争能力的重大跃迁。而支撑这样的战争形态，需要足够的产出，需要士接受长期的专业化的训练，也需要高超的指挥技艺。只有完整的封建制能提供这些。

此一主动的封建启动了士的规模与周人邦国规模同步扩展之良性循环机制。透过封建，士获得荣誉，也获得稳定的收入。周人借此可以获得一支专业化车战队。周位于边疆，可扩展的地理空间很大。军队战斗效率大幅度提高，大大压倒周边族群，当然也压倒戎狄，迫使其逃亡。周文王将新占有的土地分封给士，士的规模乃持续扩大。这些士奋力保卫自己的封邑，其结果是保卫周。借助这一巧妙的机制，周人治理的地理范围向外一步步推展。

如果单纯依靠战争开疆拓土，那文王就不是受命者，也不可能在西方、北方确立长时间的稳定。很显然，对戎狄，文王广泛采取了文治政策，而且可以确定，他同样是利用封建制，重构夷、夏之间的和平关系。文王利用戎狄同样向往文明的天性，将其纳入周的治理秩序中。武王东征大军中就有庸、蜀、羌、茅、微、卢、彭、濮人，他们一定受封了某种爵位，才会履行对周王的义务，出兵作战。

与此同时，文王也开始获得同属华夏的西方诸侯之拥戴，《周本纪》记载：

> 西伯阴行善，诸侯皆来决平。于是，虞、芮之人有狱不能决，乃如周。入界，耕者皆让畔，民俗皆让长。虞、芮之人未见西伯，皆惭，相谓曰："吾所争，周人所耻，何往为，祗取辱耳。"遂还，俱让而去。诸侯闻之曰："西伯盖受命之君"。

由于殷商王室权威丧失，社会趋向功利化，诸侯间关系也陷入紧张甚至冲突状态，虞、芮田邑之争就是一个体现和象征。文王则以周人的力量为后盾，以公平的判断为手段，协调诸侯之间的关系。西伯文王给西方世界带来了秩序。对于这样的公共品，诸侯们是乐于享用的，因而他们承认周人的权威。

在完成上述工作后，文王于临终之前一年，作邑于丰。此前，周人都是在南北方向上往来迁徙，目的是为了生存。现在，周人已解决了北、西、南方的问题，转而向东方发展。徙国于丰，标志着周人展开了伟大的建国规划。

由此可以看出，让周人在西方获得权威的，乃是周人优良的内部治理秩序，主要是经典封建制。借助这一制度创新，周人获得士人、获得戎狄、获得西方诸侯的认可。孟子反复提及这段历史，并提出一个历史哲学与政治哲学命题："地方百里而可以王。"① 只要君王具有伟大的德行，构造了优良的制度，则人民会自动地顺服，其统治的区域可自动地扩展，从一国至天下。

这样的古典革命是"旧邦新命"②。在旧秩序之中，周人依靠封建制、依靠联盟的技艺而在西方崛起，基本上确立了在关中的权威。一个新的、富有活力、给人带来希望的治理秩序，在殷商败坏的天下生长、扩展。周人已做好了替代这个旧秩序的全部准备。天必然授命这样的群体为未来的王者。现有治理者的败坏、天下的痛苦，并不构成天命降临的充分条件，上天必等待合资格的受命者才会授命。这王者受命的资格不仅取决于他的德行，更取决于他的技艺与智慧，而且，德行、技艺和智慧当见之于治理的功业，这就是万民之归往。因此，天命授受是苛刻的，革命条件是苛刻的。革命是非常事件，革命意味着利益格局的剧烈变动与心灵的巨大震动，唯当人间做好最充分的准备，革命才具有正当性。

这准备也包括，受命者对治理之基本原理，进行深刻而全面的思考。文王思考之结果见于《周易》。《周本纪》说："崇侯虎谮西伯于殷纣曰：'西伯积善累德，诸侯皆乡之，将不利于帝'。纣王乃囚西伯于

---

① 《孟子·梁惠王下》。
② 《诗经·大雅·文王》："周虽旧邦，其命维新。"

羑里……其囚羑里，益易之八卦为六十四卦。"① 姬昌被囚狱中，构想了一个建国的规划和治国的长远构想。《周易》从屯到泰的前九卦是一份相当完整的建国规划。而周人重构天下的工作由其两个伟大的儿子——周武王与周公——联合完成。

革命的理据

治理秩序的构造可在两种完全不同的进路下进行：第一种进路预设，治理纯粹是人间之事，立法者完全从人与人的关系之角度设计制度。此为世俗主义、世间主义或人本主义的治理秩序观。第二种进路预设，治理不仅关乎人，也关乎超越者，这超越者在人之上。人间关系不是自足的，必待此超越者予以规范。人间的法律和制度不能自我证成，而必待超越者赋予其终极正当性。超越者将介入人间秩序，并居于主导地位。宇宙秩序涵容人间秩序，并规范、约束人间秩序。自上古以降，在华夏文明圈内，此超越者常被称为"上帝"，上帝高居于"天"。天和上帝两词可以互换。

尧以降之圣王通常是基于这样的信仰构造人间的治理秩序的。此即"天道主义治理秩序观"。商汤正是基于天道信仰，发展出天命理念与革命学说的。但是，天道信仰也有衰败的内在趋势。此一趋势逐渐显明，到殷商之帝武乙杀天②，绝对的、普遍的上帝信仰退隐，殷商王室信仰的对象基本上变成了祖先神灵。以此为开端，殷商帝王的观念逐渐向世俗主义逼近。这种过于狭隘和世俗的信仰，诱发了殷纣王之权力意志与肉体欲望的放纵。

面对这种败坏与无道景象，天下庶民向上天呼告："天曷不降威？"③ 早已成为文化本能的天道信仰在人民中间复苏。周人敏锐地察觉到这一点，而以此作为革命之理据。

周武王伐殷，首先阐明其天道信仰和天命理念。这就是古文《尚书》所收《周书·泰誓》：

---

① 《史记·周本纪》。
② 《史记·殷本纪》：帝武乙无道，为偶人，谓之天神。与之博，令人为行。天神不胜，乃僇辱之。为革囊，盛血，卬而射之，命曰"射天"。
③ 《尚书·西伯戡黎》。

> 惟天地，万物父母；惟人，万物之灵。

周武王首先提出构造和维系治理秩序之第一个基础命题：天地为万物之父母，也是人之父母。对于人，上天有好生之德。生字表明，天不是纯粹自然之天，而带有道德倾向。天欲万物包括人，各正其性命。反过来说，人是万物之灵。地上万物中，只有人有知觉，有反应，能行动。如此，天必格外地关照人。因此，天也对人施加了格外的义务。人有自然的责任代表万物，像对待父母那样对待天。也就是说，识天、敬天，依天而行。对人来说，这既是可能的，也是人的义务。周武王接着提出天道主义治理秩序观之第二个基础性命题：

> 亶聪明，作元后。元后作民父母。

人皆为天之子，在这一点上，人是平等的。但人为万物之灵，灵让人区别于他物，人的灵之程度，也构成人与人之间有所区别的重要指标。共同体中之既聪又明者，有资格成为共同体的领袖，为万民之父母。"明"指君王具有较强的观察和判断力，"聪"指君王能舍己从人。

接下来，周武王将上述两个命题合一，在天、君、民之间建立起关系，而构造出天道主义治理架构之典范：

> 天佑下民，作之君，作之师。惟其克相上帝，宠绥四方。

君王不是自行树立的，具有正当性的君王必待上天之树立。上天如何表示自己树立的意愿和对象呢？此选择由上天树立君王之目的决定：天为人之父母，为护佑其民，为了人民之幸福而树立君王，即"保民"。

这样，在周武王阐述的治理架构中，自上而下依然是天、民、君。《泰誓下》这样概括天、民、君的关系："惟天惠民，惟辟奉天。"在政治哲学层面上，君高于民，天也要求民服从君。这是秩序的需要，而秩序是对所有人都有利的公共品。但在政治神学层面上，民高于君。天从民的角度判断君。《泰誓中》说："天视自我民视，天听自我民听。"这是《皋陶谟》中"天聪明，自我民聪明"的一个重新表达。因此，"天矜于民，民之所欲，天必从之"。

据此，君王当敬天而保民，这两者实为一回事。如果君王做不到这一点，上天会根据人民的苦难、不满和愤怒，判断其为暴君，剥夺其治理权，也即"天命"。同时，上天会把人间治理权交给"聪明"者，此即"受命者"。受命者"恭行天之罚"，革暴君之天命，是一项权利，更是一项义务。周易"革"卦《彖辞》清楚地说明了古典革命的性质：汤武革命，"顺乎天而应乎人"。

也因此，周人东进克殷，并没有使用大规模的暴力。《周本纪》记载：

> 东观兵，至于盟津……是时，诸侯不期而会盟津者八百诸侯。

《尚书·泰誓上》书序云："惟十有三年春，大会于孟津。"两者所记地名不同。推测起来，"孟津"当从"盟津"演化而来。此为黄河一处渡口，以前并没有名字。武王在此与盟邦结成"盟誓"，而获名"盟津"。观兵的目的就是结盟。这是周人为取得天下治理权进行的最为重要的准备。在这次结盟会议上，周人向诸侯阐明了未来的建国纲领，与诸多诸侯达成一致。可见，周人革殷商之命是透过联盟的技艺展开的。

即便对阵殷商，大规模的暴力也是多余的，如《周本纪》记载牧野之战："纣师虽众，皆无战之心，心欲武王亟入。纣师皆倒兵以战，以开武王。武王驰之，纣兵皆崩畔纣。纣走，反入，登于鹿台之上，蒙衣其殊玉，自燔于火而死。"殷人愤恨纣王无道，而背叛了纣王，他们甚至急切地盼望着武王胜利。

而周人也十分明智，没有灭商，《尚书·武成篇》这样描述：

> 一戎衣，天下大定。乃反商政，政由旧。释箕子囚，封比干墓，式商容闾。散鹿台之财，发钜桥之粟，大赉于四海，而万姓悦服。

周人革命只是清除殷商之暴君，让殷商返回其较为健全的治理状态。此即"反商政"之深层含义。古典革命就是"反"。反具有两层含义：首先是反对，反对偏离大道的制度和行径，反抗暴虐的治理。但这反抗不是为了宣泄仇恨，而是基于对万民的爱，包括对殷民的爱。第二层含义是"返",也即返回常道。周人革殷之命不是为了消灭殷,而是为了革除殷政之恶,导之返回常道。这样的革命必然是有限度的革命,保持文明连续性的革命,返回大道之革命。

君道大典

周以蕞尔小邦骤然获得天下治理权,周武王内心充满忧惧,乃对殷商治国之得失进行考察,故访殷商遗民箕子。箕子本为殷商王室成员,却向周武王传授治国之大道,这一事实最好地表现了殷周革命之性质。

"洪"即伟大,"范"即规范。"洪范"是君王治国的基本原理、根本规则。《尚书·洪范》系统地阐述了古代中国的治国之道,集中阐述君王的治理之道。洪范共有九畴,即为君道之九个方面:

一、五行:一曰水,二曰火,三曰木,四曰金,五曰土。

这是对世界构成的简明概括,"五行"是人类赖以生存的五种基础性资源。接下来,由外在之物转向人本身,具体地说是君之身:

二、五事:一曰貌,二曰言,三曰视,四曰听,五曰思。

五事是人的五种感官。人依靠其感觉器官活动于人间,君王的治理也离不开对感官的恰当运用。君王当以恭谨之仪貌交接臣、民,如此则天下人无不敬慎。君王自身之言须和顺正当,如此臣下才会顺从。君王当分辨是非黑白,如此则贤愚各得其分。君王处理公共事务当与臣下共谋,如此则万无一失。君王当心地宽大,无所不容,集纳他人智慧,折中他人意见,如此才是圣。

第三畴列举讨论君王当处理的八个最重要的公共事务领域:

三、八政:一曰食,二曰货,三曰祀,四曰司空,五曰司徒,六曰司寇,七曰宾,八曰师。

值得注意的是这里的前后次序。此处之"货",包括今人所谓"通货"：古典时代就相当广泛地存在着商业交易活动。

四、五祀：一曰岁，二曰月，三曰日，四曰星辰，五曰历数。

这一畴关乎天道信仰。接下来是"洪范九畴"中篇幅最长也最为重要的一畴：皇极，论述王之自然、王之应然。

五、皇极：皇建其有极。敛时五福，用敷锡厥庶民。惟时厥庶民于汝极。锡汝保极。凡厥庶民，无有淫朋。人无有比德。惟皇作极。

"极"为标准、典范，也就是王之应然。一个人在王位上，未必就是真正的王。王是需要"建"的，也即需要通过努力，逼近于王之应然。何以建之？君当给予万民以五福，如此，人民也会协助君逼近于君之理想，成为明君。人民也会具有较为广阔的视野，关心公共事务，把君作为公共秩序的中心。

接下来更为具体地论述了对待庶民、君子的原则，最后以诗句总结君道：

无偏无陂，遵王之义。无有作好，遵王之道。无有作恶，尊王之路。

无偏无党，王道荡荡。无党无偏，王道平平。无反无侧，王道正直。

会其有极，归其有极。

君王若能做到无偏无陂，则臣民必遵君王之义。君王控制、摒除私人之好恶，完全依乎中道，则臣民自当遵王之道、路。唯有君王做到无偏无党，王道才是广远而平易的，才是天下之大道。假如君王能守其中道，则臣民也就能依此而会合、归往于君王。归根到底，臣民所向往者，乃是君道、王道，而非君王之肉身。因而，君王当体认君王之道，节制欲望、意志和智力，逼近于王之极，成为真正的君、王。

君欲"建极"，成为合乎君之规范的真正的君，需自治其性：

六、三德：一曰正直，二曰刚克，三曰柔克。

平康，正直。强弗友，刚克；燮友，柔克。

沈潜，刚克；高明，柔克。

性情平康者为正直，正直为中；刚、柔是过与不及，需分别对治。自治之法有二，一为克制，一为弥补。如果君的禀赋较为刚强，不能顺于人，即当自治其刚；如果君的性格过于驯顺，缺乏主见，依赖于友，则应自治其柔。君的气质如果比较懦弱，当弥补以刚强。君的气质如果比较高亢，应弥补以柔顺。

在此基础，《洪范》调转笔头，阐明了维护君道尊严之原则：

惟辟作福，惟辟作威，惟辟玉食。臣无有作福、作威、玉食。臣之有作福、作威、玉食，其害于而家，凶于而国。人用侧颇僻，民用僭忒。

作福、作威、玉食乃是君的地位之象征，也即器。君的这种地位对于优良治理而言是必要而重要的。尽管如此，君的这一尊崇权威并不是暴力所能创造和维系的，它的终极来源是君子、庶民的信赖。第七畴讨论了君舍己从人之制度安排：

七、稽疑：择建立卜、筮人，乃命卜、筮：曰雨，曰霁，曰蒙，曰驿，曰克；曰贞，曰悔。凡七，卜五，占用二，衍忒。立时人作卜、筮。三人占，则从二人之言。

卜、筮乃是决策之一种程序。然而，世界是高度复杂的，卜、筮本身也可能出现分歧。因而，王者当立多名卜、筮之人，并依照三分之二多数决的规则予以采择。

不过，在重大事务决策中，卜、筮绝非决定性的。遭遇大事，王者首当谋之于人，最后才谋及于卜、筮。在君王决策过程，有五个参与主体：君王本人，卜人，著占之人，卿士，庶人，总共二神、三人。在有些时候，可能出现全体一致的结果，这当然是最为理想的。此之谓"大同"。但很显然，在一般情况下，如此众多的主体之间一定会出现意见分歧。为此，《洪范》提出的基本决策规则是多数决。古典的共同体治理带有明显的"共和"精神。

以上七畴论说君道，接下来提出君道治理之效验。第一种效验见之于天：

八、庶征：曰雨，曰旸，曰燠，曰寒，曰风。

对于人来说，最好的状态就是五者各得其时，各得其宜。任何一种有所欠缺或者有所过分，都对人间构成灾害。天示人以征验：第一类是善行之征验。假如君能中正治国，就会风调雨顺。第二种是不善之行的征验，如果君行不善，则会出现旱、涝等过或不足之自然灾害。值得注意的是，君之五官的不同品性，可对自然产生影响，这里已初步提出了天人相应说。

第九畴论述君王之德可能产生的两个完全不同的人事上的后果：

九、五福：一曰寿，二曰富，三曰康宁，四曰攸好德，五曰考终命。

六极：一曰凶、短、折，二曰疾，三曰忧，四曰贫，五曰恶，六曰弱。

如果君王持守中道，他本人和天下臣民均可享有"五福"。如果君王不能持守此道，他本人和天下臣民就将蒙受"六极"。相对于五福，六极多出了"弱"。这一极专门针对君王，对应于第五畴，"皇建其有极"。君王若不能立其极，则虽在君位，而不能得到臣、民之认可、拥戴，则其权威必然十分脆弱。

《洪范》是对此前历代圣王治理理念的一次抽象的、带有理论色彩的总结，是继皋陶提出德位相应说、天道治理观后，华夏政治观念史上又一重要突破。皋陶侧重于阐明治理秩序之基本原理，《洪范》则致力于阐明君道之基本原理。

封建天下

周人治理之天下是通过封建性契约联结而成的，这也许是中国历史上最为精巧而宏伟的治理架构。

古人用"封建"有两个意思，后世常用作名词，形容那种与郡县相对的治理秩序。但在周代，这个词是动词，即"封土建国"。"建"就是《周易》多次提到的"建侯"，也即，国王赐命某人为公、侯、伯、子、男这样的爵位。这样被"建"起来的公侯通常享有对一定数量的人民、一定规模田邑的治理权。划定这些治理对象尤其是田邑的过程，就是"封"，也即划定界线。划界可有多种方式，或种树，或垒土，甚至挖沟。"封"划定被建、立之人也即君子的权益。

大约从秦汉时代起，"封建"才从动词变成名词，指经由封建程序形成的治理秩序。在中国古代政治理论体系中，"封建"与"郡县"相对而言。封建制、郡县制是中国历史上两种最为典型的治理秩序。

周的封和建是如何进行的？《左传·定公四年》记载，卫国智者祝佗（字子鱼）追忆周初分封周公之子伯禽为鲁侯的故事：

> 昔武王克商，成王定之，选建明德，以蕃屏周。故周公相王室，以尹天下，于周为睦。分鲁公以大路、大旂，夏后氏之璜，封父之繁弱；殷民六族：条氏、徐氏、萧氏、索氏、长勺氏、尾勺氏。使帅其宗氏，辑其分族，将其类丑，以法则周公，用即命于周。是使之职事于鲁，以昭周公之明德。分之土田倍敦，祝、宗、卜、史，备物、典策，官司、彝器。因商奄之民，命以伯禽，而封于少皞之虚。

周王分封诸侯，分赐三类物品：第一，礼器，象征着诸侯的名分、地位和尊严。礼器也时刻提醒诸侯记住自己对周王的义务。第二，田邑。第三，民。这显示了封建制的一个显著特征：它不仅分封土地，而且分封人口。实际上，在地广人稀的古代，人力资源最重要。封建的本质其实是封人，而非封地。

这些封国面积都相当之小。周王的王畿略大一些，方千里。公侯之封地不过方百里，还不到现在的一个县。由此可以推定，古人所说周初封国数百，并非夸张。

周人如何封建天下？武王革殷纣之命后大封诸侯，为周人第一轮封建。《周本纪》记载，周武王封建的第一批诸侯，竟然是殷人，"封商纣子禄父殷之余民"。第二批诸侯是在武王伐纣前就已存在并协助周人的异姓诸侯："封诸侯，班赐宗彝，作分殷之器物。"

周武王分封的第三批诸侯为先古圣王之后："武王追思先圣王，乃褒封神农之后于焦，黄帝之后于祝，帝尧之后于蓟，帝舜之后于陈，大禹之后于杞。"这显示了周人自觉承续华夏文明正统的诚意。其中最为重要的事件乃是封建夏、商之后为公。这种做法构成《春秋》公羊学所说之"通三统"。三统者，新王自身之政统，加上此前二先王之政统。新王建政当存二王之后，这就是"通三统"，其宗旨如《白虎通义》所说，"明天下非一家之有"，而为天下人所共有。值得注意的是，先王之后对于当今王者乃是"客"，而非"纯臣"。

周人封建的第四类诸侯，是参与建国大业的功臣谋士，换言之，是异姓新贵，他们是周室之"戚"："于是，封功臣、谋士，而师尚父为首封。封尚父于营丘，曰齐。"

周武王封建的第五类诸侯，也即周王之"亲"："封弟周公旦于曲阜，曰鲁。封召公奭于燕。封弟叔鲜于管，弟叔度于蔡。馀各以次受封。"亲戚封建于最后，这是十分引人瞩目的。

周人第二次封建起因于一场叛乱，其肇祸者并非殷人，而是周人，即周公之弟管叔、蔡叔，他们煽惑殷人武庚叛乱。很幸运，周公勉强平定三监与淮夷之乱。在这次战争期间及之后，周公展开周之第二轮封建。

本轮封建与上一轮有所不同，表现为主动的封建，如封建鲁、齐、卫、宋、晋、蔡诸国。观察鲁、卫、晋、蔡等邦国，立刻可以发现两个共同特点：第一，他们都是周王之兄弟。第二，其邦国都位于边疆地区。这两个事实，对于理解周人封建与军事征服的关系，至关重要。这几个"兄弟之国"均位于华夏文明的边疆地区，与蛮、夷、戎、狄交接。周王给予他们以治理权，是要他们保卫周室，阻止蛮夷戎狄之入侵。由此产生了一个始料不及的后果：这些边疆邦国成了尚武之国。他们位于边疆，也有条件向外扩大领地。此后几百年中，这些邦国向戎狄扩张，成为大国。春秋、战国时代活跃于历史舞台上的大国，基本上位于边疆。

不过，在周初，这些诸侯国并不显眼。《史记·汉兴以来诸侯王年表》序说："武王、成、康所封数百，而同姓五十五。地，上不过百里，下三十里，以辅卫王室。"周初所封数百诸侯，同姓也许只占十分之一、八分之一。这就是周人封建天下之实际格局。虽在小康之世，周之治理仍带有强烈的公天下性质。周制之伟大正在于此。

第四章　周公制礼

周文王受命，武王革命，初步建立了一个空间上空前庞大的华夏共同体。但很快陷入危机。这是规模的挑战，规模问题是人间治理中最为基础性的问题。周初治理危机表明，此前圣贤的智慧和他们所实施的制度不足以维系一个更为庞大的秩序。周公敏锐意识到这一点，义无反顾地投入"制礼"事业，对武王搭建的治理架构进行广泛而深刻的修葺、翻建，而令华夏治理架构焕然一新。一个宏伟而周密的天下治理架构矗立起来，此即经典封建制。

宗法制

武王完成革命后很快驾崩，武王之子成王年幼，天下汹汹然而不得安宁。值得注意的是，最大的不安宁因素正来自兄弟、叔侄之间的猜疑与冲突：被册封在东方之周公的兄弟管叔、蔡叔等群弟猜疑于周公，年幼的成王侧目于周公，与周公共同执政的召公疑忌于周公。他们都猜疑，周公可能践祚称王。

为新建的天下秩序，周公毅然东征管、蔡等群弟。然而凡此种种来自成王、群弟、召公的不满，不可能不对一心关注周人治理权威的周公产生莫大刺激。周公不可能不怀疑："亲亲"之义果真足以治理这样一个规模扩大了的新天下么？

东征之后，周公立刻展开秩序重建工作，不，应当是一种新秩序的构建工作。周公经历了一次理念转向：抑制此前治理秩序的"亲亲"之义，而申明"尊尊"之义。周公创立了宗法制。关于宗法之制，最经典的说法是《礼记·丧服小记》中一段话：

> 别子为祖，继别为宗，继祢者为小宗。

正常情况下，公侯之子中将有一人继嗣君位，没有这一机会的公子就有可能成为"别子"：被封建为大夫，自建一宗——如果没有被封为大夫，则不可能成为"别子"。这个"宗"也就是一个"家"，他成为"宗子"，也即家室之君。他同时具有两个身份：在封建秩序中是大夫，对本宗之人则是"宗子"。他死后，会被宗人承认为该宗之祖。

宗法的核心是"别子"，别子者，别于正嫡也。在一个诸侯国内，别子就是那些未能继嗣邦君之位的公子，这是与继嗣邦君之世子相对而言的。换言之，别子之"别"，就是别于继嗣了君位的兄弟。《仪礼·丧服传》曰："诸侯之子称公子。公子不得祢先君。公子之子称公孙。公孙不得祖诸侯。此自卑，别于尊者也。"假设鲁侯有若干儿子，其中一人继嗣君位。从继嗣王位那一刻起，他就是公室之宗主，也就进入百世不迁的宗统之内了。他的诸兄弟则需自居于卑位，以"别"于居于尊位的兄弟，相对于后者，他们就是"别子"。

由此可以看出，"别"是宗法之要义。"别"什么？《礼记·大传》曰：

> 君有合族之道。族人不得以其戚戚君，位也。

这句话简练地提出了族人与大宗关系之根本规则。君也是人，因而君有合族之道，合族必然依据自然血亲所形成的"亲亲"之恩。宗法却规定，族人不得凭借着自己与君的叔侄、兄弟等血亲关系，而与君攀附亲戚。这就是宗法的分别之用。

从根本上说，礼的作用是别尊卑，在封建制中具体而言，就是别君、臣之尊卑。《白虎通义·宗族》："宗者，何谓也？宗者，尊也。"宗法就是尊法，与"亲亲"相反，旨在树立"尊尊"之义，在一族之人中分别尊卑，具体地说，分别宗子与他的血缘较近的戚属，确定他们皆是作为宗主之君的臣，而不再是该君之血亲上的戚属。反过来，"君是绝宗之人"，君当自觉切断其他人与自己攀附亲戚的渠道。

为确保这种"别"，宗法有一个关键的礼法规范，"公子不得祢先君"。祢者，父庙也。邦君乃是继体之君，其权威来自先君，祭祀先君是继嗣之君的特权，未继嗣君位之公子不得祭祀先君。此一特权保证邦君的君权之崇高性和完整性。如果其他公子也祭祀先君，也就分享了君

47

权，增强了其地位，而扰乱君臣关系在公共治理领域的唯一性，从而令公共治理难以为继。所以，"公子"一词实际上是在拉远继嗣诸侯与其兄弟的关系。他们与现任公侯的关系是"公"的君臣性质，而非私的血亲性质：他们是现任公侯之臣，而不再是其血缘上的兄弟。

总之，宗法中的"别"就是疏远性转化。共同体内、君之外的所有人，对于君而言都是臣，所谓"亲疏皆有臣道"。这就是宗法制的根本宗旨。至少在周王、诸侯这个层面上，宗法是围绕着突出君之公共性地位而设立的。一个共同体之君，当然有一些血缘上的戚属，比如兄弟、叔侄。宗法旨在剥离血亲关系对君的束缚，弱化君的私人性，突出君的公共性。由此，君的权威呈现为纯粹的公共性君臣关系中的权威，而不受君臣关系之外任何因素的影响，包括血亲关系。

也就是说，周代宗法制的逻辑与今人想象者正好相反，不是以血缘亲疏定君臣关系之远近，而是以君臣关系抹平血缘之亲疏。任何优良治理都必须树立"君道"。没有公共性权威，就无法形成稳定的治理。公共性的第一个含义是，君的权威应当是整全的，也即覆盖及于所有人，此乃"君道"之基本原则。"君者，群也"①，君的核心职责是合群，最大程度地合群。为此，君应尽最大可能以平等眼光看待本共同体内的所有人。做到这一点的唯一办法，从君的角度，就是摈除私人情感，不以任何私人标准区别共同体内成员，优待或歧视其中任何人。反过来，为维护君的这种公共性权威，也禁止与君具有血缘关系的人借助私人性质的血缘接近君。

也就是说，宗法突出了周制之"公天下"性质，宗法制让周人治理秩序实现了一次伟大的跃迁。

借由宗法制，周人把具体的、自然的血缘关系，转化为一般的、人为的礼法关系。由此，君从私人的血缘关系网络中解脱出来。在公共事务中，君不是某个人的兄弟或者叔侄。后面这些人现在都是他的臣。君只存在于公共性君臣关系中，而确立了其同等地面向所有人的普遍的公共性。

一旦君完成了公共性转化，其他人也就同样完成了从自然之人向公共之人的转化。"绝宗"、"别子"之最大后果，就是创造了"公"民。

---

① 此说见于多种古典文献，比如，《逸周书·谥号》、《韩诗外传》、《白虎通义·号》。

至少，担任各级共同体之"君"——同时也是更高级的君之臣——的君子群体，就是封建治理架构中的"公"民。他们在公共治理领域中不再生活在与君、与臣的自然的私人关系中，而活动于普遍的抽象规则体系维护的公共关系中，也即活动于礼法体系礼制维护的君臣关系中。从这个意义上说，封建的君子群体就是第一批"公民"。

借助此一公之技艺，周人创造了一个庞大且可扩展的天下。不要说尧舜和夏，就是殷商，其共同体范围也始终局限于较小的地域内，其所覆盖之人口也是有限的。根源也许就在于，他们仍较多地依靠自然的"亲亲"之恩，而没有做到"别"，没有完整地把自然的血亲关系疏离为公共性君臣关系，这样君可信赖的人际关系是有限度的。周人通过抽象的礼法大大地扩展了可信赖的人际关系之范围，这里的关键正是以"别"为本之宗法制。周人宗法以别戚属为中心，将血亲关系陌生化为君臣关系，这乍看起来有点不近人情，但它让周人在作为君的时候，可以同等地对待本共同体内所有人，而不论其亲疏。

宗法所带来的超越于血缘关系的公的生活，还塑造了周人的理性精神，大幅度地提升了周人治理之理性程度。在宗法所确定的陌生化的生活场景之长期训练中，周人的理性精神突破了本能的温暖的束缚，而迅速地成长、飞跃，周人不再完全生活在本能的情感之中，其理性迅速发育。由此，他们对待任何人，均相互以陌生人对待。

借助于这种理性，周人具有了生成和遵守看不见的、可普遍适用之抽象规则的能力。周代有"礼仪三百，威仪三千"①，"五刑之属三千"②，周人是华夏文明中最具创制立法精神和立法之技艺与智慧的群体，而他们之所以具有这些德行，乃是因为，他们发展出高度成熟的理性。理性的成熟、礼治之维系，正来自周公所立宗法之"别"。

制礼

周礼分为两大部分：仪礼，经礼。周公创立宗法制，是通过制作"经礼"的事业展开的。经礼是规范公共性君臣关系之礼。周公制礼的

---

① 《礼记》，《中庸》。
② 《尚书·吕刑》。

本质就是抛开亲情，制定一套抽象而普遍的规则，以此编织天下，联结天下，治理天下。然而，周公所制之礼是什么？周公又如何"制"礼？

揆之以情理，大多数的"仪礼"不大可能出自某个人自上而下的通盘制定，而必然是作为风俗习惯、作为风尚以自发演进的方式生成的。周公或许会以身作则，而不大可能有系统地制作。而"经礼"涉及天下之治理，尤其关涉君臣关系，这一部分规则体系必出自周公之制作。也只有这方面的规则与制度之制作事业，才足以让周公享有伟大的荣誉。

尽管如此，周公之礼的形态并不是系统的礼典，而是在个别地封建诸侯或颁布具体政令，或诫命成王过程中零散颁布的。周公制礼之形态就是《尚书》所收周初那些诰文及其他策命文书。这些文书为周公所作，其中蕴涵着重大的礼制规则，它们构成后人必须效法之先例。这些诰命具有连贯性，于具体性中蕴含普遍性。周公通过这些先例确立了周之诸多"根本法"，尤其是君臣关系之基本规则。

周公策命康叔的《康诰》就是周公制礼之典范，开篇说："惟乃丕显考文王，克明德慎罚。不敢侮鳏寡。庸庸，祗祗，威威，显民。"这是文王所创周人治国之大法，后面的论述基本上围绕明德、慎罚两点展开。周公还阐述了周人的天道信仰观念，"惟时怙冒，闻于上帝。帝休，天乃大命文王。"对于周人来说，这一信仰同样具有根本法意义。文王之法的终极正当性就在于天意的认可，或者说，文王之法就是天意在人间之呈现。而康叔的治理权最终就依赖这两者：文王之法，及上天的眷顾。也因此，康叔也应当敬天，敬先王之法。这正是周公下面要说明的：

> 王曰：呜呼！封，汝念哉！今民将在，祗遹乃文考，绍闻衣德言。往敷求于殷先哲王用保乂民。汝丕远惟商耇成人，宅心知训。别求闻由古先哲王用康保民。宏于天，若德，裕乃身不废在王命！

周公向康叔指出了治国所当遵循、依据的规则之类型，实际上在描述什么样的律法在康叔的邦国具有约束力，按先后次序共有四大类：

第一类，文王之法度与先例。

第二类，殷商贤明的先王之法度。当然，只是那些可"保乂民"之法度。也因此，周公使用了"敷求"二字，康叔当广泛地探寻、发现殷商先王之法度。

第三类，康叔所治之殷商族群元老之智慧。康叔当从殷人贤哲那里寻找成例、惯例，以治理殷商之民。它们是殷商人民的习惯法，即殷人之"俗"。

此处之"远惟"与上处之"敷求"，对我们理解封建法的性质具有十分重要的意义。康叔治理的人民是殷商遗民，那就应当适用他们固有的习惯法。但是，这样的礼俗是需要寻找的。中西封建法律观都以下面的命题为预设，人不可能制定法律，人只能"发现"、"探寻"生活中既存之律法。

第四类，康叔的父兄，也即周王及其他诸侯之治国法度。

总之，这段论述对于康叔、对于康叔治理的卫国而言，具有根本法之性质，它规定了什么样的礼法在卫国具有效力。

接下来，周公告诉康叔如何更为有效、公正地执行这些礼法，关键是"敬"。"敬"可以指向多个方向，周公要求康叔敬畏天意、敬慎礼法、敬爱万民。敬也构成至关重要的周公之礼。它是行礼之精神基础，是一切美德的根基。

周公要求康叔把敬贯穿于一切治理活动，尤其是"敬明乃罚"。周公具体地规定了可用以刑罚的规则和程序，阐述了君与司法官的关系。周公要求，对司法官的判决，康叔应完全接受，而不可随意干预。周公向康叔阐明了治理那些承担君之各项职事的君子的原则，阐明了管理君子家室的原则。周公要求康叔在任何时候都遵守政典所规定的规则、程序。随后，周公对康叔提出君德之规范：

王曰：呜呼！封，敬哉！无作怨，勿用非谋、非彝，蔽时忱，丕则敏德。用康乃心，顾乃德，远乃猷裕。乃以民宁，不汝瑕殄。

王曰：呜呼！肆汝小子封。惟命不于常，汝念哉！无我殄，享。明乃服命，高乃听，用康乂民。

"明乃服命"的意思是勉力承担自己对周王的义务。周公向康叔指出了履行自己义务的根本原则，那就是"高乃听"，在重大问题上广泛地谋于卿士，乃至谋于庶民，谋于卜筮。唯有如此，才可以安定、保养万民。接下来一段文字说明了周王与康叔关系之契约性：

> 王若曰：往哉！封，勿替敬典，听朕告汝，乃以殷民世享。

这是一句典型的契约性句式：你不得废弃常法，当顺从周王的律法。唯有如此，你和你的子孙才可保有卫国之治理权。言外之意是，你若做不到这一点，周王将收回治理权。

由这份策命书可见周公是如何制礼的，更可明白周公所制之礼的性质。周公所制之礼就是君臣之礼，规范了君臣各自的权利、义务，即便君臣之间存在血亲关系。周公通过自己的作为，确立了一个影响深远的礼制：通过明确的契约性文书，确定君臣关系。由此形成一份份结构严密而被细心收藏的诰命文书。

这就是"周文"。文首先是指文书，主要是策命文书。此后，周王与公卿、诸侯的君臣关系逐渐文书化，也即契约化。公侯与大夫的关系、大夫与士的关系也逐渐文书化、契约化。这些文书承载着礼制。周礼伴随着一次又一次策命而持续地生长、演变。至关重要的是，按照封建法的性质，《康诰》这样针对具体一个人的策命文书，也具有普遍效力，其中之规则也适用于天下所有诸侯国。

作新民

"作新民"以及"新民"理念，在华夏观念史上源远流长。夏初胤后就已提出"旧染污俗，咸与惟新"的观念①。这表达了"容"，也即包容的政治智慧。"作新民"则是周公建国事业之重要组成部分，该词出现于《康诰》：

> 已！汝惟小子，乃服惟弘王，应保殷民。亦惟助王宅天命，作新民。

"新"指新天命，也即殷人刚刚丧失、周人受之于天的治理权，"新民"就是接受周人新天命之殷商遗民。当时，东方经历三监之乱，周、殷君子之间多有嫌隙。周人要保有天下之治理权，必须安定东方，

---

① 《尚书·胤征》。

周公乃"作新民"，也即振作殷商遗民，促其加入周人的新秩序。那么，周公如何"作新民"？

《尚书大传·大战篇》一段记载，对此已略有揭示，周武王灭殷纣王，而"皇皇（惶惶）若天下之未定"，乃分别咨询三人意见：

> 召太公而问曰："入殷奈何？"太公曰："臣闻之也：爱人者兼其屋上之乌，不爱人者及其胥余。何如？"武王曰："不可。"
>
> 召公趋而进曰："臣闻之也：有罪者杀，无罪者活。咸刘厥敌，毋使有余烈，何如？"武王曰："不可。"
>
> 周公趋而进曰："臣闻之也：各安其宅，各田其田。毋故毋私，惟仁之亲。何如？"

三人提出三种作新民之道：太公主张杀死全部殷人；召公主张杀死有罪者；周公却主张以合理制度涵容殷人。武王接受了周公建议。武王驾崩后，周公践行其新民道。《召诰》、《洛诰》、《多士》三篇连续记载的重大历史事件，完整地呈现了周公"作新民"之道，那就以新创的宗法原则，借封建制，平等对待殷人、周人，让殷人树立对新周之政治认同。

《多士篇》记录了周公对殷商遗民的演讲，开篇说：

> 尔殷遗多士：弗吊旻天，大降丧于殷。我有周佑命，将天明威，致王罚，敕殷命终于帝。肆尔多士！非我小国敢弋殷命，惟天不畀允罔固乱，弼我。我其敢求位？惟帝不畀，惟我下民秉为，惟天明畏。

周公向殷人阐明天命转移之必然性：并非我周人贪求天下之治理权，实乃你殷纣王不能敬天保民，故上天抛弃殷人，而降命于我周，我周人不得不承担起治理天下之重任。此乃天命，你们当敬畏这一天命。《多士篇》主要内容就是论述天命论。这种论述本身具有重大说服力。但仅此是不够的，周公还提出了制度性解决方案：

> 告尔殷多士：今予惟不尔杀，予惟时命有申。今朕作大邑于兹洛，予惟四方罔攸宾，亦惟尔多士攸服奔走臣我，多逊。尔乃尚有尔土，尔

用尚宁干止。尔克敬，天惟畀矜尔；尔不克敬，尔不啻不有尔土，予亦致天之罚于尔躬！今尔惟时宅尔邑，继尔居；尔厥有干有年于兹洛。尔小子乃兴，从尔迁。

周公说：我此番召集你们，绝不是为了惩罚你们，而是为了向你们发布一项至为重大的命令。我之所以营建洛邑，乃是因为，天下没有完全臣服于我周。另外一个目的也是为了可以让你们更为方便地"臣"服于我周王室，承担我分派给你们的职事。营建洛邑之后，你们在这里就可以永远地拥有我分封给你们的土地，你们将永远充当我周王室的捍卫者。你们当以敬的心态履行对我周王室的义务，否则我会惩罚你们。现在，你们将获得你们的田、邑，拥有自己的家室。你们将永远环绕在在洛邑周围，以为周王之屏翰，你们的后代也可因此而获得幸福。

周公封建殷遗民于洛邑周围，殷商之"士"成为周王之臣。同时，周公也分赐殷遗民给鲁、卫等国，殷人成为鲁侯、卫侯之臣。至关重要的是，这种君臣关系之建立，依据周公新定之宗法原则。周王、公侯之戚不得戚于君，也即，享有治理权的周王、诸侯呈现为公共的君，同等地对待周士、殷士。如此，殷士在新的秩序中未遭歧视，而可以安全地保有权益，当然乐于效忠周人。

通过宗法的君臣关系，周臣与殷臣共同服侍于同一个君——周王，殷人完全纳入周的治理体系。东方因此而完全安定。这些地方现在构成周之东方王畿，其所能供应的士众之规模，甚至超过以宗周为中心之西方王畿：周王室在宗周有"西六师"，在东方则拥有"殷八师"。这些士就是原为殷商之士的"新民"。后来，周平王东迁于此，周王室在此维持的时间甚至超过了西方的宗周。周公"作新民"是何等的成功！而成功之道就在于宗法、周文，就在于控制血亲情感，平等对待一切人，哪怕是前朝遗民。周公"作新民"之道就是"公天下"之道。

齐其礼，不易其俗

周人构建天下秩序，还有另一智慧，那就是兼顾法律之统一与多样性。

周武王就实施这一政策。武王灭纣后，"反商政，政由其旧"。《左传·定公四年》载卫子鱼回忆鲁卫之封建说：鲁、卫之立国"皆启以商政，疆以周索"。《康诰》中，周公指示康叔在治卫时，当广泛探寻殷先王之良法，尤其是了解殷民之俗。关于刑事法律，周公指令康叔："外事，汝陈时臬、司师，兹殷罚有伦。""汝陈时臬，事罚，蔽殷彝。"在处理刑事案件时，康叔当完全适用殷人之法。因此，子鱼所说的"商政"，就是殷商之政刑制度，其中既包括判断行为对错之规则，也包括执行这些规则、旨在解决共同体内部民众之间各种纠纷的机制，比如司法审判程序，刑罚方式等。"作新民"，首先当政由其旧，迁就人民之生活习惯。

但是，既然是"作新民"，那也一定有新制度之建立，此即"疆以周索"。"疆"就是疆理，疆理之对象是土地。"索"就是礼，周公所作之礼。"疆以周索"，就是以周公之礼进行封建，在人与人之间普遍地建立契约性君臣制度。如此，周礼也就灌注于鲁、卫各层级君子群体。

"政由其旧"而又"疆以周礼"，就是周公"作新民"之大道。《礼记·王制篇》中一段话概括了周人之建国智慧：

> 凡居民材，必因天地寒暖、燥湿，广谷、大川异制。民生其间者异俗，刚柔轻重，迟速异齐，五味异和，器械异制，衣服异宜。修其教，不易其俗；齐其政，不易其宜。中国、戎、夷，五方之民，皆有性也，不可推移。

周人治理的天下之规模，比起夏、商来，大出很多，被治理对象在政治上、文化上、社会结构上是多元的。面对这一情形，周人十分谨慎、小心地运用治理之最大美德：审慎。他们基于自己在西陲发展、结盟的经验，深思熟虑，尤其是由周公，探索出治理这广大地区、族群的原则：尽最大可能保持普遍的"礼"与特殊的"俗"之间的平衡、互动。

俗就是小型共同体的生活方式，各地人民借助于"俗"相互协调、合作、交易，而形成稳定、具有较高可预期性的小范围秩序。周人治理天下，因循各国人民固有之俗，也就是尊重各个族群人民的生命、生活、秩序。这样的态度让周的天下具有包容性，各族群可迅速认可周人作为天下共主的地位。

不过，假如天下所有人的生活全部由地方之俗调节，人各行俗，而不存在具有普遍性的规则及强制执行体系，那么，天下必然缺乏凝聚力，天下必然离心，甚至陷入暴力争战状态。一个普遍的天下和平秩序之维系，依赖于一套普适的规则体系。周礼就充当这一角色。

周人明智地在礼、俗之间寻找和保持着平衡。从社会结构角度看，周代社会之规则体系呈现为上下双层结构，分别规制不同人群：俗规制各邦国社会中下层，而周礼规制各邦国君子群体。分封到各地的诸侯通常会在一定层面上坚持礼。借由君子这个社会群体，周礼作为普遍的规则体系贯穿于周的天下。这是天下共同体得以维系的关键所在。

重要的是，经由君子的示范，普遍的礼制规则及其蕴含的价值，借助礼乐文明所具有的吸引力，逐渐由华夏中心向天下之四周扩展，由上层逐渐向下层渗透。伴随这一过程，礼制及其背后的心智于不经意间改变着各地之俗。也就是说，在周代，礼制体系成为一股文明化的驯化力量。它可能与俗之间发生冲突，但终究部分地实现了融合。

总之，在周的天下架构中，礼、俗之间形成复杂的互动关系。大范围的华夏天下之格局，就借助礼、俗之兼容、互动而告形成。天下是普遍的，或者说注定了将是普遍的，会把所有人涵盖于其中。但在不同邦国，普遍的周礼与地方之俗的平衡点又有所不同。

这就决定了，不同族群、邦国的文明化程度不同，而有华夏文明的中心与边缘之分，而文明化的程度是由封建化，也即周礼化的程度决定的。文明程度不同的邦国在天下秩序中扮演着不同角色。由此形成"服制"。《国语·周语上》记载，周穆王准备讨伐犬戎，卿士祭公谋父劝谏他时说过这样一段话：

夫先王之制：邦内，甸服；邦外，侯服；侯、卫，宾服；蛮、夷，要服；戎、狄，荒服。甸服者，祭；侯服者，祀；宾服者，享；要服者，贡；荒服者，王。日祭、月祀、时享、岁贡、终王。先王之训也。

周人按文明程度，把自己所控制、所了解的世界划分为五个等级，即"五服"。这是一个同心圆结构，不是地理上的，而是心理上、礼制上的。各邦国对周王的义务按照这个同心圆分配。天下各邦国中，对周王臣服的程度越高，对周王应尽的封建义务就越多。

　　周人构造天下，处理不同人群、文明关系的上述原则，用现代词语来描述，即为"天下主义"。"天下"以天下意识为基础。尧舜时代之所以成为文献所记录之华夏文明的起点，就在于彼时，合和万国、构造天下共同体之意识已然觉醒。这种意识随着华夏文明圈的扩展趋向于更为明确。尤其是周人的治理权从西陲一直扩张到东方海滨，则其天下意识更为强烈。

　　天下是普遍的，涵盖所有人。即使现在不是普遍的，也注定了将是普遍的。因为，天是普照的，而人为天所生，生活于天之下的人们必将形成一个完整的天下。但现实的各族群定有文明程度之不同。面对这种情形，周人并不强行使用暴力，而是接受之，容忍之；但同时，周人也采取涵溶的低调方式审慎地渐进地缩小各族群文明之差异，天下缓慢而持续地通往天下一家的大同状态。

　　由此，周人的文明与治理秩序具有空前的扩展能力。周人以分散的封建制，塑造了一个庞大的治理与命运共同体。伴随着时间推移，周的文明不断向周边扩展，"中国"的地理范围也在同步扩展。周边各个族群，比如楚、秦、吴、越等，都在周的礼制体系驯化下，加入华夏共同体，从而在春秋时代，熔铸出一个"华夏民族"，由此在中国大地上形成了趋向于建立一个更大、更紧密的共同体的内在精神动力。最令人赞叹的是，与此同时，华夏每个地区依然保持了鲜明的地域文化特色。维持凝聚力而又保持多样性，这就是人间治理的最高境界。

卷二
封建制

第五章　君臣之道

周之天下是通过封建制联结构造的，封建原理渗透于周制的各个层面：邦国之间是通过封建联结起来的，各邦国内部人与人之间也是通过封建联结起来的。封建制之核心构成原理是，两人以君臣关系联结为一个共同体。两人构成之君臣关系决定了周代一切制度之运作逻辑，并塑造周人的生活方式、精神状态。

策名委质

封建的基本社会单元是一人为君、另一人为臣而建立起的整全的君臣关系。

周的天下有成千上万的"君"。凡拥有田邑者并据此而拥有臣者，皆为君。周王固然为君，诸侯同样为君，大夫也是君。他们之所以是君，乃是因为，他们拥有田邑，可将田邑封赐另一个人，这人就是他的臣，封赐者就是君。君赐予臣以名分和田邑的过程就是"封建"，接受了田邑的臣有义务向君提供服务。两人由此建立君臣关系。当然，一个君会有若干臣，他们共同构成以君为中心的封建共同体。

在周代，除一个人之外的所有君又都是他人之臣。这唯一的例外是周王，他之上没有君。此外所有人既是君，又是臣：天下诸侯皆为周王之臣。在一个邦国内，公侯为君，每个公侯拥有若干位大夫为臣。大夫又以士为臣。此为君臣关系之复合性。士则管理庶民。由此，整个社会被系统地组织起来。封建的治理架构是由多层级的君臣关系复合、拼接而成的。

这一点不同于战国之后王权制下的君臣关系，更不同于秦制下的君臣关系。在这两种制度下，全国只有单一的君——国王或者皇帝，其余人都是他的臣、民。在周代封建制下，有一批人是君，其地位虽不相同，但作为一个整体构成周人所说的"君子"群体，相当于欧洲之贵族。

君臣关系之联结纽带是契约，以契约方式建立君臣关系的程序为"策名委质"。《左传·僖公二十三年》记载：

九月，晋惠公卒，[晋]怀公命无从亡人，期期而不至，无赦。

狐突之子毛及偃，从重耳在秦，弗召。冬，怀公执狐突曰："子来则免。"对曰："子之能仕，父教之忠，古之制也。策名委质，贰乃辟也。今臣之子，名在重耳，有年数矣。若又召之，教之贰也。父教子贰，何以事君？刑之不滥，君之明也，臣之愿也。淫刑以逞，谁则无罪。臣闻命矣。"

乃杀之。卜偃称疾不出，曰："《周书》有之，乃大明服。己则不明，而杀人以逞，不亦难乎。民不见德，而唯戮是闻，其何后之有。"

首先需要注意一个也许令人惊讶的事实：公子重耳与狐毛、狐偃是甥、舅关系，却通过"策名委质"而建立君臣关系。这就是宗法之大义，君臣关系压倒、支配血缘关系。当君臣关系建立后，两人相对，首先是君臣关系，而非戚属关系。以公子重耳为君的这个封建之"家"并不是血缘性团体，而是以契约构造出来的公共性团体。即便戚属，也是通过契约关系而在这个家中享有名位的。

关于策名委质，"策"是在简策上书写、制作契约文书。"策名"是在简策上书"名"，名是双向的：首先是将要成为臣的那个人的名，其次是名位。"策名"就是即将成为君臣的两人共同订立契约性文书的程序：臣将自己的名字书写于策上，表示臣服于君。君授予臣以一个名位，这构成臣的礼法之名。名位是通过赐予田邑、礼器等形式确定的。确定了臣之名位，君相对于臣的名位也就同时得以确定。因而，"策名"就是两个人确定作为君臣之"名分"的过程，也即确定各自权利、义务之过程。由此形成一份文书，就是"策"或者"册"。君臣双方各自保留一份，它构成了双方一切权利、义务之终极依据。

"委质"则是此一文书中规定的臣对君之最高义务。"委"意为交付、附随，"质"即"人质"之"质"。"委质"就是一个人自我为质于另一人，也即，臣承诺，把全部人身交给即将成为自己的君的对方。

《论语·学而篇》所记子夏一句话说明了委质的含义："事君，能致其身。"为了保卫君，臣不惜献出自己的生命。

"策名"与"委质"紧密相关。词序就已清楚说明，双方首先订立契约，也即"策名"。随后，臣对君行臣服之礼，以表示把自己完全交付于君。没有前者，就没有后者。一个完整概念的"策名委质"已清楚地体现了封建君臣关系中权利—义务之相互性。

较为高级的封建，也即周王封建诸侯，被称为"策命"、"锡命"。《尚书》收录了若干策命文书，如《康诰》。因锡命辞关涉臣之权益，故公侯、大夫经常将其铸于礼器上。传世及考古发现此类重器甚多，其文字被称为"金文"或"钟鼎文"。相比于甲骨文，其文字大为成熟。

由策名委质程序可看出，封建的君臣关系是人合关系，是两个人且仅仅是两个人间确立契约性人身关系。田邑只是两人建立这一人身依附关系的中介。臣把人身奉献给君，君赐给臣以田邑，以为报酬。所以，土地并不是封建关系的根本，只是其实现的介质。封建之本在人身性君—臣关系，众多人通过一层层君臣关系联结成为一个大型共同体，比如邦国。封建治理之对象始终是人。由此可以理解，西周、春秋时代会有"徙国"之事，一个国从其既有领地整体迁徙到另一地方。直接以土地作为统治的对象是战国以后的事情。

因为封建的君臣关系是通过策名委质构建的人身性关系，故君臣关系不可继承。严格说来，封建的君臣关系仅及于个人，而与其子孙无关。君、臣关系中任一方死去，其关系就宣告终结，仍存活的一方完全可以不与死者之子建立君臣关系，而将其保有之名位及其相关权益授予另外的人。封建制就其本质而言是反对世袭制的。

尽管如此，人性的自然倾向会让封建的君臣关系逐渐走上血缘继承的轨道。从君的角度看，一块田邑不断地更换封臣，不胜其烦。尤其是，臣如果对后代的安宁缺乏明确的预期，其忠诚度可能受影响。臣期望自己的后代继续保有自己的身份、权力与利益。封建名位的继承制也就在现实中逐渐地形成。但血缘继承不是礼法本身，而是礼法败坏的结果。而即便臣的名位可由后代继承，经典封建制的基本原则仍通过一种制度保持着：每一代君、臣在双方任何一方死亡后，都需通过策名、策命的程序，重新确认与其继嗣者的君臣关系。

比如，有君臣关系的周王与诸侯这对君臣关系中的一方诸侯死亡，周王需与继嗣的诸侯之子重新订立君臣关系，后者才可完成继嗣程序。反过来，周王如死亡，新王即位，同样需与诸侯们重新建立君臣契约关系，方真正为王。《尚书》、《诗经》相关篇章通过不同文体分别记载了周成王及其子周康王继嗣王位的过程，关键环节正是继嗣之元子与诸侯通过契约，确认君臣关系，由此成为真正的周王。没有这样的程序，元子即不能成为王。

君臣之权利与义务

君臣双方策名委质，也就分别享有了自己的权利，也需要承担对对方的义务。

从名义上说，"溥天之下，莫非王土；率土之滨，莫非王臣"①。周王是华夏天下之王，是天下共主。天下之土地和人、民，从最为宽泛的意义上说，都从属于周王。他们对周王都承担着某种义务，直接地或者间接地，大小也有所不等。

但是，周王对天下之绝大部分并没有绝对控制权。周王不是主权者，也不是最大的地主。相反，通过策命礼，周王把大多数的人、邑分封给诸侯，自己可直接支配的疆域仅限于"王畿"。周王室有两块王畿，西部王畿以丰镐为中心；东部王畿以洛邑为中心。

土地分封给诸侯之后，周王实际上就只是王畿之公侯。但王畿也并不全部由周王全权支配。王畿内有诸侯，会分割掉王畿的很大部分人口、田邑。除去畿内诸侯，周王室还有自己的大夫，周王会分赐其人、邑。经过上面三重分封之后剩下的人、邑，才是周王的自用领地。

诸侯也会把自己的人、邑分封给大夫，为自己保留一块自用领地。依附于这块领地的士构成"公室"。

至于大夫，则不会继续分封土。士只是大夫所属之邑的管理者，及其他事务的承担者。

因此，在周的封建制中，周王、公侯、大夫是君。他们的财政性收入主要出自自己的自有领地。换言之，封建制下，没有后世的税。井田制的结构可说明这一点。一个大夫拥有若干社，这是基层共同体，它依

---

① 《诗经·小雅·北山》。

托于一片土地。其土地分成若干块：大夫保留其中一块，是为"公田"；农民各户拥有一块，是为"私田"。大夫在这整片土地上的全部收益来自自有的公田，而不对农民的私田征税。农民的义务是提供劳动力，耕种公田，这就是孟子所说的"藉"①，也即借民之力。以此类推，公侯生活之所需，也来自其自有领地。周王也一样。封建的周是一个没有税的世界。

当然，这并不意味着臣对君就没有义务，而是另有其形态。通过分封人、地给诸侯，周王对诸侯享有了权利。周王对诸侯的权利，即是诸侯对周王的义务。这个义务的总称似乎是"服"。

作为义务的"服"包括两项性质大不相同的义务："职"，即职事，也即役务，提供人力；"贡"是指方物之贡献。职包括两类：力与智。力又包括两类：军事性的与行政管理性的。

周王最初封建之本义，就是为了获得封臣们提供的军事力量。其计算单位是"乘"。《诗经》中出现最多的题材就是君子出征，或者描述君子出征之情形，或者描写家人思念出征之士的心情。

西周、春秋时代，战争的主流形态是车战，战车数量是衡量共同体战斗力的基本指标。战车是一个综合性作战单元，包括士，士所执之武器，战车，拉动战车的马匹，与此相关的各种车马装备，以及提供后勤服务的人员，甚至包括配合战车作战的"徒卒"。所有这些元素有机地搭配，构成一"乘"。关于每辆战车的配备，古人有很多讨论。可以确定，每乘有甲士三人，驾车者为"御"，居中。左边之士为"车左"或"甲首"，以射箭为主，负责远距离攻击。右边之士为"戎右"或"参乘"，以戈、戟等长兵器进行近距离攻击。每乘配备的士和徒卒，约在三十人左右。

大夫对公侯、诸侯对周王承担的义务就是，在公侯、周王需要时，带领自己的军事力量服役。这就是"赋"。每个大夫、每个诸侯承担的"乘赋"数量是相对固定的。一旦君，比如周王，有用兵的需要，就发布策命。诸侯接到策命，即应按照礼法规定的数量，带领装备整齐的战车队伍出征。

---

① 《孟子·滕文公上》记载孟子的考证：夏后氏五十而贡，殷人七十而助，周人百亩而彻。其实皆什一也。彻者，彻也；助者，藉也……《诗》云：雨我公田，遂及我私。惟助为有公田。由此观之，虽周亦助也。

周的君子皆为武士，然而，封建制下没有常备军。西周文献中历来有"天子六军"、"成周八师"、"殷八师"、"西六师"之说。但这些不是战国以后的常备军。相反，君子们在乡为乡官，在军为军吏。有人会说，这是"寓军于民"。其实，相反的说法才是正确的："寓民于军"。周王把大部分田邑分封给诸侯，诸侯把大部分田邑分封给大夫，大夫很可能没有进一步分封，而是通过田邑养活士。这些士首先是能够在战车上作战的武士。大夫对诸侯、诸侯对周王的主要义务是奉召带领自己封邑所养活之武士出征。对于周王、诸侯、大夫来说，田邑的主要价值就在于养活士。仅仅为了获得这些军役，各级君子才对田邑进行管理。可以说，民事的治理乃是因为军事的需要而发展出来的。

臣对君，比如诸侯对周王承担的另一种役务是在王廷随侍周王，也即承担王室的行政管理工作。周王会征召某些诸侯到王庭担任卿士。

臣对君承担的义务除了力，还有智。那就是，参加君之朝会，就君之家室之治理向君提供建议。这就是周人所说的"谋"。

上面所说诸侯及大夫、士通过诸侯对周王承担的所有这些职事，《诗经》用一个词来概括："王事。"

至于贡，并不具有财政意义。承担贡之义务的诸侯相对来说是比较野蛮的，也就是五服制中属于"要服"的诸侯，比如楚，以及接受周王策命的戎狄。这些相对野蛮的族群贡献地方特产，以表示他们对周王的臣服。周王又将这些贡品分赐给亲近或有功于王室之诸侯，这既是荣耀，也提醒他们不要忘记对周王的臣服关系和由此关系所衍生出的"职业"，也即义务。

总之，在周的封建制下，君封建人、邑给臣，臣因此而对君承担义务，不外乎人力、物资两种。以周王为例，按天下结构，不同的臣贡献于周王者是不同的：周王自有领地上的臣民向周王贡献各种实物，畿内诸侯贡献王室日常行政管理性人力，畿外诸侯贡献全副武装的军队，偏远地方的诸侯贡献方物。

而对一块封地而言，赋、贡的数量是固定的，由礼法予以明确规定。实际上，君臣各自的权利、义务都是通过契约确定的，或者作为惯例为人周知。比如，士、臣为君戍守或者出征是有固定的时间期限的。著名的《采薇》诗首句就在说明这一点："采薇采薇，薇亦作止。曰归曰归，岁亦莫止。"出征之时，周王已经确定了这些士返回的日期，采薇之时出发，岁末到期。

主忠信

封建的君臣关系之契约性及由此形成的权利—义务之相互性，决定了"信"和"忠"构成封建伦理之根本规范。

周初分封诸侯的策命书都强调忠、信之义务：《尚书》之《微子之命》最后说："无替朕命。"《蔡仲之命》最后说："无荒弃朕命。"此即要求受策命者"信"守此一策命。《康王之诰》中，周康王与公卿、诸侯确立君臣关系的策命中说，"则亦有熊罴之士，不二心之臣，保乂王家"，并要求诸侯"虽尔身在外，乃心罔不在王室"。这里的"不二心"就是"忠"。

考察《左传》记载春秋时代人关于"忠"的言说可以确定，"忠"是臣对君的美德，臣忠于自己对君所应承担之职事，包括在必要时为君付出生命，此即"委质"。

"贰"是与"忠"相对的。"贰"就是有二心于君，背叛君。背叛有程度上的不等：或者没有履行某个具体的义务，或者在君没有什么违约活动时却抛弃君，另投新主。按照封建的伦理，一个人只要承认另一人是他的君，就必须忠于君，这是他的最重要的伦理义务，也是最为重要的礼法义务。如郑国一位大夫所说："臣无二心，天之制也。"① 郑国另一大夫曾说："事君无二心，人臣之职也。"②

臣忠于君之职事的美德很自然地要求其具有"敬"的态度。守信则当敬于作为君臣契约之策名文书，敬于其中所规定的自己的职事，而后一种敬也就是忠。因此，忠总是与敬联系在一起的，忠于君的具体表现也就敬于其事，此即"敬业"。

需要注意的是，忠心与私人情感无关，臣对君的忠不是因为臣对君具有私人情感，而是因为，他与君之间存在着策名文书明文规定之义务。忠是契约催生的一种德行，是履行契约所应具备的优秀品质。正因为此，同一个士的忠的对象可以毫不费力地转移，而人们也不会以此为

---

① 《左传·庄公十四年》。
② 《史记·郑世家》。

怪，只要他合礼地解除了与前一位君的契约，与新君建立了关系。也就是说，忠只在君臣契约有效期间内存在。

臣仅忠于自己的君，造成这样一种现象：臣对自己的君之君，并没有直接的义务。作为大夫之臣的士是不可与大夫之君，即公侯，发生关系的，此即"家臣不敢知国"①。封建时代的权威—服从体系其实是断裂的，这正是封建制解体的内在制度根源。

"信"是指信守君臣之约。

周代，"信"总与双方或多方的约、盟联系在一起。春秋时代，这或者是指邦国之间的盟约、盟誓，或者是指君臣之间的契约。"信"就是信守约、盟，不违犯约、盟，以及诚实地履行约、盟对自己施加的义务。如此遵守约、盟是"信"，反之是失"信"、不"信"。

至此，可初步确定忠、信之关系。忠、信相互关联，但也有区别。就君臣关系而言，"信"关涉君臣双方的契约，因而是双方共同的伦理、礼法规范，君也不例外。"忠"主要关涉臣一方，要求臣尽最大努力履行对君的义务。因此，"信"优先于"忠"，也比忠更为根本。它是封建君臣关系的基础。唯有当君、臣双方均信守君臣之约，君臣关系才可维系，臣才有责任对君尽忠。因此，信是忠的基础，信生成了忠。没有双方的信，就没有臣的忠。作为封建美德之"忠"，更多地是指忠于契约。臣固当信守契约、忠于君，君也须信守契约。因而，忠、信是不可分的。对于维护封建最基本单元之稳定来说，忠、信是同等重要的。在当时人看来，"国非忠不立，非信不固"②，这两者共同构成了君子德行之基础。

因此，忠、信这两种美德在《论语》中被反复强调。孔子在《论语》中经常把"忠"、"信"相提并论，如"主忠、信"；"子以四教：文、行、忠、信"③，或者"言忠信，行笃敬，虽蛮貊之邦，行矣"④。相比较而言，在忠、信之中，孔子师徒特别强调"信"。

---

① 《左传·昭公二十五年》。
② 《国语·晋语二》。
③ 《论语·述而篇》。
④ 《论语·卫灵公篇》。

君臣以义而合

封建的君臣关系是两个自由人以订立书面契约的方式建立的，是"以义而合"。由此，双方的权利—义务自然是相互的，双方均须履行义务，如此才能享有权利。一方如果不履行义务，另一方也就可以拒绝履行义务，乃至解除君臣关系。

在君臣关系中，臣要享有自己的权利，就须对君履行策命之约所规定、礼法所保证的义务。这些义务构成君对臣的权利，君有权要求臣承担义务，甚至可以动用刑罚，乃至于兴兵讨伐那些没有履行自己义务之臣，以自己拥有的武力主张自己的权利。

不过，这绝不意味着，臣只有义务而没有权利。臣对君承担前面所说各种职、贡的前提是，君将一定数量的人、邑分封给臣，臣可依靠其中的自有部分维持生活。因而，臣对君的职、贡义务乃是因其从君那里获得了一定的权益而产生的。没有权利，也就没有义务。封建的君臣关系决定了，在君臣关系中，君臣双方的权利—义务之配置虽然并不完全均等，却是相互的。

作为这种权利—义务相互性的一个表现，臣的义务是固定的，君不能随意改变。这些义务通常由礼法或惯例予以保证，君若违反约定或惯例，臣可拒绝履行额外的义务。"普天之下，莫非王土"句出自《诗经·小雅·北山》：

陟彼北山，言采其杞。偕偕士子，朝夕从事。王事靡盬，忧我父母。

溥天之下，莫非王土；率土之滨，莫非王臣。大夫不均，我从事独贤。

作这首诗的大夫抱怨自己承担的职事很多，有人却相当清闲。"不均"二字在《诗经》出现多次。作者觉得自己受到了不公平对待。"不均"的感觉固然来自横向的比较，但也必然是因为，包括周王在内的君，由于主观或客观的原因，向作者施加了不合理的负担。此处之不合理就是不合礼，超出礼法和惯例所确定的范围，士人当然会抱怨。《诗经》中不少诗篇的作者抱怨自己不能回家，或妻子抱怨征人迟迟不归，实为权利意识所驱动。

这些被施加了不公平负担的士人不仅写诗抱怨，还会以实际行动反抗。《左传·庄公八年》记载：

> 齐侯使连称、管至父戍葵丘。瓜时而往，曰："及瓜而代"。期戍，公问不至。请代，弗许。故谋作乱。

连称、管至父是齐国两位大夫，他们奉命带领自己的士戍守葵丘。期满之后，齐侯没有下达撤军命令。两位大夫要求齐侯派兵替代他们，齐侯也不答应。大夫们认为齐侯侵害了其权利，给自己施加了额外的义务，决定起而反抗。

应该说，封建时代人们的正义感和公平感特别强烈，彼时，君臣的权利—义务都有明确的契约记载，或由习惯法确定。每人都清楚自己的义务与权利，并以相互的履行作为自己行为的预期——此即《礼记·曲礼上篇》所说"礼尚往来"的原始含义。对方是否履行了对自己的义务，每个人会非常敏感，哪怕对方是自己的君。这就构成周人之正义感的制度和心理基础，也正是这种正义感催生了诸多武力争斗。

这种正义感会让臣对自己的君进行判断，一旦认定自己遭到了严重的不公平对待，他就会解除与君的关系。春秋时代有一句谚语："臣一主二。"君没有履行君臣契约义务，臣可解除与君之关系，而成为另一人的臣。

基于这些历史事实，《礼记·曲礼下篇》说：

> 为人臣之礼，不显谏。三谏而不听，则逃之。子之事亲也，三谏而不听，则号泣而随之。
> 郑玄注：君臣有义则合，无义则离。至亲无去，志在感动之。

君臣关系与父子关系有根本区别：父子是自然的关系，因而无法解除。君臣关系却是两人依据自己的自由意志、以契约方式人为地构造的，这是一种利益关系。如果这种关系不再能给双方带来合作收益，更不要说一方侵害了另一方，或把另一方置于不必要的险境，那么，自认为权益受到损害的一方就可解除这种关系。

因此，封建君臣关系之本质是，君臣以义而合，不合则去。义者，宜也。君有君的权利、义务，臣有臣的权利、义务。履行义务就是合宜的，也即合礼的，也就享有了相应的权利。如果君的行为不合宜，不履行自己的义务，臣可以劝谏君。君若不听劝谏，继续错误的行动，而把臣置于不必要的困难或险境，臣就可以解除这一君臣关系。归根到底，在封建君臣关系中，任何一个人都没有义务因为对方的愚蠢而使自己蒙受损害。这类愚蠢的行为已超出封建契约和礼法所预设的合宜的范畴。君臣之合基于双方的同意，那么，离就是双方的权利。

《论语·八佾篇》所记孔子两句名言，精辟地概括了君臣关系之性质：

> 定公问："君使臣，臣事君，如之何？"
> 孔子对曰："君使臣以礼，臣事君以忠。"

孔子所说的"礼"就是契约或者契约一般化后的习惯法，它明确划定了臣对君的义务，也明确了此一义务之范围。君只能在此范围内指使、支配臣，在此范围内，臣也须忠于职事。但这个"忠"不是忠于君本人，而是信守两人之约。一旦君对臣的命令超出礼所划定的合宜性之范围，臣就可以拒绝履行。这样的臣，实际上是"以道事君"[①]。这一理念构成后世儒家士人精神之骨干。也可以说，在封建制下，君怎样对待臣，臣就怎样对待君。君希望臣怎样对待自己，也应怎样对待臣。这一君臣伦理正是孔子提出的儒家恕道——"己所不欲，勿施于人"[②]——的社会历史背景。

由君臣关系这一性质决定，封建制下，士是可以流动的。周人崛起过程中，最为重要的事件之一就是天下之贤人、士大量归往。当西周天下秩序建立之后，这种流动性趋向减少。但到春秋时代，随着礼崩乐坏，士的流动性又趋加大，进而瓦解了封建制度，制造出"游士"群体。士的流动性是君臣关系之契约性和君臣以义而合之伦理的必然

---

① 《论语·先进篇》："所谓大臣者，以道事君，不可则止。"
② 《论语·颜渊篇》。

结果。

弑君正义论

封建的君臣虽有"忠"与"信"的伦理和礼法规范之约束，但双方都可能违反。尤其可能发生的是，在君臣关系中居于强势一方的君放纵欲望、意志和激情，对共同体内的民的行为不合宜、不合礼，残民以逞，或对臣的要求不合宜、不合礼，乃至于直接侵害臣或其利害相关人的人身、权利与重大利益。面对这样的君，臣该怎么办？

孔子提出"君使臣以礼，臣事君以忠"，其潜台词就是："君使臣不以礼，臣事君不以忠。"孟子十分清楚地说出了孔子的言外之意：《孟子·离娄下篇》记载，孟子对齐宣王说："君之视臣如手足，则臣视君如腹心。君之视臣如犬马，则臣视君如国人。君之视臣如土芥，则臣视君如寇雠。"在周代，有大量因为君不能以礼待臣而导致君臣成仇的故事。《左传·襄公十四年》记载，卫献公慢待自己的臣。两位大臣受到羞辱，于心不甘，决心找回尊严，乃决定驱逐其君。这一"出君"事件引起天下关注。晋国贤人师旷与晋悼公有过这样一段对话：

> 师旷侍于晋侯。晋侯曰："卫人出其君，不亦甚乎？"
>
> 对曰："或者其君实甚。良君将赏善而刑淫，养民如子。盖之如天，容之如地。民奉其君，爱之如父母，仰之如日月；敬之如神明，畏之如雷霆。其可出乎？夫君，神之主而民之望也。若困民之主，匮神之祀，百姓绝望，社稷无主，将安用之？弗去何为？"

师旷明确而毫不留情地指出，卫献公要对自己的不幸遭遇承担责任。国人拥有出君的权利。君代表人间侍奉神灵，也是万民的希望所在。这是君之为君的伦理和礼法责任。君若履行这责任，满足神、民对君的期待，臣民当然不会驱逐其君，神灵也会护佑他。反之，君对神、对民根本没有用处，出君就是合理的、合礼的，神灵也会支持。据此，《孟子·万章下篇》记载，孟子对齐宣王说，王有有贵戚之卿，有异姓之卿：

王曰："请问贵戚之卿。"

曰："君有大过，则谏。反覆之而不听，则易位。"

王勃然变乎色。曰："王勿异也。王问臣，臣不敢不以正对。"

王色定，然后请问异姓之卿。曰："君有过，则谏。反覆之而不听，则去。"

面对君的违礼、侵害行径，臣首先应当"谏"，劝谏，这是他的责任。但他谏而君不听，异姓之卿就可以解除与君之关系而离开，同姓之卿则可以驱逐这个无道之君。

从易其君，出其君，再进一步就是杀其君。春秋时代君子已有"弑君正义论"。《国语·鲁语上》记载，晋人杀其君晋厉公：

［鲁］成公在朝。公曰："臣杀其君，谁之过也？"大夫莫对，里革曰："君之过也。夫君人者，其威大矣。失威，而至于杀，其过多矣。且夫君也者，将牧民而正其邪者也。若君纵私回而弃民事，民旁［普遍］有慝，无由省之，益邪多矣。若以邪临民，陷而不振。用善不肯专，则不能使，至于殄灭而莫之恤也，将安用之？　［夏］桀奔南巢，［商］纣踣于京，［周］厉流于彘，［周］幽灭于戏，皆是术也。夫君也者，民之川泽也。行而从之，美恶皆君之由，民何能为焉。"

里革指出：上天为民立君，旨在令君正民之邪。君若行邪道，他就忘记了自己的本分，没有履行对民的责任。他如果肆虐臣民，那就完全背离了自己的职分，此之谓"过"。此时，受到伤害的臣民就可起而杀死他。对此应当承担责任的是暴君自己。这时的臣并不是背叛，而是用武力来执行"礼"，以维护自己的权利。

孟子据此观念系统发展出"诛一夫论"，《孟子·梁惠王下篇》记载：

齐宣王问曰："汤放桀，武王伐纣，有诸？"

孟子对曰："于传有之。"

曰："臣弑其君，可乎？"

曰："贼仁者谓之'贼'，贼义者谓之'残'。残贼之人谓之'一夫'。闻诛一夫纣矣，未闻弑君也。"

对人间治理而言，君的权威是不可或缺的。但是，君臣关系毕竟不同于父子关系，没有自然之恩。如果君伤害臣，严重侵害臣的权益，臣就可以反抗，以至于杀死君。万民离心，则表示天、民同时抛弃君王，此时的君王就成为"独夫"、"一夫"。诛杀"独夫"，其实是按照天命和礼法进行的一次司法行为。

总之，在封建时代，君是崇高的，但不享有绝对权威。封建君臣的权利—义务是不均等的，但终究是相互的。双方的契约和普遍的礼法划定君的行为之范围。只有在此范围内，臣才对君有忠的义务。一旦君的行为不合宜，可能对臣带来危害，他就首先破坏了双方的契约，失信于臣。这时，臣完全可以减弱自己对君的臣服。假如君直接侵害臣的权益，臣可以解除君臣关系，另投他君。假如君严重侵害臣，威胁其生命，臣有权发动反抗，进行报复。这样的报复也具有公共意义，有助于维护健全的礼治秩序。在特殊情况下，臣可以诛杀暴君，最高级的形态则是革命。

第六章　君子共和

　　周之封建制下，人们通过契约方式结合为君臣，君与其若干位臣统领若干民，构成一个共同体。几方，尤其是同为君子的君臣不仅是利益共同体，更是命运共同体，因而也是精神共同体。由此形成封建制令人迷惑的特征：君与臣之间有尊卑之别，却相互忠诚而信任。人们心智之基底乃是共同体主义，不论君、臣、民，总是从共同体角度理解自我、看待自我、安顿自我。此一共同体是通过共和而治理的。

基层共同体

　　封建时代每一共同体成员可细分为君、臣、民。比如，大夫以士为臣，而其邑中有不少庶民承担各种劳役。庶民的主体当然是农民，但也包括各种专业人员，如工匠、商人。封建的共同体主义首先表现为君民之间的共同体主义。

　　孟子鼓励滕文公恢复"藉民之力"的井田制，其最大优点即在于，邑主与庶民同甘共苦："死徙无出乡。乡田同井，出入相友。守望相助，疾病相扶持，则百姓亲睦。"[1] 在井田制下，贵族与庶民同住于邑中。庶民分别耕种自己的私田，又共同耕种其邑主的公田，在此过程中，庶民们密切合作，邑主与庶民也密切合作。同时，私田与公田同处一邑，邑主的收益率与农民的收益率相同。丰收年份，邑主与农民共享丰收的喜悦；歉收年份，邑主和农民共担歉收的痛苦。这样，邑主与庶民构成休戚与共的利益、情感和命运共同体。

　　因此，井田制不是一种简单的田制或财产、生产、经济制度，而是最底层社会中君、民共同生活的整全性制度安排。井田制在基层构造出

---

　　[1]　《孟子·滕文公上篇》。

一个个小型君民共同体，在此共同体内，人们形成紧密的保护—援助关系。这是有史以来最为紧密的陌生人共同体。

此共同体的中心是"社"。封建的基层共同体常被称为"社"或"书社"。社是基层共同体的宗教场所，祭祀土地之神。社祭的准备和祭祀仪式特别强调居民的全体参与。秋季收获之后，全体成员共同祭祀，并举行乡饮酒之礼。《诗经·豳风·七月》描述这种君民同欢庆的场面：

> 九月肃霜，十月涤场。朋酒斯飨，曰杀羔羊。
> 跻彼公堂，称彼兕觥，万寿无疆！

邑主参加乡民的祭祀与欢庆活动。乡民举着酒杯相互祝贺，也祝贺邑主万寿无疆。由此可见，社是相当紧致的共同体，它的稳定性由神灵保障。最为有趣的是，封建的结构原理让君子，尤其是作为邦国之支柱的大夫们，与最基层的庶民，得以直接沟通，甚至共同生活在一起。大夫作为邑之君，治理自己的田、邑及其上的人民，因而与庶民发生关系；另一方面，他们又是公侯之臣，参与邦国事务之处理。这样，封建制虽为等级制，但其中的人际关系却远不像后人想象的那样天地悬隔。相反，封建制下君子与庶民的关系要比后世王权制、皇权制下官、民间关系更为亲密，因为，他们在共同的神灵之下长期共同生活，而成为精神与命运的共同体。

伙伴关系

君和他的臣通过策名委质结成共同体，而相互忠诚，休戚与共。君臣间有严格的尊卑等级，礼制要求臣不得僭越。另一方面，君臣关系却又温情脉脉，表现为伙伴关系。《左传·襄公十四年》记载晋国贤人师旷这样一段论述：

> 天生民而立之君，使司牧之，勿使失性。有君而为之贰，使师保之，勿使过度。是故天子有公，诸侯有卿，卿置侧室，大夫有贰宗，士有朋友，庶人、工、商、皂、隶、牧、圉皆有亲昵：以相辅佐也。善则

赏之，过则匡之，患则救之，失则革之。

"君"包括周王、诸侯、大夫等君子，上天生民，而为之立君，为的是在民、人中间维持正义秩序。当然，人总有局限性，谁也不能保证君总依君之规范行事。因此，上天又为每位君安排了"贰"。"贰"就是第二个我，也即伙伴。臣是君之"贰"，封建的君臣关系不是后世常见的那种命令—服从式隶属关系，而更接近于一种"伙伴关系"。臣不仅可以规谏君，在万不得已时也可以替换君，废除有重大过失之君。

晏子一段话从另一个角度阐明君臣关系之伙伴性质，此即"和而不同"典故之出处："君所谓可，而有否焉。臣献其否，以成其可。君所谓否，而有可焉。臣献其可，以去其否。是以，政平而不干，民无争心。"[1] 君臣关系是"和而不同"。臣作为君的"贰"，有义务协助君，那他就该秉持忠心履行自己的职责，而不论君对此是何态度。这不仅是臣的义务，也是臣的权利。只有这样的君臣关系才能让共同体事务得到妥当处理，所谓"政平而不干"。

因此，后世经学家以"诸侯不纯臣"概括封建的君臣关系之伙伴性质。卿大夫对公侯也"不纯臣"。君臣间关系是主宾关系或友朋关系。《诗经·小雅·鹿鸣》描述君臣饮宴的和乐景象："呦呦鹿鸣，食野之苹。我有嘉宾，鼓瑟吹笙。"诸侯、公卿被周王视为"嘉宾"。

封建之君，比如周王，也会用朋友关系或亲戚关系来拟制自己与臣的关系，从而赋予冷漠的契约性关系以情感因素，《经诗·小雅·伐木》：

伐木丁丁，鸟鸣嘤嘤。出自幽谷，迁于乔木。嘤其鸣矣，求其友声。

相彼鸟矣，犹求友声。矧伊人矣，不求友生？神之听之，终和且平。

伐木许许，酾酒有藇！既有肥羜，以速诸父。宁适不来，微我弗顾。

於粲洒扫，陈馈八簋。既有肥牡，以速诸舅。宁适不来，微我有咎。

---

① 《左传·昭公二十年》。

前两章把君、臣拟制为朋友。《尚书》之《泰誓》、《牧誓》诸篇中，周武王以"我友邦冢君"称呼诸侯。《大诰》中周公也说："肆予告我友邦君。"《诗经》不少诗句表明，周王把诸侯视为"友"。反过来，《诗经》中多首诗表明，诸侯认为自己是周王之友。可见，君臣为友是周人的普遍观念。

同时，君臣关系也会被拟制为亲属关系。但与通常理解的做法恰好相反，君自我矮化，把臣拟制为自己的长辈，诸父、诸舅。《尚书·顾命篇》中，周康王对卿士、诸侯说"今予一二伯父"，周王如此称呼同姓诸侯；对异姓诸侯，则常称舅父。君臣关系是人造的契约性关系，理性，以至于有点冷冰冰。为强化联系，君通过亲属拟制，以图在理性纽带之外增加情感纽带。为此，君不惜自我矮化。

透过具有伙伴性质的关系，君臣共同构造一个"体"，这是由相互依赖的器官组成的完整的身体。帝舜称禹、皋陶等臣为"股肱"，把共同体想象为身体。《礼记·缁衣篇》："子曰：民以君为心，君以民为体。心庄则体舒，心肃则容敬。心好之，身必安之；君好之，民必欲之。心以体全，亦以体伤。君以民存，亦以民亡。"君是共同体之心，高贵，但终究是邦国这个身体的组成部分，而不能超越身体本身。心须服务于身体，为此，心与身体的四肢之间虽有贵贱之分，但都构成一个共同的事业的有机部分，谁也无法脱离其他组成部分而单独存在，各方当相互服务。

君臣结成之体高于君臣之个体。《左传·襄公二十五年》记晏子一则故事，齐国发生内乱，崔氏杀死齐侯，晏子不为君死，也不逃亡，他说："君民者，岂以陵民？社稷是主。臣君者，岂为其口实？社稷是养。故君为社稷死，则死之；为社稷亡，则亡之。"君是为民而立的，臣效忠于君也是为了保护社稷，增进整个共同体的利益。君对社稷承担责任，臣才对君负有义务。若君为公益而死，臣自当以死效忠于君。若君为私欲而死，臣则没有义务以死致之。这样，以社稷为中心的共同体就在君、臣之上，双方是为了这个共同的事业而结合的。君也是因其有助于增进共同体的利益而被人们承认、尊奉的。臣真正的效忠对象是共同体的利益。孟子的"民为本，社稷次之，君为轻"之说①就是由此发展

---

① 《孟子·尽心下》。

而来的。

既然共同体高于君，那么合乎逻辑地，任何人不应因君的个人过错而终结共同体之生命。那些自然的、紧密的封建共同体获得了永恒的生命。正是这一点形成了封建时代"兴灭国，继绝世"之观念①。

谋

相互视为伙伴的君子，按照什么样的规则处理公共事务？

《左传·成公六年》记载，晋国卿大夫栾书［武子］率六军救郑，每军卿、佐各一人，共十二人。是否进击？栾武子以外的十一位卿大夫中，三人反对，八人支持。但栾武子采纳了少数派意见，由此有一段讨论：

或谓栾武子曰："圣人与众同欲，是以济事。子盍从众？子为大政，将酌于民者也。子之佐十一人，其不欲战者，三人而已。欲战者可谓众矣。《商书》曰：三人占，从二人。众故也。"

武子曰："善钧，从众。夫善，众之主也。三卿为主，可谓众矣。从之，不亦可乎？"

那个没有留下名字的人士认为，决策当"从众"。他表达了当时的主流观念：决策者当"与众同欲"，"从众"就是帝舜所说的"舍己从人"。

这就是封建治理之基本原则：君在作出重大决策时，须广泛地征询、听取臣的意见，并按照多数意见决策。臣对共同体事务表达意见，就是"谋"。臣在其位，则当谋君之政。孔子说："不在其位，不谋其政"②。孔子所说之"其"指君，"政"就是君之事务，也就是共同体的事务。臣享有君所赐封之名位以及附属的田邑，自当承担对君的义务，这包括谋其政，参与君所关心的事务之处理过程，提供建议、方案，并与君和同僚进行讨论。这个"谋"与今义略有不同，在周代的

---

① 《论语·尧曰篇》记载孔子总结周人得天下之道曰："兴灭国，继绝世，举逸民，天下之民归心焉。"

② 《论语·泰伯篇》。

含义就是提供意见。为描述臣履行这种义务的活动，封建时代的人们发明了很多词，见《尔雅·释诂》：

> 靖、惟、漠、图、询、度、咨、诹、究、如、虑、谟、猷、肇、基、访，谋也。

单是这一语言学事实就表明，"谋"在封建治理中确实至关重要。《诗经·小雅·皇皇者华》描述周文王征询其臣之意见的盛况：

> 皇皇者华，于彼原隰。骁骁征夫，每怀靡及。
> 我马维驹，六辔如濡。载驰载驱，周爰咨诹。
> 我马维骐，六辔如丝。载驰载驱，周爰咨谋。
> 我马维骆，六辔沃若。载驰载驱，周爰咨度。
> 我马维骃，六辔既均。载驰载驱，周爰咨询。

封建之谋必然是"共谋"，也即"会议"，全体君臣会而议之。会议是封建治理之基本形态。君臣基于契约组成一共同体，旨在增进双方利益。故君臣乃是朋友、伙伴关系，共同体的重要事务当由伙伴们共同决定。唯有如此，事务之"中"才能被发现，共同体之公益才不会被损害，或能有所增进。达到这一点的唯一办法就是君子共同审议，按照多数决方式决策。

这就是共和。封建的治理基本上采取共和形态。君子共和就是两个及更多的君子同时拥有决策之参与权，透过面对面协商、审议的方式寻求共识，对公共事务做出决策，进而集体行动。

朝会

君子共和之最主要形态是君主持的君臣朝会。臣定期会聚于君之宫廷，此即为"会"、"朝"。

《左传·庄公二十三年》记载曹刿阐明朝会之功能："夫礼，所以整民也。故会，以训上下之则，制财用之节，贡赋多少；朝，以正班爵之义，帅长幼之序；征伐，以讨其不然。诸侯有王，王有巡守，以大习之。"朝的功能在于确认君与臣之间及臣与臣之间的贵贱等级，"会"是君臣聚会，旨在讨论重大问题，作出决策，包括确定臣对君的贡、赋，这些需要君臣共同商议决定。

可见，朝会是封建秩序正常运作的枢纽所在。因此，朝会制度通行于各级封建共同体，周王有朝会，诸侯有朝会，大夫也有朝会。

《左传·昭公十三年》记晋国贤人叔向一段话："故明王之制，使诸侯岁聘，以志业；间朝，以讲礼；再朝而会，以示威；再会而盟，以显昭明。志业于好，讲礼于等。示威于众，昭明于神。自古以来，未之或失也。存亡之道，恒由是兴。"① 每年一聘，明确其义务。三年一朝，正班爵之义，定长幼之序。六年一会，以训上下之则，制财用之节。十二年一盟，昭明信义。

因为诸侯定期到京师朝会周王，以至于周王须为诸侯们在王畿内安排"朝宿之邑"，以此田邑之产出、庶民供应其参加朝会时住宿、生活之所需。

朝会的场所中有"明堂"，《孟子·梁惠王下篇》记载：有人曾建议齐宣王毁泰山下之明堂。孟子说："夫明堂者，王者之堂也。王欲行王政，则勿毁之矣。"王政就是周王的封建之政。《礼记·明堂位篇》同样表明了明堂的这种性质。

诸侯也有自己的朝会，在此，公侯与自己的臣——卿大夫们共同处理邦国之重大事务。这个层级的朝会与周王、诸侯之朝会有相当大的不同。诸侯分布天下各地，周王与诸侯的朝会只能间隔相当长时间举行一次。此一朝会的仪式性比较强。作为君的公侯与作为臣的大夫则同居于"国"中，其朝会可经常举行，或许每天都可举行。公侯之朝会是最为经典的朝会。

《诗·周颂·有駜》描述了有中兴之功的鲁僖公时代的君臣之道："夙夜在公，在公明明。""明"通"勉"。鲁僖公的一大功业就是君臣互信，勤于朝会。在封建治理架构中，君臣朝会具有双重的共治意味：首先，君臣共同治理邦国的公共事务。其次，臣服于同一个君的臣们共同治理邦国共同事务。前者体现了封建的君臣关系之相互性，后者则是维护封建的共同体之凝聚力所必需的。

---

① 《春秋左传正义》，卷四十六。

同一公侯之下的大夫相互之间并无实质性横向关系。他们正是借助于共同参与君的事业而联合起来。而在此参与过程中，他们的地位是完全同等的，甚至带有强烈的竞争色彩。这种关系就决定了，邦国事务唯一可行的决策机制就是大夫们在全体参加的会议上共同决策，每个人充分发表意见，然后以少数服从多数的方式决策。

大夫们平等参与之性质，反过来也推动君臣参与趋向于平等。大夫们的权威相当，彼此运用理性说服对方。因此，朝会乃是理性居于支配地位的治理审议场所，在此审议过程中，君的意志和欲望受到抑制。大夫们运用理性话语彼此说服，也就同样以理性话语与君对话，君也就不能不理性地与大夫们对话。这种理性对话过程趋向于抹平君臣之间的等级隔阂。因此，在君臣朝会中，君臣是相当平等的，而绝非君一人独断。

大夫作为君，也召集自己的臣举行会议，此即家室之朝。大夫立家，大夫的直属封臣是士，他们构成大夫之家众。这些家众与大夫通过君臣契约构成封建的治理共同体。因此，大夫之家不完全是后世的血缘性家族，而是透过"约"人为构造出来的礼法上的治理实体。作为君的大夫欲治其家，必通过共和的方式，让家众共同参与家室公共事务之决策。

这样一来，大夫需参加两个朝会。实际上，周王以下之各级君，同时又是他人之臣，故皆有两个朝：公侯既须参加周王之朝，又在本邦与自己的大夫们举行自己的朝会。

朝会的主要内容是"敷奏以言"，也即，臣谋君之政。为此，臣经常在朝会中进行口头辩论。《左传·襄公十年》记载：

卫侯救宋，师于襄牛。

郑子展曰："必伐卫，不然，是不与楚也。得罪于晋，又得罪于楚，国将若之何？"

子驷曰："国病矣！"

子展曰："得罪于二大国，必亡。病，不犹愈于亡乎？"

诸大夫皆以为然。

郑是个弱国，夹在晋、楚两大国间，大夫们自然地分为两派：一派亲晋，一派亲楚。郑国大夫们经常就此问题进行政策辩论，对外政策的每次调整都是通过全体大夫会议的程序决定的。这个记录表明其决策方式：两位执政大夫分别提出自己的政策方案，双方展开辩论，最后采取多数决作出共同的决策。

《左传》记载了若干邦国之大夫会议全过程。这样的会议总是在君的面前进行的，即便君的权威已经削弱。一旦作出决策，全体大夫就会投入政策的实施，而不得有任何懈怠。

朝会不仅保证封建治理的理性，也维持君臣关系之稳定性和凝聚力。封建制下，臣的权威、财富、地位等有价值的事物并非来自君单方面的赐予，而来自双方的契约。臣独立地经营自己的田邑，独立地获得收入，而并不仰赖于君。这意味着，臣始终有疏离君的倾向。君召集其臣定期聚会，可增强君臣的联系。因此，对臣来说，参加朝会是礼法上的义务。有些距离遥远的诸侯将参加周王的朝会视为负担，而经常逃避。臣不朝会，意味着君之权威下降。东周以来，周王权威衰落的主要标志就是诸侯不再朝会。

君位继嗣之共决

为了让生命更为健壮，更好地服务于共同体成员，封建的共同体拒绝让自然的逻辑支配自己的生存，也即，它不把君位之继嗣交给自然，而透过人为的制度进行理性抉择，故君位是通过"建"、"立"完成继嗣的，由君与其直属封臣共同决定。《左传·成公十八年》记载：

十八年春，王正月，庚申，晋栾书、中行偃使程滑弑[晋]厉公……使荀䓨、士鲂逆周子于京师而立之，生十四年矣。

大夫逆于清原，周子曰："孤始愿不及此。虽及此，岂非天乎！抑人之求君，使出命也，立而不从，将安用君？二三子用我今日，否亦今日。共而从君，神之所福也。"对曰："群臣之愿也，敢不唯命是听。"

庚午，盟而入，馆于伯子同氏。

辛巳，朝于武宫，逐不臣者七人。

周子有兄而无慧，不能辨菽麦，故不可立。

周子即后来的晋悼公，他恢复了晋文公之霸业。但他之继任公位，完全是大夫们集体推举的结果。这些大夫杀死他的父亲，又决定不立他那有点痴呆的兄长。他不能不对这些大夫心存疑惧，大夫们也意识到这一点，因而双方举行了隆重的"盟誓"仪式，大夫们以此表明尊重周子。接下来，双方举行朝会。由此，新君与大夫们建立正式的君臣关系。然而，有七位大夫不向周子行臣服之礼，不愿接受周子为君。君臣关系只能自愿建立，周子也就不能与其建立君臣关系。持主流意见的大夫们驱逐他们。在此周子继嗣过程中，天意、神意也很重要。

归根到底，人身性契约关系须由双方的相互承认才可建立起来，哪怕这个承认是出于被迫。因此，如果没有臣本人的同意，则那个自认为君的人与臣之间，就不存在君臣关系。因此，封建君位之继嗣一定是基于臣之同意。

大夫按照类似的原则安排本家室君位之继嗣。

总之，封建继嗣的基本规则是根据人意、神意"建"、"立"继嗣之君。君要承担诸多功能，以增进共同体的利益，那就须确保继嗣之君具有这些能力。而一旦能力居于考量之首要位置，那君位继嗣就一定是"建"、"立"，也即"选建明德"，而不是自然的嫡长子继承。春秋时代有"树子"之词。《春秋公羊传·僖公三年》记载，齐桓公与诸侯约盟四条："无障谷，无贮粟，无易树子，无以妾为妻。""树子"是被"树立"的先君之子。"树"就是"建"、"立"。也许，在现实中，君位确实常由嫡长子继嗣。但这只是一个事实，而非礼法。封建的根本原则是君之建、立。真正的嫡长子继承制只存在于家天下的战国王权制与秦以后的皇权制时代。

在封建体系中，大多数君既是他人之君，又是他人之臣，其继承君位既需得到臣的同意，也需要得到君的同意：大夫之位的继嗣，需公侯之同意；公侯之位的继嗣，需周王之同意。这是重新订立契约、确认双方相互的权利—义务关系的程序。周王对世子继嗣的同意表现为"策命礼"，即使在春秋时期，策命礼依然正常进行。

可见，一个由封建契约联结在一起同时囊括人和土地的封建的共同体，并不是君的私人财产，而是其全体成员的共同财富。故封建治理的基本预设是，一群君子以伙伴关系共同治理该共同体，故君之继任是一个选择之事，而非自然继承之事。唯有如此，君子整体的利益，包括民在内的整个共同体的利益，才不会因为血缘传递中偶然的失误而遭受重大损害。封建的君位共同决策树立机制乃是封建的共同体主义所决定的，反过来强化这种共同体主义。

国人共和

封建的共和若仅限于周王、公侯、大夫等君子，实际上是难以运转的，因为社会的中间层是士，作战和庶民管理均由他们承担。共和不能排除他们。事实是，封建的逻辑也向这个群体延伸。大夫之朝会必以士为主体。而在有些特殊时刻，士群体会参与邦国事务而有"国人共和"。"君子共和"是常态的治理机制，"国人共和"是非常状态下的治理机制。

在古典文献中，作为特定名词的"民"一般指"庶民"，农民、工匠、商人等。作为特定名词的"人"，一般指最低等级的君子——士，偶尔也指大夫。"国人"就是指"国"中之"士"。

现有文献记载中，"国人"第一次在历史上发挥作用是在周厉王时期，《史记·周本纪》记载，周厉王暴虐侈傲，国人批评周王。周厉王不听召公劝谏，让人暗地里搜集批评意见：

> 于是，国莫敢出言。三年，乃袭厉王。厉王出奔于彘，厉王太子静匿召公之家。国人闻之，乃围之。
>
> 厉王出奔于彘……召公、周公二相行政，号曰"共和"。

反叛、驱逐周厉王的主体是王城的国人。正是国人这次行为促成了周王室的"共和"，也即王位空缺时，诸公卿共同治理。

春秋时代，"国人共和"多次出现，通常发生于非常时刻。非常时刻方有国人共和，理由很简单。封建时代的军事战斗力和知识、管理技术均集中于士，也即国人手上，只有他们具有捍卫邦国的能力。大敌临境，国君必与国人共和。仅一个卫国，《左传》就记载了若干次"国人"共同参与重大公共事务决策的事件。《左传·哀公元年》又记载春秋末年发生在陈国的一件事情：

吴之入楚也，使召陈怀公。怀公朝国人而问焉，曰：“欲与楚者，右。欲与吴者，左。陈人，从田。无田，从党。”

陈国临近吴、楚，这两大国都不能得罪，国人有亲吴、亲楚两种意见。陈怀公无从决定，只能请国人通过站队的方式进行投票。投票是以邑、党为单位组织进行的，而非以个体为单位进行。

“国人共和”还有另外一种形态，即“大蒐”。蒐的字面意思是狩猎。封建的君臣关系首先是军事性质的，作为君的周王之所以分封诸侯、诸侯分封大夫，其目的就是为了获得作为臣的诸侯、大夫之屏藩、援助。为确保屏藩的可靠性，君须定期检阅自己的武士。为此，他要求臣在约定日期带领其士，全副武装参加狩猎活动。这就是“大蒐”。

在大蒐中，君不仅检阅自己的直属封臣，也检阅自己的臣之臣，也即“陪臣”。这样，大蒐也就具有了国人大会的性质，包括士在内的全体君子、国人汇聚于一处。而这样的机会对周王来说是难得、珍贵而重要的。对周王、对所有君子来说，这大约是和平时期，唯一带有全国性质的事件。天下的君子、国人“会同”于此，这就是一次全国性君子与国人大会。也正是透过这样的会同，周王宣示自己为天下之共主。朝会只是具有直接君臣关系的君子的会议，而在大蒐中，周王不仅是诸侯之君，也是天下之王，是所有国人之王。这就是大蒐的重大象征意义所在。由此，大夫、士看到，自己不只是鲁国、齐国之大夫、士，也是周王之士。由此，他们的心灵中还有周，他们将具有天下意识。正是这种意识让周的天下秩序保持完整。

正因为大蒐具有如此功能，在封建制度尚保持在经典状态时，周王定期大蒐。到春秋时代，王权衰微，周王也就没有朝会，更没有大蒐了。此后，大夫、士完全成为一国之大夫、士，他们的天下意识日趋淡薄，周的天下逐渐瓦解。

诸侯同样举行大蒐，可分为两类：一类是常规性大蒐，主要是检阅实力。另一类是非常规性的。尤其是春秋时代，各国强势卿大夫发起的大蒐，似乎更多的是一种协商性动员机制，会同邦中全体国人，凝聚对付严重危机的意志。此时，相互争斗的大夫暂停内斗，共同对付外部危机。

晋、楚两个邦国则最早有意识地运用大蒐之国人大会性质，进行创新性立法。晋文公之后，晋国频繁大蒐，其中多具有全国立法会议性质。封建的法律观念中没有立法，如要进行立法，只能在国人大会中征得最大多数人之同意，大蒐是唯一的国人大会。通过大蒐，晋国不仅强化了大夫之间的联合，也强化了国人的联合，尤其是确定了一些新的制度。透过大蒐立法，晋人获得收益，其制度演进最快。这一点也让晋人的立法意识最早成熟。三晋成为春秋后期、战国初期变法之主要策源地，法家也诞生于此。

言辞的技艺

君子共和普遍存在于封建的各层共同体，共和的基本形态是会议，这自然要求参与者具有口头演说与辩论的技巧。

演讲和辩论预设演讲者与听众共同参与决策的制度现实，即便他们未必地位平等。演讲和辩论者所表达的是个人意见而非真理，他也不是基于强势的意志对其他人发布命令。演讲和辩论者通过言辞和情感来说服与自己具有共同决策权的人，支持、认可、同意自己的个人意见，并共同作出自己希望的决策。封建制内在地要求演讲与辩论。

《尚书》所收六篇"誓"都是说服性演讲。前五篇是战争之前的动员性演讲。其内容绝不只是简单地起誓，而是指控即将讨伐的暴君的罪行，并引用礼法和一般正义原则论证自己行为之正当性。借此，讨伐者向自己的士证明讨伐行动之正当性，以鼓舞"士"气。《秦誓》则相当特殊，它是秦穆公向群臣发表的检讨书，借以重新获得群臣的支持。

《尚书》保留的殷商政治文献《盘庚》三篇，是殷商之王盘庚针对国人的说服性演讲。周书部分有一些是策命文书，但也有相当部分是口头发言之记录。这些发言又可分为两类，一类是策命时对即将封建之臣的训诫，另一类则是针对大众的口头演讲，《大诰》是周公对"我友邦君，越尹氏、庶士御事"的演讲辞，《多士》明显的是针对"殷遗多士"的演讲辞。在这些演讲辞中，周公综合运用了信仰、理性和情感三种说服性手段，有劝说，有威胁，但也有许诺。

周公制礼则同时凸现了"文"与"言"。"文"指契约、盟誓文书，这规范着人们的权利—义务。但透过这种文书建立起关系的人们需要频繁地共同协商、共同决策，以及说服那些与自己没有君臣关系的人从事共同的事业，"言"也就具有非常重要的功能。

故周人十分重视言，正是这一点让《诗经》成为周人最看重的经典，君子之教的主要科目正是诗教。《诗经·大雅·板》中一句话阐明"辞气"与治理的关系："辞之辑矣，民之洽矣。辞之怿矣，民之莫矣。"君子之辞是治理的重要技艺。

孔门弟子生活在这一传统中，故曾子在自知将不久于人世之际说过这样一段话：

> 鸟之将死，其鸣也哀；人之将死，其言也善。君子所贵乎道者三：动容貌，斯远暴慢矣。正颜色，斯近信矣。出辞气，斯远鄙倍矣。①

辞气理性、和悦，免于鄙陋、粗暴，则他人也就不会鄙陋、粗暴地对待自己。这是在随时需要进行说服工作的共同体中生活过的人的经验之谈。在一个共同体主义的世界，为了共同生活和共同行动，君子必须讲究辞气，习得言说技艺。这种技艺可让人们理性地、共同地寻找解决共同体事务之方案。

---

① 《论语·泰伯篇》。

第七章　礼

周人建立经典封建制，其封建格局是比较规整的：周王与诸侯之间的关系是清晰的，诸侯国内部的君臣关系也是清晰而稳定的。复杂而完整的礼制体系创造和维系这种君臣关系。然而，礼是何种性质的规则？以何种形态存在？礼所塑造的人际关系呈现为何种性质？

礼是习惯法

周礼有"经礼"、"仪礼"之分，也就是"礼"与"仪"之分。

《左传·昭公五年》记载，晋国大夫女叔齐明确地区分两者："自郊劳至于赠贿……是仪也，不可谓礼。礼，所以守其国，行其政令，无失其民者也。"经礼规范君臣关系，确定双方之名位、职事。仪礼规范此一关系之外在表现，如身体之进退周旋等。当然，两者对于礼治秩序是同样重要的。

不管是哪种类型的礼，都属于习惯法。《礼记·礼运篇》中，孔子探讨了礼的起源，并揭示了礼之习惯法性质。孔子指出，他那个时代有关祭祀的诸多礼制乃是由尧舜以前的上古、中古承袭而来。礼不是自然的事物，而是被人逐渐构造出来的。礼制规则体系在时间过程中连续生长，大量上古的礼制依然保留着。《论语·为政篇》记载孔子一段话可表明礼的习惯法性质：

> 殷因于夏礼，所损益，可知也；周因于殷礼，所损益，可知也。其或继周者，虽百世，可知也。

三代之礼是陈陈相"因"的，其间有所损益，但仍保持了连续性。而且，孔子断言，这种连续性将永恒地持续下去。《礼记·礼器》篇明确提出："三代之礼一也，民共由之。"人始终生活于与他人的关系中，为维系、扩展这些关系，人自发地遵循特定的规则。这就是礼，礼是人之为人的自然所规定者，故亘古有效。

具体来看，仪礼就其性质而言是习俗。需要辨析的是经礼。经礼规范君臣之权利、义务，也即治理之大经大法，多出自周文王、周武王，尤其是周公之制作。但是，周公制礼并不像现代立法者那样"创制"一整套全新的礼制规则体系，而是在治理实践中面对具体问题，本乎先王之制，基于历史经验，以个别的策命书，分散地设计、构想具体的规则与制度，而使礼制规则体系悄然演变。

习惯法并不排斥立法，也并非不成文的。周公所制之礼是成文的，但它们不是礼典，而是零散的，分散于针对周王、个别诸侯、天下诸侯及殷商遗民的各种诰命中。尽管如此，周公具有立法家的创制意识和高超的制度想象能力，极为认真地对待每一份策命。仅为策命康叔，周公就接连制作了三篇诰命。从诰命的文本结构和语气看，它似乎是周公多次训诫康叔的言辞之记录。这些言辞均经过深思熟虑，因而，周公零散制作的规则和制度，实具有高度连贯性，最终指向了契约性君臣关系之构造。

但习惯法还有一特征：周公之制作绝不是凭空制作。周公书中反复强调文王之法、文王之教。周公也再三提及夏、商之人物和制度。周公并不认为自己是在创造法律。封建时代的立法者没有立法的自觉，也不会有这种自负。不是周公制礼，而是礼通过周公呈现出来。周公是礼之探究者、发现者。毋宁说，周公是把先王之法予以"成文化"，进而予以深化、扩展，以解决具体问题。周公在分散地立法，而既有的礼制对周公之立法活动构成强有力的约束。周公的制礼活动是在既有的礼制系统中进行的，因而，周公制礼实际上是对既有的礼制系统之完善、改进。周公实际上成为这个礼制系统自我完善的工具。在礼治秩序中，每个王、君子都是礼自我实现的工具。

至关重要的是，周人有这样的理念：个别的立法具有普遍约束力。周公的零散的制作乃是"故"，也即"先例"，它们本来旨在解决个别问题，但具有普遍而永恒的效力。周王和各国诸侯、大夫不断适用这些先例，尤其是将其从周王—诸侯的君臣关系推展及于公侯与大夫、大夫与士之间。这样，整个天下也就由周公之礼编织起来。个别、分散的周公之礼，扩展成为普遍而完整的天下礼制体系。

作为习惯法的礼制体系既是永恒的，又可灵活变化。这就是礼作为习惯法最迷人的地方。它在保持了连续性的同时又灵活地变化着。此即孔子所说的"损、益"。周人相信，规则是永恒的。但这些规则又在变化之中。"因"并不排斥"损、益"，而正因为有所损、有所益，礼才可以陈陈相"因"。而在"因"的基础上的"损、益"，也控制着"损、益"的幅度和深度，让"损、益"不至于给个人、共同体带来严重的不便或灾难。于不知不觉中容纳变化，由此，礼涵容人的生活，而具有永恒性。

礼之存在形态

按照习惯法的思考方式，先人之一切法典、惯例都被视为仍然有效的法律。因此，礼具有十分丰富的存在形态。

《左传·昭公十二年》记载楚王称赞左史倚相是良史，"是能读《三坟》、《五典》、《八索》、《九丘》"。《国语·楚语上》记载，这位左史倚相描述贤明的卫武公："在舆有旅贲之规，位宁有官师之典。倚几有诵训之谏，居寝有亵御之箴。临事有瞽、史之导，宴居有师、工之诵。史不失书，蒙不失诵，以训御之。"《左传·襄公十四年》记载晋国师旷说君皆有其贰："史为书，瞽为诗，工诵箴谏。"由此已可粗略得知，礼有书、规、典、谏、箴到多种成文性规则之形态，保存于史、师、瞽等手中。

大体上，礼之保存方式有两种：口耳传诵，或文书记载。师、瞽借助其超强的记诵能力传诵先王之言、行、制度。《尚书》所收尧、舜、禹夏之文书，当由其传诵而于后世写定。但即便到周，他们也仍然发挥着重要作用：他们传诗，承担诗教，而诗也承载着礼。

礼之第二种保存形态是文书。《左传·昭公二年》记载：

春，晋侯使韩宣子来聘……观书于［鲁］大史氏，见《易象》与鲁《春秋》，曰："周礼尽在鲁矣。吾乃今知周公之德，与周之所以王也。"

《左传》也提到"夏书"、"商书"、"刑书"、"周书"等。这类书多为先王所作,或记载先王之政令,它们构成了具有最高而广泛之效力的礼法。

但到周代,出现了另外一类书:君臣建立封建关系之策名、策命文书。这些文书确定君臣各自的名位、职事,因而通常被双方认真地保存。此类文书数量极为庞大,以至于各个层级的君都设立了"府",专司保存这类文书,周人称为"府",或"盟府"、或"故府"。《左传·僖公五年》记载,虞大夫宫之奇谏其君曰:"大伯、虞仲,大王之昭也。大伯不从,是以不嗣。虢仲、虢叔,王季之穆也,为文王卿士。勋在王室,藏于盟府。""盟府"收藏诸侯最初受封之策命文书。这是作为君臣的周王——诸侯各自权利——义务之最为基本的依据。也正因为此,它们才会被仔细地收藏于府中。

盟府还收藏其他类型的文书。《左传·僖公二十六年》记载,齐国准备征伐鲁国,鲁大夫展喜对齐侯说,鲁人并不恐惧,因为,当初,周公与齐太公共同辅佐周室,周成王奖赏他们,乃主持双方立盟,其辞曰:"世世子孙,无相害也。"双方承诺,不会相互伤害。这构成了双方的礼法责任。这份盟书被收藏在盟府。太公曾认真履行之,齐桓公也同样承担了这一"职"事。所以现在,鲁人也完全有理由期待,齐人会履行这份盟约。

臣有功勋,君有奖赏,也会被记录于简策,藏于"盟府"。君给与臣的奖赏经常是赐以某种名位,其中包括标志这种名位的田邑。而这在未来是可能引发纠纷的,以文书记载,则将受奖赏者的名位、权利予以明晰化,它可以成为受奖赏者此后主张、维护自己权利的坚实依据。

总之,周之礼法体现于各种各样的文书中。也许,鲁国之文书保存最为完整,《左传·哀公三年》记载,鲁国王宫发生火灾,救火者皆曰"顾府",南宫敬叔至,命专掌周书典籍之官出"御书"。子服景伯至,则命宰人出"礼书"。季桓子至,则命人藏《象魏》,因为"旧章不可亡也"。这里有多种多样的文献,而君子对此十分在意。

《左传·定公元年》又提到了"故府"。何谓"故"?《国语·周语上》记载,周宣王寻找合适的君子教导诸侯,樊穆仲推荐鲁孝公,因为他"肃恭明神,而敬事耆老。赋事、行刑,必问于遗训,而咨于故实。不干所问,不犯所咨。"《国语·晋语一》记载:晋献公使太子伐东山,里克劝止："非故也。君行，太子居，以监国也；君行，太子从，以抚军也。今君居，太子行，未有此也。"由此可见，"故"者，故事也，即先例，惯例。"无故"就是没有先例依据，也即没有礼法上的依据。

"故"可能是某一事件中具有特别意义的实物，《国语·鲁语上》记载，鲁宣公于夏天在泗渊大肆捕鱼，"里革断其罟而弃之"，并阐明了这方面的"古之训"，也即礼法，

> 公闻之，曰：吾过而里革匡我，不亦善乎！是良罟也，为我得法。使有司藏之，使吾无忘谂。

"故府"中确实保存这类实物，可能收藏周王所赐之弓、矢、车、服，这些同样昭示着礼法。事实上，简、策的形态也接近于实物。

"故"是人创制出来的，《国语·楚语上》记载：

> 屈到嗜芰。有疾，召其宗老而属之曰："祭我，必以芰。"及祥，宗老将荐芰。屈建命去之，宗老曰："夫子属之。"子木曰："不然。夫子承楚国之政，其法刑在民心，而藏在王府。上之可以比先王，下之可以训后世……夫子不以其私欲干国之典。"遂不用。

屈到通过治国活动创设了若干先例，这样的先例对后人具有约束力。其中有些先例被记录在案，比如《祭典》，收藏于"王府"。这个"王府"的功能与上面所说"盟府"、"故府"相同。至关重要的是，这里揭示了一种做法如何成为"故"。并不是每个行为都能成为"故"，只有那些被人信服、尊重、效仿的行为可成为"故"。习惯法内置着一种规则的筛选机制，下面一段对话的法理学价值更大。《国语·鲁语上》记载，鲁庄公希望为自己的新娘哀姜举办一个奢华而尊贵的婚礼：

> 哀姜至，公使大夫、宗妇觌用币。宗人夏父展曰："非故也。"公曰："君作故。"对曰："君作而顺，则故之。逆，则亦书其逆也。臣从有司，惧逆之书于后也，故不敢不告。夫妇贽不过枣、栗，以告虔也。男则玉、帛、禽、鸟，以章物也。今妇执币，是男女无别也。男女之别，国之大节也，不可无也。"公弗听。

君王的行动本身确实可以构成"故"、先例，因此，史官认真记录君之言、行，因为君王有可能创造先例。但是，并不是君王所有行动都足以构成"故"。唯有合礼之行为才可构成故。

所有礼法规则都是被人制定出来的，但每一个制定活动都在既有礼制规则体系之控制下展开。礼制规则体系实际上一直在变化、丰富，但永远没有人置身于其外、其上。从整体上看，礼制规则体系呈现为自发生长的过程，而那些具有高超立法技艺、智慧的君子是礼制体系的滋养者，让它保持生命力。

既然有"府"，就有保管人。这些人通常是"史"。史的主要职能是起草、记录及保存文书，以其中所蕴涵之礼法参与共同体之治理。每个君，从周王之王室到诸侯公室，到大夫之家室，都设有"史"官，都建有"府"，负责保存与自己相关的各种文书，以及比较重要而通过各种途径得到的关乎天下之治理的"书"。

由此可以解释一个非常重要的现象：在周代，史官常充当法律人，在君审理案件、解决纠纷的过程中提供专业意见。在那个时代，他们确实最为精通礼法。在周代，史官所保存的文书档案不是已死的历史，而是现实有效的法律。过往的法律不死，这是习惯法的一个至关重要的特征。

礼的整全性

礼既是习惯法，它就具有一个非常重要的特征：整全性。这可以分解为两个不同面相。

第一个面相，礼覆盖所有人，一切共同体中的所有人都在礼的治理之下。至关重要的是，所有的君、君子都在礼的规制之下，包括享有最高治理权的周王。

对周王来说，作为习惯法的礼是先在的，礼全面包裹着周王。《康王之诰》中，周康王继嗣王位，太保和芮伯代表诸侯策命康王，其辞曰：

> 敢敬告天子，皇天改大邦殷之命，惟周文武诞受羑若，克恤西土。惟新陟王毕协赏罚，戡定厥功，用敷遗后人休。今王敬之哉！张皇六

师，无坏我高祖寡命。

对康王来说，周文王、周武王等祖先所循、所定之礼乃是先在的。一个完整的礼制体系先于周王存在，周王必须依礼而行。周王当然可以制礼，但这个工作是在既有礼制系统内进行的。不是周王创制了礼，相反，周王的治理权威来自礼，周王是礼的工具。

至于其他的君，更以循礼为其首要职责。周公在《康诰》最后对康叔提出的诫命是"勿替敬典"，不得荒废对典常之敬。《蔡仲之命》中，周公要求蔡仲"率乃祖文王之彝训"、"率自中，无作聪明乱旧章"。

因此，在周的礼治秩序中，各级君的一切行为均被礼制规则控制。在这一点上，君与其臣、民并无不同。如此一来，君的权威就不是任意的。在君臣尊卑体系中，君拥有巨大权威，臣在必要时甚至要为君而死。但君的如此巨大权威实来自礼，君行使治理权威的全程也受到礼的全面控制。君只能在礼的规制之下行使自己的权威。这样，君也就变成了礼自我实施的代理者，他的意志也变成了维护礼的工具。

由此，礼治显示出奇异的治理功能：礼本身致力于分别君臣之尊卑，因而，君臣之间的关系是不平等的。但至少在一点上，君臣双方又是平等的：他们平等地受到礼制规则体系的约束、控制，比任何时代都平等。礼所规定的君臣的权利—义务确实是不均等的，但礼平等地要求君臣双方均须履行对于对方的义务，双方都享有寻求救济的大体同等的权利。这就是"礼之下的平等"。

礼的整全性之第二个面相是，各个层级封建共同体、共同体内各个人的生活之全部领域，哪怕是最为细微的事务，都由礼规范、调整。也就是说，封建时代，人们的生活全部笼罩在礼之下。传统上有"五礼"之说："祭祀之说，吉礼也。丧荒去国之说，凶礼也。致贡朝会之说，宾礼也。兵车旌鸿之说，军礼也。事长敬老、执贽纳女之说，嘉礼也。"① 五礼涵盖了封建制下君、国人、庶民生活的几乎全部领域。《礼记·曲礼上》有一段话：

---

① 《礼记正义》，卷二，曲礼上第一。

道德仁义，非礼不成。教训正俗，非礼不备。分争辨讼，非礼不决。君臣、上下、父子、兄弟，非礼不定。宦学事师，非礼不亲。班朝治军，莅官行法，非礼，威严不行。祷祠祭祀，供给鬼神，非礼，不诚不庄。是以，君子恭敬、撙节、退让以明礼。

鹦鹉能言，不离飞鸟。猩猩能言，不离禽兽。今人而无礼，虽能言，不亦禽兽之心乎？夫唯禽兽无礼，故父子聚麀。是故，圣人作为礼以教人，使人以有礼，知自别于禽兽。

礼包裹着人，人依靠礼区别于禽兽。礼涵盖了现代的宪法、民法、行政法、刑事法等一切部门法。

礼之整全性质，让周人相信，礼就是秩序本身。首先，礼就是生命秩序，也即人的生存本身。《左传·成公十三年》记鲁国孟献子说："礼，身之干也。敬，身之基也。"礼构成人的身体之骨干，《左传·成公十三年》记周王室刘康公之语更为精彩：

民受天地之中以生，所谓命也。是以有动作礼义、威仪之则，以定命也。

礼固定自然的生命，而使之成形，具有社会性存在之"形"。人身仿佛一堆自然下坠的肉，礼编织了一个坚固而柔韧的外壳，将人的身体固定下来。礼让生命具有现实的可能。自然的生命与共同体主义的生活是不兼容的，欲望的横溢、泛滥会对与自己处于同一个共同体的他人的所有方面产生负面影响，从而反过来让自己的生存成为不可能。共同体主义意义上的人的生命，必是一种人为的生命，礼的功能就是将自然生命编织成为健全的人为生命。礼融汇于生命中，人的真实的存在也就是礼法化、礼仪化的存在。这样，礼当然也就无时无刻体现在人的身上。

礼也是天下、国和家的秩序本身。《左传·襄公三十年》郑国大夫子皮说："礼，国之干也。"礼塑造、固定了人之身体，也塑造、固定了邦国之身体。《左传·襄公二十一年》记载，晋国召集各国诸侯大会，齐侯、卫侯不敬，晋国智者叔向评论说：

二君者，必不免。会朝，礼之经也；礼，政之舆也；政，身之守也；怠礼，失政；失政，不立。是以乱也。

会朝旨在申明君臣尊卑之义，故而为礼法之大经。政者，治理也。君的一切治理活动均须依礼而行。也只有依礼而治，才能做到有效且低成本的治理，因为，这样的治理具有正当性，可获得被治理者的认可与配合，而君之权威也就因此而稳固。进一步说，君的生命获得最为坚实的保障。相反，如果君主疏于礼法，哪怕是疏于礼仪，必导致治理失常，从而在共同体内造成混乱、失序，最终丧失治理权，甚至连生命也丧失。

礼既然具有崇高地位，且无所不在，塑造着人的身体和共同体的身体，那么，所有人的首要责任就是守礼，尤其是君子。周人普遍具有强烈的礼之自觉，也即"礼制意识"。当人们的权益一旦遭到破坏，具有礼制意识的人们会本能地诉诸"礼法"。从《春秋》三传可看到，周人对于他人针对自己的"非礼"行为非常敏感，不惜诉诸武力维护尊严和权利。"非礼"就是今人所说的"非法"。

由别而和

周公制礼实现周人治理模式从亲亲之义向尊尊之义之转换，突出了君臣关系之契约性。这样的经礼之核心功能是"别"，如《礼记·曲礼上篇》所说："夫礼者，所以定亲疏，决嫌疑，别同异，明是非也。"《坊记篇》曰："子云：'夫礼者，所以章疑别微，以为民坊者也。'故贵贱有等，衣服有别，朝廷有位，则民有所让。"宗法之本就是别，不同等级的君子在生活的几乎所有方面都有严格的分别、不同。

然而，别并不是礼的目的，只是达成目的的手段。那么，礼的目的是什么？《论语·学而篇》云：

有子曰："礼之用，和为贵。先王之道斯为美。小大由之，有所不行。知和而和，不以礼节之，亦不可行也。"

有子的话深刻而全面地道出周的礼治秩序之机制。用者，功用也。礼之功用，以和为尚，为贵，为最高水准。礼治之最高明结果是达致

"和"的状态。在礼治下，人各不同，但不同的人真正达到和的状态，礼治才是圆满的。礼可达到"和"的状态。"先王之道"就是指礼治。在有子看来，以礼治达到和，是"先王之道"真正优美、高贵、令人称赏之所在。

然而，和是什么？这是谁之和？

帝尧"协和万邦"，和是华夏族群之永恒理想。不过，大约在周公之前，和的主体是小型共同体。周公制礼，以相互的权利—义务为纽带的君臣契约性关系贯穿于君子群体，并覆盖庶民。这样的周礼产生了重大后果：周礼将人际关系实现了"陌生化转化"，在感情之外，人与人之间建立了理性的契约关系。通过文书化契约等形态，周礼相对清楚地界定君臣间关系，让每人各知其名位、职事。礼为每个人主张和保护自己的权益，提供了一定的救济手段。周礼又是整全的，覆盖生活之方方面面。于是，周礼之别令个体得以凸显，尽管这时候的个体仍奉行共同体主义。

个体的突出、人际关系的陌生化，对治理提出了更高要求：除了共同体之和外，更需要个体层面之和，至少是君子之和。有子清楚地指出礼治的一种可能的偏颇："小大由之，有所不行。"忘记"礼之用和为贵"的终极目标，只停留于"别"，刻意地突出"别"。如此，共同体可能解体，此即《乐记》所说的，"礼胜则离"。

礼治的目标是和。"和"就是协调。《周易》"乾"卦《文言》："各正性命，保合太和。""太和"就是《礼记·礼运篇》最后一段所说"大顺"：

> 四体既正，肤革充盈，人之肥也。父子笃，兄弟睦，夫妇和，家之肥也。大臣法，小臣廉，官职相序，君臣相正，国之肥也。天子以德为车、以乐为御，诸侯以礼相与，大夫以法相序，士以信相考，百姓以睦相守，天下之肥也。是谓大顺。
>
> 大顺者，所以养生送死、事鬼神之常也。故事大积焉而不苑，并行而不缪，细行而不失。深而通，茂而有间。连而不相及也，动而不相害也，此顺之至也。

和就是"连而不相及也，动而不相害也"。人们身在共同体中，有与他人合作之意向，此即"连"。但是，这是以礼为纽带的"连"，而非自然的血缘性之"连"。在后一种情况下，连必然是"相及"的。人如果仅生活在此状态下，相互之间有过分紧密的情感联络，而不能有最起码的分别，此共同体就是自我封闭的，也缺乏扩展的制度基础。这就是有子所说的"知和而和，不以礼节之，亦不可行也"。礼治诉诸普遍的规则，节制人的自然情感。如此，普遍的、匿名的人才可各有合宜之行为，而不会相互伤害，所谓"动而不相害也"。

因此，礼治既保障人们共同生活，又让人们各明其分；在礼的调整下，人既是共同体的成员，又有自身明确的权益。礼治所达成的和，就是"不同"的人在共同体内、在与他人的关系中相互协和、协调、合作。

身处和之共同体内的成员的状态，或可用"自由"来形容。只有当人处于与他人的关系中，自由才有意义。自由之所以必要，乃因为人们共同生活。而人与人是不同的，人际间必须"协调"。协调须依赖于抽象而普遍的正当行为规则。周礼就是这样的规则。借助于礼，人得以在各种社会关系网络中合宜地行动，并可对他人形成稳定、可信的预期。如此，则人可各得其所，此即自由。

"和"不限于君子群体内部。对于承担着治理之责的君、君子而言，君、臣、民等共同体内所有成员之"和"，是其所当追求之最高目标。《左传·桓公六年》记载随少师对随侯曰："夫民，神之主也。是以圣王先成民，而后致力于神……民和而神降之福，故动则有成。今民各有心，而鬼神乏主，君虽独丰，其何福之有！""民和"乃是人间治理最理想状态，人间之民和，神才会为君降福。

和则共同体具有力量。《左传·桓公十一年》楚大夫斗廉所谓"师克在和，不在众"。因此，《左传·僖公十五年》记载，秦俘晋侯，对晋有更大野心，晋大夫与之结盟，秦伯急于刺探晋国内部之状况，而劈头就问："晋国和乎？"秦伯得知晋人"和"，而放弃了进一步控制晋国的野心，善待晋侯。

周人认为，神人相和、君民相和、万民相"和"是治理之理想状态，也是邦国力量之所在。而达到和的唯一手段是礼治，普遍的正当行为规则之治。

第八章　礼治

礼无所不在，无所不包，并试图把所有人纳入名位与职事，也即权利与义务清晰、人人各得其分各守其职的有序状态。不过，并不是在所有地方，权利、义务都可被清晰地界定。人也总有弱点，或因为无知，或因为贪婪，而有意、无意地忽视对他人的义务，或滥用自己的权利，伤害他人权益。有效管理整个社会的礼制规则体系，必内生出强制执行体系。礼制自始伴随着一套完整的自我执行与第三方强制执行体系，从而形成礼治。

礼尚往来

礼治秩序之维系主要依赖内生的自我执行机制，即置身于封建关系中的人们的名分意识和每人都享有的自力救济权。

封建的基本治理单元是两人自愿结成的契约性君臣关系，策名委质过程中，双方确立各自的名位和职事。人们因此均具有敏锐的名分意识，也即权利意识，如《礼记·曲礼》所说：

> 太上贵德，其次务施报，礼尚往来：往而不来，非礼也。来而不往，亦非礼也。

"礼尚往来"描述全面而严肃的权利—义务关系。当君臣关系中的甲方为乙方承担了某种义务，也就对乙方施加了义务，在甲方需要的场合，乙方须履行这种义务。这就构成了甲方的权利。甲方可对乙方"主张（claim）"这一权利，也即提醒、索取，包括言辞的责备。这就是"礼尚往来"。假如乙方拒绝履行这一义务，也即"往而不来"，乙方就处于"非礼"状态。这时，甲方可有多种选择：拒绝继续履行对乙方的义务，也即解除君臣关系。若乙方直接伤害甲方，则甲方可以同等伤害对方的方式主张和维护自己的权利。

周代，从周王到庶民都是依据个人间的君臣关系相互勾连的，因而，天子与诸侯之间、诸侯国内部公侯与大夫之间、大夫与士之间的关系，都按"礼尚往来"原则运转。而且，这种契约性君臣关系是人身性的，也即，双方的关系是无所不包的。在礼治秩序中，不存在公法、私法之分。因此，在封建秩序中，人与人关系的所有方面都按"礼尚往来"原则运转。

没有这种直接的君臣关系的人们之间，比如，诸侯们相互之间、大夫们相互之间，以及士相互之间的关系，礼法也予以规范，而其基本原理同样是"礼尚往来"。一个人有所付出，就有理由期待得到相应的回报。这构成了一个权利，他可以主张这个权利。

如此"礼尚往来"的人际关系为封建秩序内置了强有力的自我执行机制。礼的基本功能就是确保人们在一切交往、合作活动中有往必有来，有施必有报，有付出必可得到相应的回报。礼让付出的人们形成将得到这种回报的预期。当对方不给予回报、自己合礼的预期落空，自己就可强制执行之，向对方主张自己的权益。

在君臣关系中，任一方都可对于自己的君或者臣强制执行礼法。在君臣关系中，如果一方拒绝履行义务，另一方可以拒绝履行义务，臣甚至可以解除君臣关系，离国而去。假如一方遭到另一方的侵害，包括臣遭到君在生命、财产等方面的侵害，则可用武力发起反抗。《左传·昭公十三年》记载："楚子之为令尹也，杀大司马蒍掩，而取其室；及即位，夺蒍居田；迁许而质许围；蔡洧有宠于王，王之灭蔡也，其父死焉，王使与于守而行。申之会，越大夫戮焉；王夺斗韦龟中犫，又夺成然邑，而使为郊尹。蔓成然故事蔡公。故蒍氏之族及蒍居、许围、蔡洧、蔓成然，皆王所不礼也。"这一群人遭到过楚子的侵害，包括其人身、田邑，或者更为恶劣，家人之生命遭到侵害。周人说的"不礼"、"非礼"，相当于现代意义上的不法、违法、非法，它同时包括民法上的损害和刑法上的侵害。这些人据此发动了叛乱。值得注意的是，礼覆盖所有人，即便是君，也不能免于礼法的判断：君完全可能被判断为非礼、无礼。对于这样的不礼、非礼，礼法体系赋予了被侵害者以自我恢复正义的权利，包括臣向侵害自己的君索要正义。

礼的自我强制执行机制首先就是被侵害者的"复仇"。在封建制下，几乎不存在后世意义上的"政府"，也几乎不存在"权力"。约的执行主要依赖自我执行，其具体形态经常是个人复仇。《礼记·曲礼上》似乎总结了周礼相关复仇之原则：

> 父之仇，弗与共戴天。兄弟之仇，不反兵。交游之仇，不同国。

这里讨论的问题是，君若杀臣之父、兄弟、朋友，臣当作何反应。周礼认为，君若"非礼"杀害臣之父，臣永久保留报仇之权利。兄弟被君杀害，则身上始终带着兵器，随时报仇。"交游"或"朋友"未必是后世意义上的朋友，而可能是指同一家之大夫、士。

在封建时代，还有另一种比较重要的自我恢复正义的机制，那就是，臣为自己遭到不当伤害的君恢复正义，或者反过来，君为自己遭到伤害的臣恢复正义。君臣相互负有保护、援助对方的义务；这也是人们结成君臣关系的初衷。基于这样的义务，君臣关系中的一方遭到侵害，另一方当提供保护。当君被他人杀死，臣应当讨伐那个伤害者，臣就成为礼的一个强制执行工具。君臣建立关系的"策名委质"仪式中之"委质"就是指臣的基本伦理："委质而策死"，在必要时，为保护君，臣当不惜献出生命。鲁国子沈子曾指出过这一封建的伦理和法律规范："君弑，臣不讨贼，非臣也。不复雠，非子也。"[1]

君臣关系之外的人之间若发生伤害，被伤害一方也拥有自我执行礼法的权利。《左传·襄公二十二年》记载，郑国卿大夫游贩在去晋国途中，碰到有人娶妻，游贩夺走人家的妻子并在当地驿馆住了下来。这女子的丈夫攻击游贩，杀了他，带着自己妻子离开。郑国执政子展则"求亡妻者，使复其所"，并使游氏勿怨："无昭恶也。"子展主动为这个主张自己权利的人提供保护。因为，游贩确实非礼犯罪在先，礼法保护那位丈夫执行礼法的权利。

诸侯国之间，一方若认为另一方侵害了自己的权益，也可用武力主张自己的权利。

看似不相干的人对某些严重触犯了礼制的人，也享有强制执行权。

---

[1] 《春秋公羊传·隐公十一年》。

《尚书·康诰》宣告："凡民自得罪：寇、攘、奸、宄，杀越人于货。"对这些罪行，任何人——至少是遭受侵害者——享有无限的强制执行权。这是与礼法无所不在、人的全部权利由礼法保障的观念相勾连的。礼法不再给一个人提供保障，就是对其最为严厉的惩罚。

由此可见，礼的自我执行常以武力的方式进行。这并不奇怪。封建的君臣关系自始即带有军事性质，君赋予臣以一定的名，就是为了期待获得臣的军事力量。封建的君臣双方都是士——也即武士。君臣关系的军事性质让君臣双方经常诉诸武力解决彼此纠纷。因此，封建时代是一个尚武的世界，彼时的人际关系看起来似乎相当暴力。

但这仅仅是表象，频繁使用暴力的背后，却是人们普遍而强烈的规则意识、礼制意识。当人们为了捍卫自己的权利和利益而使用武力之前，通常都会理性地对侵害者主张权利。他依据策名简书或礼制或惯例，申明自己的权利。对此，对方可以提出答辩。由此，双方展开理性的答辩过程。如果答辩成立，对方就会放弃自己的主张。春秋三传和《国语》中记录了大量这样的案例。

讼、史官与司寇

如果封建制中只有自我强制执行，那就不是公共性治理秩序，而是一个"无政府主义"世界。事实当然并非如此，封建制发展出了还算健全的第三方强制执行机制。不管是在"天下有道，礼乐、征伐自天子出"的西周，还是"天下无道，礼乐、征伐自诸侯出"的春秋[1]，都存在专业的警察与司法活动。

自尧舜时代起，"刑"始终是治理的中心问题。古典时代并不存在现代意义上的行政，也不存在现代意义上的立法。人当遵循的规则就在生活中，治理者的主要职能是依据公认的规则解决人与人之间及族群之间的纠纷，惩罚违反这些自发生成之习惯性规则的人。用现代的话语说，封建时代的治理者既不是立法者，也不是现代意义上的行政官员，而是警察和司法官。强制执行礼制，解决纠纷、惩罚违反礼制者是君的主要职能。《康诰》反复论及刑罚之重要性及其基本原则，这是邦君之

---

[1] 《论语·季氏篇》。

基本职能。王或诸侯确实会亲自承担这种职能，审理普通的案件。《诗经·召南·甘棠》专门赞美召公公正审理案件的德行：

蔽芾甘棠，勿翦勿伐，召伯所茇。

郑玄笺云：召伯听男女之讼，不重烦劳百姓，止舍小棠之下而听断焉。国人被其德，说其化，思其人，敬其树。①

召公既为畿内诸侯，又与周公分治天下为西伯，尚且亲自审理一些琐碎案件。推测起来，这很有可能是召公自有领地上的案件。《左传·庄公十年》记载，齐师伐曹，曹刿问鲁庄公何以战：

公曰："衣食所安，弗敢专也，必以分人。"对曰："小惠未遍，民弗从也。"公曰："牺牲玉帛，弗敢加也，必以信。"对曰："小信未孚，神弗福也。"公曰："小大之狱，虽不能察，必以情。"对曰："忠之属也，可以一战，战则请从。"

曹刿以为，庄公节俭衣食、虔敬神灵都无足道，公正地审理刑狱才是最大的美德。显然，鲁庄公经常审理刑狱，公正审理刑狱被曹刿视为庄公的力量所在，如此之君才能让鲁人保持凝聚力。

大夫也有权利、有责任审理本封邑内的纠纷。孔子说："听讼，吾犹人也。"② 听讼乃是君子最为基本的技艺。

当然，周王、诸侯、大夫这样的君未必喜欢亲自审理每一件刑狱。因此，他们会让自己的家臣承担这些工作。但臣的司法权威仍然来自君。

总之，在封建时代，不存在专业司法官。每个君都可审理发生在自己治理的共同体中的案件。但是，君审理案件，由两类人提供专业帮助：一是史官，一是司寇。君未必精通礼法，审理案件时，通常借助史官之礼法知识。司寇则负责治安和案件的强制执行。

《左传·文公十八年》记载，莒太子仆弑其父，携其宝玉投奔鲁

---

① 《毛诗正义》，卷一，一之四。
② 《论语·颜渊篇》。

国，鲁宣公贪财，接纳了他。季文子则下令司寇将其驱逐出境。鲁宣公不解，季文子使太史克解释。太史克说：先大夫臧文仲教给我事君之礼："见有礼于其君者，事之如孝子之养父母也。见无礼于其君者，诛之如鹰鹯之逐鸟雀也。"接下来他引用周公所制之《周礼》、《誓命》、《九刑》，断言莒仆弑其君父，窃其宝玉，故其人为盗贼，其器为奸兆，接纳他就是窝赃，必须驱逐出境。由此可见，司寇的工作就是强制执行治安命令，包括驱逐那些不受欢迎的异邦人。太史则对嫌疑人是否违反礼制，当处以何种惩罚，向负责判断的君或卿大夫提供专业的礼法意见。

那么，史官裁断的依据是什么？周代存在着一套复杂的刑罚规范体系。检视《左传》可以发现，周人常说"周有常刑"，还提到"九刑"、"刑书"。大体可以确定，这三者是一回事，都是对此前发布的诰、训、誓、命之整理与系统化。

换言之，种种似乎带有成文刑典性质的词汇所描述者，并不是一部体例统一的成文刑典，而是多种与刑罚有关的文书的汇编。在晋人铸刑鼎、郑人铸刑书之前，不存在系统的成文刑典，也不存在成体系的礼典。史官保存着先王诰命、典策，它们是分散的，但被视为一个整体，构成礼制体系，任何一篇的任何一个规范都具有永恒的效力。其中涉及刑而被经常使用的文书，被汇纂成册，而成"九刑"、"刑书"。今人常把《吕刑》当成一部刑典，但"书序"并不支持这样的看法："吕命穆王训夏赎刑，作《吕刑》。"《吕刑》不是刑典，其主体部分是对承担司法审理工作的各个层级君子们提出包括"赎刑"在内的宽刑之指导性意见。

这些零散的刑书很可能班赐诸侯。《左传·定公四年》记载卫国贤人子鱼追忆周初分封故事，其中提到，周王分鲁侯伯禽以"备物、典策"。刑书也在"典策"之中，《逸周书·尝麦解篇》记录了颁赐"刑书九篇"的仪式。

至关重要的是礼与刑的关系。周代社会治理之基本规范体系是礼，礼规定人的权利、义务。刑是礼的强制执行手段。《礼记·乐记篇》论述：

> 人生而静，天之性也；感于物而动，性之欲也。物至知知，然后好

恶形焉。好恶无节于内，知诱于外，不能反躬，天理灭矣。夫物之感人无穷，而人之好恶无节，则是物至而人化物也。人化物也者，灭天理而穷人欲者也。于是，有悖逆诈伪之心，有淫泆作乱之事。是故强者胁弱，众者暴寡，知者诈愚，勇者苦怯，疾病不养，老幼孤独不得其所，此大乱之道也。

是故，先王之制礼乐，人为之节：衰麻哭泣，所以节丧纪也；钟鼓干戚，所以和安乐也；昏姻冠笄，所以别男女也；射乡食飨，所以正交接也。礼节民心，乐和民声，政以行之，刑以防之。礼、乐、刑、政四达而不悖，则王道备矣。

礼是本，它是普遍的行为规范，刑旨在惩罚违反规范之人。因而，礼、刑并行。因为礼是习惯法，无所不在，无人不包，刑也同样如此。

治理权之讼

刑经由诉讼程序确定。周人是好讼的，倾向于通过诉讼方式解决彼此间纠纷。包括君子之间，也总是通过诉讼的方式解决纠纷。《左传》记载了众多诉讼案件，分别发生于君臣之间、同一个君的臣之间、各国国君之间。《左传·僖公二十八年》记载这样一场诉讼：

卫侯与元咺讼，宁武子为辅，鍼庄子为坐，士荣为大士。卫侯不胜。杀士荣，刖鍼庄子，谓宁俞忠而免之。执卫侯，归之于京师，置诸深室。宁子职纳橐馈焉。元咺归于卫，立公子瑕。

本案争议双方当事人是卫侯与元咺，两人本为君臣，现在成为诉讼当事人。诉讼双方在法庭之外的地位是不同的，但在法庭上，他们应被安排在平等位置，让两个人各自提出证据，并进行平等的辩论。为避免君臣同处一个法庭平等辩论的尴尬，当时已有诉讼代理制度。宁武子、鍼庄子、士荣这三位卫侯之臣作为卫侯的代理人出庭。经过法庭辩论，卫侯一方失败。这三位代理人都倒霉了：士荣被处死，鍼庄子被砍断两足，宁武子因为忠心可嘉，而被免予刑罚。卫侯则被判处监禁，移交周王的监狱关押。获胜的元咺回到卫国，保有自己的位置。

由此可见，今人对"礼不下庶人，刑不上大夫"存在误解。此语出自《礼记·曲礼上》。此处之"礼"指仪礼，庶人无力承担。实际上，庶人同样被编织到封建的关系网络中，其权利、义务同样由礼法规则体系界定、管理。另一方面，刑是上于大夫。《左传·定公四年》记载，卫国大夫子鱼说："臣展四体，以率旧职，犹惧不给而烦刑书。"大夫若不能正常履行自己的职责，将会遭受刑罚。只不过，针对大夫之刑——尤其是死刑，不像对庶人和士那样，公开地戮于大庭广众之市，而是戮于隐秘之所，不为庶民所见。《春秋》三传记载了若干大夫遭到刑戮之事。礼是普遍的，刑同样是普遍的。这两者始终相伴，不可能分离。礼无刑，则没有强制力；刑无礼，则无所依附。礼既管理大夫的一切行为，大夫当然也就不能免于刑之惩罚，否则，礼就是摆设，封建秩序就不能维系。

上引案件争议的焦点在治理权，这是礼治的一个突出特征：治理权可讼，君子间相互诉讼之标的通常是治理权。在封建制下，治理权是透过契约而获得的权利，由礼制调整。这个权利同时是今人所说的私法的和公法的。当时的地产权、遭到伤害后获得救济的权利等"私法"意义上的争议，总直接涉及治理权之归属，或治理活动恰当与否。在礼治秩序中，治理权纠纷从根本上说是礼法上的纠纷，也就总被纳入司法管理之下。《左传·襄公十年》记载了一件有关治理权的诉讼过程：

王叔陈生与伯舆争政。王右伯舆，王叔陈生怒而出奔。及河，王复之，杀史狡以说焉。不入，遂处之。

晋侯使士匄平王室，王叔与伯舆讼焉。王叔之宰与伯舆之大夫瑕禽坐狱于王庭，士匄听之。

王叔之宰曰："筚门闺窦之人而皆陵其上，其难为上矣！"

瑕禽曰："昔平王东迁，吾七姓从王，牲用备具。王赖之，而赐之骍旄之盟，曰：世世无失职。若筚门闺窦，其能来东底乎？且王何赖焉？今自王叔之相也，政以贿成，而刑放于宠。官之师旅，不胜其富。吾能无筚门闺窦乎？唯大国图之！下而无直，则何谓正矣？"

范宣子曰："天子所右，寡君亦右之。所在，亦左之。"使王叔氏与伯舆合要，王叔氏不能举其契。王叔奔晋。

本案纠纷双方是周王室的两位大夫，王叔陈生与伯舆，晋国卿大夫士匄即范宣子受命审理此案，似乎为此专程来到王城。审理的场所是"王庭"，这个王庭未必是王宫，很有可能某个专门的"王室法庭"。本案的纠纷当事人都未出庭，而由双方的代理人——王叔之宰和瑕禽——出庭。在法庭上，双方展开辩论，瑕禽能言善辩，言之成理。而他主张自己当事人权利的方式，就是列举伯舆最初受周王策命的文书。裁判官范宣子要求对方作出答辩，即"合要"。王叔之宰无法做出有效的答辩，范宣子判决伯舆一方获胜。败诉的王叔陈生只好自我流亡。

在案件审理过程中，裁判官采取中立立场，双方各自为自己的主张举证。法庭审理以口头辩论为主。如果一方不能为自己的诉求提出有效论辩，就被宣告败诉。

治理权之可讼，实源于礼治秩序中权威之权利化。君对臣拥有的是权利，这样的权利由礼制保障。对这样的权利，臣可以提出争议，可以主张自己的权利。君子首先是通过诉讼主张权利的。因而在周代，政治司法化了。实际上，很难说礼治秩序中存在后世意义上的政治，也很难说当时存在"权力"这样的概念和事实。由此，周及各邦国之治理实体也不是后世意义的政府，它们其实更像一个司法机构。

以兵为刑

礼治秩序中的战争也是一种特殊的司法活动。

就其起源而言，封建制带有军事性质，君臣在很大程度上就是通过军事役务的权利—义务纽带结合在一起的。因此，武力，尤其是群体性武力，也即古人所说的"兵"，自然成为强制执行礼法的至关重要的工具。

周代所有君子都是武士，也只有君子有资格充当武士。甚至周王也是武士，在战场上，周王也直接投入战斗。那么反过来可以说，这些君子不是职业化军人，他们终究是君子。君子和士在出征之外并不集中于兵营。相反，君子们分散居住于大大小小的邑，士则担任邑宰或各君之家臣。换言之，周代没有常备军。大夫和作为他的臣的士大构成最为重要的军事组织单位，分散在各个邑。封建军制的最大特征就是分散与多中心。

君子之间会发生冲突，尤其是诸侯之间。这种冲突很容易动用武力。封建时代确实武力冲突频繁，但是，那个时代的武力之使用，受到礼法的严格约束，而比此后任何时代的武力更为文明。周代是礼治秩序，人们的礼制意识极强，在必要时以武力强制执行礼法，或是遭到侵害的当事人自行强制执行，或由某个封建共同体作为第三方强制执行。也就是说，处于封建制下的西周尤其是文献记录较为完整的春秋时代的战争，呈现出强烈的司法性。在礼治秩序中，兵刑合一，以兵为刑。

古人已清楚指出这一点。《国语·晋语六》记晋国大夫范文子之语："夫战，刑也，刑之过也。"《国语·鲁语上》记鲁大夫臧文仲之语：

刑五而已……大刑用甲兵，其次用斧钺；中刑用刀锯，其次用钻笮；薄刑用鞭扑。故大者，陈之原野，小者，致之市朝，五刑三次。

小刑就是后世常见的各种刑罚，大刑则需在原野上列开阵势，以武力对决，此即今人所说的战争。值得注意的是，在古人心目中，这两者之间没有本质区别，区别仅在于暴力的程度、规模而已。

人们既然以礼法的名义动用武力，则战争自始至终就在礼法控制之下。"军礼"为五礼之一，专门用于规范军队与战争活动，《礼记·曲礼上篇》云："班朝治军，涖官行法，非礼，威严不行。"平时的大蒐、狩猎都在军礼管理的范畴内。《司马法》可见其大概，它另有一个名字：《军礼司马法》。最为重要的是，它开篇就从礼的角度定义战争：

古者，以仁为本、以义治之之谓正，正不获意则权。权出于战，不出于中人。是故，杀人安人，杀之可也；攻其国，爱其民，攻之可也；以战止战，虽战，可也。

战争的目的不是杀人，而是出于对人民的仁爱，是为了执行礼法。进行战争的目的是恢复礼治秩序，迫使对方承担义务。封建的战争不以抢夺土地为目的。或者按照礼法，在当时的君子看来，战争不应以抢夺土地为目的。

礼制也确定了战争的形态，即"偏战"：双方结日定地，各居一面，鸣鼓而战，不相欺诈。整个战争过程由一系列礼制全面约束。这样的战争更像是严格按照规则进行的竞技性体育活动，只不过其中会有死伤。偏战常以控告对方的罪名开始。最著名的例子是管仲辅佐齐桓公伐楚，《左传·僖公四年》记载：

> 四年春，齐侯以诸侯之师侵蔡。蔡溃，遂伐楚。
>
> 楚子使与师言曰："君处北海，寡人处南海，唯是风马牛不相及也。不虞君之涉吾地也，何故？"管仲对曰："昔召康公命我先君大公曰：'五侯九伯，女实征之，以夹辅周室。'赐我先君履：东至于海，西至于河，南至于穆陵，北至于无棣。尔贡包茅不入，王祭不共，无以缩酒，寡人是征。昭王南征而不复，寡人是问。"
>
> 对曰："贡之不入，寡君之罪也，敢不共给。昭王之不复，君其问诸水滨。"师进，次于陉。

齐桓公侯伯，率领鲁、宋、陈、卫、郑、许、曹七诸侯讨伐楚王。管仲出面，像一位律师一样阐述了己方立场：第一，周王曾授予齐侯在一块广大地域内强制执行礼法的权利，齐侯现在行使这一执法权。第二，楚人在很长时间内没有履行对周王的义务：没有进贡祭祀需用的茅，齐侯此次出兵旨在追究此一责任。第三，当年周昭王到南方巡守，竟死在那里未能返回宗周，楚人要对此承担责任。楚王作出答辩：承认进贡之失，但不对周昭王之死负责。

交战过程中，君子也遵守礼制。最著名的故事是宋、楚"泓之战"中宋襄公之表现。宋襄公的做法或许有点极端，但绝非特例。在当时的战争中，君子们都能坚持礼制。《左传·僖公二十八年》记载晋、楚城濮之战，晋文公首先履行自己流亡期间对楚子的承诺，退避三舍，然后双方结阵而战：

> ［楚］子玉使斗勃请战，曰："请与君之士戏，君冯轼而观之，得臣与寓目焉。"晋侯使栾枝对曰："寡君闻命矣。楚君之惠，未之敢忘，是以在此。为大夫退，其敢当君乎？既不获命矣，敢烦大夫谓二三子，'戒尔车乘，敬尔君事，诘朝将见'。"
>
> 晋车七百乘，韅靷鞅靽。晋侯登有莘之虚以观师，曰："少长有礼，

其可用也。"

战争双方有"游戏"心态，楚将子玉悠闲地请晋文公观赏双方武士的决斗。最有意思的是，晋国之卿还请楚大夫回去后，告诫自己的军将做好准备，为自己的君而战。晋文公在评价自己军队的战斗力时，也主要考察军中是否"有礼"。

君子们在战场上也相互尊重。《左传·成公二年》记晋、齐鞍之战，晋将韩厥擒获齐侯之车，对齐侯执臣子之礼。《成公十六年》记，晋与楚、郑鄢陵之战中，晋将

郤至三遇楚子之卒。见楚子，必下，免胄而趋风。楚子使工尹襄问之以弓，曰："方事之殷也，有韎韦之跗注，君子也。识见不谷而趋，无乃伤乎？"

在战斗中，郤至三次碰见楚共王，每次都按照礼法，脱去甲胄行君臣之礼。而楚王对郤至也表示尊重，特意让人赠送郤至以弓。楚共王甚至为郤至担心：在战场上，郤至身穿颜色醒目的衣服，脱去甲胄有可能受伤。

应当说，车战的形态为战争的仪式化提供了便利。封建化的重要标志是从徒兵作战转向车战。正常情况下，车战是战争唯一合法的形态。楚国、吴国、越国都经历过这样的封建化过程。车战化的过程就是封建化的过程，而封建化的过程就是礼制化的过程。

从战争经济学角度看，采用车战有点反常。相比于徒兵作战，车战很昂贵，但封建制让君子选择了经济上相对昂贵的作战方式。由此，战争成为君子们的特权。由此，战争摆脱了肉体直接相互搏杀的野蛮状态，而进入肉体距离相对较远、因而相对不那么血腥的战斗状态。由此，战争过程可以遵循规则展开公平竞技，也即依礼而战。

车战形态、君子担任武士等制度也决定了，春秋时代，军队的规模很小，战争的规模也相当小。通常大国间的战争，每方也只有几百乘战车。战争规模有限，则战争伤亡也就相当有限。春秋末年艾陵之战，吴人、鲁人联合伐齐获胜，据《左传·哀公十一年》记载："获国书、公孙夏、闾丘明、陈书、东郭书，革车八百乘，甲首三千，以献于公。"

这已经是非常伟大的胜利了。

但封建战争伤亡较小，还另有精神原因。君子身份自然地塑造了其君子人格、君子风度。这种君子风度也覆盖于战场。战争在君子之间按礼制规定的仪式进行，所以，战争就是一场略微有点血腥的游戏，一场可以杀人的运动会。双方在战场上是克制的，因为，大家都是君子。胜利固然是体面的，但胜利的一方不会穷追猛打，赶尽杀绝。基于对对方的这种预期，处于下风的一方很容易认输。一场战斗结束，也就意味着战争结束了，而不会纠缠不休。因为，战争不过是强制执行礼法的行为，不过是一场礼仪性决斗。重要的是重新回到正常状态，安排双方的权利—义务。通常，胜利的一方不会以征服者的姿态出现。原因在于，天下君子是一个共同体，每人均有休戚与共感，共同的礼法让他们共同地具有敬、谦的心态。

在邦国之内，大夫家室之见的争斗也同样是节制的。最典型的特征是，获胜者通常不会采取株连的方式。某人在政争中失败，胜利者通常允许他"出奔"，《春秋》三传中充满了某某"奔"某国的记载。而通常，流亡者的家族依然可以享有封建的权利，不会丧失封邑，不会丧失在公室的职位，只不过由族内他人代替。

封建的战争与庶民无关。庶民没有资格参与车战，最多只能担任后勤工作。正常情况下，大规模战争总是在郊野展开的。即便涉及城邑，交战的君子们也决不会故意伤害庶民。心智健全的君子有这样一种观念：他们是庶民的保护者。这样的君子也会相互保护对方之庶民。礼法要求战争不伤害庶民，这一点极大地控制了封建的战争的伤亡规模。

如果说，由于人性的弱点，人类无法避免战争，那么，唯一可取的战争形态就是《春秋》三传所描述的周人的战争，君子之战。礼无所不在，甚至控制战争的过程：从战争的理由，战争的展开，到战争的善后。礼治下的战争是强制执行礼法、主张权利的活动。礼抑制了人内心深处抢掠、杀戮的激情，而让人在战争中仍然有节制地活动。战争虽难免杀戮，但杀戮被控制在最低限度。人性控制着杀戮，而不是让杀戮的激情支配人心。

第九章　君子

君子是周文之承载者。礼治秩序的主角是君子。生活于礼治秩序中，君子形成了特殊的心智、人格、生活样式，此即君子心智、君子人格、君子风度。君子既为封建治理之核心，则君子心智、君子人格、君子风度也构成了封建秩序之支撑力量。君子之内涵后世虽经历重大变迁，但周代君子始终是中国人做人之典范。

君子

"君子"一词的大量使用在周初。《尚书》中已经出现，《尚书·酒诰》："庶士、有正、越庶伯、君子，其尔典听朕教。"《尚书·召诰》："拜手稽首曰：予小臣敢以王之仇民百君子越友民，保受王威命明德。"《诗经》中，君子则大量出现。

君子一词之重点在"君"，也即各级封建共同体之君，"子"乃是尊称。周王、公侯、卿大夫都是君子。因而，周代君子就是欧洲的贵族。与君子相对者为"小人"。"小人"通常指君子之外的"庶民"。《左传·襄公九年》记载，晋国大夫知武子云："君子劳心，小人劳力，先王之制也。"

那么，士属于哪个群体？等级制中的士不属于小人，但似乎也不是君子。士的地位的这种模糊性，伴随着封建制的崩溃才得以解决，那时，等级制意义上的君子群体消失，士成为"士、农、工、商"四民社会之首，而德行意义上的君子主要出自士群体。

不管何种意义上的君子，其核心功能都是合群。《白虎通义·号》说："君之为言群也；子者，丈夫之通称也。"君子是社会的组织者、领导者，君子的全部品质指向一个目标：合群，组织人群，领导人群，并尽可能地扩大群。故孔子曰："君子群而不党。"① 《汉书·刑法志》序说：

> 夫人宵天地之貌，怀五常之性，聪明精粹，有生之最灵者也。爪牙不足以供耆欲，趋走不足以避利害，无毛羽以御寒暑。必将役物以为养，任智而不恃力，此其所以为贵也。故不仁爱，则不能群；不能群，则不胜物；不胜物，则养不足。群而不足，争心将作。上圣卓然先行敬让博爱之德者，众心说而从之。从之成群，是为君矣；归而往之，是为王矣。

君子就是具有出色合群能力、因而人们自愿服从其领导的人士。没有君子，就没有治理，也就没有群，没有文明，人也根本无法生存。任何一个社会，其治理优劣之决定性因素是能否养成君子，并使之居于领导地位。

这样的君子不同于专业人士。孔子通过对比，说明了这一点：子曰："孟公绰为赵、魏老则优，不可以为滕、薛大夫。"② 大夫之家老，差不多只处理家室的行政事务，大夫则是家室这样的封建共同体之君。用现代词汇说，前者是行政官僚，后者是政治家。前者按部就班地处理日常事务，后者须应对各种突如其来的问题，并相机做出决策，包括制定法度。孔子另一句话表达了相同的意思："君子不器。"③ 器有具体的、限定的用途，家老就是器。作为一个完整的封建共同体之治理者的君子却不是器，他须具有见几而作，无所不施的技艺。君子所具有的不是技术理性，而是合群的技艺理性。唯有如此，君子才有能力合群。

正是为了具备卓越的合群能力，周代君子致力于追求德行、技艺、威仪等品质。

君子之德

《论语·里仁篇》：子曰："君子怀德，小人怀惠。"君子合群之本

---

① 《论语·卫灵公篇》。
② 《论语·宪问篇》。
③ 《论语·为政篇》。

在其德，养成君子之大本也正在于德行之养成。君子之为君子，就因为其具有德行之自觉，并力行践履之。

《尚书·皋陶谟》记载皋陶论行有九德："宽而栗。柔而立，愿而恭，乱而敬，扰而毅，直而温，简而廉，刚而塞，强而义。"以此为基础，周人之德行理念不断细化。

首先需要说明，周代，包括更早以前，尚不存在孟子以后儒家着力讨论的内在之德性，而关注德行，呈现于人际关系中的善的行为模式。郑玄注《周礼·司徒·师氏》云："德行，内外之称，在心为德，施之为行。"①《礼记·表记》云："耻有其辞而无其德，耻有其德而无其行。"可见，在君子看来，内在之德必呈现于外在之行，如此之德才有意义。没有外在之行，也就是无德可言。

封建时代，人存在于共同体中，存在于具体的人际关系中。对君子来说，最为重要的德就存在于君臣关系中。人是从这样的关系中看待自己的，人们追求善，一定是追求与各种各样的他人的善的关系。这样的德必呈现于针对他人的外在行为中。因此，在封建时代，高度发达的乃是关乎人与人之关系的"伦理"。

封建治理之本在君臣关系，君臣共同体之维系需要双方信守君臣之约，认真践履自己对对方的义务，因而，忠、信是君子最为重要的德行。

君臣地位不同，其德目有所区别。《周语·国语中》记载，周定王八年，刘康公到鲁国访问，与各家大夫聚会。回来之后，针对大夫们的不同表现，发表了这样一通议论：

为臣必臣，为君必君。宽、肃、宣、惠，君也；敬、恪、恭、俭，臣也。

宽，所以保本也。肃，所以济时也。宣，所以教施也。惠，所以和民也。本有保则必固，时动而济则无败功，教施而宣则遍，惠以和民则阜。若本固而功成，施遍而民阜，乃可以长保民矣，其何事不彻？

敬，所以承命也。恪，所以守业也。恭，所以给事也。俭，所以足用也。以敬承命则不违，以恪守业则不懈，以恭给事则宽于死，以俭足

---

① 《周礼注疏》，卷十四。

用则远于忧。若承命不违，守业不懈，宽于死而远于忧，则可以上下无隙矣，其何任不堪？上任事而彻，下能堪其任，所以为令闻长世也。

这里阐述了君、臣各自的行为规范。君在上位，对下位之臣、民须宽、肃、宣、惠。臣在下位，对君须敬、恪、恭、俭。这是君、臣各自的职业伦理规范。君遵守自己的规范，就可获得臣、民之拥戴，而保有治理权。否则，就会丧失治理权。臣遵守自己的规范，就可获得君的信赖，而长久保有自己的名位。否则，就会招徕祸端。

但君臣之德，有共通之处。比如让，这是君子的基础性美德。君臣共处必须让，如此才能避免权利和利益的冲突。三晋卿大夫们拥有巨大的控制力，后终于瓜分晋国。但他们终究与晋侯共处数百年。如果没有礼让这种德行的支持，这是不可想象的。而至少在初期，卿大夫们之间颇有礼让之风的。《左传·襄公十三年》记载：晋调整三军领军，几位实力最强的卿大夫互相谦让，"晋国之民，是以大和，诸侯遂睦"。《左传》作者赞美说：

让，礼之主也。范宣子让，其下皆让……世之治也，君子尚能而让其下，小人农力以事其上，是以上下有礼，而谗慝黜远，由不争也，谓之懿德。及其乱也，君子称其功以加小人，小人伐其技以冯君子，是以上下无礼，乱虐并生，由争善也，谓之昏德。国家之敝，恒必由之。

让与礼之间有内在联系：正是礼制让君子具有相互谦让的风度。礼的作用就是定上下，别你我，规定每个人的权利和义务。"夫礼者，自卑而尊人"①，一个人若能依礼而行，自然就不会侵入他人权利范围。这就是让，人们相互谦让，各司其职，自可维持社会秩序。

德以敬为本。帝尧之德，以敬为首；周公立教，就是一个敬字。敬乃周人之基本心智倾向，是君子之基本精神状态，其他一切德行都以此为本。"敬"表现于方方面面，包括敬畏上天、神灵，敬于典礼，敬于君命，敬于同僚，敬于民。有敬，才有礼仪，才有德行。

德与礼互为表里。《国语·周语上》周襄王派遣太宰文公及内史兴

---

① 《礼记·曲礼上》。

赐晋文公命，内史兴根据自己的观察，预测晋文公必将称霸，因他在接待王家使者的所有环节谨守礼仪：

> 晋，不可不善也，其君必霸：逆王命，敬；奉礼义，成。敬王命，顺之道也；成礼义，德之则也。则德以导诸侯，诸侯必归之。
>
> 且礼，所以观忠、信、仁、义也。忠，所以分也；仁，所以行也；信，所以守也；义，所以节也。忠分则均，仁行则报，信守则固，义节则度。分均无怨，行报无匮，守固不偷，节度不携。若民不怨而财不匮，令不偷而动不携，其何事不济！中能应外，忠也；施三服义，仁也；守节不淫，信也；行礼不疚，义也。臣入晋境，四者不失，臣故曰：晋侯其能礼矣，王其善之！

晋文公以敬对待王命，表明文公有顺之美德；圆满地履行一切礼仪，表明文公有德。以德导引诸侯，诸侯必然归附。德是谨守礼仪的精神基础。在各种场合，君子所应遵守的仪节纷繁复杂，要较为完美地呈现外在规则要求君子实施之行为，君子当让自己的精神处于特定的状态，此即德行的功能。有德，才能尊重礼仪，才有顺人之心。内史兴接下来更为具体地分析了敬重礼仪所体现的具体德行及其在社会治理过程中的功效：忠信仁义可在治理的不同领域产生良好效果，从而在晋国塑造优良秩序。

由此可见，周代之礼乐文明与其君子的德行自觉之间，是相互促成的。礼仪可塑造德行，德行反过来让君子更为自觉地认同、谨守礼仪。可以说，德行的目的是守礼，德行反过来又呈现于礼仪之中。有德之行其实就是合礼之行。

大约从春秋中期开始，伴随着君子群体的分化，有些君子不能谨守礼仪，君子群体内部关于德行的思考、讨论日益增加，君子心灵中出现了"君子的自觉"：其位的君子并不都是德行上的君子，君子一词已具有道德判断含义。《左传·昭公二年》记载，齐国晏子称赞晋国卿大夫韩宣子，"夫子，君子也。君子有信，其有以知之矣"。在晏子口中，君子不再是描述一个特定等级的一般性名词，而悄然具有了道德判断内涵。由此，等级制意义上的君子—小人之分转变为德行意义上的君子—小人之分。正是从这些思想渊源，孔子实现了君子内涵的大转变，而发展了养成平民为君子之道。

君子之艺

在封建时代，君子就是君，承担着治理大大小小的共同体之责任。也因此，君子不仅应具有德，亦当具有"艺"，治理技艺。

古人有"六艺"之说，《周礼·地官·司徒》下有保氏，

养国子以道，乃教之六艺：一曰五礼，二曰六乐，三曰五射，四曰五驭，五曰六书，六曰九数。

礼、乐、射、御（驭）、书、数等"六艺"或许是后人之总结，但大体上描述了西周、春秋时代合格的君子须掌握之技艺。

首先，包括周王、国君、大夫、士内在的所有君子都天然是武士，应随时准备出征。《诗经》所描述的君子似乎总在出征作战。周代之战的法定形态为车战，且唯有士以上的君子才有资格充当武士，故君子首需掌握的技艺就是射与御：射者，射箭；御者，驾车。这两种技艺均需长时间的训练才可掌握。即便到了孔子时代，君子仍要接受这方面的训练，《论语》多次提起这两者。

值得注意的是，射、御之艺的训练过程，同时也是德行的养成过程，尤其是射。《礼记·射义》指出射与德行之关系如下："故射者，进退周还必中礼。内志正，外体直，然后持弓矢审固。持弓矢审固，然后可以言中。此可以观德行矣。"同时，射礼可以训练君子的自我反思能力："射者，仁之道也。射求正诸己，己正而后发。发而不中，则不怨胜己者，反求诸己而已矣。"射礼也可训练君子的节制、谦让精神，《论语·八佾篇》：

孔子曰："君子无所争，必也射乎！揖让而升下，而饮，其争也君子。"

君子与人打交道，以谦让为美德，但于射，则必争中。然而，在这样的竞争中，君子之争仍有其道：整个竞赛过程均在规则控制之下，且

竞赛者始终保持心平气和的淡定态度，彬彬有礼。他们其实是与自己竞争。正是在射礼中，君子养成"公平竞赛"之精神，这样的精神在战场上依稀可以看到。

至关重要的是，射礼乃是君子的公共聚会场所，如《礼记·射义篇》所云：

> 是故，古者天子以射选诸侯、卿、大夫、士。射者，男子之事也，因而饰之以礼乐也。故事之尽礼乐，而可数为以立德行者，莫若射，故圣王务焉。
>
> 是故，古者天子之制：诸侯岁献，贡士于天子，天子试之于射宫。其容体比于礼，其节比于乐，而中多者，得与于祭。其容体不比于礼，其节不比于乐，而中少者，不得与于祭。数与于祭而君有庆，数不与于祭而君有让。数有庆而益地，数有让而削地。故曰："射者，射为诸侯也。"是以，诸侯君臣尽志于射，以习礼乐。夫君臣习礼乐而以流亡者，未之有也。

射礼是真正的"公共性"聚会，君子们在这里从事一些与治理相关的重要事务，比如以射选官。考虑到君子名位之相对确定性，射礼的"选举"功能并不很强烈。它主要是公共聚会场所，君子们在此相互交流信息，闲谈共同体事务，交流情感，培养共同体感。

六艺之书艺就是识字与书写。考虑到周代治理之文书化，识字、书写当为君子必不可少之艺。数艺不是一般的算术，而是应用性算术，涉及土地面积计算、地块划分、粮食容积、重量之计算等等。所以，数艺其实是应用算术于家室日常事务管理之家政学。在封建制下，君分别拥有王室、公室、家室，士充当其家臣或者邑宰，处理其日常经营管理事务，这些君子必须掌握家政学知识。

由此两项可以看出，周代君子不是单纯的武士，而通常接受一定的书面知识教育。射、御训练君子之武的技艺，书、数训练君子之文的技艺。

礼指仪礼，乐表演于人们祭祀、饮宴等公共场合。具有健旺的自然生命力，君子容易失之于"质"，比如虐、傲，这样的人无法成为合格的治理者。为保持君子人格的平衡，周人特别重视君子之教化，用礼和乐节制、调和君子的自然生命力。礼的作用是分别、节制，让每个人知道自己的名分，即权利—义务。乐的作用是中和，通过诉诸情感，缩短人与人之间的距离，让人们产生相互关爱之情。

综合起来看，六艺是治理之艺，也是君子合群之技艺：礼通过别而和，乐"合和父子君臣，附亲万民"①，射提供公共生活机会，射、御是保卫共同体之艺，书是君子沟通交流之艺，数是家政管理之艺。身在封建秩序中的君子唯有掌握六艺，才能与人合群，又合人为群。

六艺之外，君子还需掌握一项十分重要的技艺：言说之技艺。

自周公以来，治理已文书化，但这仅限于策命、盟约等契约文书。文字的使用仍是高度有限的，日常治理仍是口头的。不过，言占据重要地位，还有另外一个更为重要的原因，即封建治理之共同体主义与共同治理机制。共同体的重大事务由君与其臣共同决策，君臣定期而频繁地朝会。朝会必以言说为主要交流方式。当然，朝会之言不是普通的言可以应付的，君子需要言的技巧，也即理性说服的技艺。另外在法庭上，君子就自己的权益展开口头辩论。在一些国人会同的场合，君子更需要面向公众演讲的技艺。同时，君子们以诗作为主要语言，以盟约为中心，处理邦国间的交结。

总之，言说的技艺是君子合群之根本技艺，它关乎邦国治之安危，君子可以言维护邦国的权益。《左传·襄公二十五年》记载，郑人伐陈取胜，派子产向当时的侯伯晋国报告，子产依礼雄辩滔滔，晋卿不能不承认："其辞顺，犯顺不祥。"孔子评论说：

《志》有之："言以足志，文以足言。"不言，谁知其志？言之无文，行而不远。晋为伯，郑入陈，非文辞，不为功。慎辞也！

因此，《论语·先进篇》记孔门四科，"德行"之后即为"言语"，而先于"政事"、"文学"。这一排序揭示了言语在封建治理中的关键作用。孔门弟子中，在当时对邦国发挥了巨大作用者，也正是言语技巧出色的子贡，《左传·哀公十二年》记载了他以言救卫侯之故事。

言说的技艺如此重要，君子之教即以诗教为首。《论语·阳货篇》

---

① 《礼记·乐记篇》。

记载：

> 子曰："小子何莫学夫诗？诗可以兴，可以观，可以群，可以怨。迩之事父，远之事君，多识于鸟兽草木之名。"

孔子这里所说的诗教之各种效果，归结起来，都是以言说之技艺合群。《论语·季氏篇》记载孔子对儿子孔鲤说："不学诗，无以言。"学诗的目的是掌握言说的技艺，这是君子最为重要的技艺。因为，合群、治理无非两种手段：理性说服，暴力压服。君子不可能选择后者，而理性的说服必有待于言说之技艺。

君子威仪

在封建制下，治理发生于具体关系中的面对面情境中，一个人之衣冠容貌、举手投足，立刻会对其君、对其伙伴、对其民，产生直接影响，从而影响共同体之治理，甚至决定一个人之生死。君子欲合群，须关注威仪。

帝舜之德有"文"，文就是威仪。周代君臣关系更为明晰，君子对于威仪，也就具有更为深刻而全面的认知。《左传·襄公三十一年》记载，卫大夫北宫文子深入而全面地论说威仪。他首先引用《诗经》"敬慎威仪，惟民之则"之句说明，君子之威仪呈现于共同体，为民、当然也为其君、为其伙伴所见，民乃是以君子之威仪为法则的。君子在某个特定的位，就该有该位之威仪。若无此威仪，民就不可能以恰当的态度对待他，或者轻慢他，或者过分地尊崇他。如此君子与民的关系必然恶化，如此，君子必将失众，失众则非君子矣。那么，什么是威仪？

> 有威而可畏，谓之威；有仪而可象，谓之仪。
> 君有君之威仪，其臣畏而爱之，则而象之，故能有其国家，令闻长世。臣有臣之威仪，其下畏而爱之，故能守其官职，保族宜家。顺是以下皆如是，是以上下能相固也。
> 《卫诗》曰："威仪棣棣，不可选也。"言君臣、上下、父子、兄弟、内外、大小，皆有威仪也。《周诗》曰："朋友攸摄，摄以威仪。"

言朋友之道，必相教训以威仪也。《周书》数文王之德，曰："大国畏其力，小国怀其德。"言畏而爱之也。《诗》云："不识不知，顺帝之则。"言则而象之也。

纣囚文王七年，诸侯皆从之囚。纣于是乎惧而归之，可谓爱之。文王伐崇，再驾而降为臣，蛮夷帅服，可谓畏之。文王之功，天下诵而歌舞之，可谓则之。文王之行，至今为法，可谓象之。有威仪也。

故君子在位可畏，施舍可爱，进退可度，周旋可则，容止可观，作事可法，德行可象，声气可乐，动作有文，言语有章，以临其下，谓之有威仪也。

威就是庄重，从而令人敬畏。仪则是仪表堂堂，可为民众效法。君子的责任是合群，威仪乃是合人为群的重要因素。担负领导责任的君子，应当致力于养成威仪。但北宫文子接着指出，威仪并非君所独享，君与臣、上与下各有自己的威仪。即便庶民，也有自己的威仪。威仪就是与自己的身份、地位相称的得体的衣冠、容貌、举止。

威仪之合群功能正在于其下属之"畏而爱之"。乍看起来，畏和爱是无法兼容的。威仪之妙恰恰在于它能同时唤起下属之畏与爱。而平衡这两者，才能合群。领导者当然应当令人敬畏，这是秩序的需要。君子不庄重，没有威严，群内就没有秩序。但领导者也应当令人敬爱，这是团结的需要。下属不爱，没有情感，群就没有凝聚力。君子之威，令人敬畏；君子之仪，令人敬爱。

接下来，北宫文子指出，周文王具有最为卓越的威仪，因此能赢得天下君子之信服。而朋友之间最为重要的义务就是相互提醒、训练，提升自己的威仪。最后北宫文子描述了君子拥有威仪之细目。从中可以看出，威仪关涉人身之方方面面，包括容色、言语、行为、心智等。

简单地说，威仪包括两个方面。首先是物质符号，即标示自己身份的车服、冠冕、器用、宫室等。君子对于这些标志自己名位的符号所应持之正确态度是《商颂·殷武》所说的"不僭不滥"：既不寒碜，也不僭越。其次是身体的层面，即肉身有文，君子之一言一行、一举一动皆有其节。《礼记·冠义》云：

凡人之所以为人者，礼义也。礼义之始，在于正容体、齐颜色、顺辞令。容体正，颜色齐，辞令顺，而后礼义备。以正君臣、亲父子、和长幼。君臣正，父子亲，长幼和，而后礼义立。

容体就是全身之容貌，包括衣冠。颜色集中于面部表情。辞令当然是言说之遣词、语气。在所有场合，在与不同人交接时，君子都应严格按照一定的仪节安顿自己的一颦一笑，一举手一投足。左右周旋有节，进退俯仰有度，此乃君子威仪之本。

君子要具有这样的威仪，须训练身体，始终让心灵保持对肉体的控制。因此，君子威仪之本，仍在敬。

君子威仪必表现为文质彬彬："质胜文则野，文胜质则史，文质彬彬，然后君子。"① 质是先天的活跃的生命力，文是后天的教化。一个人只有先天的生命力而没有教化，则虽朴实但必失之粗野；生命的活力若被抑制，则难免像皓首穷经的酸夫子那样弱不禁风。这两者均有所偏失，而不成其为君子。真正的君子必然文质彬彬，既讲究行为之得体，又保持生命内在的活力。归根到底，君子乃是治理之行动者，因此，他必须具有大胆行动之勇气，如此才可以解决问题，保卫共同体。但也因为他是治理之实践者，他的工作是与人打交道，因此，他必须节制自己，为人所信、所爱，如此才能树立权威。君子威仪，一以合群为本。

君子文明

同时具备君子之德行、技艺和威仪，才能成就真正的君子。具有如此德行、技艺、威仪的君子乃是封建秩序的支柱。《诗经》对君子不吝赞美，如《小雅·南山有台》：

南山有台，北山有莱。乐只君子，邦家之基。乐只君子，万寿无期。

南山有桑，北山有杨。乐只君子，邦家之光。乐只君子，万寿无疆。

南山有杞，北山有李。乐只君子，民之父母。乐只君子，德音不已。

① 《论语·雍也篇》。

南山有栲，北山有杻。乐只君子，遐不眉寿？乐只君子，德音是茂。

南山有枸，北山有楰。乐只君子，遐不黄耇。乐只君子，保艾尔后。

君子以其德行、技艺、威仪维系封建秩序，而获得人们的尊重，获得荣誉，自己也享有寿考、荣华。春秋时代人反复引用这些诗句，这也构成君子应当遵守之伦理与礼法规范。

大多数卓越的君子同时具备三者。《礼记·曲礼上》正是这样定义"君子"的："博闻强识而让，敦善行而不怠，谓之君子。"君子的第一个标准是博闻强识，掌握丰富的知识。第二个标准是知让，也即具有德行。第三个标准是具有行的能力，也即具有治理的技艺。真正的君子同时具备这三者。

由此可以看出周代君子之人格完整性。他是有德之人，他是有知识的人，他是有智慧的人，他又有行动能力。上车，他可以打仗。下车，他可以治理家室、邦国，乃至天下。朝聘之礼，他可以和顺诸邦。饮宴之礼，他可以赋诗言志。下，他可以和民，上，他可以尊君。这样的君子是完整的人。完整性是周代君子人格之最大特征，不论是相比于后世的儒士，还是相比于现代的知识分子。

依其特质之不同，经、传所记春秋时代之出众君子，可分为三类：熟悉礼法之智者；德行出众之贤人；治理技艺特别出色之贤能。《左传》所记优秀君子覆盖了这三类；《国语》记载了诸多君子之事迹及智者之评论；《论语》则以简短精当的语言鉴评周代诸多君子之品质。

周代之君子乃是尧舜以来千余年华夏文明人文化成之伟大成就，君子构成礼治秩序、礼乐文明之骨干。周代文明就是君子文明。礼乐文明就是君子文明。华夏文明就是君子文明。"徒法不足以自行"[1]，制度不是别的，制度就是人的行为模式，以及人与人之间的关系的模式。制度是通过人的行动而存在、而运转的。周代经典封建秩序之所以在较长时间内正常运转，即便在周王乃至诸侯权威衰微之后也依然能够勉强运转，正是因为，周代特殊的君子养成机制养成一群又一群君子，其中总

---

[1] 《孟子·离娄上》。

不乏卓越者。经由其君子之德，封建秩序得以维持不坠。

　　周代君子为此后中国人树立了做人的典范：追求完美人格就是成为君子。正是这样的君子驱动了一次又一次追求优良秩序的努力，他们是中国历史演进的主体。现代的优良秩序之生成仍有赖于君子群体之养成与扩大。这个君子群体如欲具备完成此一历史使命之德行、技艺、智慧，仍得回向三代君子之典范，回向孔子之君子典范。这是完美人格之永恒典范，因而也是优良秩序之唯一可信的塑造与维护主体。

第十章 夷、夏之分与合

上古地广人稀，必然是夷、夏混杂居住。事实上，一直到西周、春秋时代，夷、夏都是杂居的。然而，命运让一群人开始构建华夏文明，并形成自觉而紧密的华夏共同体。从此，夷、夏之间形成复杂关系，不即又不离，有分又有合。华夏文明正在此种复杂关系中成长，由此形成夷夏之辩意识，圣贤也深思处理夷夏关系之原则。

一、夷、夏之别

帝尧之前，华夏与夷狄的文明差距可能不算大，双方是互不相干的邻居。尧舜时代，伴随着华夏天下治理结构逐渐发育，华夏文明第一次跃迁，夷、夏之间的差异开始显现。居于文明一方的华夏族群的自我认同强化，内聚之共同体意识逐渐发育、强化。由此，华夏族群的夷、夏之辨意识逐渐形成、明确，进而产生"我们"与"他们"的区别。在这种意识驱动下，华夏族群以文明和治理程度甄别各族群，据此在"我们"之间强化联系，而排挤"他们"。凝聚成为大型共同体的华夏诸国强化联络，有意识地填满华夏中心区域，夷狄受到挤压，被迫退居于较为荒僻的四裔。由此而有了《尚书·舜典》之记载：

> 流共工于幽洲，放驩兜于崇山，窜三苗于三危，殛鲧于羽山。四罪而天下咸服。

这是华夏与蛮夷之关系的象征性表述。"流"、"放"、"窜"、"殛"的含义相同，流放、驱逐也。这是以封建的司法性概念描述夷、夏辨别、剥离、疏离的历史过程。对夷狄来说，这一过程确实是被迫的。华夏人对四裔之民各有称呼，《礼记·王制篇》记载：

中国、戎夷五方之民皆有其性也，不可推移：东方曰夷，被发文身，有不火食者矣。南方曰蛮，雕题交趾，有不火食者矣。西方曰戎，被发衣皮，有不粒食者矣。北方曰狄，衣羽毛穴居，有不粒食者矣。

东夷、南蛮较为柔顺，西戎、北狄武力更强，对华夏的威胁更大。这一特点贯穿过去数千年。

夷、夏之分化是华夏共同体凝聚性强化的一个非意图后果。制度推动合作，合作创造文明。在天下共同体形成之后，华夏走入文明快速上升之通途。文明的差距让双方的分别更为清晰，这会大幅度提升双方合作的难度。华夏族群可能产生骄傲心理，把夷狄视为非理性的、难以合作的邻居。夷狄则会产生自卑心理，而放弃合作意向，转而采取短期劫掠策略。这时，华夏共同体的凝聚就有了一个日益明晰的目标：共同防御，更有效地防御夷狄的外部侵害。基于共同防御目的之军事性组织的强化，也确实可以极大地推动共同体生活所需要之各种政治性、司法性制度之生成。

可以说，华夏共同体从一诞生，就不能不与蛮夷发生一种负面关系。华夏可能以武力攻伐夷狄，因为四凶是堕落者。夷狄也可能以一种破坏性心态进犯华夏，因为他们曾遭到过排斥。面对夷狄的不服或者侵犯，华夏又不得不防御反击。

不过，上述寓言式历史叙述也显示，夷、夏关系绝非截然的敌我关系。"四凶"是从华夏流放于四方的，不管其品质如何，毕竟曾与华夏共同生存，甚至可以说，他们也曾生活于早期华夏文明中，与华夏是兄弟关系，尽管双方现在的文明差距非常之大。这也就意味着，华夏人可以承认，夷狄同样是人，并且，他们天然地具有向往华夏文明的心性。

不管夷狄怎么看，上述寓言性叙述表明，华夏人相信，华夏是夷狄的父母之邦，夷狄也完全可以提升至华夏的文明水准。既然如此，一个完整的天下必覆盖夷狄。这一点成为华夏治理之道中一条重要信念。

因此，夷、夏之间的关系可谓剪不断、理还乱，有冲突、有战争，但也有合作、融合。今天之中国就是华夏与夷狄在关联、紧张、冲突等复杂关系中逐渐融合、积累而成的。

修文德以来之

当华夏天下凝聚之最初，华夏就形成了对待夷狄的两种不同策略。帝舜时代，苗民侵扰华夏，《尚书·大禹谟》记载：

帝曰：咨，禹！惟时有苗弗率，汝徂征。

禹乃会群后，誓于师曰："济济有众，咸听朕命。蠢兹有苗，昏迷不恭。侮慢自贤，反道败德。君子在野，小人在位。民弃不保，天降之咎。肆予以尔众士，奉辞伐罪。尔尚一乃心力，其克有勋。"

苗民在华夏南方，今两湖地方。他们不遵从天下共主，帝舜下令禹讨伐苗人。这似乎是可信的文献所记载之蛮夷与华夏的第一次冲突。禹展示了对待夷狄的第一种模式：以牙还牙。禹运用以暴易暴模式处理夷夏关系，但陷入困境："三旬，苗民逆命。"兵临苗人一月，苗人并不顺服。文献有记载的华夏针对蛮夷的第一场战争，结局竟是华夏失利。

这一挫折、失利具有丰富的内涵和象征意义。苗人力量已相当强大，文明程度较高的华夏的军事力量并不占有多大优势。未来历史上，夷夏之间似乎经常呈现这样的力量对比格局。华夏天下治理者不得不深思应对蛮夷之明智策略，那个时代的贤人益，第一个深思，而提出了夷夏相处的另一种模式：

益赞于禹曰："惟德动天，无远弗届。满招损，谦受益，时乃天道。帝〔舜〕初于历山，往于田，日号泣于旻天。于父母，负罪引慝。祗载见瞽叟，夔夔斋栗，瞽亦允若。至诚感神，矧兹有苗。"

在益看来，禹的出兵过于轻率。禹在此之前没有尽最大努力，以"文德"解决与苗人的冲突，而是轻率地使用武力。这不仅是不可取的，现实地看也是不可行的。益提出，处理夷夏关系的正确做法是"修文德以感之"。这一模式预设，夷狄虽非我族类，但与华夏一样都是人。所以，他们与华夏具有相同或相近的善恶、是非意识。因此，他们能理解华夏人之情感表达方式，他们可以被华夏人所"感"。益举两个例子说明这一预设的合理性：第一，人可以感天，第二，帝舜曾感其瞽父。既然如此，苗人同样可与华夏通感。

基于这一普遍人性的伦理学预设，益提出处理夷夏关系之基本策略："以德感之。"这一点，后来成为华夏文明共同体处理夷夏关系的法度。它以天下观念为前提，反过来又让天下成为可能。天下的最大特征就是动态、包容、可扩展。而扩展的前提就是，承认生活在你周围的人也是人，具有共同的心性，因此，这些人与华夏人可以彼此沟通，最终完全可以生活在一个共同体中。当然，如孔子所说，"性相近也，习相远也"①，共同生活需要通过相互学习、模仿而调适习惯。但最终，天下是可以成为一家的，而且理应成为一家。既然这个目标是可期待的，那人们就当多一些耐心，而节制武力的使用。

禹拜昌言曰：俞！
班师，振旅。帝乃诞敷文德，舞干羽于两阶。七旬，有苗格。

禹接受益的提议，放弃武力迷信，致力于大布文教。此处之"文德"，不是狭窄的道德，而是今人所说的文明。其重点在"文"，其含义相当广泛，包括与夷狄进行贸易，赏赐其领袖以华夏之文明器物。华夏之舞蹈正代表文明的生活方式，它对夷狄具有吸引力。

若以武力论，相对于夷狄，华夏族群未必占优。这是一个常识：在冷兵器时代，流动的夷狄经常比定居而从事农业的族群，具有更为强大的战斗力，尤其是具有较为强大的流动骚扰与一次性劫掠能力。因此，以武力对抗武力，作用有限，华夏族群未必能取得优势。但是，华夏族群在另一个方面具有无可比拟的优势，那就是"文德"。尧舜构造天下时就相信，文明的生活方式本身是一种会被人们普遍认可、追求的美好事物。华夏共同体在很大程度上就是借助文明的吸引力凝聚而成的。益在处理夷夏关系时，秉持同样的信念。对于华夏族群而言，处理夷夏关系最为明智的策略，就是发挥自己的文德优势，以文德来吸引蛮夷，让他们接受华夏文德，融入华夏文明共同体中。如此，既可以解决冲突，又可以扩展华夏文明。

---

① 《论语·阳货篇第十七》。

这一信念就是华夏能在夷狄包围中不仅得以生存而且持续扩展其人口、疆域的根本原因。这不是因为胆怯，而是出于对自身文德的信心。孔子发展这一理念，而提出贯通内外的治国理念，《论语·季氏篇》：

> 丘也闻：有国有家者，不患寡而患不均，不患贫而患不安。盖均无贫，和无寡，安无倾。夫如是，故远人不服，则修文德以来之。既来之，则安之。

益和孔子都认为，夷、夏相处之道就是华夏内部治理之道的自然延续。内、外之治本无分别，因为人与人本无不同，人都在追求善，都在追求文明的生活。因此，优良的治理之道只有一个，治国人之道与治夷狄之道不可能存在本质差异。优良的治理秩序也必然由内向外扩展，最终及于整个天下，覆盖所有人。修文教是自修华夏之文教，而华夏治理趋向于优良，自然对远人形成吸引力——当然也构成威慑力，因为内部治理之优良可积聚力量。在这种情况下，夷狄或者自愿接受华夏之文教，或者慑服于华夏之力量而顺服。此即大学所说"平天下"之道。平天下者，实为天下自平也。

这一点构成华夏治理之道中最为核心的理念之一：天下主义。天下主义以普遍人性为前提，而人性之所以是普遍的，因为人皆在天之下。这普遍人性就是仁，其具体表现是对文明的向往。天下主义是超越族类之别的普遍主义。正是这样的天下主义，让华夏天下可以在时间过程中持续扩展。而这扩展的根本动力是人的合作天性，因此，这扩展从根本上说是人的自愿联合。

周与戎狄

周达到古典文明之巅峰，而在其生命过程中，与夷狄之关系极为密切。

据《周本纪》，周之始祖后稷，其母有邰氏女，曰姜原。也就是说，周人一开始就与姜有密切关系。事实上，姜氏与周一直相伴：在周人立国过程中，历史上实有其人而被后世演义、神化的"姜太公"发挥着至关重要的作用。姜姓的巨大力量似乎来自它属于一个十分庞大的群体，这个群体的文明程度不一，从相对文明者到相对野蛮者都有。弃之子不窋"以失其官而奔犇戎狄之间"。后来的公刘在戎狄之间，复修后稷之业，公刘卒，其子庆节立，立国于豳。到殷商晚期，古公亶父去豳至于岐下，"乃贬戎狄之俗"。也就是说，在相当长一段时间内，周人已戎狄化。华夏夷狄化之现象，后世也有发生。

不过，周人始终保有对华夏文明的记忆。迁至岐下后，周人很快就回归华夏文明。而周文王受命后，所从事的第一个工作就是"伐犬戎"。岐地在夷、夏交接之处，周人要维护安全，就不能不首先驱逐戎人。但周文王也运用联盟的技艺，联合那些文明程度略高的蛮、戎。故在周武王伐殷纣之军队中，有庸、蜀、羌、髳、微、纑、彭、濮人。他们已接受了周人之册封。

周人克殷，拥有天下治理权，而东方占有天下之大半，且一向是华夏文明中心。按理，周人当向东迁都。事实上，周武王确实决定营建洛邑，且由周公完成。然而，最终，周王仍驻丰镐。原因在于，当时最严重的威胁来自西北之戎狄。周人欲享有天下治理权，就不能不给天下提供最为重要的公共品：安全。为此，周人须把主要的军事力量集中于西部，以威慑、防御西北之戎狄。《史记·匈奴列传》说，周武王确实"放逐戎夷泾、洛之北，以时入贡，命曰荒服"。

其他方面的夷狄也须防御。周武王、周公乃封最为可靠的亲戚于边疆。具体来说，封晋、燕于北方，以防御狄人。封齐、鲁、宋等国于东方，与东夷交接。封蔡、随于南方，防御南蛮。这些亲戚充当周室之屏藩，保卫天下之安全。由此，天下得以安宁。

然而，周穆王因为骄傲，而决定征伐犬戎。《国语·周语上》记载，按照服制，犬戎属于荒服，只须在更换君王之时朝见周王即可。周穆王却有非礼之想，希望犬戎行宾服之礼。犬戎拒绝，周穆王决定征伐。这次征伐确有收获，却破坏了犬戎对周人之信任，"自是荒服者不至"。西北方的戎狄开始不安宁。

西周后期，南方也不安宁，《史记·楚世家》记载：

当周夷王之时，王室微，诸侯或不朝，相伐。熊渠甚得江汉间民和，乃兴兵伐庸、杨粤，至于鄂。熊渠曰："我蛮夷也，不与中国之号谥。"乃立其长子康为句亶王，中子红为鄂王，少子执疵为越章王，皆在江上楚蛮之地。

及周厉王之时，暴虐。熊渠畏其伐楚，亦去其王。

楚人本与周人有渊源，其先祖曾事周文王，并被周成王封为子爵。但身处蛮荒之地，文明很容易野蛮化。这个时候的楚，即以蛮夷自居。

周宣王即位，有二相辅佐，效法文、武、成、康之遗风，从周厉王之乱中恢复，政事修明，周王室重新赢得诸侯的尊重。然而，周的力量已经削弱，因此，"三十九年，战于千亩，王师败绩于姜氏之戎"。到宣王之子幽王，周王室终于被戎狄颠覆。《周本纪》记载：

褒姒不好笑，幽王欲其笑万方，故不笑。幽王为烽燧大鼓，有寇至则举烽火。诸侯悉至，至而无寇，褒姒乃大笑。幽王说之，为数举烽火。其后不信，诸侯益亦不至。

幽王……又废申后，去太子也。申侯怒，与缯、西夷犬戎攻幽王。幽王举烽火征兵，兵莫至。遂杀幽王骊山下，虏褒姒，尽取周赂而去。

于是，诸侯乃即申侯而共立故幽王太子宜臼，是为平王，以奉周祀。

周室之亡说明修文德对捍御天下之重要性。修文德的本质是修礼制。在封建制下，周的治理权之最为坚实的保障，不论对诸侯、对夷狄，首先是人们的认同。为此，周王必须尊重礼制，以礼对待诸侯、夷狄，尊重他们的权利和利益。这样，诸侯、夷狄尊重周王之治理权。这样的周王也是天下所需要的，他可以带来公共福利：安全，内部的安全与对外的安全。因此，周王敬于礼是其享有治理权的关键。对外，华夏共同体可借此凝聚力量，对夷狄产生威慑力。即便夷狄不服，周王也可以动员诸侯，征伐夷狄。

如果周王因为欲望和意志而忽视乃至践踏礼制，不尊重诸侯、夷狄，他们就会不尊重周王。诸侯拒绝参加朝会，周王就失去捍御夷狄的力量，因为，华夏之大多数军队掌握在诸侯手中，要保卫华夏，周王须依靠诸侯的支持。周王践踏礼制，诸侯拒绝出兵援助周王，周王就无力抵抗夷狄。夷狄就会产生觊觎之心，并且确实容易得逞。受到胜利的鼓舞，更多夷狄侵扰，处在前线的周王室也就首当其冲，而诸侯对此无动于衷。周幽王就是因为孤立无援而丧命的。

修文德确实是治国平天下之关键。

尊王攘夷

周室东迁，周王室领导建立的华夏震慑力量衰微，防御体系解体，戎、狄、蛮、夷蜂起。

东方之夷经过齐、鲁等各国之长期经营，已不构成多大威胁。

在西方，周室东迁之后，周的核心区域——宗周，已基本上戎狄化，也即华夏共同体之西方陷落，秦人在遥远的陇西一带艰苦地向东打拼。

甚至华夏共同体中心区域，东周王城不远处，戎狄也不断活动，小规模骚扰华夏各邦。

最具有侵略性的是北方之戎狄与南方之蛮也即楚国，《春秋公羊传·僖公四年》这样形容春秋初期的情形："南夷与北狄交，中国不绝若线。"

首先是北方之戎狄，尤其是所谓"山戎"，自北向南而来。他们显然不是原来杂居于华夏诸邦控制区域内的戎狄。他们连灭华夏名邦，尤其是卫国。卫为周公所封之重要邦国，也是华夏文物荟萃之所，竟被攻灭。由此可见，本次戎狄入侵规模很大。

《左传·桓公二年》特别记载："蔡侯、郑伯会于邓。始惧楚也。"从鲁庄公末年开始，大约与北方戎狄南下之同时，楚人屡次北上，先控制临近之华夏小邦，遂远侵至于郑国。不过，楚介于夷夏之间，其破坏性不比戎狄，故华夏各邦先行解决迫在眉睫的戎狄之患。

由此而有齐桓公之"尊王攘夷"，形成"侯伯之政"，也即后人所说的"霸政"。历史上有所谓"春秋五霸"之说。

伯政之兴起，首先是为了应对戎狄蛮夷之挤压。因此，攘夷是侯伯的首要职责。齐桓公率领诸侯北御戎狄，恢复被戎狄所灭之邦国，尤其重建卫国，具有重大象征意义。在解决了北方之患后，齐桓公率领华夏诸侯转而对付楚国，而有城濮之战，遏制了楚国之北上气焰。

何以攘夷？唯有尊王，才可攘夷。攘夷之意志本身源于华夏各邦守望相助之共同体意识，这种意识形成于长期的礼治秩序所塑造之共同命运感。而周王就是礼制之人格化象征，尊王实为尊周礼。周室东迁以后，周王已丧失对诸侯的实际控制权，沦为一个小诸侯。但礼制系于周王名下，周王亡，则礼制亡。华夏整体规模远大于戎狄蛮夷，但地方广大，邦国林立。唯有联合，才有力量。联合之唯一纽带，就是尚存之礼制。侯伯们尊王的目的，正在于维系当时已松动的礼治秩序。而唯有借助这样的礼制，华夏各邦才能联合起来，从而具有攘夷之力量。

伴随着周王权威流失，礼治约束弱化，诸侯的欲望被释放出来，相互间侵伐骤然增多，这给戎狄蛮夷以可乘之机。因此，侯伯要攘夷，即须维持邦国间之和平秩序。齐桓公清楚地意识到这一点。《左传·僖公九年》："秋，齐侯盟诸侯于葵丘，曰：凡我同盟之人，既盟之后，言归于好。"此盟誓旨在抑制各国之间日益强烈的猜忌和仇视。《春秋公羊传·僖公三年》记载，齐桓公会诸侯于阳榖，与诸侯立盟约："无障谷，无贮粟，无易树子，无以妾为妻。"各国不得截断河流，粮食应互通有无，不得废黜已建立的世子，也不得立妾为妻。前两者涉及邦国间关系，后两者涉及邦内秩序。侯伯的价值在于，替代周王，以武力强制执行这些规则。

要维护邦国间秩序，侯伯也不能不在必要时率领诸侯干预个别邦国内部事务，以维护其礼治秩序。

由此可以看出，伯政乃是礼治秩序之特殊形态。侯伯替代周王执行礼制。基于信念，基于利益考虑，天下君子依然具有坚强的礼制意识，具有维护礼治秩序之共识。侯伯顺应君子之情。同时，侯伯也是君子，因而会主动约束自己。春秋依然是一个分散的多中心治理格局，侯伯对一般诸侯并无明显的相对优势。寻求确立和维系领导权的侯伯必须审慎地寻求周王和诸侯的支持，而最为有效办法就是依礼而行，为礼而行。

侯伯维护礼制秩序，需借助武力，也可获得利益。领导意味提供公共品，而这是需要承担成本的，比如出兵。这种付出应当得到回报。但侯伯绝不能迷信武力，也绝不能盲目地追求自身利益。有时，为赢得诸侯信赖，侯伯不得不牺牲已到手之利益。《周语·齐语》总结齐桓公伯政之道："拘之以利，结之以信，示之以武。故天下小国诸侯既许桓公，莫之敢背，就其利，而信其仁，畏其武。"因此，所谓"春秋五霸"中，真正的侯伯只有齐、晋两国，春秋后期，楚、吴甚至越都试图建立领导地位，但其通过实力勉强获得的领导地位都非常短命。原因在于，他们不通礼制，而迷信武力。

借助于伯政，齐桓公等侯伯维护了礼制秩序，保卫华夏文明免于夷狄化。因此，孔子对推动伯政之管仲，评价相当之高。《论语·宪问篇》记载孔子两条评论：

> 子路曰："桓公杀公子纠，召忽死之，管仲不死。"曰："未仁乎？"子曰："桓公九合诸侯，不以兵车，管仲之力也。如其仁！如其仁！"
>
> 子贡曰："管仲非仁者与？桓公杀公子纠，不能死，又相之。"子曰："管仲相桓公，霸诸侯，一匡天下，民到于今受其赐。微管仲，吾其被发左衽矣！岂若匹夫匹妇之为谅也，自经于沟渎而莫之知也。"

孔子两位弟子都怀疑管仲不仁，孔子则从华夏文明存亡之高度肯定管仲之仁。面对戎狄蛮夷之威胁，捍御文明就是仁。

蛮夷之华夏化

齐桓公有效抵御戎狄蛮夷骚动后，华夏就不只是在防御，同时也有能力进行拓展，最为典型者是晋。

齐桓公在混乱之后首度重建华夏天下之核心权威，晋人接过这一制度创新，并予以发展。当然，晋本邦从中得到的收益很多，远远超过齐桓公所获得者。比如，晋人训练出高超的战争和外交技艺。尤其重要的是，晋的大夫势力扩张最快，而他们为了自己的权益，积极地在各个分散的点上扩展田邑，而与戎狄杂处的文明地理格局恰给其以扩展的空间。春秋之初，晋还局促于今晋东南一小块区域，并与戎狄杂处。到春秋末年，三晋控制范围大幅度扩展，成为天下第一大邦。晋展示了夷、夏融合之第一种模式。

另一方面，遭到遏制的蛮夷，尤其是南方先后兴起之三大国——楚、吴、越，为与联合而强大的中原诸侯竞争，不得不走上彻底华夏化之路。

这三国本源出华夏，不过，《春秋公羊传·僖公四年》形容楚人的一句话，可以最为准确地刻画这三国长期以来与华夏相处之基本模式："楚有王者则后服，无王者则先叛。"楚最为典型，楚人常以蛮夷自居，而罔顾礼制，径自称王，侵凌周边小邦，包括华夏之邦。按照礼制，天下只有周王为王，而楚、吴、越都曾称王，这就是其居于蛮夷、不接受华夏文明之标志。

然而，这三国同样向往礼乐完备之华夏文明。向北侵伐，正是这种向往之情的特殊表达。而一旦与华夏各邦接触，他们就不能不接受华夏战争之法——车战，《左传·庄公四年》记载了一件有趣的事情：

> 四年春，王三月，楚武王荆尸，授师孑焉，以伐随。将齐，入告夫人邓曼曰："余心荡。"

尸意为陈，也即阵，"荆尸"就是编列楚国之阵。孑者，戟也。楚武王开始建立陈兵之法，而戟是车战所用之长兵器。这是楚人大规模引入车战之法之始。因为这是第一次，楚武王十分激动，以至于将要授兵于宗庙之际，心神荡漾，无法自持。楚武王当然有理由激动，对楚人来说，这是一次巨大的文明飞跃，这样的军队形态让楚人可以正大庄严地与华夏各邦交战。

车战的主体是君子，养成这个完整的战斗单元需要封建化，而封建化一定伴随着周礼之引入。楚武王之后，楚侵灭周边华夏诸小国，其中最为重要的是邓、蔡、随，这一点必然会推动楚的华夏化过程。随、蔡皆为姬姓，其礼乐制度当比较完备。灭此诸国后，楚人接触到完备的华夏礼乐制度，楚人不可能不受影响。至少，楚王为治理这些地方固有之邑、族，就不能不部分地礼制化。

正是由于采用车战之法，楚人具有了文明的信心，产生了进入华夏共同体、进而发挥领导作用的强烈愿望。《史记·楚世家》记载："成王恽元年，初即位，布德施惠，结旧好于诸侯。使人献天子，天子赐胙，曰：镇尔南方夷越之乱，无侵中国。于是楚地千里。"周王承认楚为南方之伯。也就是说，楚被正式纳入周的华夏天下体系中。

随后，齐桓公讨楚，有效遏制楚人北侵之意志，彻底打消了其对蛮夷之法的信心，楚人不得不诚心全盘接受华夏文明。齐桓公之侯伯地位，也启发楚人成为天下侯伯之志向。这之后，楚虽与晋长期争雄，但这种做法反而表明，楚已基本放弃其蛮夷之自我认知，而具有了完整的华夏意识，它所争者，大体上只是华夏天下之侯伯地位而已。

　　吴之华夏化晚于楚。《史记·吴太伯世家》云："寿梦立而吴始益大，称王。"这一点表明，吴国并不接受周的礼治秩序。此时已在春秋中期。而接下来发生了一件事情，改变了吴的命运："王寿梦二年，楚之亡大夫申公巫臣怨楚将子反而饹晋，自晋使吴，教吴用兵乘车，令其子为吴行人。吴于是始通于中国。"流亡到晋的楚大夫申公巫臣从遥远的晋，把华夏车战之法带入吴，并让自己的儿子充当吴之"行人"，也即专业外交官，专门沟通吴与诸夏各邦之关系。而车战之法一定伴随着礼制，否则将无从组织士卒。这样的礼制带动吴之封建化。

　　吴之礼制化进展当极为迅速，最好的证明就是，四十年后，寿梦之子公子季札历聘诸夏各邦，至鲁观乐，对所有的乐都有精到点评，事见《左传·襄公二十九年》。同时，公子季札对各国执政君子之得失，均有极为睿智的观察、评论。这显示，吴国君子群体已系统地接受华夏之礼乐文明。而《左传》之所以特别记载这一事件，正是为了说明吴已经完成了华夏化，因而其争取侯伯之位的做法乃是正当的。

　　越第一次出现于《春秋》在鲁宣公八年："楚为众舒叛，故伐舒蓼，灭之。楚子疆之，及滑汭。盟吴、越而还。"这已到春秋中期，而越后来也始终与楚合作，以应对吴之威胁。到春秋后期，越有"大夫"之设，这说明，越也已封建化、礼制化，尽管其程度也许不如吴。

　　总之，到春秋后期，楚、吴、越已基本完成华夏化。这三邦贯穿整个长江中、下游，乃至延伸至钱塘江流域。此一历史性过程令华夏共同体之地理规模成倍扩大，从而为华夏文明之繁衍及未来之赓续、再度繁荣，拓展了一个广阔的腹地。此一扩展过程的奇特之处在于，蛮夷之邦以其蛮性寻求进入华夏地区，不管其最终目的是什么，采取哪些野蛮的做法，最终的结局却是自身之礼制化，华夏化，加入华夏共同体。这证明了"诞敷文德"之天下治理模式确实充满智慧而有效。

　　此一扩展过程的另一奇特之处在于，楚、吴、越快速华夏化的春秋中后期，恰恰是周王权威基本沦丧之时。楚、吴都以争取侯伯之位的雄心而与诸夏各邦沟通、交往乃至发生战争，而在此爱恨交加的关系中实现了礼制化。周王在保持权威之时通过征服，亦可完成戎狄蛮夷之华夏化，但这对后者来说，是非自愿的。春秋时代楚、吴、越之华夏化却是自愿的。这一自愿的华夏化过程启动的机缘，恰是周王权威衰落，诸侯争夺侯伯之位唤起蛮夷之野心。相对于诸夏各邦，蛮夷实享有一些优势，比如人民骁勇好战。然而另一方面，要实现这种野心，蛮夷又不得不改变自己，也即引入华夏制度。只有这样，蛮夷才有可能与诸夏进行竞争。华夏既拥有礼乐之文，又拥有足以自保之力，才可令戎狄蛮夷华夏化。

卷三

大转型

第十一章　圣人孔子

孔子生当春秋晚期，周的礼乐秩序正在崩坏。《论语·八佾篇》记载：

孔子谓季氏："八佾舞于庭。是可忍也，孰不可忍也？"

三家者以《雍》彻，子曰："'相维辟公，天子穆穆'，奚取于三家之堂？"

中国进入一个大转型时代，礼乐所支持之古典秩序正在崩坏。孔子之理想正是重建秩序。为此，孔子删述六经，总结古典文明，令华夏之道可道、可传、可学；在此过程中，孔子始创儒学，构想后封建时代之社会治理模式；孔子开创教育，于平民中养成士君子，成为此后文化、社会与政治之主体。孔子，诚圣人也。

六经与道

孔子为中国文明做出的第一项贡献是删述诗书礼乐，总结古典文明。《论语》首章：

子曰：学而时习之，不亦说乎？

"学"为《论语》全书第一字，也是最重要的一个字。它劈头表明：儒家之本为"学"。"学"对孔子、对儒家、对中国文明具有重大意义。正是孔子创立了中国之学，而孔子此一伟大功业，来自天赋之学的自觉。《为政篇》记载，孔子晚年自述其人生经历：

吾十有五而志于学。

《公冶长篇》夫子自道：

十室之邑，必有忠信如丘者焉，不如丘之好学也。

孔子抓住任何时机向掌握着礼法之人士"学"。孔子所学者，乃是广义的礼，其中包括乐。《史记·孔子世家》记载：

鲁乱，孔子适齐，为高昭子家臣，欲以通乎〔齐〕景公。与齐太师语乐，闻《韶》音，学之，三月不知肉味。

《孔子世家》又记，孔子学鼓琴于师襄子。这种学乃是当时较为常见的学之渠道：向贤人、智者学。但孔子最为重要的学习途径是学"古"，《述而篇》：

子曰："述而不作，信而好古，窃比于我老彭。"
子曰："我非生而知之者。好古，敏以求之者也。"

对这个"古"，《中庸》有精确诠释：子曰："文、武之政，布在方策。"又谓："仲尼祖述尧、舜，宪章文、武"。孔子撰述之对象为尧、舜之法度与文王、武王之典章。孔子也收集、整理此后历代先王之简书、故事。《论语·八佾篇》记载：

子曰："夏礼，吾能言之，杞不足征也；殷礼，吾能言之，宋不足征也。文献不足故也，足则吾能征之矣。"

孔子学古有一个优越条件：他是宋人后裔，故对殷商礼制有切身了解。他成长于鲁国，而当时人都承认，"周礼尽在鲁"①。因此，孔子从小就广泛接触礼乐，为学之际，又可接触史官所保存之典策，予以收集

①　《左传·昭公二年》记韩宣子之语。

整理。

总之，大约从十五岁开始，孔子对尧舜以降一直到周的诗、书、礼、乐，有全面了解，进而整理诗、书、礼、乐。《孔子世家》云：

> 孔子之时，周室微而礼、乐废，诗、书缺。
>
> 追迹三代之礼，序《书》传，上纪唐虞之际，下至秦缪，编次其事……故书传、礼记自孔氏。
>
> 孔子语鲁大师："乐其可知也：始作，翕如，纵之，纯如，皦如，绎如也，以成。""吾自卫反鲁，然后乐正，雅、颂各得其所。"
>
> 古者诗三千余篇，及至孔子，去其重，取可施于礼义，上采契、后稷，中述殷、周之盛，至幽、厉之缺，始于衽席……三百五篇孔子皆弦歌之，以求合韶、武、雅、颂之音。
>
> 礼乐自此可得而述，以备王道，成六艺。
>
> 孔子晚而喜《易》，序彖、系、象、说卦、文言。读《易》，韦编三绝。

孔子之圣人地位首先是由删定诗、书、礼、乐、易确立的。古代分散的典章保存于各级封建之君的府中。它们并非秘密的，但内嵌于封建治理架构中，并无独立地位。它们具有永恒的效力，但其存在形态是脆弱的，可能因自然原因而毁坏，也可能因为不被今人适用而逐渐被遗忘甚至散佚。对此是无人在意的，因为时人并无现代的历史观念。

孔子则以全新的眼光看待这些典章。孔子并非王室或诸侯之史官。他只是地位低下并在大多数时间置身于治理架构之外的士人。他是封建治理架构的局外人。因此，对于礼崩乐坏的现状和趋势，他有清醒的认识。而他相信，欲重建秩序，即当恢复先王之礼乐。孔子以当时一般君子甚至史官都不可能具有的虔敬之心，搜集、整理、编订先王典章。

经由孔子的整理，尧舜三代之道从分散的典章中整体地浮现出来。由此，华夏之道成为可道的，可传的，可学的，此道也就必然为自己在人世间之实现寻找、构造力量。

孔子本人具有明确的道之自觉。《里仁篇》：子曰："朝闻道，夕死可矣。"在孔子那里，道具有多重含义，基本义是通往优良治理之道，也就是先王之道。它是对礼的抽象。孔子在新的时代发现了判断政体好坏、权力行使恰当与否的标志：道。在礼治秩序完好之时代，判断正当之标准就是相对具体的礼。礼乐崩坏，则只能诉诸更为抽象的道。道构成政治正当性之判准。

孔子本人经常据此判断邦国、天下，他常说邦有道或无道，天下有道或无道。《先进篇》："所谓大臣者：以道事君，不可则止。"《宪问篇》：宪问耻。子曰："邦有道，谷；邦无道，谷，耻也。"孔子也希望，他所养成之新兴士君子追求于道：《卫灵公篇》：

> 子曰："君子谋道不谋食。耕也，馁在其中矣；学也，禄在其中矣。君子忧道不忧贫。"

孔子本身也就志于此道，依据尧舜三代之礼乐重建秩序。

教育之创立

孔子经由各种途径的学习，对礼乐有全面把握，在三十岁前后，成就自己之学，也即"三十而立"。从这时起，孔子创立现代意义上的学：教育和学术。

孔子整理典章为系统而完整之典籍，是为"文"。《孔子世家》："孔子以诗、书、礼、乐教，弟子盖三千焉，身通六艺者七十有二人。"《论语·述而篇》："子以四教：文、行，忠、信。"孔子之学首在于文，也即诗书礼乐之文。孔子以文教授弟子，弟子通过文而获得行，行之德为忠、信。

由此，孔子开创了今人所理解的教育，尤其是平民教育。孔子之前，"学在官府"。各层级君子之家有礼、乐之官，即瞽、祝、史。他们保存礼乐政典，并据以参与家事决策，是为"官府"。君子之子弟在家内由礼乐之官教以诗、乐、书、数。同时，子弟随父、兄或其才艺出众之臣习射、御之艺。总之，古典时代，知识在王室、公室、大夫之家室的专任之官那里，君子的六艺之教皆由承担治理之责的君子承担，而无专业之教者，子弟也非专业之学者。孔子时代犹然。

孔子则创立新兴之学，这是专业之学，也是读书之学，故可以是平民之学。古典之知识就是诗书礼乐，青少年在君子之治理实践中学习。

如此，唯有君子之子弟有学习之机会。现在，青少年则可通过孔子所整理、编定之文来学习。这样的学习之形态是读书。这样的教育形态给平民接受教育创造了条件。学习之依托是文，而不是君子的实践，故平民弟子可从孔子问学。孔子之弟子多为庶民，君子之子弟只占极少数。孔子也抱着广泛教育一切才俊的理想。《卫灵公篇》："有教无类。"孔子推动了中国社会之大转型：通过教育之平民化推动社会之平等。

孔子的弟子约可分为两批，中年弟子与晚年弟子。大约三十岁前后，孔子学识已为人所知，不断有人投入门下学习。颜回、冉有、子路、子贡等人都在中年弟子之行列，他们与孔子相差三十岁左右。当时，礼崩乐坏，古典君子对于礼制已经生疏，以至于不能承担相礼之事。孔子反而精通诗书礼乐，因此，掌权的君子如鲁国之孟僖子，派自己的子弟师从孔子。

孔子周游列国期间，有不少青年才俊投入门下，他们与孔子一般相差四十多岁，构成孔子的晚年弟子，如子游、子夏等人。

孔子与其弟子组成一个精神与社会共同体。孔子是按照封建时代大夫建立其"家室"的模式，建立师徒共同体的。《雍也篇》记载"原思为之宰"，就是孔家之宰。孔门师徒的关系也拟制封建的君臣关系，《史记·仲尼弟子列传》记载子路加入孔门之经过：

仲由字子路，卞人也，少孔子九岁。子路性鄙，好勇力，志伉直。冠雄鸡，佩豭豚，陵暴孔子。孔子设礼稍诱子路，子路后儒服委质，因门人请为弟子。孔子曰："自吾得由，恶言不闻于耳。"

孔子与子路举行了"策名委质"仪式。可以推测，在此仪式上，子路表示服事孔子为臣，并在所有问题上"援助"孔子，孔子则承诺，把自己的知识、智慧传授给子路，并尽可能保护子路。子路脾气暴躁而有勇力，成为孔子之臣，他就积极承担保护自己之君的礼法义务和伦理责任。只要有人侮慢孔子，子路就会奋起还击。有子路在身边，当然也就不再有人对孔子恶言相向。

儒学之创立

孔子身处礼崩乐坏时代，封建治理秩序正在瓦解之中，人际之间、神人之间的关系陷入混乱。置身此一历史过程中的封建君子亦感到困惑，《为政篇》记哀公问孔子："何为，则民服？"执掌鲁国国政之季康子问孔子："使民敬、忠以劝，如之何？"《颜渊篇》记齐景公问政于孔子，季康子问政于孔子。可见，封建秩序瓦解，究竟如何治理邦国，古典君子颇感棘手。

为此，这些古典君子进行了一些探索，如"初税亩"，以提升政府财政能力。孔门弟子冉有等人也为这些君子聚敛，《先进篇》记载：季氏富于周公，而求也为之聚敛而附益之。子曰："非吾徒也。小子鸣鼓而攻之，可也。"冉有这些人构成后世官僚之前身。这些君子也作刑书、铸刑鼎，以"杀无道，以就有道"①。总之，封建的礼治正向刑治转型，一套新的治理架构已在鲁国隐约形成，这就是后来在三晋率先成熟的王权制。

孔子见证了王权制最为重要的制度之出现。《为政篇》记载孔子对两种体制之比较：

> 子曰："道之以政，齐之以刑，民免而无耻；道之以德，齐之以礼，有耻且格。"

孔子所说两种治理架构，第一种是正在兴起的王权制，第二种是孔子构想的理想治理模式。更准确地说，孔子的理想治理模式是德、礼、政、刑四者之综合。君子的德行乃是优良治理之本，此德行支持礼治之正常运作。王权制则主要依赖政令进行日常管理，对违反政令者，则以刑律惩罚。孔子并不全然反对这两者，只是认为，仅有这两者是不够的，而应以前两者为基础。

由此，孔子重建政治秩序之核心命题就是"复礼"。《颜渊篇》记载：

---

① 《论语·颜渊篇》。

齐景公问政于孔子。孔子对曰："君君，臣臣，父父，子子。"公曰："善哉！信如君不君，臣不臣，父不父，子不子，虽有粟，吾得而食诸？"

父亲应像父亲的样子，儿子应像儿子的样子。同样，君君、臣臣也是这样的意思：君应当有君的样子，臣应当有臣的样子。若每个人都按照这样的伦理规范行事，君臣、父子关系将处于健全状态，每个人可从中获得收益，公共生活与私人生活都处于"和"的状态。《八佾篇》记载：

定公问："君使臣，臣事君，如之何？"孔子对曰："君使臣以礼，臣事君以忠。"

孔子重述了封建君臣关系的基本性质，而这正构成礼制之核心。在孔子看来，秩序混乱的根源就是君、臣皆违礼，建立或恢复正常礼治秩序之关键就在于君臣各守其礼。这就是"正名"说，《子路篇》记载：

子路曰："卫君待子而为政，子将奚先？"

子曰："必也正名乎！"

子路曰："有是哉，子之迂也！奚其正？"

子曰："野哉，由也！君子于其所不知，盖阙如也。名不正，则言不顺；言不顺，则事不成；事不成，则礼乐不兴；礼乐不兴，则刑罚不中；刑罚不中，则民无所错手足……"

君若正确地理解自己的"名"，自会对臣提出合宜的要求，此即"顺"乎礼法之"言"，臣也就会欣然履行对君的职事。反之，君若提出不合理的要求，言不"顺"乎礼，也即孔子前面所说的君不使臣以礼，那么，根据礼法，臣可以不履行这个要求，此即所谓"事不成"。此处之"事"，乃是职事之事。君提出非礼之言，臣不成其事，则君臣关系陷入混乱乃至紧张关系。这样，"礼乐"的根基就发生动摇，因为礼乐旨在构造和维系健全的君臣关系，反过来说，礼乐也就存在于君臣关系中。大多数君臣关系健全，则礼乐行于天下。君臣关系混乱，礼乐也即不行，所谓礼崩乐坏是也。礼乐崩坏，则"刑罚"必然失当。封建时代，刑从属于礼，刑罚是礼的强制执行手段。礼制是规范君臣各自名位、职事的正当行为规则体系，若有人不履行此规则体系所确定之职事，刑罚机制对其予以惩罚。因而，刑罚以礼制为本。礼制混乱，刑罚也就失去了正当规则之本，此即"刑罚不中"的含义，不中就是缺乏正当规则依据。这样的刑罚必然变成强势者恃强凌弱之工具。正当的刑罚乃是强化规则，在有的时候阐明规则，刑罚不中却达不到这样的目的，相反，它在扰乱人们对规则的理解，人们反而不知道究竟什么是正当行为规则。如此，则自然"无所措手足"。

正名就是恢复封建治理之秩序。孔子作《春秋》之基本宗旨就是"正名"。孔子所从事的工作中最接近于制作者，乃是作《春秋》。《孔子世家》云：

约其文辞而指博。故吴楚之君自称王，而《春秋》贬之曰"子"；践土之会实召周天子，而《春秋》讳之曰"天王狩于河阳"：推此类以绳当世。贬损之义，后有王者举而开之。《春秋》之义行，则天下乱臣贼子惧焉。孔子在位听讼，文辞有可与人共者，弗独有也。至于为《春秋》，笔则笔，削则削，子夏之徒不能赞一辞。弟子受《春秋》，孔子曰："后世知丘者以《春秋》，而罪丘者亦以《春秋》。"

孔子精心选择描述各种人物、事件、活动之词，止天下各色人等之名。《春秋》是孔子编定的礼制先例大全，礼制秩序就隐含在这些先例中。因此可以说，《春秋》是孔子为后世立法。

不过，孔子的复礼并不是简单地"从周"，而是基于经验的创造。《卫灵公篇》：

颜渊问为邦。子曰："行夏之时，乘殷之辂，服周之冕，乐则韶舞。放郑声，远佞人。郑声淫，佞人殆。"

颜渊是孔子最为欣赏也寄以厚望的弟子，孔子告诉颜渊者乃是深思熟虑的制礼、造邦之大法。孔子的志业要复礼，而且是要复完美之礼，这样，复礼的前奏就是从已有之礼中审慎地选择组合，形成理想的礼制框架。这是立足于历史经验的制度创造。

然而，如何复礼？礼乐秩序正在倾覆，则复礼或者说创造新的礼治秩序，就只能诉诸人心，这就形成孔子理念之第二个核心：仁。

何谓仁？《礼记·中庸篇》记孔子之语："仁者，人也。"汉儒郑玄注："人也，读如相人偶之人。以人意相存问之言。"① 理解此处含义的关键是"相人偶"。《仪礼·聘礼》："公揖，入每门，每曲揖。"郑玄注："每门辄揖者，以相人偶为敬也。"② "相"者，相互也。"偶"者，对偶。"人偶"，就是视对方为与己相同之人。"相人偶"是说，人们相互把对方视为与己相同之人。这种情感就是"以人意相存问"，也即人们以待人之道相互对待。对方是一个与我相同的完整的人，我按照对待人的方式对待他，而不能把对方看得低我一等，或者看成物，看成我实现物质利益最大化的手段。因此，仁首先意味着，人与人在人格上是平等的；其次意味着，我与他人都是同样的人，因而可以相互理解、相互尊重、相互亲爱。

孔子相信，人皆有此"仁"，《述而篇》：

子曰："仁远乎哉？我欲仁，斯仁至矣。"

仁内在于人，人人皆有仁。然而，何以行仁？《雍也篇》：

子贡曰："如有博施于民而能济众，何如？可谓仁乎？"子曰："何事于仁，必也圣乎！尧舜其犹病诸！夫仁者，己欲立而立人，己欲达而达人。能近取譬，可谓仁之方也已。"

我与他人都是人，所以，我所欲者当是他人所欲者。我欲成就自我，他人亦欲成就其自我，如有条件，我应协助他人成就其自我。因此，"仁者，爱人"③。但是，仁是比爱更高一层的概念。《卫灵公篇》：

子贡问曰："有一言而可以终身行之者乎？"子曰："其恕乎！己所

---

① 《礼记正义》，卷五十二，中庸第三十一。
② 仪礼注疏，卷二十，聘礼第八。
③ 《论语·颜渊篇》：樊迟问仁。子曰："爱人。"

不欲，勿施于人。"

同样因为我与他人皆为人，故我所不欲者也是他人所不欲者，故我当约束自己，不去施加于人。

"己所不欲，勿施于人"与"己欲立而立人，己欲达而达人"共同构成处理人际关系之最为恰当、健全的原则。两者缺一不可。前者是消极的，强调人、我之别；后者是积极的，强调人、我一体。两者共同发挥作用，在人际形成"连而不相及也、动而不相害也"之"和"的状态。这两者共同构成孔子之道。《里仁篇》：

> 子曰："参乎！吾道一以贯之。"曾子曰："唯。"子出。门人问曰："何谓也？"曾子曰："夫子之道，忠恕而已矣。"

己欲立、己欲达就是忠，成己之谓忠。"己欲立而立人、己欲达而达人"与"己所不欲、勿施于人"共同构成恕。这两者乃是"仁之方"。

孔子发明仁，旨在复礼。孔子认为，礼制之所以败坏，就是因为当时之人缺乏仁心，徒有礼文之表。《阳货篇》：子曰："礼云礼云，玉帛云乎哉？乐云乐云，钟鼓云乎哉？"《八佾篇》：子曰："人而不仁，如礼何？人而不仁，如乐何？"孔子相信，对仁的自觉可重塑人际健全关系，恢复礼治秩序。《颜渊篇》记载，孔子对颜渊传授重建秩序之心法：

> 颜渊问仁。子曰："克己复礼为仁。一日克己复礼，天下归仁焉。为仁由己，而由人乎哉！"颜渊曰："请问其目。"子曰："非礼勿视，非礼勿听，非礼勿言，非礼勿动。"颜渊曰："回虽不敏，请事斯语矣。"

仁与礼是互动的。为仁由己，因我有仁，故面对他人，我将自卑而尊人，循礼而行。他人是人，同样有仁，也会如此回应我。如此则天下可望复礼，亦即普遍达于仁。

以上述理念为核心，孔子创立儒学。孔子所删述之诗、书、礼、乐、周易、春秋六经乃是古典文明之总结，故构成华夏文明之经典。孔子将经传授弟子，即构成经学。孔子于删述、教授六经过程中有所思考，形成自己的观点，比如关于明仁、复礼之观点，构成了儒学。经学与儒学的关系十分密切，因为，通常，六经由儒学之士传承的。但经学毕竟不同于儒学。在传统目录学体系中，经学与儒学分属两个部门，经学自成一门，儒学则在子学中。

平民士君子之形成

孔子同时以经学、儒学教授弟子，以养成士君子，以为重建秩序之社会主体。《论语》首章清楚说明儒门生存之形态和目标：

> 子曰："学而时习之，不亦说乎？有朋自远方来，不亦乐乎？人不知而不愠，不亦君子乎？"

孔子的目标是养成君子。君子是社会治理之主体，因为君子能合群。合群是社会治理之关键。古典君子的基本社会功能是合群。礼崩乐坏的基本表现就是古典君子丧失合群之德行和技艺。重建秩序之关键就在于离散的平民社会重新合群。孔子开创教育，正是为了培植出具有卓越合群能力的新兴平民君子群体。故孔子之学就是君子养成之学。

《论语》等典籍所收孔子言论，谈论最多的主题词是君子；孔门弟子所关心的核心问题，是如何成为君子，如何履行君子之社会职能。孔子广泛地评论他之前古典时代之君子的品德、技艺和威仪，以此向弟子揭示成就君子之道。《述而篇》：

> 子曰："志于道，据于德，依于仁，游于艺。"

这也许是对君子品质之最为完整的描述，并显然是在描述平民社会的新兴君子。德和艺或许是古典的，道和仁则是孔子发明的。

孔子在不同语境中给君子下的定义，尤其是他关于君子、小人之分的论述，清楚地说明，孔子以合群为君子之依归。《卫灵公篇》：

子曰："君子矜而不争，群而不党。"

《为政篇》：

子曰："君子周而不比，小人比而不周。"

君子的功能就是合群，而且是尽可能广泛地合群。所谓党、所谓比，就是缺乏合群能力，而把自己限制在狭窄的情感、利益确定的人际关系界线内。那么，如何做到尽可能广泛地合群？关键在于义利之辩，《里仁篇》：

子曰："君子喻于义，小人喻于利。"

义利之辩具有十分丰富的内涵，而其中最为重要的含义指向君子—小人之别：小人就是普通人，他们当然可以求利，在日常生活中按照看得见的物质利益进行决策。君子却不可这样，君子是社会治理者，君子必须合群，也即组织社会、管理社会。为此，君子须超越于个人之利，一切秉乎事务之宜，也即义。唯有如此，君子才能克服情感之偏私，平等地对待所有人，合更多人为群。

养成君子就是养成卓越的合群能力，孔门本身提供了这样的机会。孔门是一个陌生人的团体，是后封建时代之全新合群实践。

礼崩乐坏，"游"也即流动性是当时社会的普遍特征。处于封建君子群体之最底层的士，得风气之先，是流动性最高的群体。孔子第一个在封建治理结构之外将游士组织起来，构建了一个群。与诸子百家相比，尤其是与道、法家相比，儒家合群生活之特征十分引人注目。但儒家之群又没有如墨家那样军事化，而保持了足够的灵活性。

孔门最为重要的关系是朋友关系，孔子之门人经常提及"朋友"，如《学而篇》：

曾子曰："吾日三省吾身：为人谋而不忠乎？与朋友交而不信乎？传不习乎？"

《公冶长篇》：

> 子路曰：“愿车马衣轻裘，与朋友共，敝之而无憾。”

同门生活给那些没有地位的平民子弟提供了习得合群技艺之机会。与朋友相处之道也就是与新兴的平民社会中之陌生人相处之道。通过与朋友相处，孔门弟子习得与陌生人相处之技艺。借助这些技艺，儒家士君子可发挥其重新组织社会的作用。

特别值得重视的是，孔子弟子来自四方。《孔子世家》记载：鲁定公五年：

> 季氏亦僭于公室，陪臣执国政，是以鲁自大夫以下皆僭离于正道。故孔子不仕，退而修诗、书、礼、乐，弟子弥众，至自远方，莫不受业焉。

孔门弟子不限于鲁、卫、宋等华夏传统邦国，还来自晋、楚、吴等远方各国。正因为来自各方，故孔门是一个具体而微的天下。而孔子教给弟子者，乃是华夏天下共同之文，孔门理想也是行道于天下，而不限于某一国。

有来则有回。孔门弟子自四方来，随夫子学道。学成之后，大多数返回其所来处。《仲尼弟子列传》：“孔子既没，子夏居西河教授，为魏文侯师。”由此一来一回，五帝三王之道、孔子之术传播天下。

因此，孔子开创之学从一开始就是天下之学，孔门弟子、儒家士君子具有明确而自觉的“天下意识”，儒家士君子自始就是一个天下范围内的精英团体。这一点具有重大历史意义。礼崩乐坏，权威下移，此后各国陆续称王，天下有解体之倾向，一如欧洲十六七世纪。然而，中、欧历史分道扬镳，中国不像欧洲那样走向主权国家分立之格局，相反，称王之各国仍追求天下恢复一家，且最终确立秦汉一统天下，其根本原因就在士君子之天下一家意识。

社会自治之发轫

孔子之理想是重建稳定的社会治理秩序。为此，孔子开辟了两个路径。

首先，孔子于平民才俊中养成儒家士君子群体，其成员具有共同的价值认同，因而具有较高的凝聚力。孔子以之作为整合社会与改造政治之主体性力量，而士君子之力量来自其合群的存在形态。

这个士君子群体也成为整合处于"游"之状态的民众之主角。孔子时代，礼崩乐坏，封建的小型共同体逐渐解体，士在"游"，庶民也游离出来，其生存之社会形态发生绝大变化，逐渐形成核心小家庭。如此人群如何治理？

由此可见《论语》章节安排之大义：首章表明，孔门之核心目的在于通过学养成君子群体，次章是有子一段话，《学而篇》：

> 有子曰："其为人也孝弟，而好犯上者，鲜矣；不好犯上，而好作乱者，未之有也。君子务本，本立而道生。孝弟也者，其为仁之本与！"

重建秩序，首先需要重塑君子群体。然而，君子如何在庶民中重建秩序？通过孝悌之唤醒、扩充。借由这样的教化，可以稳定小家庭，且使之扩展。由此，庶民被重新组织起来，而一个具有内在关联的"社会"也就生成。

礼治秩序中，社会治理是混融的，没有私法、公法之分，也没有社会、政府之分，甚至没有权力这样的观念和现象。到孔子时代，政府、权力开始兴起。强势士大夫开始具有权力意识，并开始构建一个依靠官僚、刑律、军队凌驾于民众之上的强有力的政府。孔门弟子参与了这个政府之架构。

然而，孔子更为关注政府所统治之对象的尊严与文明，因此，他关注处在游离状态的民的重新组织。人皆有之的孝悌之心，被他发现、重视，而成为社会自我组织的重要纽带。《为政篇》记载：

> 或谓孔子曰："子奚不为政？"子曰："《书》云：'孝乎惟孝、友于

兄弟，'施于有政，是亦为政，奚其为为政？"

这是中国历史上，基层社会之自我治理的第一次理论表达。政就是治理，已具雏形的政府在治理，孔子则充满信心地断言，基于孝悌的社会自我组织和治理，同样是政，同样具有治理之功能。孔子宣告，新时代实有两种政：政府之政，社会之政。前者至关重要，后者更为根本。离开社会自我治理，单纯依靠政、刑的治理模式，注定了不能持久。新时代的治理理论须具有广阔的视野，将两者同时纳入，既重视政制，也重视风俗。这正是儒学比其他诸子高明之处。

此后，儒家士君子在社会与政府两个层面同时活动，在下美俗，在上美政。事实上，士君子团体本身就是强有力的社会组织。由此，士君子得以横跨两个领域，先立足于社会，徐图改造政府。这是孔子之后中国社会结构与社会治理模式之显著特点。

行道天下

孔子博学于文，删定六经，构建尧舜三代之礼的完整图景、决然确定复礼之秩序重建规划后，曾充满信心，《子路》篇连续三章：

子曰："苟有用我者，期月而已可也，三年有成。"
子曰："善人为邦百年，亦可以胜残去杀矣。诚哉是言也！"
子曰："如有王者，必世而后仁。"

孔子自信，若让他执政，三年可以有成。《卫灵公篇》中"人能弘道，非道弘人"、"当仁，不让于师"等语句所表达的，也正是这样的自信和信念。

一旦产生了这样的信心，孔子决心付诸行动。然而，从何处入手？孔子对天下大势自有判断，《季氏篇》记载：

孔子曰："天下有道，则礼乐征伐自天子出；天下无道，则礼乐征伐自诸侯出。自诸侯出，盖十世希不失矣；自大夫出，五世希不失矣；陪臣执国命，三世希不失矣。天下有道，则政不在大夫。天下有道，则庶人不议。"

天下有道者，西周也，此为礼治秩序最为健全的时期。西周后期到春秋中期，礼乐征伐自诸侯出。随后则是春秋中后期，先是卿大夫专政，到孔子时代，则出现了卿大夫之家臣通过控制卿大夫之家而支配国政的局面。孔子接下来说：

禄之去公室，五世矣；政逮于大夫，四世矣；故夫三桓之子孙，微矣。

作为陪臣的三桓之子孙也已衰微，也就是说，曾经居于礼治秩序之治理者位置的君子群体，整体地衰败了。那么接下来，应当是士发挥作用之时代。既然如此，自己就当积极行动。《阳货篇》记载孔子与当时的士之间的密切关系：

阳货欲见孔子，孔子不见。归孔子豚。孔子时其亡也，而往拜之。遇诸涂。谓孔子曰："来！予与尔言。"曰："怀其宝而迷其邦，可谓仁乎？曰不可。好从事而亟失时，可谓知乎？曰不可。日月逝矣，岁不我与。"孔子曰："诺，吾将仕矣。"

阳货也即阳虎，招孔子是具有深刻象征意义的事件，它表明当时士阶层之政治主体意识的觉醒。作为同一新兴阶层且具有强烈政治主体意识之人，阳虎准确地把握了孔子的精神状态，因此，句句触动孔子。听完阳虎的话，孔子慨然应允出仕。《阳货篇》记载，接下来，孔子两次几乎加入家臣叛乱的事件。然而，阳虎失败，《孔子世家》记载：

定公八年，公山不狃不得意于季氏，因阳虎为乱。欲废三桓之適，更立其庶孽阳虎素所善者。遂执季桓子。桓子诈之，得脱。定公九年，阳虎不胜，奔于齐。是时，孔子年五十。

刚刚兴起的士人政治以失败告终。太史公特意强调，阳虎失败逃亡之年，孔子五十岁。而《为政篇》孔子自谓，"五十而知天命"。新兴士人的勇气及其失败让孔子对自己的天命有了深刻理解。孔子立志行道于天下，但现在他知道，自己作为士，可活动之空间非常狭窄。欲复礼，只能仕于既有封建秩序。如《孔子世家》所记，阳虎奔于齐之后，"定公以孔子为中都宰"。

此后孔子之所为，完全围绕复礼进行。最为重要的工作大约是堕三都，这是希望正卿大夫之名，恢复"臣事君以忠"之礼。孔子遭遇挫折，明智地决定离开。由此，孔子周游列国，由鲁适卫，随后十余年间不返鲁，而以卫为中心，几度离开，一般是向南，到宋、陈、蔡甚至楚，但又返回卫。孔子之周游是以卫为中心的。因为，"鲁、卫之政，兄弟也"。[1] 卫的封建化程度相当之高。大约正是由于这一原因，吴公子季札感叹"卫多君子"[2]。孔子之志在于复礼，自然就从鲁、卫入手。

孔子周游期间，屡遭厄难，如畏于匡，厄于宋，在陈绝粮。但对此，孔子皆坦然面对。他具有强烈的天命意识，孔子相信，上天在保佑自己。《子罕篇》：

子畏于匡。曰："文王既没，文不在兹乎！天之将丧斯文也，后死者不得与于斯文也。天之未丧斯文也，匡人其如予何？"

《述而篇》记载：

子曰："天生德于予，桓魋其如予何？"

孔子以"郁郁乎文哉"形容周，但现在，斯"文"在己，复礼之天命已由自己承受。正是基于这一天命意识，孔子虽历经万难，仍周游十余载。

但最终孔子发现，在现有治理架构中，已不可能有行道之津渡。孔子大约于六十八岁之高龄回鲁，集中心力于教育。孔子形容这一段的生命状态："七十而从心所欲不逾矩。"孔子从面向过去转向了面向未来。《先进篇》记载：

---

① 《论语·子路篇》。
② 《左传·襄公二十九年》。

德行：颜渊，闵子骞，冉伯牛，仲弓。言语：宰我，子贡。政事：冉有，季路。文学：子游，子夏。

可见，孔子中年弟子，多修习古典士君子之技艺，尤其是言语、政事两科弟子，多任职于三桓之家，服务于正在崩溃的封建之秩序。然而，文学科之子游、子夏，均为孔子晚年弟子。也就是说，孔子对旧秩序已无兴趣，而集中全副精力于传授六经、儒学。他相信，由此学养成之士君子将塑造他理想的新秩序。事实正是如此。通过学，通过士君子，孔子塑造了未来两千多年的中国。今天，每个中国人天生都是儒家。

第十二章　诸子百家（上）

孔子删述六经，又创造私家之学——儒学，而后有诸子百家之兴起，有百家争鸣之思想、文化繁荣期。此为中国思想最具有创造力之时代，在此世代，混融的古典观念被不同处境中具有不同气质的思想者反思、阐发，而生发出取向各异之思想体系，熔铸出诸多核心概念和思考方式，而确立了此后两千多年中国思想之基本范式。

六经与诸子

《庄子·天下篇》是探讨诸子百家兴起之最早文献：

> 古之人其备乎！配神明，醇天地，育万物，和天下，泽及百姓。明于本数，系于末度。六通四辟，小大精粗，其运无乎不在。其明而在数度者，旧法世传之史尚多有之；其在于《诗》、《书》、《礼》、《乐》者，邹、鲁之士、搢绅先生多能明之。《诗》以道志，《书》以道事，《礼》以道行，《乐》以道和，《易》以道阴阳，《春秋》以道名分。其数散于天下而设于中国者，百家之学时或称而道之。

六经原存各层级封建君子之"官府"，君子之子弟在成长和治理的实践性过程中，向自己的父兄以及同样为君子的师、祝、史等人学习，此即所谓"学在官府"，这样的学是"王官学"。

孔子删述古典文献为六经，六经是两千多年古典文明之总结，故不只是儒家之经，而是华夏—中国之经。儒学则是孔子传授、思考六经之产物，是为"私家言"。这个意义上的儒家属于诸子。

庄子清楚地指出，诸子都形成于对六经之思考。《汉书·艺文志》总论诸子说：

诸子十家，其可观者九家而已：儒、道、阴阳、法、名、墨、纵横、杂、农、小说。皆起于王道既微，诸侯力政。时君世主，好恶殊方。是以九家之术蜂出并作，各引一端，崇其所善。以此驰说，取合诸侯。

其言虽殊，辟犹水火，相灭亦相生也……虽有蔽短，合其要归，亦《六经》之支与流裔。

各家思想主张各异，但都以体道、行道为己任。道不能托之空言，道在六经之中。所以，诸子百家实有共同、共通之处：

第一，各家皆言先王，虽然各家所依托之先王不同：孔子"祖述尧舜，宪章文武"，故儒家言必称尧舜，推崇建立了经典封建制的文、武、周公。墨家主张节用，故尊大禹。道家言黄帝，农家言神农。基于先王之道阐明自己的主张，这是诸子论说的一大特点。

第二，先王之道多体现于六经所记之先王的言、行、制度中，故各家皆引六经，阐明自己之道。比如，《墨子》书中反复引用诗、书，以论证自己的观点。这一点清楚表明，六经乃是诸子共同之经。

诸子本于经，也就使诸子与孔子、与儒家之间发生直接、间接的关系。从某种意义上可以，诸子出自孔子。

这首先是因为，孔子开创私家学术。私学世界的大门一打开，立刻就出现了百家涌动的场面。思想、学术的本质即是自由。人与人不同，则各人的思想、观念体系自然不同。即便孔门弟子，虽十分尊崇孔子，但对孔子的思想、人格也有不同理解，由此形成不同看法，《韩非子·显学篇》有"儒分为八"之说。

由孔门自然地发展出一些思想流派，如《淮南子·要略篇》说：墨子学儒者之业，受孔子之术。以为其礼烦扰而不说，厚葬靡财而贫民，服伤生而害事，故背周道而行夏政。这里指出，墨家出于儒家。不过，墨家因关注社会底层，故对儒家之说并不满意，反其道而行之：儒家言必称尧舜，崇周、尊周公，志在复礼。墨家则尊崇大禹，取其朴素、刻苦之精神。

法家与儒家之渊源也极深。《史记·孙子吴起列传》记载：吴起为卫人，"尝学于曾子，事鲁君"，显然曾入曾子之门学习。因其性格刻薄残忍，曾子乃"与起绝"，吴起乃西入魏国为将，成为出色的兵家。

然吴起与魏文侯之子武侯的对话表明，儒家理念对他还是有很大影响的。他认为，国家之存亡"在德不在险。若君不修德，舟中之人尽为敌国也"。吴起入魏后，似乎曾从子夏问学。另据《孙子吴起列传》记载，因魏武侯猜疑，吴起至楚，"楚悼王素闻起贤，至则相楚。明法审令。捐不急之官，废公族疏远者，以抚养战斗之士。要在强兵，破驰说之言从〔纵〕横者。于是，南平百越；北并陈蔡，却三晋；西伐秦"。吴起在楚国的做法与商鞅在秦国的做法相当，吴起又是法家。

由吴起的经历可以看出，法家与子夏及其门人的渊源极深。法家多出自三晋，也活跃于三晋，这固然是因为，三晋本具有功利主义气质，也是因为，子夏之学在三晋影响极为广泛、深远，而子夏之学是礼学，关注制度，很自然地发展出法家。儒学之中，荀子就在子夏传统中，最重制度，而韩非、李斯皆出荀子之门。

另一方面，诸子百家也普遍采取回应儒家的言说策略发展自己的思想。六经由孔子逐一整理，并传布至平民社会，其中自然融入儒家理念。所有研习典籍者不能不受儒家思想影响。而一旦其从事思想活动，就不能不对儒家思想作出回应。儒家又是最早也是影响最大的学派，任何思想者欲树立自己的思想地位，就不能不处理自己与儒家的关系。这样，儒家刺激诸子百家之发展。当然，反过来，诸子百家之质疑、批评、抨击，也刺激儒家作出回应，深化、细化自己的理论，比如孟子对于心性的思考。

这就是百家争鸣的意义所在。在百家争鸣的环境中，新说迭出，旧有的学说也被推动着不断细化、深化。

百家争鸣之环境

春秋末期、战国时代，百家争鸣亦有恰当的制度环境，此即东方之"开明"。

国际竞争的压力未必导致思想环境之宽松，对比一下东方六国与秦国，这一点即显而易见。各国均面临国际竞争压力，秦国的压力更大，因为，在大多数时候，六国都以秦国为敌。秦国自身也有宏大的抱负。然而，秦国国王并不欢迎百家言，相反，秦政府历来采取各种措施打击学术活动，禁止士人流动，包括流入。

严格说来，学术自由、百家争鸣只存在于东方各国。主要原因在于，周代，东方的封建化程度较高，并一直延续至春秋时代。而秦国成立于周平王东迁之后，关中迅速戎狄化，尽管后来秦人有所恢复，但封建化程度始终很低。楚的情况比较类似，也因此，楚国核心区域也没有产生卓越的学者，被冠以楚地的学者，其实多为楚国北上占领的、封建化程度较高的地区，如蔡、陈。

这也就意味着，秦国、楚国的政制较为专制，几乎没有学术活动的自由空间。东方各国则具有较为深厚的封建的自由传统。尽管东方各国也建立了王权制，但仍有封建制之残余，封建的自由理念根深蒂固。因此，东方各国之王权是较开明的：士人由流动被视为不言而喻的权利，士人自由传播自己的理念也是不言而喻的权利。孔子、墨子均可自由地组成信念、文化与政治团体，而没有任何一国国王或政府干预之。

因为东方始终较为文明，故东方各国更为相信德行和知识的力量。关于秦国，《史记·魏世家》记载魏信陵君说过这样一段评价："秦与戎翟同俗，有虎狼之心，贪戾好利无信，不识礼义德行。苟有利焉，不顾亲戚兄弟，若禽兽耳。此天下之所识也，非有所施厚积德也。"当时不少人重复过这种看法。这样的民情不可能重视德行、知识。相反，东方各国深受"周文"熏陶，文明程度较高。儒家形成于鲁、齐，广泛流传，所塑造之士人群体，包括君主，对于德行和知识始终有所敬畏。由此，面对国际竞争压力，各国君主、亲贵所采取的策略，完全不同于秦：不是禁止学术，而是竞相礼贤下士、鼓励学术。这方面表现最突出的是魏、齐两国。《史记·魏世家》记载：

> ［魏］文侯受子夏经艺，客段干木，过其闾，未尝不轼也。秦尝欲伐魏，或曰："魏君贤人是礼，国人称仁，上下和合，未可图也。"文侯由此得誉于诸侯。

《史记·儒林列传》记载：

> 如田子方、段干木、吴起、禽滑厘之属，皆受业于子夏之伦，为王者师。是时独魏文侯好学。

魏文侯大约是后封建时代第一位积极应对广土众民之现实而具有创制立法意识的君王。而要构建新制度，就不能不借助于必要的知识。正是基于这一考虑，魏文侯率先采取礼贤下士的政治策略，并取得成功：借助子夏及其门人提供的制度知识，魏文侯得以第一个构建较为完整的王权制度。这个制度一经建立，立即显示出强大的力量。战国早期，魏是列国中最为强大的。魏文侯之子武侯子击继承了这一传统，同样礼贤下士：

> 子击逢文侯之师田子方于朝歌，引车避，下谒。田子方不为礼，子击因问曰："富贵者骄人乎？且贫贱者骄人乎？"子方曰："亦贫贱者骄人耳。夫诸侯而骄人，则失其国；大夫而骄人，则失其家。贫贱者行不合，言不用，则去之楚、越，若脱屣然，奈何其同之哉！"子击不怿而去。

继魏之后第二个兴起的战国强国是齐国，齐国之强大，同样与齐王之礼贤下士直接相关。《史记·田敬仲完世家》记载：

> ［齐］宣王喜文学游说之士，自如驺衍、淳于髡、田骈、接予、慎到、环渊之徒七十六人，皆赐列第，为上大夫，不治而议论。是以齐稷下学士复盛，且数百千人。

"稷下学宫"在齐威王时代就已存在，一直延续到战国晚期。齐地受儒家思想影响极深，思想活跃，国王开明，因此而有稷下学宫之创设。学宫七十人之额当取法于孔子之七十贤弟子。学宫吸引各地各派学者加入。在这里，各派学者密切接触，相互辩难，推动了各家思想的融合与发展。孟子曾游学于齐，《孟子》所记各种辩论大约就发生于稷下学宫。

更为重要的是"不治而议论"，这是学者参与政治之机制。齐人由此改变了大夫一词的含义。周代，大夫为禄位，为封建之家之君，享有实际治理权。齐人用此名词，表明学者亦有治理之权，只不过是运用其知识。秦汉皆设有这种类型的官职，汉代"大夫"之职掌就是"论议"。这一学者议政的制度安排，将理性导入政治过程。

由国王礼贤下士发展到战国中后期，则有公卿养士之热情，时有四公子之养士美事：齐孟尝君，赵平原君，魏信陵君，楚春申君。四公子所养之士鱼龙混杂，但这恰好表明了东方各国之开明。这种开明环境为思想之表达、传播、交流创造了良好环境，因而在那样一个战争年代，仍可有思想创造力之迸发。

诸子概观

春秋后期、战国时代思想之迸发，亦因其具有伟大的问题意识。《史记·太史公自序》记司马谈《论六家要旨》：

> 夫阴阳、儒、墨、名、法、道德，此务为治者也，直所从言之异路，有省不省耳。

封建制崩溃，中国进入大转型时代。诸子百家关心的问题是相同的：新秩序是什么？如何构建？百家皆在寻找不同的秩序重建之道，为此而构建了各自的哲学、伦理学和政治哲学、法律哲学等，并相互争鸣。秩序重建议题刺激诸子百家之创造性。

百家争鸣涉及各层面的问题，可粗略归纳如下：

是否信天？这一点最为根本，由此导致其整体理念结构的差异。春秋晚期，天道信仰崩溃。这种精神状态是好是坏？各家看法不一。大体上，儒家、墨家继承古典传统，信天、敬天。

人性善还是性恶？大体上，儒家主张人有善性，其他各家似乎都主张人性为恶，法家如此，墨家似乎同样如此。

法古还是从今？各家都寻求重建秩序，然而，如何重建秩序？是恢复古典制度，还是顺从今人之欲望、意志？儒家和法家站在两个极端：儒家主张复古，法家主张从今。

价值、观念、构想各异，但诸子各家都不只是言说，还在行动，行道天下，主要是在政治上寻找实践自己理想之机会。但不同学派行道之策略不同。

儒家、墨家皆结成团体。孔门固然为一团体，孔子在世时，弟子澹台灭明南游至江，从弟子三百人。孔子去世后，众弟子曾推举有子为首领。而子夏教授西河，弟子众多。战国中后期的孟子、荀子皆有众多弟子，孟子周游各国，后车数十乘，从者数百人。

不过，儒家之团体，性质与墨家不同。儒家团体强调师徒学术传承，其纽带是适中的，墨家团体更为紧密，具有强烈的宗教性和军事性。墨家团体之领袖为"钜子"，在团体内具有极高甚至是绝对权威。比如，墨子的弟子是否担任官职，均受钜子指挥。弟子出仕后，收入应与团体共享。《庄子·天下篇》说，墨者"以钜子为圣人，皆愿为之尸，冀得为其后世"。墨家团体类似于后来的新兴民间宗教组织。钜子对其成员甚至有生杀之权，《吕氏春秋·去私篇》记载：

墨者有钜子腹䵍，居秦，其子杀人，秦惠王曰："先生之年长矣，非有它子也，寡人已令吏弗诛矣，先生之以此听寡人也。"腹䵍对曰："墨者之法曰：'杀人者死，伤人者刑'，此所以禁杀伤人也。夫禁杀伤人者，天下之大义也。王虽为之赐，而令吏弗诛，腹䵍不可不行墨者之法。"不许惠王，而遂杀之。

墨家团体人数似有数百，基于非攻理念，墨家发展出守城之术。这一点让墨家受到各国重视，墨家得以接近各国国王。但这一点，可能也让墨家最终消逝。诸子百家中，墨家曾十分兴盛，然而最后悄然消逝，实为中国观念史上一大怪事。由上面的记载可以看出，墨者与秦惠王关系密切。秦惠王是秦孝公之子，很有可能，墨家团体在商鞅变法后入秦，商鞅始建的战争体系需要墨家的军备技术。墨家团体的内部严厉控制也与秦制吻合，墨家消融于秦制中。

与儒家、墨家不同，法家、道家等各家没有组成大规模的团体，这与其伦理、政治理念有关。道家主张遗世独立，当然不能结成团体。法家认定人性恶，故其间关系趋向于相互计算，亦难以结成团体。韩非、李斯之关系即可说明这一点，《史记·老子韩非列传》记载，韩非与李斯都师从荀卿，李斯之才在韩非之下。韩非之书至秦国，秦王见之，有相见之意。韩非到秦，李斯、姚贾嫉妒之，中伤于秦王，秦王将韩非下狱。"李斯使人遗非药，使自杀。韩非欲自陈，不得见。秦王后悔之，使人赦之，非已死矣。"李斯这种做法倒是合乎法家之人性理念的。

行道方式之不同，在很大程度上决定诸子百家与权力的关系及其最终的历史命运。墨家借助其实用技术获得实践机会，因此也被国家权力吞没。法家言说顺应国王需要，得以践行其道，但法家本身始终不过是工具而已。只有儒家以中道的合群方式行道，故能持之以恒，最后同样获得践行其道的机会，并能保持其理念相对于权力的独立性。

墨家

墨子之墨不是姓氏。古有墨刑，是五刑中最轻的一种，在面额刺字，从事劳役。故墨子乃刑余之人，在社会底层。这一点，决定了墨家的整体思想气质。墨家完整理念体系，《墨子·鲁问篇》有所概括：

> 凡入国，必择务而从事焉：国家昏乱，则语之尚贤、尚同；国家贫，则语之节用、节葬；国家说音湛湎，则语之非乐、非命；国家遙僻无礼，则语之尊天、事鬼；国家务夺侵凌，即语之兼爱、非攻。故曰择务而从事焉。

更进一步，墨子理念可概括为《天志上篇》所说三点："上尊天，中事鬼神，下爱人。"墨家之诸多具体政策主张，比如节用、节葬，非乐，非命，皆与儒家相反，反映了其底层立场。但是，墨家核心理念却与儒家暗通，最重要的是尊天。墨子生活之时代，天道信仰已经崩溃。墨子对此痛心疾首。墨子相信，秩序之混乱，人民之痛苦，皆源于人尤其是天子为首之为政者，对天无所"儆戒"。墨子论证说，三代圣王禹、汤、文武之圣，就在于其"顺天意"，三代之暴王桀、纣、幽、厉之暴虐，也在于其"反天意"。墨子相信，天有其意，即天意、天志："然则，天亦何欲何恶？天欲义而恶不义。然则，率天下之百姓以从事于义，则我乃为天之所欲也。我为天之所欲，天亦为我所欲。"天子欲得己之所欲，必须顺天意。墨子特别主张，天约束天子："天子未得次[即]己而为政[正]，有天政[正]之"，

> 故天子者，天下之穷贵也，天下之穷富也，故于富且贵者，当天意而不可不顺，顺天意者，兼相爱，交相利，必得赏。反天意者，别相

恶，交相贼，必得罚。①

天子固然为人世间最贵、最富者，但天子在天之下。天子正官长，天正天子，天给天子施加行义之道德和政治义务，"顺天意者，义政也。反天意者，力政也"。

墨家又重视"事鬼神"。《墨子·明鬼下篇》宗旨在开篇第一段：墨子断言，这是一个"天下失义，诸侯力正"，人皆"自利"的世界，"此其故何以然也？则皆以疑惑鬼神之有与无之别，不明乎鬼神之能赏贤而罚暴也。今若使天下之人，偕若信鬼神之能赏贤而罚暴也，则夫天下岂乱哉"。本篇依据古典文献论证，鬼神实有其事，且十分有效地监察官员，包括天子，对人施加赏罚。墨子甚至说："虽使鬼神请亡［诚无］，此犹可以合驩聚众，取亲于乡里。"即便鬼神真的不存在，但祭祀鬼神之礼仪，也可以发挥重大的社会效用。墨子最后说："今天下之王公大人士君子，中实将欲求兴天下之利，除天下之害，当若鬼神之有也，将不可不尊明也，圣王之道也。""若"字十分有趣：鬼神是否真的存在并不重要，但治国者须表现得鬼神是存在的，如此才能兴天下之利。

由此可以看出，墨子之敬天、明鬼皆具有功利主义倾向。这一点与古典时代及继承古典时代信仰的儒家形成微妙差异。儒家诚敬于天、鬼神，墨子则更关注这种诚敬对社会治理之"利"。也因此，墨子之信仰并不坚实。由此也就导致墨家与儒家在诸多伦理、社会与政治领域上出现严重分歧乃至对立。其中的关窍在于，儒家重仁，墨家重义。墨子心目中的最高价值是义。

"爱人"可概括墨家各种具体理念。最显著者是"兼爱"。《墨子·兼爱上篇》指出兼爱之要义在于："视人之国若视其国，视人之家若视其家，视人之身若视其身。"然而，为什么人做不到这一点？"天下之士君子特不识其利，辩其故也。"墨子欲人兼爱，不唯爱自己的亲近之人，也爱陌生之人。然而，墨子却没有给这种爱找到坚实的依据，反诉诸利。

墨子之节用、节葬、非乐，都从"利"字上立论，因而显得较为单薄。墨子之尚同、尚贤等主张也不够圆融。《墨子·尚同上篇》提出

---

① 《墨子·天志上》。

墨家的政府起源论：

> 古者民始生、未有刑政之时，盖其语，人异义。是以，一人则一义，二人则二义，十人则十义。其人兹众，其所谓义者亦兹众。是以，人是其义，以非人之义，故交相非也。是以，内者父子、兄弟作怨恶，离散不能相和合。天下之百姓皆以水火、毒药相亏害。至有余力，不能以相劳。腐臭余财，不以相分。隐匿良道，不以相教。天下之乱，若禽兽然。

> 夫明乎天下之所以乱者，生于无政长，是故，选天下之贤可者，立以为天子。

墨子虽敬天，却回避仁，故其伦理学主张与儒家相反，相信人性本恶。在政府产生之前的自然状态下，人们不加节制地相互伤害。这一点明显地与墨子的兼爱主张相冲突。墨子指出，人们相互伤害的根源在于，没有共同的"义"，也即，对于何为正当没有共识，只有个人的意见。为解决这个问题，人们构建了政府。墨子主张"选天下之贤可者"立以为天子。其后，天子自上而下选择贤可者为三公，以此类推，设立正长。这就是"尚贤"。

> 正长既已具，天子发政于天下之百姓，言曰："闻善而不善，皆以告其上。上之所是，必皆是之。所非，必皆非之。"

政府一旦产生，其根本职能是统一人民的意见，在墨子看来，意见的统一是保持秩序的关键。这就是"尚同"。"尚同"是下同于上，民众须与政府保持一致，因为天子本来就是被选举产生的贤者。墨家团体之运作贯彻了墨子的尚贤与尚同理念。然而，事实证明，尚同蕴含着巨大的危险。

儒家

百家之中，儒家的生命力最为强韧。

这首先是因为，儒家思想具有活力。《韩非子·显学篇》："自孔子之死也，有子张之儒，有子思之儒，有颜氏之儒，有孟氏之儒，有漆雕氏之儒，有仲良氏之儒，有孙氏之儒，有乐正氏之儒。"这一事实反而表明儒家之丰富性与包容性。

儒虽分为八，但总体上，孔子之后，儒家主要沿着孔子两大核心理念分化：一派重仁，其代表为思孟学派。另一派重礼，如子夏及其门人到荀子。

思孟学派的渊源在曾子。曾子重孝，强调"吾日三省吾身"①。一般认为，曾子作《大学》。子思为孔子之孙，受业于曾子，作《中庸》。1993 年在湖北荆门郭店一号楚墓发现的郭店楚简中一些文献属《子思子》。接下来则是孟子。《史记·孟子荀卿列传》记载：

> 孟轲，驺人也。受业子思之门人。道既通，游事齐宣王，宣王不能用。适梁，梁惠王不果所言，则见以为迂远而阔于事情。当是之时，秦用商君，富国彊兵；楚、魏用吴起，战胜弱敌；齐威王、宣王用孙子、田忌之徒，而诸侯东面朝齐。天下方务于合从［纵］连衡，以攻伐为贤，而孟轲乃述唐、虞、三代之德，是以所如者不合。退而与万章之徒序诗、书，述仲尼之意，作《孟子》七篇。

孟子并不得志，但孟子深化了儒家思想。封建秩序的关键是身—礼关系，法家强调身—刑关系，孟子发现了心。《孟子·公孙丑上篇》：

> 人皆有不忍人之心。先王有不忍人之心，斯有不忍人之政矣。以不忍人之心，行不忍人之政，治天下可运之掌上。
>
> ……由是观之，无恻隐之心，非人也；无羞恶之心，非人也；无辞让之心；非人也；无是非之心，非人也。恻隐之心，仁之端也；羞恶之心，义之端也；辞让之心，礼之端也；是非之心，智之端也。

由四端，而有仁义礼智这四种最为重要的德性。孟子特别高扬德性。礼治秩序中，伦理与法律混融为一体。礼崩乐坏，人群离散，刑律出现，人的存在状态有巨大变化：法律与道德伦理分立。国家刑律只控

---

① 《论语·学而篇》

制个体侵害他人和公共秩序之行为，德行则留给个体选择。个体可选择的空间加大，堕落的可能性也加大。孟子乃从心入手，要人向上提撕，以尽心、知性而知天，自我养成为士君子，"富贵不能淫，贫贱不能移，威武不能屈"①。为此，孟子探讨了修心之法门，比如"善养吾浩然之气"② 等。宋明儒学基本上是沿着孟子这一思想发展而来的。

但是，孟子也十分重视制度。《孟子·离娄上篇》记载：

> 孟子曰：离娄之明、公输子之巧，不以规矩，不能成方圆；师旷之聪，不以六律，不能正五音；尧舜之道，不以仁政，不能平治天下。今有仁心仁闻而民不被其泽，不可法于后世者，不行先王之道也。故曰：徒善不足以为政，徒法不能以自行。《诗》云："不愆不忘，率由旧章"，遵先王之法而过者，未之有也。

孟子认为，仁心是根本，但是，仅有仁心而没有仁政，也无济于事。仁政的本质是构建一系列优良制度，也即"先王之道"。孟子之基本政治主张是复古，也即复封建。为此，孟子深入研究周代之封建制，如井田制，爵禄之制，明堂制，君臣之制等。孟子奠定了后世儒家"复封建"之政治立场。

另一位儒学大家是荀子，《孟子荀卿列传》说：

> 荀卿，赵人。年五十始来游学于齐……田骈之属皆已死齐襄王时，而荀卿最为老师。齐尚修列大夫之缺，而荀卿三为祭酒焉。齐人或谗荀卿，荀卿乃适楚，而春申君以为兰陵令。春申君死而荀卿废，因家兰陵。李斯尝为弟子，已而相秦。荀卿嫉浊世之政，亡国乱君相属，不遂大道而营于巫祝，信禨祥。鄙儒小拘如庄周等又猾稽乱俗。于是推儒、墨、道德之行事兴坏，序列著数万言而卒。因葬兰陵。

荀子活动时间已在战国晚期。荀子在子夏传统中，子夏为"文学"，传承六经，荀子同样相当完整地传承六经。不过，作为思想者，

---

① 《孟子·滕文公下》。
② 《孟子·公孙丑上》。

荀子最为引人注目的观念是制天说，《荀子·天论篇》说：

> 大天而思之，孰与物畜而制之。从天而颂之，孰与制天命而用之。望时而待之，孰与应时而使之。因物而多之，孰与骋能而化之。思物而物之，孰与理物而勿失之也。愿于物之所以生，孰与有物之所以成。故错人而思天，则失万物之情。

此处最可注意的是荀子之用词：物畜。天丧失了超越性，成为自然之天，也就不再是天了。现在，宇宙之内就是各种各样的物之堆积，所谓的天亦不过是一种物而已。荀子反反复复地申明人对于物的支配，包括天也是人可以利用的对象。而人支配物的目的，不过是为了增加对物的占有。天被物化之后，人也物化了，其性就是恶的。这也正是荀子的人性论，《性恶篇》说：

> 人之性恶，其善者伪也。今人之性，生而有好利焉，顺是，故争夺生而辞让亡焉；生而有疾恶焉，顺是，故残贼生而忠信亡焉；生而有耳目之欲，有好声色焉，顺是，故淫乱生而礼义文理亡焉。然则从人之性，顺人之情，必出于争夺，合于犯分乱理，而归于暴。

人之物化，意味着人只有身。人的存在完全受身体感官支配，追求可满足肉体感官快乐的物质之最大化。如此，人会把他人当成物来对待。人与人之间必然生争夺，生残贼，生淫乱。这就是恶，人对他人皆为恶，人们相互之间是敌人。

如此人性，秩序如何形成和维护？荀子合乎逻辑地提出如下命题："故圣人化性而起伪，伪起而生礼义，礼义生而制法度；然则礼义法度者，是圣人之所生也。"礼义制度至关重要。荀子延续子夏传统，重视制度。

然而，荀子之制度论实存在极大的漏洞。礼义制度生于圣人，然圣人由何而生？潜在的圣人之性同样为恶，他何以产生制礼义之自觉？他又如何具有制礼义之知识？同时，荀子之礼的约束力也让人怀疑。荀子之礼是反乎人之情性的，礼完全从外部强加于人。这样的制度运转之成本将极高。荀子之礼必滑向法家之刑。无怪乎韩非、李斯两位法家人物皆出于荀子之门。

儒家之学除这些引人注目的思想者之外，还有一个不那么显眼实却对于儒家生命力而言具有决定性意义的人物：经师群体。孔子删述六经，各有弟子传承。这一点正是儒家不同于诸子之处：儒家之外的诸子只有私家言，其所能影响的人群是相当有限的，能否发挥影响也取决于政治上的机运。儒家则在撰作私家言之同时传承六经。六经是普遍之经，是古典知识之渊薮，是教育的基本依据。借助教育，儒家广泛地渗透精英群体，即便百家，也通过六经获取知识。这样，儒家将自身构造为根基深厚的文化与社会综合体，而非单体的思想体系。这个综合体的核心是儒生，外围是各类精英。由此，儒家获得最为坚韧的生命力。

阴阳家

《史记·太史公自序》记司马谈论六家要旨，首列阴阳之术。可见，秦汉之时，阴阳术实为第一显学。

阴阳术大家为邹衍。《盐铁论·论儒篇》中御史曰："邹子以儒术干世主，不用，即以变化始终之论，卒以显名……邹子之作，变化之术，亦归于仁义。"邹衍本为儒生，其宗旨也始终不离儒家。司马迁将邹衍事迹插入《史记·孟子荀卿列传》孟子与荀子之间，这意味着，司马迁认为，阴阳术实为儒家理念的一个变形或者说丰富：

其次驺衍，后孟子。

驺衍睹有国者益淫侈，不能尚德，若大雅整之于身，施及黎庶矣。乃深观阴阳消息而作怪迂之变，《终始》、《大圣》之篇十余万言。

其语闳大不经，必先验小物，推而大之，至于无垠：先序今以上至黄帝，学者所共术，大并世盛衰。因载其禨祥、度制，推而远之，至天地未生，窈冥不可考而原也。先列中国名山大川，通谷禽兽，水土所殖，物类所珍，因而推之，及海外人之所不能睹。称引天地剖判以来，五德转移，治各有宜，而符应若兹。以为儒者所谓中国者，于天下乃八十一分居其一分耳。中国名曰赤县神州。赤县神州内自有九州，禹之序九州是也，不得为州数。中国外如赤县神州者九，乃所谓九州也。于是有裨海环之，人民禽兽莫能相通者，如一区中者，乃为一州。如此者九，乃有大瀛海环其外，天地之际焉。

其术皆此类也。然要其归，必止乎仁义节俭，君臣上下六亲之施，始也滥耳。

邹衍有"谈天衍"之誉，可见邹衍之学以天为本。这样的言说主题在战国晚期属非常之举。因为，天道信仰已经崩坏，世界已唯物化。邹衍立说的目的是把纯粹物质的地上的人的世界，重新归入天道主义的宇宙秩序之中。为此，邹衍从时间、空间两个维度上描述世界之无限性。在时间维度上，邹衍首先叙述人们可见的时代，再推衍至宇宙初创、天地未生时。在空间上，邹衍指出，人们所见者、所知者只是大地很小的部分，此外还有辽远无垠的空间，至于天地之际。无限的地引出无限的天，天重新高居于主宰者的位置，人所在的世界重新成为"天下"。

此后，邹衍更为深入而具体地把握、刻画天。其努力方向一方面是"深观阴阳消息"，另一方面是推论"五德转移"。前者形成"阴阳"论，后者形成"五行"说。司马谈说："尝窃观阴阳之术，大祥而众忌讳，使人拘而多所畏；然其序四时之大顺，不可失也。""拘"就是拘于天道，畏就是敬"天"、畏"天"。由此，"仁义、节俭，君臣、上下六亲之施"等统治的德行就获得超越的依据。

总之，邹衍复活了天道信仰。这一学说确实在当时产生较大影响。"王公、大人初见其术，惧然顾化"，邹衍似乎被人视为天道的代言人，多国君主对此十分敬畏："是以驺子重于齐。适梁，惠王郊迎，执宾主之礼。适赵，平原君侧行撇席。如燕，昭王拥彗先驱，请列弟子之座而受业，筑碣石宫，身亲往师之。"邹衍又作《主运》，很有可能是论君主之运，也即君主运会之转移。对于身处战国时代寻求霸权的列国君主，这种学说具有极强的吸引力。

根本上，邹衍阴阳五行说是一次观念的复古，向周初天道观念之回归。邹衍之后，儒家发生一次重大转向：心性论倾向暂时减弱，改而走向两个相反的方向。一个方向是荀子，他取消天道，其治理构想迅速地法家化。主流方向则是邹衍开辟的，他把儒家内在固有的宇宙论掘发出来，让天道、阴阳、五行成为儒家构造治理秩序的基本符号。儒家之阴阳化成为秦汉之际儒家思想发展的基本方向。

实际上，邹衍之后，各派思想乃至普通人的观念都趋向阴阳化。由此推动了秦汉之变。

第十三章 诸子百家（下）

大转型刺激了诸子百家之涌现，而各家之气质、思想具有不同的品性。儒、墨、阴阳等家属阳，较为温暖，对于新出现之制度、风俗，他们常采取批评态度，而具有复古倾向。道、法、兵等家则属阴，比较冷峻，而顺乎时势，致力于推动新制度之构建或个体自外于这种体制。

道家

道家创自老子，老子著《道德经》。然而，诸子百家中，老子身世最为扑朔迷离，《史记·老子韩非列传》之记载即多有推测之语。老子在先还是孔子在先，也是晚近学界热烈争议的话题。然以议题、文体来看，老子当晚于孔子，其思想盖有多处回应儒家。

老子是哲学家，也许是中国第一位哲学家。他用精简的语言提出了一套精妙的宇宙论，与《易传》共同构成中国纯哲学之源头，吸引后世深思之士深化发展。老子也是一位智者，发展了一套微妙的人生智慧。其思考方式可概括为"反者，道之动"，如：

> 天下莫柔弱于水，而攻坚强者莫之能胜，其无以易之。弱之胜强，柔之胜刚，天下莫不知，莫能行。是以圣人云：受国之垢，是谓社稷主；受国不祥，是谓天下王。正言若反。
>
> 将欲歙之，必固张之；将欲弱之，必固强之；将欲废之，必固兴之；将欲夺之，必固与之。是谓微明。柔弱胜刚强。鱼不可脱于渊，国之利器不可以示人。

老子生活之时代，人们普遍崇尚智、力，不论在私人生活还是政治生活领域。老子主张反其道而行之。此为应世之智慧，既可运用于私人生活，也可运用于政治领域。故老子并未主张出世，而是经过深思熟虑，提出一套迂回的行为策略。老子所追求之目标与众人并无不同，从根本上说，也是胜他人。但老子认为，流俗的行动策略未必成功，他的策略与众不同，故而有智慧色彩。

老子不仅不出世，反而是一位政治哲学家，其治国原则概括为：

上德无为而无以为，下德无为而有以为。

此种原理与上述人生智慧相通，通过无为而达成无所不为的效果。老子更为详尽地阐明自己治国主张如下：

以正治国，以奇用兵，以无事取天下。吾何以知其然哉？以此：天下多忌讳，而民弥贫。民多利器，国家滋昏。人多伎巧，奇物滋起。法令滋彰，盗贼多有。故圣人云：我无为，而民自化；我好静，而民自正；我无事，而民自富；我无欲，而民自朴。

相对于封建的治理，当时新兴政制之特点是严苛。老子反其道行之，主张君主无为而治。君主无为，民众会自可形成秩序，人人各得其所。在老子心目中，最好的政府就是管得最少的政府。《史记·太史公自序》中，司马迁解释老子政治思想曰：

道家无为，又曰无不为。其实易行，其辞难知。其术以虚无为本，以因循为用。无成势，无常形，故能究万物之情。不为物先，不为物后，故能为万物主。有法无法，因时为业；有度无度，因物与合。故曰"圣人不朽，时变是守。虚者，道之常也，因者，君之纲"也。群臣并至，使各自明也。

老子政治思想之核心在"因"、"循"，此为君王治理之基本纲领。"因"就是顺应，顺乎自然，因时就是顺应时势，因物就是顺应事理。君王因时、因物，这就是无为。无为是不把自己的意志强加于人、物，而让人、物顺其自然。老子理想的君臣关系是，君因臣之性情，使之各得其所，各用其长，则君王可垂拱而治。老子这些政治思想影响深远，汉唐等都曾以老子治国。

同时，老子思想成为法家之重要渊源。据司马迁记载，法家三大代表人物，慎到"学黄老道德之术"[1]，申不害之学"本于黄老而主刑名"[2]，老子与韩非同列于《老子韩非列传》，韩非"喜刑名法术之学，而其归本于黄老"。《韩非子》一书中有《解劳》、《喻老》篇，专门解读老子。法家取于老子者正是君王无为于上之理想，而予以引申，如《韩非子·主道篇》："明君无为于上，群臣竦惧乎下。明君之道，使智者尽其虑，而君因以断事，故君不穷于智；贤者敕其材，君因而任之，故君不穷于能；有功则君有其贤，有过则臣任其罪，故君不穷于名。"法家让老子思想带上权谋色彩：唯有君王无为于上，才不会给群臣留下可乘之机，也才可以操纵群臣。

庄子则带有强烈的艺术色彩，追求精神之逍遥，因而为后世文人墨客所喜。庄子思想之要旨在"为我"，求得精神上的完全自由。为此，庄子主张，人当不为外物所役，"不失其性命之情"[3]。如何达到这一点？庄子主张"齐物"、"外生"。著名的庄周梦蝶故事出自《庄子·齐物论》：

　　昔者，庄周梦为胡蝶，栩栩然胡蝶也，自喻适志与，不知周也。俄然觉，则蘧蘧然周也。不知周之梦为胡蝶与，胡蝶之梦为周与？周与胡蝶，则必有分矣。此之谓物化。

物、我混融为一，则忘我，忘我则"安时而处顺，哀乐不能入也"，获得精神之绝对自由，此之谓"真人"，《庄子·大宗师篇》说：

　　古之真人，不知说生，不知恶死；其出不欣，其入不距；翛然而往，翛然而来而已矣。不忘其所始，不求其所终；受而喜之，忘而复之。是之谓不以心捐道，不以人助天。是之谓真人。

在战国最为残酷、混乱的时代，庄子采取一种追求个体精神逍遥之

---

① 《史记·孟子荀卿列传》。
② 《史记·老子韩非列传》。
③ 《庄子·骈拇篇》。

曲径。他为那些无力、无奈的士人指示了另一种生存之道：达则为儒，有为于天下。穷则信庄，逍遥于精神自由之世界。故后世士人，多有儒道互补之精神结构。

法家概观

法家之兴起因应大转型时代之制度建设需要。这一点，在晋国尤其显著。晋的封建化程度本来就低于鲁、卫，而晋地本来是华、狄杂处，晋国君臣常与狄人通婚。春秋时代，礼治秩序逐渐松动，晋国最快。晋国乃不得不探索新制度，以填补礼治颓塌留下的制度空白。因而，整个春秋时代，列国之中，晋国的制度变革始终处于领先位置。尤其是三家分晋，立为诸侯，可以放开手脚，尝试新制度。这为追求变革的政治思考者提供了宽敞而良好的舞台。

在此环境中，法家人物迭出。"法家"之"法"指制度，尤其是政治制度、法律制度、军事制度等。其中也包括法律，但主要是行政法和刑律。相反，法家对于今人所说的民事法律，基本未加措意。这些法律反而体现在儒家所说的礼、礼俗中。

自来法家多出自三晋及其周围邦国：吴起是卫人，曾师从子夏，并发迹于魏。商鞅是卫人，但在魏为臣。申不害是郑人，郑是最早铸刑书者；申子又为韩昭侯重用。慎到是赵人。韩非是韩人。也就是说，法家或生于三晋及其周边，或活动于三晋，在三晋实现其构建新制度之理想，或在三晋见识新制度。实际上，三晋儒家通常也有法家色彩，或通往法家，最典型者为荀子，赵人也，其弟子韩非、李斯成为法家。

法家内部有法、术、势三派之别。据《韩非子·难势篇》，慎到言势：

> 飞龙乘云，腾蛇游雾。云罢雾霁，而龙蛇与蚓蚁同矣，则失其所乘也。贤人而诎于不肖者，则权轻位卑也。不肖而能服于贤者，则权重位尊也。尧为匹夫，不能治三人，而桀为天子，能乱天下。吾以此知势位之足恃，而贤智之不足慕也。夫弩弱而矢高者，激于风也。身不肖而令行者，得助于众也。尧教于隶属而民不听，至于南面而王天下，令则行，禁则止。由此观之，贤智未足以服众，而势位足以诎贤者也。

慎子认为，君王之所以能号令邦国，乃因其占有位势。势就是主权者之地位。慎子势论敏锐地揭示出王权制时代君王之权力与封建时代的根本不同：君王之位势对于王权制运转具有决定性意义。

据《韩非子·定法篇》，申不害言术，商鞅言法：

> 今申不害言术，而公孙鞅为法。
>
> 术者，因任而授官，循名而责实，操杀生之柄，课群臣之能者也。此人主之所执也。
>
> 法者，宪令著于官府，刑罚必于民心，赏存乎慎法，而罚加乎奸令者也。此臣之所师也。
>
> 君无术，则弊于上。臣无法，则乱于下。此不可一无，皆帝王之具也。

申子关注君王驾驭群臣之术。这是基于官僚制之事实提出的统治术。与封建制不同，国王统治广土众民，不能不依赖官僚体系。但这个工具反过来会谋取私利，蒙蔽君王或牺牲其利益。故驭臣之术成为王权制正常运转不可或缺之技术。

商鞅则关注法，也即制度。综观《商君书》，商鞅构造了比较完整的王权制政治哲学，也在秦国利用自己得天独厚的政治集会，建立了较为完整的王权制之政制。商鞅是法家人物中最具有政治思考和制度构造能力者。

韩非主要贡献在于将老子思想嫁接入法家，尤其是应用于君臣关系中，让驭臣之术更为精微。不过，在王权制的政制设计方面，韩非并无多少贡献，因为他出生较晚，商鞅已完成了那项重大的思想和政治事业。而且到了这个时代，王权制的逻辑已走到其极致，各国君王忙于残酷的战争，对知识已了无兴趣，《韩非子》一书字里行间透露出不得君王信用的无尽哀怨。

商君：抟国术

春秋末期、战国之初的变法是治理模式的一场革命：从权威分散的封建的礼治秩序转型为权力集中的王权政制。魏国变法本由儒家推动，但法家在此次变法中成熟，成为随后各国变法的主要推动者。法家主持之变法本以绝对君权为预设，变法则致力于实现这一理念。法家欲变法，就须从思想上证成绝对君权，《商君书·更法篇》完成了这个工作。

本篇记录了一场对话，对话主角有四：在魏国旁观了变法全过程因此掌握了王权制之制度知识并深入思考其中原理的卫鞅，具有变法以图富强之政治意志的秦孝公，比较保守因而反对变法的甘龙，对变法效果有所怀疑的杜挚。对话中，卫鞅陆续提出三个命题。

秦孝公欲变法而顾忌民意，针对这一点，卫鞅提出第一命题：

> 君亟定变法之虑，殆无顾天下之议之也。且夫有高人之行者，固见负于世；有独知之虑者，必见訾于民。

在卫鞅构想的政治共同体中，君王就是"独知"之人，君王之外的人即世人、民就是庸众，愚蠢之辈。由此，政治共同体内形成一个人与他之外所有人之间的区分乃至对立。这一个人就是主权者。他凭借理智占据这一位置，因为占据这一位置，他必定具有"独知"。制定法律、治理国家是他一人的理智事业，所有其他人根本没有这样的资格，也没有资格参与共同体的治理。他们现在只是被治理之对象。

甘龙反对变法，卫鞅据此提出第二命题：

> 夫常人安于故习，学者溺于所闻。此两者所以居官守法，非所与论于法之外也。三代不同礼而王，五霸不同法而霸。故知者作法，而愚者制焉；贤者更礼，而不肖者拘焉。拘礼之人，不足与言事；制法之人，不足与论变。

延续第一命题，卫鞅明确提出，政治生活可划分为两大类：立法，守法，分别对应于不同的政治主体：国王是立法者，民众则是守法者。立法活动是在法律之外进行的，也就是说，既有的法律对国王之立法活动不构成任何限制。国王仅凭自己个人的理智为民众立法。这就是"三代不同礼而王，五霸不同法而霸"的真实含义。如此一来，法律就在君权之下。在礼治秩序下，国王在礼之下。现在，国王不受法律约束，他是主权者，法律只是国王统治的工具。这样的国王当然拥有了随意变法的权力。

杜挚对变法的效果有所疑虑，卫鞅提出了第三命题：

前世不同教，何古之法？帝王不相复，何礼之循？伏羲、神农教而不诛，黄帝、尧、舜诛而不怒，及至文、武，各当时而立法，因事而制礼。礼法以时而定，制令各顺其宜，兵甲器备各便其用。

这是对第二命题的深化，卫鞅明确指出，法律就是工具。周人特别重视礼的连续性，孔子也强调三代之礼的"因"。由此连续性，法律才被人们信仰，因为，法律就是生活本身。现在，法律则没有任何历史、价值的内涵，而成为人们当然是立法者解决自以为的当下问题之便利工具。

由此可以看出，法家之名，不符其实。法家强调变法，赋予君王以广泛的变法权，实际上片面突出法律的实用性，降低法律对政治过程尤其是对最高统治者权力的约束。在封建的礼治秩序下，是礼在治理，国王是礼治的工具；在法家构想的治理结构中，是国王在治理，法律是国王统治的工具。

商君证成主权者，此主权者构造全盘操控国民、以追求单一目标之国家。商君将这一过程称为"抟"和"作壹"。《商君书》中，这两个词反复出现，如《农战篇》：

善为国者，官法明，故不任知虑；上作壹，故民不偷淫，则国力抟。国力抟者彊，国好言谈者削。

凡治国者，患民之散而不可抟也，是以圣人作壹，抟之也。国作壹一岁者，十岁强；作壹十岁者，百岁强；作壹百岁者，千岁强，千岁强者王。

然而，如何抟万民为一体？商君相信人性恶，《算地篇》说：

夫治国者能尽地力而致民死者，名与利交至。民之性，饥而求食，劳而求佚。苦则索乐，辱则求荣，此民之情也。民之求利，失礼之法；

求名，失性之常。奚以论其然也？今夫盗贼上犯君上之所禁，下失臣子之礼，故名辱而身危，犹不止者，利也。其上世之士，衣不暖肤，食不满肠。苦其志意，劳其四肢，伤其五脏，而益裕广耳，非性之常而为之者，名也。故曰，名利之所凑，则民道之。

人的天性就是追求肉体欲望之满足，故其生存的目的就是求利、求名。为实现这两者之最大化，人将毫不犹豫地相互伤害。因此，人与人之间不可能自然地形成合作秩序，而须由强有力的第三者强制他们，政府因此产生。政府的功能就是"制其民"，《画策篇》这样说：

昔之能制天下者，必先制其民者也；能胜强敌者，必先胜其民者也。故胜民之本在制民，若冶于金，陶于土也。

政府如此建立，政府与民的关系自是敌对的，《弱民篇》说：

民弱，国强；民强，国弱。故有道之国，务在弱民。民朴则弱，淫则强；弱则轨，强则越志；轨则有用，越志则乱。

人性本恶，则君民必是敌对关系，民强则国弱，民弱则国强。当然，此处之国就是国王的地位和利益。因此，治国之道首在"弱民"，将民改造为国王的工具。对国王来说，弱民与杀敌同样重要，甚至更为重要。只有"弱民"，才有可能驱民杀敌；如果民众强大，国王无权，杀敌根本无从谈起。

至于弱民之道，可以无所不用，最为重要的是摧毁一切自然的和人造的社会结构，让民众无法组织。商君在秦国系统实施了这一政策，这包括消灭贵族，禁止民间学术，因为，士人总是结成社团活动。

弱民的另一个办法是"愚民"，《定分篇》提出这样一个惊世骇俗的命题：

民愚，则易治也。

儒家致力于教育事业，尤其平民教育，以开启民智。法家则第一个提出愚民理念。商君采取驱民于农战之政策，首要目的正是愚民，《农战篇》说：

> 先王反之于农战。故曰：百人农、一人居者，王；十人农、一人居者，强；半农半居者，危。故治国者欲民之农也……归心于农，则民朴而可正也。纷纷，则不易使也；信，可以守战也。壹，则少诈而重居；壹，则可以赏罚进也；壹，则可以外用也。

驱民于农的好处在于塑造便于统治的心智。简单的农业生产是不需要智识的，长期从事农业，让所有国民从事农业，则可以消灭国民的思考与想象力。国民唯一保留的生命力就是强壮而机械的体力。在商君看来，思想与想象力对王权秩序是巨大的威胁，纯粹的体力才对王权有用。

故在商君思想中，国民对国家、对国王唯一有用的乃是其肉体力量。在商君构想的政治共同体中，只有一个人可以具有理智，那就是国王，由国王利用臣民之力。《错法篇》说："故凡明君之治也，任其力不任其德。"聪明的治国者必抟聚国民之"力"。

这方面的核心政策是"驱民于农战"，《商君书》对此反复论证。《算地篇》说："故圣人之为国也，入，令民以属农；出，令民以计战。"驱民于农，既可以产出粮食，农民又有强壮的体力，是最好的战士。至于战，则是对力的运用。它又可以获得积聚更大的力之资源，也即土地。

为实施这一政策，商君要求消灭学术、商业、游说等活动。《农战篇》说："故其境内之民，皆化而好辩乐学，事商贾，为技艺，避农战，如此则亡国不远矣。"这些事业分散可用于农业和战争的人力、物力。但商鞅更为担心的是，这些事业将恢复人的完整性，让人从纯粹的体力工具变成具有人的自觉的人。这样的人将具有自主的思想、观念、价值，要求尊严，要求自主地支配自己的身体。如此必与国家离心离德，国家的力将被削弱。

实际上，商君禁止人们追求道德，《靳令篇》说：

> 六虱：曰礼乐，曰诗书，曰修善，曰孝弟，曰诚信，曰贞廉，曰仁

义，曰非兵，曰羞战。国有十二者，上无使农战，必贫至削。十二者成群，此谓君之治不胜其臣，官之治不胜其民，此谓六虱胜其政也。

德行只会妨碍人们为了国家而发挥力。关于这一点，韩非说得更为明确。《韩非子·说疑篇》说："故有道之主，远仁义，去智能，服之以法。"《五蠹篇》说："夫父之孝子，君之背臣也。"孝悌、仁义、诚信等都属于私人之德，这些德妨碍力的生产，也妨碍个体对国家的忠诚，从而妨碍国家的抟力大计，故当在取缔之列。

然而，体力的抟聚对王权同样是潜在威胁，因此，治国者也须想法"杀力"，让国民积聚的力有适当的宣泄口。《靳令篇》说："民有余粮，使民以粟出官爵。官爵必以其力，则农不怠。"农民拥有太多粮食，对国家也是威胁，因为农民可能交易，可能奢侈，甚至可能投身学术。这些都妨碍国家抟力。杀力之法是，国家回收农民的余粮，赐给其爵位。杀力的第二种办法是不断对外发动战争。《靳令篇》说：

夫圣人之治国也，能抟力，能杀力。制度察则民力抟，抟而不化则不行，行而无富则生乱。故治国者，其抟力也，以富国强兵也；其杀力也，以事敌劝农也。夫开而不塞则短长，长而不攻则有奸；塞而不开则民浑，浑而不用则力多，力多而不攻则有虱。故抟力以壹务也，杀力以攻敌也。

商君完成一个完美的循环：驱民于农的目的是抟力，以富国强兵。有了这两样就可以发动战争，也必须发动战争，以防止民力对国家构成威胁。按照商君理念构造的秦国走上了依彻底物质主义运作的军国之路。

名家

老子、法家与名家之间有密切关系，司马迁说韩非"喜刑名法术之学，而其归本于黄老"[1]。

---

[1] 《史记·老子韩非列传》。

名是一个非常重要的概念，其渊源在礼治秩序之"名位"。建立封建君臣关系之程序是"策名委质"，名既是臣之名，也是臣受封于君之名位，名位是在封建秩序中之身份，它伴随着一组权利、利益，当然还有义务，而以器表现。有人救了卫大夫孙桓子，卫人赏之以邑，那个人推辞，而请求冠带"曲县繁缨"以朝，卫人答应，《左传·成公二年》记载：

> 仲尼闻之曰：惜也，不如多与之邑。唯器与名，不可以假人，君之所司也。名以出信，信以守器，器以藏礼，礼以行义，义以生利，利以平民，政之大节也。若以假人，与人政也。政亡，则国家从之，弗可止也已。

"名"是封建秩序的枢纽性要素：名确定每个人的身份，也即确定其权利、义务。名被搅乱，君臣关系即陷入紊乱，"名不正，则言不顺"，整个社会陷入混乱。故孔子核心政治主张是"正名"，其含义也正是清晰界定和保障每人的权利，每人也尽心承担自己的义务。故名家思想出于礼治，与孔子直接相关，而予以发展，以循名责实为要旨。

名为名位，其核心功能是"定尊卑"，政治中之名就是名法，《尹文子·大道下篇》曰：

> 《老子》曰："以政治国，以奇用兵，以无事取天下。"政者，名法是也。以名法治国，万物所不能乱。

形、名关系是名家关心的核心问题，其诉求是名实相符，有其名须有其实。故名家又被称为"形名学"，也即"刑名学"，《大道上篇》说：

> 有形者必有名，有名者未必有形。形而不名，未必失其方圆白黑之实。名而不可，不寻名以检其差。故亦有名以检形，形以定名。名以定事，事以检名。察其所以然，则形名之与事物，无所隐其理矣。

不过，名家之兴起在礼治秩序崩溃之后，因而其政治用意已不是恢复礼治秩序，而是将正名观念用于王权政制，君臣双向的循名责实就变为单向的，也即国王循名责臣之实。《大道上篇》说：

> 庆赏刑罚，君事也；守职效能，臣业也。君料功黜陟，故有庆赏刑罚；臣各慎所任，故有守职效能。君不可与臣业，臣不可侵君事。上下不相侵与，谓之名正。名正而法顺也。

法家取于名家者，正在于此。法家一方面援引老子，国王无为以免被臣下利用；一方面援引名家，国王以名操控臣下。这样，名就成为国王的统驭工具。《韩非子·主道篇》论述国王驭臣之术："虚静以待令，令名自命也，令事自定也。虚则知实之情，静则知动者正。有言者自为名，有事者自为形。形名参同，君乃无事焉，归之其情。"

兵家

春秋后期开始出现兵家，即现代意义上的"军事专家"，《汉书·刑法志》说：

> 春秋之后，灭弱吞小，并为战国，稍增讲武之礼，以为戏乐，用相夸视。而秦更名角抵，先王之礼没于淫乐中矣。雄桀之士因势辅时，作为权诈以相倾覆：吴有孙武，齐有孙膑，魏有吴起，秦有商鞅，皆禽敌立胜，垂著篇籍。当此之时，合从连衡，转相攻伐，代为雌雄。齐愍以技击强，魏惠以武卒奋，秦昭以锐士胜。世方争于功利，而驰说者以孙、吴为宗。

兵家之兴起，源于战争形态与性质之变化。封建礼治秩序中之战争是以兵为刑，战争是强制执行礼法之行为，故战争需遵守规则。战士是士以上君子，君子自行训练，君子皆知军礼，战争光明正大地展开，并速战速决。在这种情况下，不需要兵家。

春秋、战国之际，车战隐退，代之以步战，战士主体为农民，农民不掌握军事技能，故需要训练。农民缺乏忠诚，故需要军心操纵术。《史记·孙子吴起列传》专为兵家立传，开篇所记就是孙子以吴王阖闾之宫中妇人为样本，训练士兵的故事。至于吴起，则发展了军心操纵术：

> 起之为将，与士卒最下者同衣食。卧不设席，行不骑乘，亲裹赢粮，与士卒分劳苦。卒有病疽者，起为吮之。卒母闻而哭之，人曰："子卒也，而将，军自吮其疽，何哭为？"母曰："非然也。往年吴公吮其父，其父战不旋踵，遂死于敌。吴公今又吮其子，妾不知其死所矣。是以哭之。"〔魏〕文侯以吴起善用兵，廉平，尽能得士心，乃以为西河守，以拒秦、韩。

吴起的这种操纵术在古典时代不可设想，也完全不必要。但对此后军队将领而言，则为非常重要的统兵技巧，唯有如此，才能换取士兵之忠心。

此时，军队规模扩大，军事编组也成为专业技术问题。战争规模扩大，持续时间延长，军队调配、后勤供应等问题凸现出来。凡此种种诱导军事战略规划与战术技巧迅速发育。同时，战争不再由规则约束，军事谋略显得十分重要，如《孙子兵法》首篇《始计篇》所说：

> 兵者，诡道也。故能而示之不能，用而示之不用，近而示之远，远而示之近。利而诱之，乱而取之，实而备之，强而避之，怒而挠之，卑而骄之，佚而劳之，亲而离之。攻其无备，出其不意，此兵家之胜，不可先传也。

所谓兵以诈立，军队必须使用谋略，以最低成本获得最大胜利。这样的战争观念与宋襄公完全不同。

农民组成的大规模常备军之训练、组织、战略与谋略等等需求促使了兵家的出现。兵家发展了现代军事技术，他们凭借这些技术，进入新兴的王权制政府，担任军师或高级将领，组建新式军队，组织这些军队进行新式战争。

兵家之术反过来影响政治，尤其是政治观念，以敌我视野观察、思考政治的政治思想范式悄然流行，法家深受其影响。一个引人注目的现象是，著名法家同时也是兵家：吴起在魏国治兵，至楚国则主持变法。

商鞅在秦国变法，同时又破魏立军功，因此而受封于商十五邑，而被人称为商君。

兵家、法家合一，透露了法家之隐秘本质：以治兵之术治国。国家不同于军队，治民不同于治军。但法家混同两者，以统驭军队之术治理国家。因此，法家所构想的国家以富强为本，以战争为业，它有双重敌人：对内是国民，对外是所有国家。法家是战国之时代精神的最佳写照。

第十四章　王权制

·

《资治通鉴》以周威王二十三年（公元前403年）周王"初命晋大夫魏斯、赵籍、韩虔为诸侯"作为开端，十分精当。《春秋》所记者乃封建制崩坏之历史，三家被承认为诸侯，标志着封建制彻底崩塌，"先王之礼于斯尽矣"。代之而起的是一种新政体：王权制。王权制有两大要素：作为主权者的国王和普遍平等的国民。这两个要素催生了王权制之四项核心制度：刑治，常备军，官僚制，郡县制。

王权

封建制内在地具有离心倾向，故其秩序在持续松动、解体的过程中。《论语·季氏篇》记载孔子对周的封建秩序崩溃过程之观察。

西周，"天下有道，则礼乐征伐自天子出"。

周室东迁，周王室与诸侯之间的脆弱均衡首先被打破。周王可直接控制的资源，主要是人民、武士和土地，少于诸侯之加总。周平王反而要靠诸侯扶持，才勉强能够在东方宗奉周祀。到春秋初期，"天下无道，则礼乐征伐自诸侯出"，出现伯政。

围绕着"尊王攘夷"频繁进行的会盟、战争等活动，在一定程度上维护了礼治秩序，但也侵蚀着这一秩序。封建治理权威继续下移，到春秋中期，出现"陪臣执国命"，也即，强势大夫控制邦国的实际治理权。

不过，至此，权威没有再度向下转移。原因在于，大夫管理的家是最稳定的治理单位，周王或诸侯分封大夫，大夫却不再分封，士只充当其田邑及家室事务的管理者。这似乎由车战形态决定。车战意味着必须由几位士、若干庶民、若干马匹、一辆车共同组成一个有效的作战单元。单独的士没有价值，故士在封建秩序中缺乏独立地位。大夫则直接控制着士、庶民、田邑等资源，周王、诸侯的力量仰赖于大夫。

于是，大夫成为礼治秩序崩坏的最大、最后受益者。从前，礼制约束他们服从诸侯和周王。礼制崩坏，周王、诸侯的权威逐渐流失，约束他们的力量减弱，他们的权威增长，涌现出一些强势卿大夫，他们最终成为国王。不同诸侯国的情况有所不同，可分为三类：

第一类是鲁、卫、宋、郑等真正的"中国"，其封建化程度较高，礼制严密，君子的礼制意识根深蒂固。因此，即便强势卿大夫长期专权，如鲁国的三桓，但始终没有公然背弃公侯。

第二类是秦、楚及短暂强盛的吴、越等国。它们属于边疆邦国，虽有华夏化也即封建化进程，但终究不够彻底，因而大夫力量相对微弱，王室始终保有治理权。

第三类是晋、齐两个大国。这两个国家在华夏文明圈内，其封建化程度同样很高。但作为大国，两国长期卷入战争，战争压力削弱了君子的礼制意识，其公室权威削弱，强势卿大夫崛起。在晋国，先是形成"六卿"专权局面。六家共同削弱晋公室，又相互争斗，最终，韩、魏、赵三家分晋。在齐国，田（即陈）姓大夫取代了姜吕公室。

这些活跃于春秋中后期的强势卿大夫都是新贵，经常不熟悉礼制，尤其是对礼制缺乏足够的诚敬之心，因而会在军政活动中自觉或不自觉地摆脱礼制的控制，其意志、欲望凸现出来，并习惯于在礼制划定的治理模式之外思考解决现实问题的方案。由此而有了政治意识之觉醒，产生了"政治人"，形成了政治现象。

在封建的礼治秩序下，君子之权威来自礼，君子治理之全过程皆在礼的控制下。即便权益遭到侵害，君子也是以礼主张权益，即便使用暴力，也在礼的控制之下。意志并不彰显，也就没有政治。礼崩乐坏，意志开始彰显。君子们有意识地使用各种政治策略操纵民心，积聚权威。权力意识觉醒了。这样的权威是真正的"权力"，也即可按照自己的意志自由裁量的支配权。《史记·田敬仲完世家》完整地记载了田氏在齐如何运用政治策略操纵民心最终得以篡齐之故事。在这背后可以看到强劲的权力意志。

三家分晋，田氏篡齐，利用自己的实力，强迫周王承认自己为诸侯。这是他们在封建秩序中所能取得的最高地位了。然而，权力意识一旦启动，则除非达到"主权"也即至高无上的地位，是不可能止步的。

到战国中期，这些由大夫上升而来的诸侯决定自行称"王"：华夏诸侯首先称王的是三晋之一的魏惠王。魏国积极变法，最为强大。此后，齐国两度击败魏国，齐威王也自称为王。

然后有了"相王"事件。周显王三十五年（公元前334年），齐、魏两国的国王在徐州（今山东东胜）"相王"，相互承认对方为王，也即相互承认彼此在各自控制疆域内享有至高无上的权力。十年后，"相王"提升了一个档次：魏将犀首约五国共称王，这五国为秦、赵、韩、燕、中山。

至此，周的封建天下秩序彻底崩塌，即便周王还存在。

至关重要的是，这个时期的"王"已非"周王"之"王"。周王身在礼治秩序中，受到礼制的全面约束，他是礼制的工具。战国之"王"不受礼制约束，他在规则、刑律之上。战国晚期的范雎曾这样定义"王"："夫擅国之谓王，能专利害之谓王，制杀生之威之谓王。"① 战国之王是拥有集中权力的君王。简而言之，他们是主权者。

伴随着各国称王，中国进入"王权制"时代。

国民

战国之王治理其臣民的方式也完全不同于周王，国王从法理上说直接统治全体臣民，臣民成为"国王之民"，也即国民。

在封建秩序中，周王、诸侯所治之社会单元不是民，而是封建之家。家是封建秩序之基本组织单位，以大夫为首，士承担日常治理。每个大夫之家的礼法会有所不同。礼崩乐坏，周王、诸侯权威削弱，强势卿大夫瓜分公室，兼并其他大夫之家，构成更大的家，其礼法控制的范围扩大。最终他们兼并各家，控制全邦，疆域内每个人都直接由国王按照同样的规则治理。这样，原来分散的各家之民，现在统统成为国王之民。

此过程表现为"废井田、开阡陌"。商鞅变法的重大措施就是"为田开阡陌封疆，而赋税平"。② "阡陌"与"封建"一词中的"封"有

① 《战国策·秦策三》。
② 《史记·商君列传》。

关，不同领主的田邑以封、洫也即堆土或挖沟的方式相互分隔。现在，本属于各家的田邑同属一人，自然有条件去除封疆。

国民出现的历史标志是全国性"户籍"制度之建立，即"编户齐民"①。这意味着封建的小型共同体彻底瓦解，国王的管理权直达每个庶民。故封建化程度最低的楚秦两国，最早建立户籍制度。秦献公十年即发布政令"为户籍相伍"②。

"齐民"含义重大。封建制下，人有纵、横两个方向之别。纵向上，有复杂的等级制：首先是有君子、小人之分，君子内部又有王、公侯、大夫之分，士则介于君子、庶民中间，等级分明，不可僭越。横向上，不同邦国、家室相对分立，不同地域上君子、庶民的权利、利益各不相同。强势大夫之控制权扩展，横向的地域隔阂被打破，纵向的等级隔阂也被打破，君子、庶民之分不再存在。在君王之下，人人平等，所谓"齐等无有贵贱"③。

也就是说，到战国时代，等级制终结，代之以"四民社会"。四民就是士、农、工、商。这只是职业分别，而没有等级之分。四民中规模最大因而最为重要的是农民。

作为国民之农民，现在对土地拥有了完整的私有产权。在井田制中，农民拥有私田，以其收益生活。不过，对此私田，农民并无完整产权。某农民的私田属于某邑，周王封此邑于诸侯，诸侯封此邑于大夫，周王、诸侯都有权从该邑获得乘赋，该乘赋并不直接落在农民的私田上，但农民需耕种承担乘赋的公田，这是农民享有私田收益的前提。这样，周王、诸侯、大夫对农民这小块私田都享有剩余索取权，农民也就不能自由地交易私田，从礼法上说也不能继承，尽管事实上是子承父田。

礼崩乐坏，周王、诸侯对私田的剩余索取权削弱，产权现在主要由强势大夫与农民共享。面对竞争压力，大夫们不满足于公田之收益，而寻求对农民拥有的私田征取土地税，由此而有了鲁宣公十五年（公元前594年）的"初税亩"。"初"字表明，对土地赋税，这是历史上第一次。农民的负担原来是向大夫提供人力，现在，其所耕种的私田又得纳

---

① 《汉书·食货志下》。
② 《史记·卷六·秦始皇本纪第六》。
③ 《史记·卷三十·平准书第八》，集解注引如淳说。

税，这就是《论语》记鲁哀公所说的"二"。①

这是封建制崩溃的标志。它带来了一项重大制度变迁：完整的土地私人所有权出现。对土地直接征税，必以承认农民完整地支配土地产权为前提。征税的诸侯或大夫很快发现，新制度比井田制的管理成本更低。他们不必督导农民耕种公田，只需按亩征税即可。他们乐于将公田分给农民耕种。井田制因此瓦解。井田制所支持的休戚与共的共同体生活解体。农民开始以核心小家庭为单位，独立地耕种一块拥有完全产权的土地。

由此出现了李悝在魏国率先实施之"尽地力之教"。它有两层含义，首先"垦辟"，《商君书》首篇记录商鞅说服秦孝公启动改革，最后即说："于是遂出垦草令。"所谓"草莱之地"或当时人所说的"山林"，按封建习惯，通常属于公用土地，供共同体共同获取某些资源。封建的共同体解体，国王把这些土地开放给农民自由强占。政府根本不用担心农民多占土地，因为这个时候，政府已采用征税的办法从土地上获益：土地按亩而征赋税，这对农民是一个很强的约束。政府则只有好处：农民占地越多，政府可获得的税收就越多。这种机制刺激了大量闲置土地被开辟。

"尽地力之教"的第二层含义是，农民对土地的产权趋于完整，其劳动效率提高。首先，垦辟之后，每户农民耕种的土地面积扩大，各个家庭投入土地上的劳动力大幅度增加。同时，农民可享有土地税之外的收益，为增进私人利益，农民倾向于改进技术，提高单位面积产量。这两个因素推动单个农户的产出大幅度提高。

在这种情况下，战国之际出现了人口大爆炸。农民家庭产出增加，有能力养活更多的人口。土地制度变革之后，各国人口大增。这恰恰是国王最喜欢看到的事情，因为农民是最好的士兵。

由此，农民开始成为政治与社会活动主体。在封建时代，庶民无足轻重。王权制国家则把目光转向了农民，意识到了他们在政治、社会治理中的重要价值，而土地产权制度让农民在国王面前与其他人平等了。他们可以流动，比如充当士兵到遥远的地方去打仗。他们可以进入工

---

① 《论语·颜渊篇》：哀公问于有若曰："年饥，用不足，如之何？"有若对曰："盍彻乎？"曰："二，吾犹不足，如之何其彻也？"对曰："百姓足，君孰与不足？百姓不足，君孰与足？"

业、商业领域，从而发家致富。他们甚至可以进入政府，白手起家成为将军。他们也可以通过读书，成为布衣卿相。当然，此后，农民、农业、农村也成为一个重大的政治问题。

司马迁纂《史记》，"世家"的次序安排颇有深意：先为西周、春秋、战国十六家诸侯世家，然后是《孔子世家》，紧接着是《陈涉世家》。这暗示，后封建时代是以两大社会群体的形成为标志的，即士人和农民。他们的存在和活动共同体现了新时代的基本精神气质：平等。

魏国之创制

春秋末期、战国初期新兴之政治共同体的特征是广土众民。如何治理这样的政治体？第一个对此问题作出系统回应并建立完整之新制度的国家，当属魏国。

春秋时代，晋之制度变迁较为迅速，最终三家分晋，并被分别策名为侯，时为魏都继嗣卿大夫之位二十二年，是为魏文侯。三晋本有功利精神，而三家的权力意志又十分强烈，故具有制度创新的热情。

然而，创新制度，仅有权力意志是不够的，还需要有知识。观察三晋格局，立刻就可发现，在获得制度知识方面，魏占有优势：魏与当时的文化中心，也即孔子弟子散布之卫、鲁、齐相接。由此而有了魏文侯"礼贤"之事。

魏文侯所礼遇之贤人，就是孔子弟子或再传弟子，而以子夏为关键，再传者多出自子夏之门。古典文献对此有很多记载，如《史记·魏世家》记载，"文侯受子夏经艺，客段干木"。李克则说，魏文侯之弟魏成子"东得卜子夏、田子方、段干木。此三人者，君皆师之"，据此，魏文侯以魏成子为相。也就是说，在魏国主导创制立法之魏文侯与其相皆受子夏之学，《汉书·艺文志》儒家中录有《魏文侯》六篇。由《吕氏春秋》等文献可知，魏文侯所师事之田子方学于子贡，段干木学于子夏。

可以合理地推测，子夏弟子及其再传弟子分布在魏国上下。具有强烈政治进取心的魏文侯之所以礼贤子夏及其门人，旨在解决自己面临的统治广土众民之制度难题，而子夏及其门人恰可提供魏文侯所需之制度方案。

孔子重建秩序之基本纲领是"复礼"，六经皆礼，礼就是规则、制度。据《史记·仲尼弟子列传》，子夏"少孔子四十四岁"。另据《论语·先进篇》，子夏在孔门四科中属"文学"，"文"者，六经也。子夏传承六经之学，而六经所记者乃三代礼制。故子夏之学围绕六经之文展开，学其中之礼，《论语》等文献所记子夏之议论多围绕夫妇、父子、君臣、朋友相处之礼。故孔门之中，子夏具有最为强烈的规则与制度意识。

面对当时的大变局，子夏及其门人必从制度构建的角度切入。同时，子夏通六经，故对历代之礼法、制度均有深入思考，这些知识有助于设计新制度。恐怕正因为子夏带入之立法意识和丰富的制度知识，魏国上下才涌现出一批立法创制之士。

而刚立为诸国侯的魏国，亟欲在即将到来的列国竞争中取胜，正需要这样的创制立法者。子夏及其门人在最为重要的领域构建了王权制之基本制度。首先是土地制度，《史记·货殖列传》说"当魏文侯时，李克务尽地力"。接下来，子夏及其门人在魏国建立了刑律之治、常备军、官僚制和郡县制。王权制在魏国率先形成，逐渐扩展到其他各国。

也就是说，封建崩溃之后，最为重大的制度变革实发端于刚刚诞生之儒家。儒家一诞生，就展示了其创制立法之高超能力。

刑治

封建制的瓦解，造成了严重的社会问题。

春秋后期，一些士甚至大夫找不到合适的君，而缺乏名位。那些缺乏上进精神的士人，有可能堕落为"盗"。《左传·襄公十年》记载了一件士人为盗之事。庶民之盗则大量出现在春秋后期，井田制瓦解，庶民负担日趋加重而无力承受，被迫弃地逃亡，结成较大规模的团伙为盗。《左传》、《论语》等文献记载，鲁多盗，执政也一直"患盗"。晋国之盗同样猖獗，其执政自谓寇盗充斥，甚至接待各国诸侯、公卿的宾馆也不得不高筑墙垣。郑国之盗比晋国可能还严重，取人于萑苻之泽。

正因为多盗，晋、郑两国率先造刑律，由此掀开战国时代席卷各国之"刑律化"运动，推动社会治理模式从礼治过渡到刑治。

《左传·昭公六年》记载："三月，郑人铸刑书。"这是刑律化之开端。此事遭到晋国贤人叔向之强烈反对：

> 叔向使诒子产书，曰：始吾有虞于子，今则已矣。
>
> 昔先王议事以制，不为刑辟：惧民之有争心也。犹不可禁御。是故，闲之以义，纠之以政。行之以礼，守之以信，奉之以仁。制为禄位，以劝其从。严断刑罚，以威其淫。惧其未也，故诲之以忠，耸之以行，教之以务。使之以和，临之以敬，莅之以强，断之以刚。犹求圣哲之上，明察之官，忠信之长，慈惠之师。民于是乎可任使也，而不生祸乱。
>
> 民知有辟，则不忌于上。并有争心，以征于书，而徼幸以成之。弗可为矣。夏有乱政，而作《禹刑》；商有乱政，而作《汤刑》；周有乱政，而作《九刑》。三辟之兴，皆叔世也。

叔向、子产是那个时代最有知识和智慧的人物，一直惺惺相惜。闻子产铸刑书，叔向大为失望，而与子产绝交。在叔向看来，子产铸刑书必将毁灭礼治秩序。叔向所说"议事以制"道出礼治之本质。在礼治秩序下，刑是礼的强制执行手段。礼无所不在，无人在外，基于礼法判断的强制执行可适用于几乎所有领域的所有纠纷。规则全面治理，故人们始终保持敬慎心理。"制"者，成法也。礼治依赖的规则体系十分丰富，包括先王之诰命，习惯性规则，公务先例与私法判例，这是一个复杂的、日渐积累的、不断自然生长的规则体系。礼法规则之丰富性、多样性迫使面临治理事务的人们，包括司法官从丰富的成法体系中，选择合宜的规则。即便没有现成的规则，法官也可以从旧有礼制体系中发展出新的规则。这就是"议"。

子产铸刑书引发一场巨变，其中最为重要的是，可强制执行的规则之覆盖范围大幅度缩小，仅及于刑事犯罪活动。这样，人们专注于规避刑律明确规定的罪名所禁止之行为，在刑律没有明文禁止的领域则放纵自己。此即"侥幸"之义。如此，则人有"争心"，人们功利地计算违法与刑罚的成本—收益，据此安排行为。如此一来，"弗可为矣"。

子产在给叔向的回信中则说："若吾子之言。侨不才，不能及子孙，吾以救世也。"子产要应对当下之紧迫问题，而无暇进行长远的深思熟虑。这正是现代政治家的特征。礼治时代的立法者是在礼制规则体系中面向永恒发现恰当的规则，后礼治时代的立法者则没有这种长远预期。

二十多年后，晋国也铸刑鼎。《左传·昭公二十九年》："晋赵鞅、荀寅帅师城汝滨，遂赋晋国一鼓铁，以铸刑鼎，著范宣子所为刑书焉。"孔子对此同样提出严厉的批评。

如叔向所料，铸造刑书开启民众之"争心"，比如，有关财产的犯罪显著增加。人呈现为个体性生存，私人财产权发育，身份相对均等的个人、家庭之间的财富不均等凸现，而人们更加热衷于追逐财富，凡此种种自然发生大量盗窃、抢劫财富乃至为此而杀人的案件。于是，刑律条文迅速生长，终于，魏国之李悝造《法经》。《晋书·刑法志》记载：

> 是时［指三国之魏］承用秦、汉旧律，其文起自魏文侯师李悝。悝撰次诸国法，著《法经》：以为王者之政，莫急于盗贼，故其律始于《盗贼》。盗贼须劾捕，故著《网捕》二篇。其轻狡、越城、博戏、借假不廉、淫侈逾制，以为《杂律》一篇。又以《具律》具其加减。是故所著六篇而已，然皆罪名之制也。商君受之以相秦。

此刑典是全新的。支配它的是全新的规则观念："王者之政，莫急于盗贼。"封建时代也有刑书，然而，刑终究依附于礼。判断是非对错之规则是礼，刑只规范惩罚非礼行为之手段。礼为本，刑为用。现在，礼已崩坏，作为主权者的国王只以刑典治理流动的国民，是为"刑治"。

强权政治与常备军

王权制的第二个核心制度是大规模的常备军。

封建时代，战争的形态为车战，唯有君子可为战士，军队规模很小。春秋晚期，封建制崩坏，尤其是初税亩后，农民对土地的产权趋于明晰、完整，公田也私有化，车战所需之资源供应体系出现严重问题：车辆、马匹供应不足；士处于"游"的状态，而难以构成战争主力。车战体制难以为继。不过，享有更为完整之产权的农民等庶民恰可替代士。他们没有受过战争技艺之完整训练，不能进行车战，但有一个巨大的优势：人数众多，力量强健。一种不需要多少技艺训练的战争形态逐渐形成：步兵之战。

这一变化导致各国军队规模急剧扩大。《史记·苏秦列传》记载，苏秦游说各国国王，说燕"带甲数十万，车六百乘，骑六千匹"，赵"带甲数十万，车千乘，骑万匹"，韩"带甲数十万"，魏"武士二十万，苍头二十万，奋击二十万，厮徒十万，车六百乘，骑五千匹"，齐"带甲数十万"，楚"带甲百万，车千乘，骑万匹"。与春秋时代相比，各国军队之规模是十分惊人的。

这首先说明，春秋末期至战国初期，人口有迅速增加。同时，步战形态使得全体成年男子皆可充当军人。各国都实行强制的全民皆兵之制。《苏秦列传》记苏秦关于齐国力量之描述：

> 临菑之中七万户，臣窃度之，不下户三男子。三七二十一万，不待发于远县，而临菑之卒固已二十一万矣。

最为重要的是，这支规模巨大的军队属常备军。封建的多中心治理决定了其军制之标志性特征：分散。各级君皆有自己的士，这些士并不集中，平时分散于各家之田邑，自行训练，定期检阅、会同。战时临时集中、编组。

战国时代，各个封建的共同体均归瓦解，一国之内只有一位君，统治权由其垄断，只有他有权建立和拥有军队。故一国之中只有一支军队，即国王的军队。这样的军队容易集中，也必须集中。士兵本出身农民，没有战争技艺，需要集中训练。尤其是，为了政治上的安全，国王必须将军队集中于自己手中，安置于兵营，以备随时保卫自己的主权。由此形成常备军。

这支军队与治理权之间的关系已大不同于封建时代。军队旨在捍卫治理权，而对治理权的威胁无非有二：内部或者外部。军事力量之使用，无非两种情形：司法型或者政治型。封建时代，治理权分散于诸多君子，君子皆有军队，理论上皆可用以捍卫自己的治理权。然而，在每个共同体内部，君臣之间、君民之间具有强烈的共同体感，君子几乎用不着以武力捍卫自己的治理权。即使使用，也受礼制约束。治理权的主要保护者是礼治秩序本身，军队的对内政治功用并不突出，而主要用于捍御外患。周王用兵，春秋侯伯尊王攘夷，几乎均是对蛮夷戎狄用兵。

礼崩乐坏之后，王权不再有礼制的保障，相反，王权是垄断性主权。一国内部，国王之外所有人都是被统治的对象，国内政治格局发生根本变化：国王与其统治对象近乎一种敌对关系。法家对此有深刻的观察。国王不得不借助暴力或暴力威慑保卫自己的统治权。在国家之间也不复存在任何规则约束，每个拥有主权地位的国王都可不用任何理由对他国运用武力或武力威慑，国家之间天然地处于战争或准备战争状态。

因此，王权制时代的政治，不论内外，皆为"强权政治"。国王享有主权，因此认为，一切人都是自己潜在的敌人，为此，他垄断不加约束地运用武力或者武力威胁对付来自内部、外部的威胁之权力。主权还是主权之标志。也就是说主权一出现，就呈现为强权。强权政治的逻辑将军队置于政治的顶端。军队成为统治权之源头，也是统治权唯一可靠的保障。一个人要获得统治权，必须依靠有组织的暴力。国王要保有统治权，主要依靠军队。他可以运用很多工具进行统治，但最终是依靠军队。为此，垄断军队是现代的、主权的国王之第一要务。而长期保持一支规模庞大的军队，则可对内部和外部的潜在敌人构成有效威慑，迫使其不敢产生损害、剥夺自己的统治权的企图。当然，一旦有人试图损害、剥夺自己的统治权，常备军也立刻可以投入战斗。

常备军一旦产生，强权政治的逻辑也自然使其规模趋向庞大。强权政治下，国王总是觊觎外部的土地等资源，倾向于扩张。邻国不能不防范。由此形成军备竞赛，各国竞相扩大军队，并长期保持军队在警戒状态。王权制自然地把中国带入"战国"状态。

官僚制

从法理上说，王权制下，主权者国王直接统治上百万平等的庶民。国王为实现这一点，不能不建立科层官僚制。

孔子开创之学及诸子之兴起，恰好培养出了可担任官僚的新式士人。这些士人识字，能够制作文牍，从而可形成依靠文牍运作之科层体系，并便于国王远距离控制；他们可掌握和运用刑典，从而可维持秩序。比较具有政治头脑的士人可成为国王的师傅、卿相，既有政治头脑又有行政干才的人则成为"变法家"，才能一般者则为普通官僚或军官。

从社会角度看，普通庶民，包括农民，均可通过接受教育而成为官僚，这与封建时代的治理主体完全不同。封建制之君子是世袭的，王权制之官僚则以行政、法律、军事等方面的专业能力为遴选标准，机会对社会各群体开放。

春秋晚期到战国时代，邦国间的竞争，尤其是竞争强度的加大，迫使各国国王急切寻找专业管理人员。首先是军事专家，其次是法律与制度设计专家即变法家，再次是行政管理专家。当然，初期，这三者常混合在一起。

到战国时代，治理国家的主体就是国王统率的科层制官僚群体。《史记·魏世家》记载，魏文侯择相，魏文侯之师李克推荐魏成子，本以为自己可以为相的翟璜忿然作色曰："以耳目之所睹记，臣何负于魏成子？西河之守，臣之所进也；君内以邺为忧，臣进西门豹；君谋欲伐中山，臣进乐羊；中山以拔，无使守之，臣进先生；君之子无傅，臣进屈侯鲋。臣何以负于魏成子！"从这里可以清楚看出，官僚系统已出现明显的专业化分工，尤其是文、武分途。

由此争论也可看出，这个时代已出现最高级的官僚职位——相，或称相国、丞相等。官僚人数增加，就不能不由"相"统合。战国时代，各国纷纷设立了"相"这个职位。至于相的人选，既可以是平民，也可以是王室公子。

科层官僚制与封建治理的最大不同在于，所有官僚，不管是中央政府的相，还是地方的郡守和县令，全由国王随心所欲地任免。国王可以征求他人的意见，但最终任命谁，由国王一人决定。官僚服务国王，可从国王那里获得报酬，即俸禄。国王需要监督官僚，为此而有考核制度，也即"上计"。

也就是说，国王与官僚的关系，完全不同于周王与诸侯及诸侯与大夫之关系。封建时代，不同层级的君子之间相对独立，其各自的名位有礼法保障，在上者没有充足的礼法理由是不能剥夺的。事实上，也很难剥夺，因为在下之君子拥有自己的力量。因而，礼治的本质是不同层级的君子之共同治理。而在王权制下，官僚的职位都是临时性的，国王可随时替换他，替换的依据通常是考核结果。

战国时代的爵制也完全不同于封建之爵禄制。秦国实行"二十等爵制"，《韩非子·定法篇》记载，商鞅变法有一条新法："斩一首者，爵一级，欲为官者为五十石之官；斩二首者，爵二级，欲为官者为百石之官。"爵位对平民开放，而由军功决定。但是，这个爵位仅关涉一些特权，而并不伴随着治民之权。王权制下，治民之权完全由国王垄断，国王以官僚为代理人以刑律治理民众。官僚只是国王治民之手段而已。

郡县制

郡县制是与官僚制同步发展的。两者都在解决同样的问题：广土众民之治理。每个官僚所能管理之土地和人民规模是有限的，如此，官僚体系内部必然在横向上划分各自管理范围；在纵向上分出层次，形成从中央到地方的上下统辖机制。由此形成郡县制。

春秋中期已经有"县"。大国攻灭小国后，即将其置为"县"。值得注意的是，关于县的早期记载，基本集中于两类邦国：一类是楚、秦、吴，它们位于华夏文明圈外围，封建化程度较低，王权制的发育最早；另一类是晋与齐，它们虽在华夏文明圈内，但相对于鲁、卫、宋等国，礼制化程度略低一等，因而能够无所顾忌地突破封建的治理架构，设立县这样的新建制。尤其在晋国存在这样一种情形：强势大夫攻灭其他大夫，便将其领地设立为县。

不过，秦的县制进展最为系统，结果也最为整齐。《史记·秦本纪》记载，商鞅变法的一大措施是"并诸小乡聚，集为大县，县一令，四十一县"。

郡的设置较县为晚。《国语·晋语二》记载，秦穆公九年，晋公子夷吾对秦国使者谈到"君实有郡县"，意思是说，愿以晋国为秦的郡县，说明那时已经有郡县了。而后，晋、赵、吴相继设置郡，只是这时的郡比县的地位更低。郡、县之间并无统属关系。

到战国时期，郡的设置较多。有名可考的设置较早的郡是魏文侯时吴起为守之"西河郡"，李克为守之"上郡"。吴起后来又为楚国的宛郡之守。这些郡都在边界新占领地区，所以，"郡守"类似于"总督"，集军政之权于一身，直接向王负责。这些郡的面积相对较大，且经常持续扩大。

那么，郡、县间何时建立起统属关系？推测起来，大约在战国中期。苏代、张仪等人等曾提及"郡县"一词①。两者的关系大约是从两个方向同时推进的。一方面，新设的郡的面积较大，出于管理之便，郡之下设立县；反之，在王国内地，县的建制数量增多，也需要在其与中央政府之间建立中间层级的机构，这就是郡。由此，郡统县的地方政制体系逐渐形成。

这样，在封建制的废墟上，郡、县逐渐出现并整合为一个自上而下的治理体系。郡的长官是守，县的长官是令或长，西门豹曾为邺令，荀子曾被楚国任为兰陵令。这两级官员都是国王直接遴选委任的，这是王权制的基本原则决定的。

上述种种制度构成完整的后封建的新宪制——王权制，即后人所说的"郡县制"。这些制度紧密相关，相互支持：数量众多、分布广泛的平等的国民，依赖私有财产制度，以家庭独立经营的方式生存。军队由这样的农民组成。为管理这些分散的国民，国王不能不借助于官僚和刑典。刑治体系是由不同层级的官僚维护的，必要时辅之以军队的暴力。

相比于封建制，这个政体具有强大的资源动员能力：政府借助官僚和刑律直接统治每个民众，高效率地动员其拥有之资源用于单一的国家目标。凭借这一制度优势，魏在战国之初最为强大。卫人公孙鞅曾在魏供职，熟悉魏国制度，他把魏制带入秦国，如法炮制，而有秦之变法。因此而强大起来的秦，反过来攻灭了六国。

---

① 赵取韩之上党，使臣曰："请以三万户之都封太守，千户封县令……"（《战国策·卷十八·赵策一》）张仪说燕昭王曰："今时赵之于秦，犹郡县也。"（《史记·卷七十·张仪列传第十》）

第十五章　秦制

前现代中国两种经典的社会治理模式——封建制和绝对主义皇权制，都由来自西部、今陕西省境内的两个族群创建，他们分别是周人和秦人。不过，这两个族群具有完全不同的精神气质，其所建立之治理秩序也就大相径庭，并形成两个完全不同的思想与政治传统。

秦之立国精神

在秦由边陲小国而不断富强、最终攻灭山东六国的过程中，有三组人物具有创制立法之功：春秋中期的秦穆公—由余、战国前期的秦孝公—商鞅，及战国末期的秦始皇—李斯。

秦人兴起于西部，地处华夏文明边缘，常与戎狄混杂。即便秦人原来属于华夏文化圈，但他们长期游弋于西陲，而难免戎狄化。

到周代，秦人处于宗周范围内，经历了华夏化过程。秦先祖造父善御，从周穆王东征，受封于赵。因此，秦王一系实为嬴姓赵氏，与赵国王室同出一系，故两国气质有相近之处。到周孝王时代，非子善于养马，周王封以秦邑，在今甘肃天水秦亭，这应该属于畿内大夫。由此，秦人被纳入封建秩序中。周宣王时代，秦仲奉王命征讨西戎，献出生命。而据《诗经·秦风》谱，秦仲时代，秦"始有车马礼乐侍御之好"。

秦人的历史机遇出现在西周灭亡而东迁。周幽王无道，西戎、犬戎与申侯伐周，杀幽王于骊山之下，秦襄公率兵救周，作战十分卖力。周王东迁洛邑，秦襄公以兵送周平王：

> 平王封襄公为诸侯，赐之岐以西之地。曰："戎无道，侵夺我岐、丰之地。秦能攻逐戎，即有其地。"与誓，封爵之。襄公于是始国，与诸侯通使聘享之礼。

获得周王赐命之后，秦人即从陇西向关中发展。不幸的是，此时的关中已戎狄化。因而，秦向东进发，反而戎狄化了。至少有三个明显的标志：第一，僭越礼制，祭祀"上帝"。按周礼，只有周王能祭祀上帝。第二，迷信酷刑，《秦本纪》记载，"初有三族之罪"，而周礼基本原则是"罚弗及嗣"。第三，建立殉葬制，齐桓公称霸时，"［秦］武公卒，葬雍平阳。初以人从死，从死者六十六人"，而周人始终强调敬天爱民。

秦穆公时代，更接受戎狄治国理念。此时，秦已与晋接壤，双方有战有和。《春秋》也记载了秦穆公的一些德行，最为著名的就是不顾与晋侯之怨救济晋国灾荒，也正是秦国扶持了晋文公。秦伯还曾参与晋人领导的尊王攘夷行动，参加城濮之战，遏制楚人。秦伯这些德政皆出于来自东方虞国的两位贤人百里傒、蹇叔之指导。这两位贤大夫去世后，秦人心态急转直下。在著名的殽之战中，秦人大败，秦欲报仇，伐晋，又失败。这两次失败让秦穆公丧失了参与东方诸侯游戏的兴趣。恰在这时，由余出现，《秦本纪》记载：

戎王使由余于秦。由余，其先晋人也，亡入戎，能晋言。闻缪公贤，故使由余观秦。秦缪公示以宫室、积聚。由余曰："使鬼为之，则劳神矣。使人为之，亦苦民矣。"

缪公怪之，问曰："中国以诗书礼乐法度为政，然尚时乱。今戎夷无此，何以为治，不亦难乎？"由余笑曰："此乃中国所以乱也。夫自上圣黄帝作为礼乐法度，身以先之，仅以小治。及其后世，日以骄淫。阻法度之威，以责督于下，下罢极，则以仁义怨望于上，上下交争怨而相篡弑，至于灭宗，皆以此类也。夫戎夷不然：上含淳德以遇其下，下怀忠信以事其上。一国之政犹一身之治，不知所以治，此真圣人之治也。"

由余对华夏文化、戎狄文化均有了解。他直截了当地蔑视华夏的"诗书礼乐法度"，这些文明制度只会带来混乱与败亡。真正能够实现大治的，乃是戎狄的原始制度。这种治理具有巨大优势：共同体成员具有高度的凝聚力，故整个族群就像一个人，"一国之政犹一身之治"，全国是一个身体，国王是头脑，可以随意地操纵民众组成的身体。

秦穆公对此制度十分羡慕，采用离间计，迫使由余降秦，加以重用。由余大概实施了一些新制度，目的是让一国之政如同一身之治，似乎颇有效果。秦穆公"三十七年，秦用由余谋伐戎王，益国十二，开地千里，遂霸西戎"。然而，秦的成功是以戎狄化—专制化为前提的，最直观的象征是人殉：秦穆公在位"三十九年，缪公卒，葬雍。从死者百七十七人"。[1] 人殉规模比其祖先更大，秦在进一步远离华夏礼乐文明。

可以说，秦人始终没有完整地接受周人的礼乐文明，未完成封建化，未形成君子群体，其社会结构和人际关系较为原始，政制较为专制。商君则为秦引入现代统治技术，大幅度提高了国王专权之政制的效率。

商鞅变法

秦自穆公晚年戎狄化，一时有效，终究无用。当时天下皆行封建，戎狄的政治技术极为幼稚，无法在内部建立稳定政治秩序。故穆公之后，内讧不断，国力日衰，无力与东方各国争雄。

这种局面一直持续到秦孝公时代，《秦本纪》记载，孝公即位之初，东方六国争雄，"秦僻在雍州，不与中国诸侯之会盟，夷翟遇之"。东方各国皆将秦视为戎狄，一直到战国时代，这种看法也相当流行。秦孝公不能不救亡图存，昭告全国："寡人思念先君之意，常痛于心。宾客群臣有能出奇计强秦者，吾且尊官，与之分土。"于是乃出兵东围陕城，西斩戎之獂王。此举具有重大象征意义：去戎狄化，东方的士人才会流入。果然，卫鞅由魏国入秦，带来其在魏国积累的新制度知识，借助秦孝公之专断权力，发动了一场比魏国更为彻底和全面的变法。《史记·商君列传》记录商君第一次变法之措施如下：

第一，"令民为什伍"：国家权力直接编组民众，此即"编户齐民"。由此，民的唯一合法身份是国家之民、国王之民。

第二，"而相牧司连坐：不告奸者，腰斩；告奸者，与斩敌首同赏；匿奸者，与降敌同罚"。民众聚居一处，难免产生情感。为彻底消灭这些情感和社会联系，建立连坐制度，迫使民众相互监视，实际上是让每

---

[1] 《史记·秦本纪》。

个人替国家监视邻居。国家权力横亘于每个人之间，人与人之间绝无信任，也就绝无联合的可能。

这些惩罚措施透露了法家之政治哲学思考方式：告奸者所得到的奖赏与斩敌首相当，匿奸者所受之惩罚也与降敌相当。法家以思考战争的方式思考政治。国民就是国家潜在的敌人，国家当用最严密的方式寻找这些敌人，并消灭他们。他们是对国家安全最大的威胁。

第三，"民有二男以上不分异者，倍其赋"。礼崩乐坏，东方已自然地出现了核心小家庭，即父母与未成年子女生活。商君则规定，这是唯一合法的家庭形态。两个成年儿子仍与父母共同生活，应予以惩罚。此措施宗旨与连坐相同，防止人与人之间建立密切联系，这种联系不利于国家权力的直接控制。

第四，"有军功者，各以率受上爵；为私斗者，各以轻重被刑大小"。此举旨在引导民力服务于国家，且仅仅服务于国家。国民不属于自己，而属于国家。国民的身体、力量也属于国家，个人不得自由支配。

第五，"僇力本业，耕织致粟帛多者复其身。事末利及怠而贫者，举以为收孥"。此制旨在驱民于农，抑制商业。由此可见，主张重农抑商理念的是法家，第一个系统实施重农抑商制度的是秦国。商君重农抑商，旨在富国强兵。因此，游手好闲者与贫困者也将受惩罚，因为他们不能为国家做出贡献，反而消耗国家的资源，故若有人纠举，则由官府收录其妻、其子，没为官奴婢。

第六，"宗室，非有军功论，不得为属籍。明尊卑爵秩等级，各以差次名田宅，臣妾衣服以家次。有功者，显荣；无功者，虽富，无所芬华"。军功是唯一的荣誉。即便身为宗室，若无军功，也当削籍为民。相反，普通农民只要有军功，就可获得爵位。

平民而可获爵位，始于此。这是中国社会趋向平等的重要标志。当然，这样的爵位也完全失去了封建时代爵位的含义。封建之爵禄关联于小型共同体的治理权，它标志着多中心治理结构。秦所行的军功爵制不过在民中分出等级，爵是享有某些物质、荣誉上的特权而已，有爵者不享有治理权。

上述六项措施指向同一目标：塑造绝对服从于国王之国民共同体。六项措施构造了现代国家之基础：平等的、原子化的国民。国民在国王之下一律平等，国民相互之间不得有任何联系。在这样的国民之上，王权的绝对性得以树立，国家则成为这个政治共同体中之唯一组织，权力是这个共同体联结之唯一纽带。商鞅用学自魏国的制度实现了由余的"一国之政犹一身之治"的理想。

几年后，秦孝公、商君发动第二次变法，包括两项措施，《秦本纪》记载：

第一，"并诸小乡聚，集为大县，县一令，四十一县"。平等的、原子化的国民共同体形成后，需要一套全新的行政管理架构。商君仿照东方之制，在秦建立县制。原来的"小乡聚"实为具有一定自治权的小型共同体，现被编入县，纳入自上而下的王权控制体系。

第二，"为田开阡陌。东地渡洛。十四年，初为赋"。秦的封建制并不健全，经商君变法，陆续被摧毁。所有农民不再是某个领主的私民，而全部成为国民，对自己的土地拥有完整的产权，国家也向其土地征税。

经由上述八项措施，一个现代国家在秦立起。国家的资源动员能力大幅度提高。国家的一切资源，包括国民的身体和他们的产出，都直接而完整地属于国家，由国王支配。

由此，秦国迅速"富强"，并得以再度向东方出击。为此，秦人迁都于咸阳，展开其扫灭六国之大业。尤其是军功爵制刺激秦人粗野的精神，秦人闻战则喜，在战场上，也毫不留情地斩敌争功，《秦本纪》记载如下数字：

[秦惠文君] 七年，公子卬与魏战，虏其将龙贾，斩首八万。

[秦惠王] 七年，韩、赵、魏、燕、齐帅匈奴共攻秦。秦使庶长疾与战修鱼，虏其将申差，败赵公子渴、韩太子奂，斩首八万二千。

十三年，庶长章击楚于丹阳，虏其将屈匄，斩首八万。

[秦武王] 三年，使甘茂、庶长封伐宜阳。四年，拔宜阳，斩首六万。

[秦昭襄王] 六年，庶长奂伐楚，斩首二万。

十四年，左更白起攻韩、魏于伊阙，斩首二十四万。

三十二年，相穰侯攻魏，至大梁，破暴鸢，斩首四万。

三十三年，击芒卯华阳，破之，斩首十五万。

四十三年，武安君白起攻韩，拔九城，斩首五万。

四十七年，秦攻韩上党，上党降赵。秦因攻赵，赵发兵击秦，相距。秦使武安君白起击，大破赵于长平，四十余万尽杀之。

五十一年，将军摎攻韩，取阳城、负黍，斩首四万。

冷酷的斩首数字是秦国立国精神之最佳写照。经由这些残酷的杀戮，尤其是长平之战，东方各国的精神被彻底击垮。再用三十年，秦尽灭六国，时在秦王政即位第二十六年。

始皇立制

秦灭六国，而抟成一个规模空前的政治共同体，秦国君臣之兴奋可想而知。然而，如此超大规模共同体之治理也是十分巨大的挑战。因此，秦国君臣立刻投入到制度构建中。

嬴政关心的首要问题是，如何树立自己的至上地位。《史记·秦始皇本纪》记载秦初并天下后，嬴政下诏：

"寡人以眇眇之身，兴兵诛暴乱。赖宗庙之灵，六王咸伏其辜，天下大定。今名号不更，无以称成功，传后世。其议帝号。"

丞相绾、御史大夫劫、廷尉斯等皆曰："昔者，五帝地方千里，其外侯服夷服诸侯或朝或否，天子不能制。今陛下兴义兵，诛残贼，平定天下。海内为郡县，法令由一统。自上古以来未尝有，五帝所不及。臣等谨与博士议曰：古有天皇，有地皇，有泰皇，泰皇最贵。臣等昧死上尊号，王为泰皇，命为制，令为诏，天子自称曰朕。"

王曰："去泰，著皇，采上古帝位号，号曰皇帝。他如议。"制曰："可。"

秦廷群臣之自负与缺乏敬畏心，可见一斑。他们断言，秦人立国之功业为五帝所不及。大臣建议嬴政采用泰皇之称，人间之王比天、地还要崇高。嬴政选择了皇帝之号，以超越天、地的神灵的资格，凌驾于上古五帝之上。秦廷君臣以此确立统治者之绝对性，他在古往今来一切人之上，他也在天之上。

因嬴政在未来一切人之上，故下令取消谥号制度：

制曰："朕闻：太古有号毋谥，中古有号，死而以行为谥。如此，则子议父，臣议君也，甚无谓，朕弗取焉。自今已来，除谥法。朕为始皇帝，后世以计数，二世三世至于万世，传之无穷。"

君王死后，由大臣共议谥号，论定一生道德、事业之得失。这是周代礼制的重要组成部分，它表明君王也在共同体中，君王在时间中，每一位君王只是连绵不断的共同体生命中之一个环节，它促使君王对自己的行为对共同体、对后代承担责任。而议定谥号的判准是礼制，谥号制度迫使君王接受礼制之约束。嬴政决心超越于礼制、共同体、时间之上，故废止谥号制。

然而，嬴政终究不能完全超拔于时代。当时，阴阳观念已成主流，嬴政立国，也不能不在此观念体系中证成统治权之正当性：

始皇推终始五德之传，以为周得火德，秦代周德，从所不胜，方今水德之始。改年始，朝贺皆自十月朔。衣服、旄旌、节旗皆上［尚］黑。数以六为纪：符、法冠皆六寸，而舆六尺，六尺为步，乘六马。更名河曰德水，以为水德之始。刚毅戾深，事皆决于法，刻削毋仁恩和义，然后合五德之数。于是急法，久者不赦。

由此可见，秦始皇完全没有正确地理解邹衍之说。基于这一理解，秦始皇将自己变成了最高的狱吏，《汉书·刑法志》说：秦始皇"专任刑罚，躬操文墨，昼断狱，夜理书，自程决事，日县石之一。而奸邪并生，赭衣塞路，囹圄成市，天下愁怨，溃而叛之"。

规模难题：封建、郡县之争

秦攻灭六国，兼有天下，有识之士立刻意识到，秦国面临规模难题，因此而有封建、郡县之争，这一争论始终伴随着短命的秦。

《秦始皇本纪》记载，灭六国之后，丞相绾等上言："诸侯初破，燕、齐、荆地远，不为置王，毋以填［镇］之。请立诸子，唯上幸许。"始皇下其议于群臣，群臣皆以为便。

群臣有这种想法，很正常。秦原来偏居天下之西陲，攻灭六国，政

209

治中心所统治的地域、人口规模，均大幅度扩大。丞相等官员马上就能够认识到这一点，从咸阳下达命令到国境线所需要的时间多出很多倍，此即"远"。周人当初也遇到同样的难题，而采用封建制。群臣熟知这一故事，故建议重行封建。只有接受过法家思想训练的李斯例外：

廷尉李斯议曰："周文武所封子弟同姓甚众，然后属疏远，相攻击如仇雠。诸侯更相诛伐，周天子弗能禁止。今海内赖陛下神灵一统，皆为郡县。诸子、功臣以公赋税重赏赐之，甚足易制。天下无异意，则安宁之术也。置诸侯不便。"

始皇曰："天下共苦战斗不休，以有侯王。赖宗庙，天下初定，又复立国，是树兵也，而求其宁息，岂不难哉！廷尉议是。"

分天下以为三十六郡，郡置守、尉、监。

李斯思考的核心问题是：国王能否有效控制所有人，这是天下安宁的根基。李斯完全忽略西周稳定数百年之经验，仅根据春秋、战国之乱局而相信，重行封建，将有严重的政治风险。秦始皇同意李斯的意见，毅然在全国统一建立郡县制。此制早在东方出现，始皇将其统一适用于全国，各郡县官员皆由皇帝委任。

由此，秦将国家权力向下延伸。封建时代，周王、诸侯的权力都不及民众，小型共同体自我治理。秦制的法理是，皇帝直接统治每个人，皇帝也需要动员民众的所有资源用于国家目标，主要是力役、税收。故秦政权力直接触及每个民众，建立了从皇帝到民众的权力控制体系。

秦制下，最基层的居民单位为里，百家为一里。里设里正，居民编为什伍，相互监督、连坐。十里设一亭，亭有长，负责治安。十亭设一乡，乡有三老、有秩、游徼。有秩对郡负责，掌一乡人；乡如果较小，县置啬夫一人，其职责是知民善恶，为役先后，知民贫富，为赋多少，也负责为政府动员资源。三老掌教化，凡有孝子顺孙、贞女义妇、让财救患及学士为民法式者，皆匾表其门，以兴善行。游徼掌管徼循，禁司奸盗，为治安官。县以下"乡官"不属国家官僚，但其身份由郡县赋予，承担国家管理民众之责。

由汉代倒推，秦代吏员自佐史至丞相，约有十三万多。这是人类历史上第一个成熟的官僚统治体系，这也是人类历史上第一个完全由官吏体系统治的超大规模政治体。

为解决规模难题，秦始皇还采取了三项措施：

第一，"收天下兵，聚之咸阳，销以为钟镰，金人十二，重各千石，置廷宫中"。古来士民皆可持有兵器。尤其是封建时代，军制之最大特征就是分散，士、民均自行制作、养护兵器，君下令征召，则携带自备兵器集合、上阵。禁止民众持有兵器的政策，当始于秦始皇。

第二，"一法、度、衡，石、丈、尺，车同轨，书同文字。地东至海暨朝鲜，西至临洮、羌中，南至北向户，北据河为塞，并阴山至辽东"。司马迁的文本很有趣，突出了标准的统一对庞大国家之政治凝聚的重大作用。不过，自尧舜构建天下，即在从事这一工作。周人也做到了车同轨。秦是在七国散乱之后，再度从事这一工作。

第三，"徙天下豪富于咸阳十二万户"。秦始皇采取人口重组措施，以强干弱枝。"豪"是地方领袖，掌握着组织。"富"掌握着财富。秦始皇担心，这两类人广布于天下各地，中央政府鞭长莫及，假以时日，必然坐大，而威胁中央政府的权威。将其集中于咸阳，则可就近管制，消弭国家安全隐患。这种做法与周截然不同。周公作新民，在殷商遗民集中之处营建洛邑。这是一种多中心治理模式，秦则采取单一中心治理模式。

即便有如此措施，秦始皇仍有规模焦虑。秦始皇深知，统治规模扩大，依靠单一中心的集中控制，并不能防止政治共同体解体的危险，于是自立为皇帝之后次年，秦始皇就不得不至四方巡守，并到处立碑记功。

尽管如此，规模难题显然并未彻底而有效地解决。因此，秦王政三十四年，封建、郡县之争再起。《秦始皇本纪》记载，这一年，始皇置酒咸阳宫，博士七十人前为寿，仆射周青臣颂扬秦始皇取得伟大功业，最伟大的创造正是废除封建制，统一实施郡县制，如此则消灭了诸侯相互战争的危险。博士齐人淳于越却提出不同的意见：

臣闻：殷、周之王千余岁，封子弟功臣，自为枝辅。今陛下有海内，而子弟为匹夫，卒有田常、六卿之臣，无辅拂，何以相救哉？事不师古而能长久者，非所闻也。今青臣又面谀以重陛下之过，非忠臣。

博士淳于越是儒生。儒家的政治理念是"复古"、"师古"。根据周的封建经验，淳于越要求封建"子弟功臣"。这比丞相绾等群臣的提议更为理性，对封建的理解更为准确，后者只是提出分封诸子。淳于越要求秦始皇分散治理权，通过"公天下"解决规模难题。这一主张引发一桩大事件：焚书。

焚书与以吏为师

秦始皇并没有完全拒绝淳于越的建议，他已经意识到新制度面临的困境，故下令群臣讨论淳于越的提议。复封建本有可能，然而此时已经担任丞相的李斯再一次站出来强硬反对复古。

李斯首先针对淳于越的师古主张，阐发法家之政治哲学立场：古不足法。然后转向讨论淳于越议政行为之本身：

> 异时，诸侯并争，厚招游学。今天下已定，法令出一。百姓当家，则力农、工，士则学习法令辟禁。今诸生不师今而学古，以非当世，惑乱黔首。
>
> 丞相臣斯昧死言：古者，天下散乱，莫之能一。是以，诸侯并作，语皆道古以害今，饰虚言以乱实。人善其所私学，以非上之所建立。今皇帝并有天下，别黑白而定一尊。私学而相与非法教，人闻令下，则各以其学议之。入则心非，出则巷议。夸主以为名，异取以为高，率群下以造谤。如此弗禁，则主势降乎上，党与成乎下。禁之便。

作为法家，李斯关注的核心问题是"主势"是否保持绝对崇高的位置。为此，秦国已经实现了一种新制度，那就是百姓从事农工，士人则学习法令，而判断是非的唯一标准就是法令刑律。士人议政则在损害法令的统一，破坏民众对国家的绝对服从，导致主势降乎上，秦制根基遭到动摇。李斯建议，立刻出台一系列措施：

第一，"史官非秦记，皆烧之"。秦灭六国，秦史官收藏各国原有史书。这些史书藏于秘府，外人很难见到。但李斯仍担心，这些史书万一泄露，容易唤起各地民众对故国之情感，不利于国民培养对大秦之情感，故须烧之。

第二，"非博士官所职，天下敢有藏诗书、百家语者，悉诣守、尉杂烧之"。《诗》、《书》是六经之前两部，集古典文明之大成，礼乐文明就在《诗》、《书》中。儒家主张复古，就是复诗书所载之制度，故必烧之。百家语指诸子私家之言，乃是士人之思想、议论，其对秦制的危害在于意见丛生，不利于思想观念之同一，故必烧之。不过，博士官仍可保存诗书、百家语，唯民间不得私藏。

第三，"有敢偶语诗、书者，弃市"。李斯知道，诗书的生命力远大于百家语。诸子之百家语皆本于诗书，系士人基于诗书表达个人意见。只要有诗书，就会有新的百家语。因而，必须切断诗书之传承，百家语也就丧失源头。故禁止公开谈论诗书。

第四，"以古非今者，族。"以古非今是李斯心目中最大的政治危险，它直接质疑、否定新制度，惑乱民众之心，危害政治秩序，故须给予最为严厉的惩罚。取缔诗书也是为了从根本上切断以古非今之源。

第五，"吏见知不举者，与同罪。令下三十日不烧，黥为城旦"。李斯督导官吏严格执行上述律条。这也许是因为，官吏经常是士人，难免对诗书、百家语有所同情。

第六，"所不去者，医药、卜筮、种树之书"。焚书有例外，医药、卜筮、种树之书不必收缴、焚烧，因为这些书籍所记者乃是技术性知识，无关乎道德、政治，不大可能对政治秩序产生危害。相反，这些知识有助于国家抟聚力量。

第七，"若欲有学法令，以吏为师"。李斯前面已说，"士则学习法令辟禁"，也许，从商鞅时代开始，秦就奉行这一政策，士人唯一可学的知识乃是国家颁布之法令刑律。其他知识，概不得学习。因而，百家争鸣，诸子哪怕是较为有名的弟子，无一人出自秦国。此番焚书，当主要针对新近占领的东方，东方本有诗书传承、百家竞语之风气。李斯要消灭东方文化传统，迫使东方士人接受秦人的知识传统：专一学习法令刑律。然而，学习法令刑律，若按东方知识传统，亦可能形成私学，故李斯立刻补充说：学习法令刑律，也只能以吏为师，而不得私相传授。因为，私相传授必然威胁一元的法律权威。

秦始皇采纳了李斯的建议，由此秦建立国家完全控制之学统，确保知识完全服从国家。周代，"学在官府"，即在君子之家内。然此学终究在养成君子之健全人格。孔子向平民开放君子之学，平民可受诗书，更可各言其意见。秦则一扫上述两个知识传统，以官吏群体内部传授之律令学为王官学。

由此，秦代出现了令人吃惊的现象：皇子也学习刑律，据《秦始皇本纪》记载，秦二世之所以信任赵高，就是因为"赵高故尝教胡亥书及狱律令法事，胡亥私幸之"。这样的王官学很难培养出合格的统治者。

此制诚为空前绝后之愚民政策。抽空了文化，这个新建成的超大规模的政治共同体很难说是一个文明共同体，而没有文明支持的国家，势必难以长久维系。

秦制之病理

秦始皇建立了宏大的国家，表面看起来十分壮观、宏伟，然而，它不二世而亡。这是中国历史上最令人震惊的事件。秦为什么如此短命？

第一，绝对皇权之绝对非理性倾向。

按照法家的理解，所有人都贪婪而相互具有敌意，因而，建立秩序的唯一办法是设立一个享有绝对权力的主权者，由他借助相对于任何人的压倒性优势（势），借助刑赏体系（法），借助驾驭之术（术）控制官吏，进而控制万民。据此假设，则此一统治秩序的正常运作完全系于皇帝是否依法家设想的那样活动，即《韩非子·南面篇》所说之"任理去欲"，控制欲望，顺理而行。

秦始皇攻灭六国的过程中，近似做到这一点。秦的高效率的资源动员机制在秦始皇坚定意志之驱动下高速运转，碾碎六国。问题是，任理去欲的伦理要求对于皇帝来说太苛刻，没有任何一个皇帝可持之以恒地做到这一点。秦始皇本人就不能，灭六国之后，他放纵自己的欲望，兴建大量工程，尤其花费巨资求仙药，追求长生不老。至秦二世，则将这种运用集中控制的权力满足物质主义贪欲的机制，发挥到极致。当关东叛乱四起，大臣劝谏二世"请且止阿房宫作者，减省四边戍转"，秦二世回应说："夫人生居世间也，譬犹骋六骥过决隙也。吾既已临天下矣，欲悉耳目之所好，穷心志之所乐，以安宗庙而乐万姓，长有天下，终吾年寿，"①这样的皇帝是不理智的。于是，绝对主义统治秩序中最关键

① 《史记·秦本纪》。

的位置，往往构成其体系中最薄弱的环节。

第二，秦制下的君臣关系是高度机会主义，统治能力实际上十分脆弱。

皇权制设立官僚体系为统治工具，但皇帝与官僚间的关系是高度畸形的。在法家看来，人与人之间相互是豺狼，君臣之间也不例外。君臣之间完全是利害计算关系，双方的利益是完全相反的。因此，从本质上说，皇帝与官僚是被迫合作的敌人。君臣在玩"零和"游戏：官僚之所得，就是君王之所失。君臣每天都在为各自利益之最大化展开你死我活的战争。

秦始皇父子十分尽心地实施法家的统驭术，消灭官吏的私人情感，消灭其对正义等道德价值的任何偏好。皇帝完全诉诸官吏的动物本能：对利的热爱，对死的恐惧。这样，在皇帝与官吏间不存在任何情感和道义纽带。不幸的是，皇帝在算计官吏，官吏也在算计皇帝。官吏的顺服是表面的，随时可以抛弃。秦的解体也就是因为皇帝与官吏之间信任的完全匮乏，而呈现土崩瓦解之势。当有人起义，大量基层官吏基于成本收益计算而叛乱，几乎完全没有守御。

第三，消灭社会，单独政府的统治乃是不可能的。

秦攻灭六国之后，立刻面临巨大的规模难题：如何有效地统治一个文明的、多元的超大规模共同体？秦拒绝恢复封建，又全力消灭一切社会组织，企图由国家直接统治每个人。然而，权力实际上没有这样万能。

同时，这个唯一治理中心的统治完全依靠"力"。权力以及权力所控制的刑、赏是这个共同体唯一的联结纽带。这是一个无德、无文化的共同体：国家禁止人与人之间的孝悌仁义；人民对政府也没有任何情感、忠诚。民众相互之间、民众对国家，皆基于成本—收益计算。这种力的操控在有些时候是可行的，如贾谊《过秦论》所说"故秦之盛也，繁法严刑而天下震"，然而，"及其衰也，百姓怨而海内叛矣"。

秦不二世而亡的事实，构成此后中国政治思考之起点。儒者也正是由此思考，而提出了一套新的治理规划。

第十六章　黄老之治

汉代立国，政体完全承袭秦制，此所谓"汉承秦制"。不过，汉初统治集团具有宽和的气质，因此，未像秦人那样苛酷地操作秦制。汉初治国之策，一言以蔽之，以宽和的精神实施秦制。"黄老之术"就是对这种治国模式的抽象。

汉承秦制

秦对东方的统治时间非常短暂。六国之中，最早被秦全灭者为韩，时在嬴政即位第十七年（公元前 230 年）。秦末叛乱的主力为楚人，楚被秦灭在第二十四年。二十年后，刘邦在长安即皇帝位。刘邦及其大臣无不成长于秦制之下，多为地方小吏：刘邦曾为亭长，丞相萧何为沛县主吏掾，曹参为沛县狱掾。他们成长于"以吏为师"的环境中，没有接受诗书、百家语，没有制度想象力和构造能力，因此，夺取权力之后，很自然地全面复制秦制。

汉沿用秦之律历。《汉书·律历志》首先指出当时人的普遍观念："帝王必改正朔，易服色，所以明受命于天也。"所以，"自殷、周，皆创业改制，咸正历纪，服色从之，顺其时气，以应天道"。据此观念，制定律历、令人事合乎四时阴阳之序，乃是统治权具有正当性的重要保障。然而，汉廷始终没有从事这项工作："汉兴，方纲纪大基，庶事草创，袭秦正朔。"直到汉武帝时，司马迁等人参与，才编制出《太初历》。

最奇怪的是，秦自居水德，汉代秦兴，却仍自认为水德。此事曾引发儒生的强烈不满。《史记·封禅书》记载，汉文帝时鲁人公孙臣上书言，汉应为土德。丞相张苍本身就好律历，却坚持以为，汉乃水德之始。对此，太史公大为不解，在《史记·张丞相列传》赞中质问："张苍文学律历，为汉名相，而绌贾生、公孙臣等言正朔、服色事而不遵，明用秦之颛顼历，何哉？"原因也许在于，张苍在秦时"为御史，主柱下方书"①，对秦制心有戚戚焉。

留恋秦制的不仅有大臣，还有皇帝本人，《汉书·郊祀志》说：

> 二年，东击项籍而还入关，问："故秦时上帝祠何帝也？"对曰："四帝，有白、青、黄、赤帝之祠。"高祖曰："吾闻天有五帝，而四，何也？"莫知其说。于是高祖曰："吾知之矣，乃待我而具五也。"乃立黑帝祠，名曰北畤。有司进祠，上不亲往。悉召故秦祀官，复置太祝、太宰，如其故仪礼。

秦王在关中立祠祭四色帝，以为最高神灵，而尤重白帝。刘邦也在此神灵崇拜框架中证成自己统治权的神意正当性。秦王以四色帝为神，刘邦自居一帝，借以压倒秦的统治权。"吾知之矣"一语最为传神。如此一来，汉也就不得不全盘接过秦的皇室神灵信仰系统。后来儒生开始大量进入政府系统，提出放弃这一信仰系统，但因传统的信仰已构成一种习惯力量而无能为力。

汉初礼仪也基本沿用秦制，《史记·礼书》这样论说：

> 至秦有天下，悉内六国礼仪，采择其善，虽不合圣制，其尊君抑臣，朝廷济济，依古以来。至于高祖，光有四海，叔孙通颇有所增益减损，大抵皆袭秦故。自天子称号，下至佐僚及宫室官名，少所变改。

不幸的是，这并非暂时状态，而成了常态，汉家始终没有制定出自己的礼乐。司马迁则指出，秦汉之礼旨在"尊君抑臣"。儒生曾做过制作新礼之努力，但遭到旧人反对。《汉书·礼乐志》痛心疾首地说："今大汉继周，久旷大仪，未有立礼成乐，此贾谊、仲舒、王吉、刘向之徒所为发愤而增叹也。"

汉沿用秦制，最为明显的是，官制完全承袭秦国，如《汉书·百官公卿表》序所说："秦兼天下，建皇帝之号，立百官之职。汉因循而不

---

① 《史记·张丞相列传》。

革，明简易，随时宜也。"

汉也沿用了秦的刑治、吏治。汉家刑律完全承袭自秦，而有所扩充。《晋书·刑法志》说，商君用李悝所撰《法经》治秦：

> 汉承秦制，萧何定律，除参夷、连坐之罪，增部主、见知之条，益事律《兴》、《厩》、《户》三篇，合为九篇。

最为重要的是，汉也延续了秦的纯任刑罚、严刑峻法之治理精神。汉初君臣多为刑名吏，整个官吏体系就是一个刑名吏体系，其心智受秦的刑治观念支配。他们相信，只有严刑峻法才能震慑民众，维持秩序。《汉书·贾邹枚路传》记载，汉宣帝即位之初，路温舒上书曰："臣闻秦有十失，其一尚存，治狱之吏是也……治狱之吏皆欲人死，非憎人也，自安之道在人之死。是以死人之血流离于市，被刑之徒比肩而立，大辟之计岁以万数，此仁圣之所以伤也。"汉初，每年死刑上万，宋初人口多于秦汉，每年死刑犯人才千余。

汉文帝有恻隐不忍之心，屡次下诏去除秦之肉刑、酷刑，但遭到功臣的强烈反对，《汉书·刑法志》记载双方交锋：

> 孝文二年，又诏丞相、太尉、御史："法者，治之正，所以禁暴而卫善人也。今犯法者已论，而使无罪之父、母、妻、子、同产坐之及收，朕甚弗取。其议。"
>
> 左、右丞相周勃、陈平奏言："父、母、妻、子、同产相坐及收，所以累其心，使重犯法也。收之之道，所由来久矣。臣之愚计，以为如其故便。"
>
> 文帝复曰："朕闻之，法正则民悫，罪当则民从。且夫牧民而道之以善者，吏也；既不能道，又以不正之法罪之，是法反害于民，为暴者也。朕未见其便，宜熟计之。"
>
> 平、勃乃曰："陛下幸加大惠于天下，使有罪不收，无罪不相坐，甚盛德，臣等所不及也。臣等谨奉诏，尽除收律、相坐法。"
>
> 其后，新垣平谋为逆，复行三族之诛。由是言之，风俗移易，人性相近而习相远，信矣。夫以孝文之仁，平、勃之知，犹有过刑谬论如此甚也，而况庸材溺于末流者乎？

汉文帝有仁人之心，试图改变秦的严刑峻法。但秦的治国观念深入人心，周勃、陈平认为，唯有严刑峻法，才可震慑民众，减少违法犯罪。实在无法违拗，功臣们则阳奉阴违：文帝要求减轻刑罚，而狱吏执行的结果是"外有轻刑之名，内实杀人"。

黄老之术

汉虽承秦制，不过，汉家君臣终究以宽和精神运用秦制。道家思想发展而来的黄老之术，为这种宽和版的秦制提供了哲学依据。

与秦人的刻薄寡恩不同，东方人具有宽和气质，这在刘邦身上有明显体现。《史记·高祖本纪》说高祖"仁而爱人，喜施，意豁如也"。在为亭长时，刘邦"素易诸吏"，"易"就是平易地对待。正因为这种气质，刘邦在楚汉之际的战争中对待对手、降将，尤其是普通民众，不那么残忍冷酷。也正是这种宽和气质，驱动刘氏集团制定了与民休息之国策。这一国策从刘邦入关中就已经奠定，此即著名的"约法三章"故事，《史记·高祖本纪》记载：

> 刘邦召诸县父老豪桀曰："父老苦秦苛法久矣，诽谤者族，偶语者弃市。吾与诸侯约：'先入关者王之。吾当王关中。'与父老约法三章耳：'杀人者死，伤人及盗抵罪。余悉除去秦法。诸吏人皆案堵如故。'"

约法三章可见其宽和气质。《汉书》论及汉初皇帝多用"宽"字，如关于刘邦，"汉兴，高祖躬神武之材，行宽仁之厚"。《汉书·刑法志》说汉文帝"修玄默，劝趣农桑，减省租赋。而将相皆旧功臣，少文多质，惩恶亡秦之政，论议务在宽厚"云云。

以宽和精神实施秦的制度，就是黄老之术的本质。

先秦有四大治国规划：儒家首先在魏国得到实践机会，并催生出法家。接下来，法家在秦国获得实践机会，借助秦人之戎狄化心智和社会结构塑造秦制。墨家似乎融入秦制。现在获得实践机会的是道家，主要是老子一系的治国之术。

汉初君臣尊崇黄老之术，自有思想渊源可寻。汉承秦制，也承续秦制之精神，自然尊崇法家刑名之术。而法家尤其是韩非思想，与老子思想之间有直接渊源。韩非巧妙转换老子思想成为君王驾驭臣下之术的哲学根底，汉初君臣自可沿着韩非的思想脉络，上溯至道家。

不过，汉初君臣所说的道家已有新名称：黄老之学。黄指黄帝。战国以前，已有黄帝之说，但此为天神，而非人王。故孔孟甚至荀子在历述古代先王时，只论尧舜，不及黄帝。战国时代，主要在齐地，黄帝开始由天神被历史化为人王，并成为最为重要的古圣先王。而黄老之学也正形成于齐地。稷下学宫的道家就托名黄帝之学，发展老子的治国之术。同时，学界也认为，《管子》中的《心术》上下、《白心》、《内业》四篇属于稷下黄老学派的作品。

由于这种历史渊源，汉初黄老之学兴起于曹参之在齐任职，《史记·曹相国世家》记载，孝惠帝元年，曹参为齐国丞相。曹参到齐国，召集长老、诸生，询问何以安宁百姓。其中主要是儒生，达上百人之多，鲁、齐之儒学最为发达。然而，这些儒生"言人人殊，参未知所定"，曹参听说胶西有盖公，

善治黄老言，使人厚币请之。既见盖公，盖公为言治道贵清静而民自定，推此类具言之。参于是避正堂，舍盖公焉。其治要用黄老术，故相齐九年，齐国安集，大称贤相。

……参代何为汉相国，举事无所变更，一遵萧何约束。

择郡国吏木讷于文辞，重厚长者，即召除为丞相史。吏之言文刻深，欲务声名者，辄斥去之。

曹参舍弃了儒家，至少是因为，刑名吏的精神是很难接受儒家的。曹参选择了盖公所传的战国黄老之术。人们都注意到了"萧规曹随"，但略加分析即可看出，曹参绝不是消极地跟随萧何，而是更上一层楼，系统地提出了无为而治之治国观念。司马迁在《曹相国世家》最后评价说："参为汉相国，清静极言合道。然百姓离秦之酷后，参与休息无为，故天下俱称其美矣。"也就是说，黄老之术变成统治方针，始于曹参。

曹参由齐入京为丞相，也就把黄老之学带入宫廷。此后，黄老之学在统治集团中流行开来，曹参之后最为著名者为丞相陈平，《史记·陈丞相世家》记载了这样一件事：

居顷之，孝文皇帝既益明习国家事，朝而问右丞相〔周〕勃曰："天下一岁决狱几何？"勃谢曰："不知。"问："天下一岁钱谷出入几何？"勃又谢不知，汗出沾背，愧不能对。

于是上亦问左丞相〔陈〕平。平曰："有主者。"上曰："主者谓谁？"平曰："陛下即问决狱，责廷尉；问钱谷，责治粟内史。"上曰："苟各有主者，而君所主者何事也？"平谢曰："主臣！陛下不知其驽下，使待罪宰相。宰相者，上佐天子理阴阳，顺四时，下育万物之宜；外镇抚四夷诸侯，内亲附百姓，使卿大夫各得任其职焉。"孝文帝乃称善。

陈平系统运用黄老之术，其实也正是韩非所论之督责之术：下属各司其职，在上位者无为而治。

这种政策确实是明智的，因而也带来了四民生机之恢复。黄老之术的核心内涵是政府无为，与民休息。这其中，对经济繁荣来说最为重要而通常被忽略或者其历史作用没有被正确评估的制度，乃是多元竞争性货币制度。《汉书·食货志下》如此概括：

汉兴，以为秦钱重难用，更令民铸荚钱……孝文五年，为钱益多而轻，乃更铸四铢钱，其文为"半两"。除盗铸钱令，使民放铸。

是时，吴以诸侯即山铸钱，富埒天子，后卒叛逆。邓通，大夫也，以铸钱，财过王者。故吴、邓钱布天下。

史家已经指出，当时诸侯王之间形成经济政策竞争，这有利于商业和经济的发展，《史记·吴王濞列传》说："会孝惠、高后时，天下初定，郡国诸侯各务自拊循其民。吴有豫章郡铜山，濞则招致天下亡命者铸钱，煮海水为盐，以故无赋，国用富饶。"

由于上述种种制度条件，汉初经济迅速恢复，而出现了"文景之治"。但是，这种繁荣戛然而止。原因同样在黄老之术中。

权力之苏醒

归根到底，黄老之术只是一种术，也即，它是一种权宜的政策，而不是一套全面的制度。黄老之术的大前提是汉承秦制,对秦制未做任何根本性变动。然而,秦制的根本特征就是权力不受约束,这既包括皇帝的权力,也包括各级官吏的权力。"无为"只是指治国者不再那么严格地执行严苛的法律。在人人痛恨秦制的社会氛围中,基层官吏们也不敢放纵地执行那些法律。

但是,秦制之政制、法律架构仍完好无损地在那儿,只不过隐藏在较为晦暗的地方。一旦民众生产出财富,权力就苏醒过来,而对财富极为敏感。绝对权力第一次登场,掌权者最看重的是权力运用过程本身带来的快感。这就是秦制。当其遭遇挫折后第二次登场,权力冲动受到民情约束,它转而追求财富,以财富的不正常聚敛显示自己相对于民众的绝对性。

这正是汉武帝时代的情形,《汉书·食货志上》说:

> 于是,罔疏而民富,役财骄溢,或至并兼豪党之徒以武断于乡曲。宗室有土,公卿大夫以下争于奢侈,室庐车服僭上亡限。物盛而衰,固其变也。
>
> 是后,外事四夷,内兴功利。役、费并兴,而民去本。

班固已经指出,滥用权力聚敛财富的主体有二:一是作为个体的官员,二是皇帝,或者说他所代表而由官员组成的作为一个整体的政府。

当时的官吏凭借其权力进入商业领域。著名货币发行商邓通是汉文帝之佞幸,《史记·佞幸列传》记载其发家史:

> 邓通,蜀郡南安人也,以濯船为黄头郎。孝文帝梦欲上天,不能,有一黄头郎从后推之上天,顾见其衣裻带后穿。觉而之渐台,以梦中阴目求推者郎,即见邓通,其衣后穿,梦中所见也。召问其名姓,姓邓氏,名通,文帝说焉,尊幸之日异。通亦愿谨,不好外交,虽赐洗沐,不欲出。于是文帝赏赐通巨万以十数,文帝时时如邓通家游戏。然邓通无他能,不能有所荐士,独自谨其身以媚上而已。上使善相者相通,曰"当贫饿死"。文帝曰:"能富通者在我也,何谓贫乎?"于是赐邓通蜀严道铜山,得自铸钱,"邓氏钱"布天下,其富如此。

邓通依靠文帝之宠积聚财富。后来景帝即位，邓通丧失庇护，确如相才所预言，不仅丧失全部生意，乃至贫饿而死。

皇帝和他的政府也在聚敛财富。财富激发了皇帝的欲望，而皇帝的权力是不受限制的，完全可以放纵自己的欲望。这样的欲望与秦始皇是一样的：第一，满足个人身体的感官欲望，这包括建造苑囿，由此而大兴土木，上马各种大型工程。第二，满足建功立业的荣誉性欲望，比如派兵长途跋涉，搜寻、攻击匈奴，以开疆拓土。汉武帝在这两方面表现得极为突出。

在这种逐利的政治气氛中，"兴利之臣"崛起，为皇帝、为政府筹措资源。《史记·平准书》记载，最为著名者有三人："于是以东郭咸阳、孔仅为大农丞，领盐铁事；桑弘羊以计算用事，侍中。咸阳，齐之大煮盐；孔仅，南阳大冶。皆致生累千金，故郑当时进言之。弘羊，洛阳贾人子，以心计，年十三侍中。故三人言利事析秋豪矣。"皇权借助兴利之臣提供的知识，出台诸多政策聚敛财富。

首先，政府收回货币发行权，不许民间铸造货币，以维护政治权威的单一中心性。而一旦皇权掌握了垄断的铸币权，就很容易滥用权力解决财政问题，"兴利之臣"接连发行多种货币，名不副值，借以盘剥民间财富。而滥发货币导致通货膨胀，严重扰乱经济。

第二，实行国营政策，主要是盐铁专营。《史记·平准书》记载：

大农上盐铁丞孔仅、咸阳言："山海，天地之藏也，皆宜属少府，陛下不私，以属大农佐赋。愿募民自给费，因官器作煮盐，官与牢盆。浮食奇民欲擅管山海之货，以致富羡，役利细民。其沮事之议，不可胜听。敢私铸铁器煮盐者，釱左趾，没入其器物。郡不出铁者，置小铁官，便属在所县。"使孔仅、东郭咸阳乘传举行天下盐铁，作官府，除故盐铁家富者为吏。吏道益杂，不选，而多贾人矣。

同时建立均输制度，政府深度介入商业交易过程：

［桑］弘羊以诸官各自市，相与争，物故腾跃，而天下赋输或不偿其僦费，乃请置大农部丞数十人，分部主郡国，各往往县置均输盐铁官，令远方各以其物贵时商贾所转贩者为赋，而相灌输。置平准于京

师，都受天下委输。召工官治车诸器，皆仰给大农。大农之诸官尽笼天下之货物，贵即卖之，贱则买之。如此，富商大贾无所牟大利，则反本，而万物不得腾踊。故抑天下物，名曰"平准"。

这样的政府实际上成为商业巨无霸。

第三，政府大幅度加税，《汉书·食货志》记载，董仲舒上书指出，秦代，"又加月为更卒，已，复为正，一岁屯戍，一岁力役，三十倍于古；田租口赋，盐铁之利，二十倍于古。或耕豪民之田，见税什五"。而"汉兴，循而未改"。民众负担极为沉重。

第四，政府直接抢夺富人财富。由于币制不断变动，商人不得不做出理性反应，转向囤积实物。政府乃对商人课以重税，商人对此消极抵抗，由此引发政府出台"告缗"制度，鼓励告发隐匿财富的商人，《史记·平准书》记载："有能告者，以其半畀之。"结果，

中家以上大抵皆遇告。杜周治之，狱少反者。乃分遣御史、廷尉、正监分曹往，即治郡国缗钱，得民财物以亿计，奴婢以千万数，田大县数百顷，小县百余顷，宅亦如之。于是，商贾中家以上大率破，民偷甘食好衣，不事畜藏之产业。而县官有盐铁、缗钱之故，用益饶矣。

文景之时，商业发达，商人积累了大量财富。但很快，这些财富就被政府以各种手段劫掠。

酷吏之兴起

为配合上述种种掠夺财富之政策，皇权大量起用"酷吏"，制定新的刑律，对付那些违反经济政策之商人、民众。《汉书·刑法志》记载：

及至孝武即位，外事四夷之功，内盛耳目之好，徵发烦数，百姓贫耗，穷民犯法，酷吏击断，奸轨不胜。于是招进张汤、赵禹之属条定法令，作见知故纵、监临部主之法，缓深故之罪，急纵出之诛。

其后，奸猾巧法，转相比况，禁罔寖密。律令凡三百五十九章，大

辟四百九条，千八百八十二事，死罪决事比万三千四百七十二事。文书盈于几阁，典者不能遍睹。是以郡国承用者驳，或罪同而论异；奸吏因缘为市，所欲活，则傅生议；所欲陷，则予死比。议者咸冤伤之。

汉承秦律，但秦人抑制商业，其经济活动相对单一，故刑律尚较简单。汉初，商业获得发展机会，政府为劫掠财富，而匆忙制定诸多新的刑律条文。秦的刑律之治以更为繁琐的方式复苏了。

制定和执行这些新律条的是酷吏。酷吏就是极端形态的刑名吏。王温舒是酷吏之典型，《汉书·酷吏传》记载：

王温舒，阳陵人也。少时椎埋为奸，已而试县亭长，数废，数为吏，以治狱至廷尉史。事张汤，迁为御史，督盗贼，杀伤甚多。稍迁至广平都尉，择郡中豪敢往吏十余人为爪牙，皆把其阴重罪，而纵使督盗贼，快其意所欲得。此人虽有百罪，弗法；即有避回，夷之，亦灭宗。以故，齐赵之郊盗不敢近广平，广平声为"道不拾遗"。

上闻，迁为河内太守。素居广平时，皆知河内豪奸之家。及往，以九月至，令郡具私马五十匹，为驿自河内至长安。部吏如居广平时方略，捕郡中豪猾，相连坐千余家。上书请，大者至族，小者乃死，家尽没入偿臧。奏行不过二日，得可，事论报，至流血十余里。河内皆怪其奏，以为神速。尽十二月，郡中无犬吠之盗。其颇不得，失之旁郡，追求。会春，温舒顿足叹曰："嗟乎，令冬月益展一月，卒吾事矣！"其好杀、行威、不爱人如此。

酷吏的基本心态就是好杀，行威，不爱人。他们相信，治理社会的唯一手段就是暴力。对于民众，他们毫不犹豫地使用最为严酷的暴力，有时甚至以杀人为乐。

有意思的是，根据司马迁的观察，酷吏恰恰出现在文景之治的后期，而在汉武帝中期，也即享有黄老之术的效果、社会经济最为繁荣的时代达到高峰。原因就在于，不受约束的秦制之权力，正在抢夺黄老之术的社会经济成果。

兴利之臣与酷吏相互配合，政府的财政收入确实大幅度增加，《史记·平准书》记载：

初，大农笔盐铁官布多，置水衡，欲以主盐铁；及杨可告缗钱，上林财物众，乃令水衡主上林。上林既充满，益广。是时越欲与汉用船战逐，乃大修昆明池，列观环之。治楼船，高十余丈，旗帜加其上，甚壮。于是天子感之，乃作柏梁台，高数十丈。宫室之修，由此日丽。

但在华丽的外表下，整个国家已陷入深刻的危机中，比如，民众普遍陷入贫苦，民变四起。《汉书·酷吏传》记载，酷吏最受重用的时代，民之聊生，盗贼蜂起：

于是，上始使御史中丞、丞相长史使督之，犹弗能禁。乃使光禄大夫范昆、诸部都尉及故九卿张德等衣绣衣、持节，虎符发兵以兴击。斩首大部或至万余级。及以法诛通行饮食，坐相连郡，甚者数千人。数岁，乃颇得其渠率。散卒失亡，复聚党阻山川。往往而群，无可奈何。于是作"沈命法"曰："群盗起不发觉，发觉而弗捕满品者，二千石以下至小吏主者皆死。"其后，小吏畏诛，虽有盗，弗敢发，恐不能得，坐课累府。府亦使不言。故盗贼寖多，上下相为匿，以避文法焉。

如此社会动荡已是秦末之缩微版。黄老之治走到尽头了。

黄老之术及其背后的道家，作为一种治国规划，存在无法克服的自相矛盾。如果共同体成员的心智是比较健全的，那么，因循、无为就是最好的治理方式，民众可以自治，政府只需扮演最低限度的角色即可。悖谬的是，道家受到重视，常在暴政之后，而暴政最恶劣的后果是败坏人心。因循无为固可让共同体恢复生机，但德性本身难以恢复，欲望反会迅速膨胀。这样的精神状况无法支持自我治理，也就无法达致优良治理。这个时刻，需要全盘重构治理架构，尤其是收拾人心，而黄老之术之内在逻辑决定了它只是一种政策，而不具有构建稳定治理秩序的能力。

只有儒家士君子同时具有恢复人心、创制立法的能力。

封建之终结

秦虽然是比周规模更大的超级政治与文明共同体，但至少两次封建之争表明，秦始皇君臣没有找到解决规模难题的有效方案。具体地说，通过自上而下贯通的国家权力体系、皇帝直接统治个体国民的秦式郡县制，存在无法克服的缺陷。故陈涉起事，东方即土崩瓦解。

叛乱者的最大激励是裂土而治，秦末叛乱带来封建之恢复。陈胜最初起事，即以一介平民，自立为王。楚国贵族项梁则听取范增意见，奉楚怀王之孙为王。这显示秦汉之际两种复封建模式，并分别为刘邦和项羽采用。

项羽占据优势时，系统地复封十八王。但其所封者多有六国贵族残余，项羽自己就属于这一类人物。这一做法，让他失分甚多。

经过战国，平民之政治主体性意识已高高树立。春秋后期的大夫作为政治新贵，将自己树立为王，突破周之封建制。东方六国被秦攻灭，国王之神圣性迷信消解。在秦制崩塌、天下未定的乱世中，平民之权力欲望释放出来，已不满足于为他人做嫁衣裳，其最有能力也最有政治野心的新贵寻求树立自己最高层级之政治主体性。刘邦如是想，其他人当然也如是想。刘邦洞悉此一心理。即皇帝位后，功臣高起、王陵指出刘邦得天下之道："陛下使人攻城略地，所降下者因以予之，与天下同利也。"[1] 刘邦所封诸王，多为平民，全部为异姓，共十八王。

这样，汉朝建立，封建制又局部恢复，出现半封建、半郡县之混合体制，也即郡、国并列："郡"直属汉家皇帝，类似于周代的王畿，汉室君臣自称为"汉"；"国"为诸侯国，各国自称其国号。各国体制与汉室相当，诸侯皆可以向民赋敛，自行委任内史以下官员，汉只委派丞相。

然而，这一体制终究不能持久。汉承秦制，秦制之皇权制逻辑难以兼容封建。在另一端，没有礼治之驯化，诸侯王不可能安于诸侯地位，对汉家皇室缺乏必要的敬。双方都有十分强烈的权力欲望，不能不处于相对抗的状态。汉初诸侯做大，而皇室政治之核心议题则是削藩。刘邦很快消灭异姓诸侯王，这是秦攻灭六国之缩微版。

不过，消灭异姓诸王之后，刘邦没有像秦始皇那样行郡县，而是封建同姓兄弟、子弟，并在末年与大臣共同约定："非刘氏而王者，若无

---

[1] 《史记·高祖本纪》。

227

功上所不置而侯者，天下共诛之①。"这同样是因为，中央政府难以解决规模难题，同姓诸侯皆封建于较为边远的地区，自成一统治中心。

然而，刘邦大封同姓，恰恰意味着封建制之终结。周武王、成王、康王所封诸侯数百，而同姓不过五十五②。故周之封建乃是公天下之制度安排。当诸侯全为同姓，则封建失其本意，而成为家天下之工具。

有封建之名而无封建之实，同姓诸王给皇权制带来的麻烦，一点不比异姓诸王少。双方无法避免猜疑，而同姓诸王可能卷入皇位争夺，对皇权的威胁甚至更大。因此，汉文帝、景帝一以贯之地采取措施，削弱诸王权力。晁错、贾谊就此纷纷提出建议。这些措施引发诸王与汉家天子之对决，此即景帝时"七王之乱"，这反而给汉家天子以彻底消除诸王势力的机会。武帝则推行"推恩令"，王国分解为侯国，地位相当于县，隶属于郡。至此，郡县—封建并存之格局基本不复存在。

此后，历朝开国，仍有"封建"之事，封建子弟、功臣为王、侯。但这只是荣誉，王侯没有治民之权，并不实际拥有封地，其收入基本来自中央政府。尤其是皇室子弟，因其血缘关系，可能觊觎皇位，皇权对其反而严加防范，故王、侯的生活自由度甚至不如平民官僚、富商。这样的封建只是皇权制的一个点缀。

封建既已终结，如何解决超大规模治理之难题？汉儒最终找到办法：郡县制下之基层自治。此后一直有智者主张，部分应用封建之制度原理，解决郡县制无法克服的内在缺陷，尤其是明清之际的顾炎武见证郡县之集权的弊端后，于《郡县论》中主张"寓封建之意于郡县之中"，黄宗羲也有类似的主张。确实，周秦之后，中国优良的地方之制必系封建与郡县以合理的比例搭配而成。

---

① 《史记·汉兴以来诸侯王年表》。

② 《史记·汉兴以来诸侯王年表》。

第十七章　现代性

　　尧舜、三代之礼乐文明构成中国文明之古典时期。自春秋后期始，礼乐逐渐崩坏，至战国则彻底崩坏，此状态一直延续到西汉中期，这五百年间，为中国文明之第一个大转型时代，也是最为深刻、广泛的转型时代。此时代之制度，尤其是支撑这些制度的中国人之精神状态与行为方式，完全不同于古典时代，而具有显著的现代性。

世俗化

　　大转型时代人们精神状态之第一个显著特征是世俗化。

　　自觉的华夏文明之肇造始于尧之"绝地天通"。天之崇高地位被确立，人们"钦若昊天"，敬顺上天。服务于共同体公共生活之祭司制建立，以替代借降神服务私人欲望之巫术。由此带来世俗王权与神权之分立。但这绝不意味着王或者君子不信神。实际上，透过绝地天通，天、神反而高踞于人之上，人崇拜天、神，而不能利用，无从亵渎。

　　因此，古典时代华夏人生活于神灵笼罩中，虔敬神灵，祭祀无所不在。《礼记·曲礼下》记载：

> 天子祭天地，祭四方，祭山川，祭五祀。岁徧 [遍]。
>
> 诸侯方祀，祭山川，祭五祀。岁徧。
>
> 大夫祭五祀。岁徧。
>
> 士祭其先。

　　古人相信万物有灵，故于各种场所，祭祀各种神灵。周王祭祀天和地，四方也被神灵化。周王还祭祀天下名山大川，诸侯祭祀本邦内之名山大川。五祀祭祀主管家内五处最为重要之场所的神灵：户、灶、中雷、门、行。先是祖先。可见，天地之间，生活的每一场景，神灵无所不在，人当一一祭祀。

古典宗教体系也具有等级分明的特征。周王、诸侯、卿大夫、士可祭祀的对象有严格的礼制限定。原因在于，在这个时代，神灵不是私人的精神依托，而是共同体秩序之保障。共同体有等级，祭祀也有等级。

周王最为重要的祭祀对象是天，也只有周王能祭祀天。《诗经》中反复提到天，《周颂》之《维天之命》宣告周之得天下乃是天命："维天之命，於穆不已。"《我将》则是周王的表白："我其夙夜，畏天之威，于时保之。"

不过，天道信仰并不为周王垄断。当周王败坏，君子即向上天呼告，如《小雅》之《节南山》说，"昊天不佣，降此鞠讻。昊天不惠，降此大戾。"《雨无正》说："浩浩昊天，不骏其德。降丧饥馑，斩伐四国。"在周人心目中，天是最崇高的宇宙主宰者，也是人间的监察者，天监察每个人，人人当敬天，并可向天申告。

除天道信仰外，各封建共同体有两大祭祀之所：宗庙与社。宗庙祭祀共同体历代之君，社则祭祀土地。君之治理权寄托于宗庙，共同体之公共生活中心则在社。各级共同体最为重大的公共事务均在这两个场所进行，"宗庙社稷"或者"社稷"也就成为邦国之代称。

这种普遍而广泛的信仰塑造了所有人的基本精神状态：敬。《左传·成公十三年》记载周王室之刘康公之语：

> 吾闻之，民受天地之中以生，所谓命也。是以有动作、礼义、威仪之则，以定命也。能者养之以福，不能者败以取祸。是故，君子勤礼，小人尽力。勤礼莫如致敬，尽力莫如敦笃。敬在养神，笃在守业。国之大事，在祀与戎。

刘康公指出，祭祀神灵乃是国之大事，其意义甚至比军事还重要。也因此，围绕着祭祀神灵形成了种种礼仪。周礼中，最为重要就是祭祀之礼。而依礼祭祀之最为重要的效果则是养成人之敬：对天、对神灵的敬，对礼也即规则的敬，对人的敬，对事的敬，以及最为重要的是，对自己的敬，也即克己，自我约束。

因此，敬神确保了人的理性。敬畏上天的周公具有最为深刻的忧患意识。他始终面向长远，面向未来。为此，他高度审慎，在决策时深思熟虑。而在现实中，最为理性的做法就是始终敬礼，让礼包裹个体之自然生命。

到春秋时代，普遍的神灵信仰开始松动。《左传·昭公十八年》记载，贤者据天象预言，宋、卫、陈、郑将发生火灾。郑国卿大夫裨灶对执政卿大夫子产说，若用瓘斝玉瓒祭祀，郑将不会有火灾。子产拒绝以这些宝物祭祀火神，次年，子产再次拒绝这一请求，并提出这样的命题：

> 天道远，人道迩。非所及也，何以知之？灶焉知天道？是亦多言矣，岂不或信？

具有重大意义的不是"天道远"一语，而是"何以知之"背后的推论。子产之前的人们，包括他的两位同僚，当然知道天道是遥远的，但也因此才相信，天道应被信仰，人当顺服天道。子产却说，天道不能为人所知，所以它就是遥远的，人也就不必基于那不可知的天道进行决策。相反，人只需依照自己可把握的人道行动即可。

这句话是君子群体抛弃天道信仰之标志，此后五百年间，几乎再难看到天道信仰的踪影。最直观的证据是，秦始皇灭六国之后多次出外巡游，均勒石记功，收入《史记·秦始皇本纪》。以这些铭文与《尚书》、《诗经》所收周初文献对比，立刻可以发现一个引人注目的现象：周武王、周公、召公等人说得最多的词是"天命"、"天"，而始皇铭文中几乎无一处提到"天"、"天命"。

或许可以说，秦始皇本人倾向于认为自己就是天或神。嬴政攻灭六国后，丞相等大臣与博士经讨论，提出以"泰皇"为王之尊号，而泰皇与天皇、地皇并列而最为尊贵。可以说古典信仰体系瓦解后，神人关系从"绝地天通"退回到"人神杂糅"的状态。

这就是楚国大夫观射父所描述的"民神同位"。而既然人可成神，则反过来"神狎民则，不蠲其为"[1]。周人以敬畏态度崇拜神，他们会求神，也会报神。不过，神灵尤其是天，是人不可能操纵的。而在人神

------

[1] 《国语·楚语下》。

杂糅状态下，神在很大程度上降格为人，而不能保持自己的圣洁。这样的神完全可以被人操纵。

人神杂糅后，神灵也有一个普遍人格化的变化。周王崇拜之对象，除了祖先，基本上都是抽象的，如天地、日月、山川、五祀、社稷等。战国之后，人们崇拜的对象则多有清晰的人格形象。据《史记·封禅书》记载，秦人从春秋之初崛起西方之时，即形成了一套天"帝"崇拜系统，历代公侯陆续建立了崇祀白、青、黄、炎（即赤）帝之祠，这四方帝各主一隅。这与周人崇拜"四方"大不相同。

同时，宗教不再是共同体的公共信仰，而趋向个人化。大转型时代，共同体本身就已解体，宗教乃转而主要关联于个体的生命意识。反过来，宗教的这一变化变化也推动了共同体的解体。

大约在战国时代，出现长生不死的"仙人"观念。周人没有不死观念，其最大追求是长寿，《洪范》"五福"以"寿"为首。《尚书·无逸篇》中，周公论述，殷、周诸贤明之君得到的回报就是长寿。庄子为绝对自由而追求物我两忘，而有"真人"之理念。这种理念逐渐实体化，而有仙人之说。《史记·秦始皇本纪》记载，王在位二十八年，东巡结束，齐人徐福等上书言，"海中有三神山，名曰蓬莱、方丈、瀛洲，仙人居之。请得斋戒，与童男女求之"。秦始皇遣徐福率领童男童女数千人，入海求仙人。三十五年，齐人卢生又游说始皇帝："真人者，入水不濡，入火不蓺，陵云气，与天地久长。"仙人、真人就是具有超凡能力、且长生不死之人。欲为真人，则需服食"不死之药"，由此而有饵药、炼丹之术的兴起。

这种观念正表明了人试图成为神的欲望，而这种欲望只能出自物化的人。

物化

大转型时代是一个物质主义时代。《礼记·乐记篇》揭示了人物化的机理及其导致的严重后果：

> 人生而静，天之性也；感于物而动，性之欲也。物至知知，然后好恶形焉。好恶无节于内，知诱于外，不能反躬，天理灭矣。夫物之感人

无穷，而人之好恶无节，则是物至而人化物也。人化物也者，灭天理而
穷人欲者也。于是，有悖逆诈伪之心，有淫泆作乱之事。是故，强者胁
弱，众者暴寡，知者诈愚，勇者苦怯，疾病不养，老幼孤独不得其所，
此大乱之道也。

　　子产宣告"天道远、人道迩"，绝地天通意义上的神灵退场，尤其
是天道退场之后，世界开始物化。天不复存在，人间之神性消解，人间
是纯粹物质的。"天下"原为天所生成和监察之立体的世界，现在只不
过是自然的天之下的平铺的大地。天下就是大地，大地由物堆积而成。
此为形而上学意义上的物质主义，世界的物化。

　　神灵退场，不再参与于人之中，人同样蜕变为一扁平化生存者，剩
下的就是人的孤立存在的肉体。人之"灵"蜕化为单纯的肉体感官，
人仅以此与外部交接。人就是肉体，人就是物质主义世界中的一件物。
此为伦理学意义上的物质主义，人之物化。

　　周人尚德。周人生活于神灵包裹之中而生敬，敬生德。与"敬"
相对者为"逸"，周公之教的核心即是"毋逸"。"逸"即放纵肉体，听
任感官支配而追求肉体之快乐，敬则力图让心灵控制肉体，从自己所缔
造之合宜人际关系中获得高尚的幸福，故有自内而外控制身体之德行。
一旦信仰崩溃，世界物化，人也随之物化，人成为肉体的存在，人所知
者就是肉体之快乐或痛苦，则人生的全部目的就是满足肉体之需要，实
现感官快乐之最大化。

　　相对于西周，春秋后期的君子就热衷逐利。战国之后，物质利益完
全支配了人生。《史记·货殖列传》描述战国秦汉之际各色人等的生存
状态，官员、隐士所求者无非富厚也。将士用命，为了重赏。少年胡作
非为，为了财用。赵女郑姬出卖色相，为了富厚。游闲公子奔走各方，
亦为富贵。吏士舞文弄法，因为受了货贿。农工商贾辛辛苦苦，也都为
求富益货。故当时有谚语："天下熙熙，皆为利来；天下攘攘，皆为利
往。"

　　在大转型时，人们的观念为人生就是持续地获得物质利益的过程，
最成功的人生就是实现了自身所能感知之物质利益最大化的人生。甚至
于获得天下，也被刘邦视为做成了一桩成功的大买卖，《史记·高祖本
纪》记载：汉王九年，

　　未央宫成。高祖大朝诸侯、群臣，置酒未央前殿。高祖奉玉卮，起为太上皇寿，曰："始大人常以臣无赖，不能治产业，不如仲力。今某之业所就孰与仲多？"殿上群臣皆呼万岁，大笑为乐。

　　既然人的存在物化，物化的人眼里之他人同样是物，人也必然从物质利益的尺度来衡量他人对自己的价值。也即，人与人的关系趋向于物质化，仁爱之情感被抑制。《史记·苏秦列传》记载，苏秦出游数年，无所成功，大困而归：

　　兄弟、嫂妹、妻妾窃皆笑之曰："周人之俗，治产业，力工商，逐什二以为务。今子释本而事口舌，困，不亦宜乎！"
　　苏秦闻之而惭，自伤，乃闭室不出，出其书遍观之。曰："夫士业已屈首受书，而不能以取尊荣，虽多，亦奚以为！"于是得《周书》阴符，伏而读之。期年，以出揣摩，曰："此可以说当世之君矣。"

　　兄弟、嫂妹、妻妾完全以财富判断苏秦，从中看不到一丝亲情。受到刺激的苏秦发奋读书，而他读书求学之唯一目的，也不过是求利。待苏秦为"纵约长"，同时为东方六国之相，路过洛阳：

　　苏秦之昆弟妻嫂侧目不敢仰视，俯伏侍取食。苏秦笑谓其嫂曰："何前倨而后恭也？"嫂委蛇蒲服，以面掩地而谢曰："见季子位高金多也。"

　　苏秦之嫂坦率地表达了当时人之价值观念：物质占有之多寡是人生的唯一尺度。
　　当时多家思想，尤其是法家，正是基于这样的人生现实，提出其物化的伦理学，并据以构造其物质主义的政治哲学。法家相信，人就是物，人所喜好者就是物，故其整体政治安排就是以物利诱臣民，使之成为国家之工具，更具体地说，成为国王实现自己物质利益最大之物。
　　人之物化必然导致国家之物化。即便到春秋时代，君子也多相信，邦国的力量来自"民和"，如孔子在《论语·季氏篇》总结的："均无贫，和无寡，安无倾。"这个时代的人有心，故国家的力量来自人心之和。战国时代的人们则相信，人就是物，则人所组成的国家也就是物的集合，其力量也就来自物的聚集。国家之善，就是物质的"富强"，此之谓国家物质主义。《管子·形势解篇》说：

> 主之所以为功者，富强也。故国富兵强，则诸侯服其政，邻敌畏其威。虽不用宝币事诸侯，诸侯不敢犯也。主之所以为罪者，贫弱也。故国贫兵弱，战则不胜，守则不固。虽出名器重宝以事邻敌，不免于死亡之患。

"富强"一词在法家论述中反复出现，如《商君书·壹言篇》："故治国者，其抟力也，以富国强兵也。"后世法家称赏商君，也多言秦行其术而"富强"。人物化之后，国民也是物，追求"富强"就是让国民为国家积聚财富和体力。

追求富强的国家观念，造就一代又一代谋求物质富强的政治主体。春秋晚期就有聚敛之臣，冉有等孔门弟子也不得不为当时的卿大夫聚敛财富。事实上，战国以后，官吏的核心职能就是赋敛民众。孟子描述战国时代的政治风气：

> 今之事君者曰："我能为君辟土地，充府库。"今之所谓良臣，古之所谓民贼也：君不乡道，不志于仁，而求富之，是富桀也。"我能为君约与国，战必克。"今之所谓良臣，古之所谓民贼也：君不乡道，不志于仁，而求为之强战，是辅桀也。①

汉武帝时代，则有"兴利之臣"，他们运用自己在商业世界积累的技巧，为汉武帝聚敛财富。

在这个时代，诸子百家几乎都顺潮流而动，只有儒家坚决反对人的物化和国家的物化。孔子固然已在新时代到来之前，揭出"义利之辩"。《孟子》开篇，就拎出一个"利"字，予以当头棒喝，《梁惠王上篇》记载：

---

① 《孟子·告子上篇》。

孟子见梁惠王。王曰："叟不远千里而来，亦将有以利吾国乎?"

孟子对曰："王何必曰利？亦有仁义而已矣。王曰何以利吾国，大夫曰何以利吾家，士庶人曰何以利吾身，上下交征利而国危矣。万乘之国，弑其君者必千乘之家；千乘之国，弑其君者必百乘之家。万取千焉，千取百焉，不为不多矣。苟为后义而先利，不夺不餍。未有仁而遗其亲者也，未有义而后其君者也。王亦曰仁义而已矣，何必曰利？"

孟子相信，统治集团如果只知利，那必然造成相互的不信任与相互伤害，邦国必然瓦解。秦之速亡、汉初之乱，证明了这一点。

离散化

周人生活于共同体中，君与臣、君子与庶民虽有等级之分，然而，共同的信仰、共同的习俗、世代共同生活的经验和预期，让人们形成深刻的休戚与共之"共同体感"。在共同体中，人们总是通过与己相对者理解自己，周人之德就是处理凡此种种人际关系的优秀品质。

春秋末期，封建的小型共同体解体，代之兴起的基本社会组织单元是小家庭。而且，从战国经过秦，家庭规模在缩小。《孟子·梁惠王上篇》中尚谈到"八口之家"，而据西汉初年贾谊、晁错所谈者皆为"五口之家"。孟子所描述的应为东方社会的情形，在这里，成年子女尚可与父母同住。而秦国强令成年男子与父母分立门户。秦式家庭是典型的核心小家庭。秦攻灭六国之后，此制必推行于全国。

这样的法定家庭制度催生出秦汉之际一个特殊的社会群体。《史记》关于秦汉之际的记载中，有两个词频繁出现："少年"、"子弟"。迫于法令，刚成年的男青年不得不脱离家庭，到处游荡。这些被家庭甩出来的青少年成为推翻秦王朝的基本力量。《史记·秦始皇本纪》记载，陈胜、吴广起事后："山东郡县少年苦秦吏，皆杀其守、尉、令、丞反，以应陈涉，相立为侯王。合纵西乡，名为伐秦，不可胜数也。"项羽军队的骨干是"江东子弟"，刘邦军队的骨干也是"沛子弟二三千人"。这也许是中国历史上，青少年第一次成为独立的社会政治力量。

这个时代，没有比核心小家庭规模更大的亲缘共同体。《史记·高祖本纪》根本没有记载汉高祖的祖先是何人。这一定是因为，刘邦自己都不知道自己的祖先是谁。另一个事实同样引人注目：后世开国大臣常带领族人投军，汉初军功大臣则几乎都是单身投军。秦汉之际的普通人都生活在高度离散之状态。

在这种离散状态下，人际关系是冷漠的，甚至充满敌意。贾谊的《新书·时变篇》这样描述秦人风俗：

> 商君违礼义，弃伦理，并心于进取。行之二岁，秦俗日败：秦人有子，家富子壮则出分，家贫子壮则出赘。假父耰锄杖彗耳，虑有德色矣；母取瓢碗箕帚，虑立谇语。抱哺其子，与公并踞。妇姑不相说，则反唇而睨。

一家之内尚且如此，陌生人之间自然形同潜在之敌对关系。天不复存在，则人与人之间没有超越性关联。人收缩为肉体的存在，人的全部世界就是皮囊所包裹之肉体，该皮囊是我和整个世界的绝对边界，其他人、物皆在我之外。我是绝对的原子化的存在。人处于相互离散状态，彼此间注定了没有关联。其他人不过是我实现自己肉体所能感知的物质性收益最大化之工具而已。

物化、离散化的人们，唯有利害计算与暴力相向。法家揭示了时人之伦理观念，《韩非子·六反篇》说：

> 且父母之于子也，产男则相贺，产女则杀之。此俱出父母之怀衽，然男子受贺，女子杀之者，虑其后便、计之长利也。故父母之于子也，犹用计算之心以相待也，而况无父子之泽乎！

父母准备生养什么样的孩子完全是一个成本—收益计算之事。父母一旦经过计算认定，女孩子不能给自己带来足够的利益，就残忍地杀死她。在韩非看来，这样做是正常的。韩非相信，人应当这样。父母与孩子之间已经如此，本来没有任何情感关系的君臣之间，自然更是纯粹的利益关系。《韩非子·难一篇》说：

> 且臣尽死力以与君市，君垂爵禄以与臣市，君臣之际，非父子之亲也，计数之所出也。君有道，则臣尽力而奸不生；无道，则臣上塞主明

而下成私。

法家所理解的人心就是"计算之心"，也即根据肉体的快乐或痛苦计算物质性成本—收益的能力。人生就是"计"，也即完全依靠物质利益之得失决定自己的行为。

物化世界中的物化的人所贵尚者，为利与力。人与人之间没有任何信任，只有利益交换和暴力打击。为增进自己的物质利益，人可以毫不犹豫地使用诈与力。"诈力"这个词频繁出现在秦汉之际人物口中。如《史记·平准书》说，"天下争于战国，贵诈力而贱仁义"。秦大大推动了人对诈力之迷信，贾谊《过秦论》说："秦王怀贪鄙之心，行自奋之智，不信功臣，不亲士民。废王道而立私爱，焚文书而酷刑法，先诈力而后仁义，以暴虐为天下始。夫并兼者高诈力，安危者贵顺权。"《汉书·韩彭英卢吴传》总结秦汉之际成功者之共同特征曰："张耳、吴芮、彭越、黥布、臧荼、卢绾与两韩信，皆徼一时之权变，以诈力成功。"诈就是诈谋，力就是暴力，两者皆没有任何伦理和规则约束，人对此也不进行道德反省。在一个物化的世界中，每个人都在尽力对付他人之诈力，而以自己的诈力谋取利益。

人与人之间的不信任塑造了当时国家间的关系。战国时代各国关系完全不同于春秋时代：国家之间相互算计，这就是诈。一个国家也可以毫不犹豫地把武力施加于另一个国家，这就是力。《汉书·刑法志》说："至于末世，苟任诈力，以快贪残，争城杀人盈城，争地杀人满野。"诈谋、暴力的崇尚也催生了当时两大最受欢迎的士人群体：纵横家，兵家。

一直到汉初，人与人之间的关系依然是离散的，充满诈力。这个时代社会上游荡着各种各样的豪强、豪杰，包括游侠。他们组织游荡的少年、子弟，游走于社会边缘，实施有组织的犯罪。《史记·货殖列传》描写这群人之行为："其在闾巷少年，攻剽椎埋，劫人作奸，掘冢铸币，任侠并兼，借交报仇，篡逐幽隐，不避法禁。"

可见，战国秦汉之际，人处在离散状态，没有稳定而健全的社会组织，甚至家庭也不健全，人心也不健全，人们以诈力生存而缺乏安宁之感。

政治之平等与不平等

古典礼治秩序之明显特征是等级制。然而，礼治之小型共同体内部，人际间皆有休戚与共之感。礼崩乐坏之后，小型共同体解体，人在国王之下实现了法律上的身份平等。不过，随之又出现了新的严重的不公和不均：官民关系之不公，贫富之间之不均。

周人始终相信，周王的权力是上天所"与"，人世间是非之终极判断者是天。而天以民心向背为取向，所谓"天矜于民，民之所欲，天必从之"，或者"天视自我民视，天听自我民听"①，故君、君子之首要伦理和礼法责任就是敬天、保民。另一方面，在封建制下，周王与诸侯、与大夫、与民的关系，均由礼制规定，在上位者无法对在下位者行使不受约束的权力。等级制时代的人际关系反而是温情脉脉的。

在战国王权制下，列国国王与臣民的关系已大不同于封建制下君臣、君民关系。国王是臣民的主权者。不过，东方各国受封建观念影响，其王权统治始终比较宽和，国王也还多少有爱民之心。《孟子》开篇梁惠王与孟子的对话中，梁惠王在"保民"与"求吾所大欲"（即"辟土地，朝秦楚，莅中国而抚四夷"）之间尚徘徊不定。

秦兼有天下后，始皇帝相信，自己就是宇宙间最高、最终的判断者，故其攻灭六国的壮举，乃是"皇帝哀众，遂发讨师，奋扬武德"，与天没有关系，与民也没有关系。人民现在所享有的全部幸福均源于皇帝的功业。皇帝创造了新秩序，自然可对臣民行使绝对权力。侯生、卢生曾议论"始皇为人，天性刚戾自用，起诸侯，并天下，意得欲从，以为自古莫及己"②。如此骄傲的皇帝对臣、对于民毫不犹豫地行使绝对的支配权。

皇帝是透过官吏对"黔首"行使权力的。根据法家的物化的伦理学，秦孝公—商鞅以严刑峻法治国。人性本恶，所有人随时都准备采取机会主义策略应付国家，所以，最好的治国之道就是严刑峻法，《商君书·开塞篇》这样论证：

---

① 《尚书·泰誓》。
② 《史记·秦始皇本纪》。

立民之所乐，则民伤其所恶；立民之所恶，则民安其所乐。何以知其然也？夫民忧则思，思则出度；乐则淫，淫则生佚。故以刑治则民威，民威则无奸，无奸则民安其所乐……治国刑多而赏少，乱国赏多而刑少。故王者刑九而赏一，削国赏九而刑一。

秦国君臣对此深信不疑，严刑峻法成为秦的基本治国精神。政府以严苛的法条管束民众，民众动辄得咎，立成罪犯，如《汉书·刑法志》说："赭衣塞路，囹圄成市。"而这些刑徒经常被征发承担皇家工程或者戍边。

政府还建立了制度性歧视政策，其中最为引人注目的是对商人的歧视。商鞅推动秦国系统实施抑商政策，法律贱商人。汉延续这一政策，《史记·平准书》记载，汉高祖平天下后，"令贾人不得衣丝乘车，重租税以困辱之。孝惠、高后时，为天下初定，复弛商贾之律，然市井之子孙亦不得仕宦为吏"。

对商人的歧视不至于此。秦汉有"七科谪"制，此词出现于《史记·大宛列传》"发天下七科適"，《正义》引张晏云："吏有罪一，亡命二，赘婿三，贾人四，故有市籍五，父母有市籍六，大父母有籍七：凡七科。"

这样，秦制下，国民虽在国王—皇帝之下相互平等，却经常被国王—皇帝不公平地对待，从而君、民之间存有严重的疏离甚至对立。

官员作为国王—皇帝的代理人，直接与民众发生关系，国王—皇帝之恶集中于官员身上。秦汉官吏基本上就是狱吏，其治理民众之预设是，民众为国家的潜在敌人，而以严酷的惩罚为唯一手段。如董仲舒说：秦汉之间，"贪暴之吏，刑戮妄加，民愁亡聊，亡逃山林，转为盗贼，赭衣半道，断狱岁以千万数"。[①] 官、民之间存在严重的对立。陈涉起事之后，秦在东方的郡县官吏多被人杀。

如此疏离、对立的君民、官民关系之下，不可能形成稳定的社会秩序和政治秩序。

---

① 《汉书·食货志上》。

财富之不均

身份等级制崩溃之后，财富分配成为一个重大的社会政治问题。

封建时代，不同等级享有不同的财富。然而井田制下，君子、庶民同居一邑，苦乐共享。最为重要的是，礼制保障每个人的产权，包括农民的私田权益，君子无以损害。当然，由此导致一个结果：庶民永远无法提升自己的经济地位和社会地位。

礼崩乐坏，小型共同体解体，人皆离散为小家庭，单独经营一小块土地，或者自由而单独地经营一桩工商业。由此，只要有天赋，足够勤奋，运气又好，一个人就可以发财致富，提升自己的经济地位，进而提升社会地位。而在当时的环境中，个人求富，以商业最为迅捷："夫用贫求富，农不如工，工不如商，刺绣文不如倚市门。此言末业，贫者之资也。"①

不过，家庭经营农业或工商业，规模很小，市场经营风险较大，尤其是农民，其抗风险能力非常低下。陷入困境的人们常出售土地、财产，由此导致其丧失资财，生计艰难，且难有转机，从而出现董仲舒所说的"富者田连阡陌，贫者亡立锥之地"现象②。

更为重要的是，国民直接面对强大的国家权力，国家追求自身之富强，倾向于增加民众负担。而此时，已没有礼制约束国家权力，相反，国家以刑律强迫民众承担一切负担。而政府的征敛通常区别对待不同人：有权势者受到优待，负担全部转移给无权势者。结果导致富者愈富，穷者愈穷，扩大了市场自然造成之贫富差距。

官员介入经济过程，也扩大贫富严重分化。董仲舒在"天人三策"之第三策论及这一现象：

> 身宠而载高位，家温而食厚禄，因乘富贵之资力，以与民争利于下，民安能如之哉！是故，众其奴婢，多其牛羊，广其田宅，博其产业，畜其积委。务此而亡[无]已，以迫蹵民。民日削月朘，寖以大

① 《史记·货殖列传》。
② 《汉书·食货志上》。

穷。富者奢侈羡溢，贫者穷急愁苦。穷急愁苦而上不救，则民不乐生。民不乐生，尚不避死，安能避罪。此刑罚之所以蕃而奸邪不可胜者也。①

董仲舒认为，政府和官员的权力不受约束，介入经济过程，扭曲了财富之分配格局，制造出贫富分化现象。解决贫富分化问题，必须约束权力，包括约束政府征税的权力与官员经商之特权。

总之，战国以后，国民在政治上大体平等，且可以自由流动，经济活动大体上按照市场机制组织。然而也正因为此，尤其是权力不受约束，贫富差距有扩大之趋势，乃至极化，这成为长期困扰中国社会、政治的大问题。

---

① 《汉书·董仲舒传》。

卷四

汉晋体制

第十八章　第二次立宪

礼崩乐坏之后，中国已尝试过三种治理秩序：

第一种，肇造于魏国之王权制，在东方，王权虽是集中的，却较为开明。

第二种，商鞅移植魏制至秦，基于秦的特殊文化传统，一路发展至秦始皇攻灭六国，而形成绝对皇权之秦制。

第三种，汉承肆意秦制，然以宽和精神操作，由此形成黄老之治，实为相对宽和的秦制。此制确曾带来经济、社会、文化之繁荣。然而，不受约束的权力很快苏醒而肆意攫取，天下骚动，难以为继。

在此期间，儒家一直致力于"第二次立宪"。迭经挫折，最终收官于董仲舒之复古更化。

儒家之优势

制度构建需要知识。后封建时代第一个新政体——魏的王权制，是儒家参与构建的，因为，唯有儒家凭借着六经（后乐经散佚而为五经），掌握构建制度所需之知识。同样由于这一原因，儒家又在秦制、黄老之治失败之后，开始构建新制度。儒家持久而强大的生命力来自其所传承的中国文明之经。

战国、秦时，孟子、荀子等儒者虽然不受各国君臣重用，但五经相传不绝。《史记·儒林列传》记载：

及高皇帝诛项籍，举兵围鲁，鲁中诸儒尚讲诵习礼乐，弦歌之音不绝。岂非圣人之遗化，好礼乐之国哉？夫齐、鲁之间于文学，自古以来，其天性也。故汉兴，然后诸儒始得修其经艺，讲习大射、乡饮之礼。

具体说来，战国、秦汉之际，五经均有持续不断的传承。《诗经》最为重要，《汉书·楚元王传》记载，刘交为汉高祖之同父异母幼弟，年轻时曾与鲁人穆生、白生、申公同在浮丘伯门下受《诗》。浮丘伯则是荀子的门人，荀子在楚任兰陵令，将经学带到楚地。刘邦开国，刘交受封为楚元王。他一直礼敬同门申公，并让自己的儿子从申公受《诗》。大约正是靠他的引荐，申公曾被征为博士。这个家族一直传承经学，到西汉末年出了刘向、刘歆父子两位经学大家。

《史记·儒林列传》记载《书》、《礼》、《易》、《春秋》诸经的传承脉络，从中可见，在战国、秦汉之际连续战乱之中，五经依然传承不绝。秦立国，设博士官，其中也有儒生，甚至可以说以儒生为主。

儒家守护五经，高度重视传授，广收门徒，开办开放性教育。诸子百家皆开门授徒，然其对好学之士的吸引力皆不如儒家。儒家掌握了最为深厚的知识宝藏：五经。孟子、荀子这样的大师既传授自己的思想，也传授五经。而普通经师则专心于传授经书。儒家有一个庞大的师资队伍，且其知识更为完整。实际上，儒家开展的教育是当时唯一的普通教育。

战国、秦汉之际，儒家教育规模相当庞大。汉兴之后，孝惠帝"除携书之律"，也即废除秦始皇颁布的私学禁令，儒家教育迅速活跃起来，《史记·儒林列传》记载，传授《诗经》的鲁人申公于吕太后时"退居家教，终身不出门。复谢绝宾客，独王命召之乃往。弟子自远方至受业者百馀人"。后来，其弟子为博士者十余人，且陆续担任郡守、王国内史，而这些弟子的弟子官至于大夫、郎中、掌故者，以百数。

至关重要的是，皇子、王子的教育也大体上是儒家的。秦以吏为师，皇子教育主要是刑律教育。汉改变了这一点，汉武帝即接受经学教育。兰陵人王臧从申公受诗，孝景帝任为太子少傅，此太子就是刘彻。刘彻即位一年，王臧升为郎中令。而王臧的同门赵绾则升任御史大夫。

受此影响，一些皇子、王子也热心儒家学术事业，比如楚元王。对儒家事业作出最大贡献的皇子是汉景帝之子——河间献王刘德，《汉书·景十三王传》记载：

河间献王［刘］德以孝景前二年立，修学好古，实事求是。从民得善书，必为好写与之，留其真，加金帛赐以招之。由是，四方道术之人不远千里，或有先祖旧书，多奉以奏献王者，故得书多，与汉朝等……献王所得书皆古文先秦旧书：《周官》、《尚书》、《礼》、《礼记》、《孟子》、《老子》之属，皆经传说记，七十子之徒所论。其学举六艺，立《毛氏诗》、《左氏春秋》博士。修礼乐，被服儒术，造次必于儒者。山东诸儒多从而游。

武帝时，献王来朝，献雅乐，对三雍宫及诏策所问三十余事。其对推道术而言，得事之中，文约指明。

河间献王极大地推动了儒家的复兴，诸多经传是经由他才重现人世的。

总之，在汉初相对宽松的教育、学术环境中，经学逐渐传布于社会精英人群。汉朝开国君臣固然成长于秦制反文化的环境中，但儒家教育逐渐影响其下一代，至第三代精英，则基本接受儒家理念。这就是汉武帝复古更化之社会文化基础。

打天下与治天下

儒生一直在寻求机会，更化制度。

在秦制中，身为博士的儒生也曾参与决策。比如，丞相绾、御史大夫劫、廷尉斯曾与博士共同商议，提出以"泰皇"为新王之号的建议。在那个时代，要建立制度，就不得不借助五经，而儒生恰恰掌握五经。《史记·封禅书》记载，秦始皇欲封禅泰山，

于是征从齐鲁之儒生博士七十人，至乎泰山下。诸儒生或议曰："古者封禅为蒲车，恶伤山之土石草木；扫地而祭，席用菹稭，言其易遵也。"始皇闻此议各乖异，难施用，由此绌儒生。

儒生对秦最初保有善意，期待秦始皇接受五经，更化体制，故提出封禅之古礼，目的是恢复古典祭祀之礼，使秦始皇敬畏上天。然而，秦始皇断然拒绝，而采用"太祝之祀雍上帝所用"，也即坚持采用秦人之礼。这表明，秦始皇不愿敬顺上天，也不愿接受东方文化。由此，秦始皇与儒生互不信任。

此后发生博士齐人淳于越复封建倡议，引发焚书事件，秦决意销毁

经书，消灭儒生群体。秦与儒生彻底决裂，《史记·儒林列传》记载：

> 及至秦之季世，焚诗书，坑术士，六艺从此缺焉。陈涉之王也，而鲁诸儒持孔氏之礼器往归陈王。于是，孔甲为陈涉博士，卒与涉俱死。

孔甲此一行动具有重大的象征意义，这标志着秦完全丧失文化正当性，而陈涉等反叛者具有了政治的正当性。

但是，儒者在打天下的政权更替过程中的实质作用并不大。《史记·郦生陆贾列传》记载，郦食其知道陈胜、项羽等人"不能听大度之言"，乃深自藏匿。刘邦虽然"慢而易人"，尤其不喜儒生，却"多大略"，乃投奔刘邦。不过，刘邦毕竟是打天下者，不认为儒生对于自己的事业有什么价值，而不愿见郦生："我方以天下为事，未暇见儒人也。"郦生瞋目案剑呵斥使者："走！复入言沛公，吾高阳酒徒也，非儒人也。"郦生为见到刘邦，只好否认自己的儒生身份，把自己伪装成酒徒壮士。这一故事揭示了打天下的基本驱动力：诈力。郦生后来发挥的作用不过是纵横家的角色。总之，儒家未能深入参与汉家初始治理结构之建构过程。打天下依靠诈力，其所建立的政制也以诈力逻辑运转。故汉承秦制，汉初大臣多为军功之人。这是汉的初始宪制。

但儒生清楚，由打天下而形成之宪制存在严重缺陷。故天下初定，就提出第二次立宪之大命题，首揭此义者为陆贾，《郦生·陆贾列传》记载：

> 陆生时时前说称《诗》、《书》。高帝骂之曰："乃公居马上而得之，安事《诗》、《书》！"陆生曰："居马上得之，宁可以马上治之乎？且汤武逆取而以顺守之，文、武并用，长久之术也。昔者，吴王夫差、智伯极武而亡；秦任刑法不变，卒灭赵氏。乡使秦已并天下，行仁义，法先圣，陛下安得而有之？"

陆贾提出秦以后中国政治哲学之核心议题，也是历朝政治头几十年的关键环节。刘邦再次申明，自己的统治权是以打天下方式取得的。陆贾承认这一事实，但他指出，治天下完全不同于打天下。马上固然可以打天下，却不能马上治天下。高祖如欲长久保有统治权，就必须进行

"第二次立宪"，从打天下宪制转换到治天下宪制。

陆贾举了正反两个例证说明转换之必要性与具体内容。商汤、周武王皆为革命者，也即运用暴力夺取夏、殷之治理权，此为"逆取"，即打天下。但他们在逆取之后迅速转向"顺守"，以文德治天下，其要旨是"行仁义、法先圣"。这就是保有治理权的"长久之术"。相反，夫差、智伯迷信武力，试图以武力维持秩序，秦始皇则迷信刑罚。这两者都是马上治天下：统治者单纯使用暴力，以被统治者对暴力的恐惧确保其服从。陆贾相信，这样的服从是脆弱的。这番话说动了汉高祖：

> 高帝不怿而有惭色，乃谓陆生曰："试为我著秦所以失天下，吾所以得之者何，及古成败之国。"
>
> 陆生乃粗述存亡之征，凡著十二篇。每奏一篇，高帝未尝不称善，左右呼万岁，号其书曰《新语》。

刘邦确有大略，虽无文化，却仁而爱人，故陆贾有机会以儒者身份言说。重要的是高祖之"惭"，惭在不知保有统治权的长久之术。知耻而后勇，汉高祖知道了转型的必要性，乃下令陆贾著书，总结秦汉之得失、往古各国之成败，以揭示得天下与治天下之大道。

因此，陆贾之著书乃是官方行为，其第一读者是汉高祖本人。每成一篇，陆贾奏于高祖，且似乎在朝堂上诵读。书名《新语》也表明，这是新王之语，汉家之语，对汉家具有某种根本法含义。也即，汉高祖已承认，儒家在汉家体制中享有合法的政治地位。

由《新语》可见，儒家当时已全面接受阴阳、五行之说，整个社会的天道信仰正在恢复。儒者，人间当法天而立人道，循王道。此王道就是五帝三王之道。春秋时代，礼崩乐坏，"后圣乃定五经，明六艺"。"后圣"就是孔子。五帝三王之道与孔子之六经，无非在"治情性，显仁义也"。王道之本在仁义。高祖如欲建万世之基业，就必须行仁义。为此，也就必须归宗于儒家。

叔孙通制作礼仪

陆贾说动汉高祖对儒家采取亲和态度，叔孙通则借助其作为儒者所掌握之礼制知识，第一个开始实质性地改造汉家制度。

之所以是叔孙通以儒家塑造制度，与其性格有极大关系。《史记·刘敬叔孙通列传》记载：秦时，叔孙通因"文学"也即经学被征召为博士，而其处世较为灵活，在秦末乱世中，多次更换主君，最后从汉。在打天下过程中，叔孙通向汉王推荐了不少群盗壮士。他清楚，"汉王方蒙矢石争天下"，其所需要者就是"斩将搴旗之士"。然而，他也希望跟随他的儒生"且待我"。正是借助这种乱世之生存策略，叔孙通身边聚集百余儒生弟子。一直到汉立国五年，叔孙通得以发挥作用：

> 汉五年，已并天下，诸侯共尊汉王为皇帝于定陶，叔孙通就其仪号。

这是叔孙通第一次参与汉家礼仪之制作。

> 高帝悉去秦苛仪法，为简易。群臣饮酒争功，醉或妄呼，拔剑击柱。高帝患之，叔孙通知上益厌之也，说上曰："夫儒者难与进取，可与守成。臣原征鲁诸生，与臣弟子共起朝仪。"

群臣之态说明其不能有效地控制身体，包括欲望和激情。把权力交给这样的人行使，对国民显然不利，他们必然滥用权力。他们之间也完全可能爆发激烈冲突，从而危害政治秩序，进而损害民众利益。礼仪的作用在于控制人的身体，从而控制其欲望和激情，而代之以心身之敬：人与人相互之间的敬，对规则的敬等。处于敬的精神状态下的人，倾向于节制地使用自己占有的资源。礼仪还可以确定人们相互之间的关系，不断地提醒每个人的角色，由此可以形成较为稳定的秩序。这就是叔孙通所说的"守成"。礼仪就是规则，可以塑造朝廷秩序，进而塑造合理的政治秩序。礼仪具有重大政治意义。

而制作礼仪正是儒家之专长。叔孙通制礼之原则是"颇采古礼与秦仪杂就之"。叔孙通征召鲁儒生，就是因为他们保存了古礼。秦仪多关涉皇帝之权威。叔孙通在因循中之中有所损益两者，而成新礼。

> 汉七年，长乐宫成，诸侯、群臣皆朝十月……自诸侯王以下莫不振

恐肃敬。至礼毕，复置法酒……竟朝置酒，无敢喧哗失礼者。于是高帝曰："吾乃今日知为皇帝之贵也。"

朝堂建立了秩序，礼仪控制了群臣、诸侯的欲望和激情，其整体精神状态逐渐改变，其行使权力的方式自然会有所变化。群臣、诸侯相互之间的关系及其对民众的行为将趋向于理性化。皇帝的崇高地位固然由此突显，汉高祖极为兴奋，但礼仪的作用向来是相互的，礼仪让双方均保持在"肃敬"状态：群臣、诸侯对汉高祖固然肃敬，面对如此行礼的群臣、诸侯，汉高祖也不能不肃敬。皇帝的尊贵固然树立起来，但皇帝也因此受到约束，被置于一系列严格的规则下。礼仪让汉朝政治过程趋于理性化。

重要的是，因为此事，儒生得到重用，打通出仕之门，进入政体结构，获得行道于天下之机会。由此，儒学的功用被世人看到，越来越多的青少年接受儒家教育，研习六艺。这是儒家历史也是汉代政治史上之大转折的开端。因此，司马迁评价说："叔孙通希世度务，制礼进退，与时变化，卒为汉家儒宗。大直若诎，道固委蛇，盖谓是乎？"①

由叔孙通开始，整个社会从秦人焚书坑儒的暴政阴影中走出来，儒家赢得社会的尊重，注定了将更化政治与社会。

贾谊之更化构想

到汉文帝时代，儒生贾谊提出一套完整的更化方案。

贾谊是陆贾、叔孙通等人努力之受益者：在他的儿童和少年时代，儒学已经复兴。他接受过系统的儒家教育，《汉书·贾谊传》说他"年十八，以能诵诗书、属文称于郡中"。从目前传世的《新书》也可清楚地看出贾谊思想之儒家底色。不过，贾谊也明申商之术，由一位刑名吏赏识、荐举。他又极有文学天赋，司马迁把他与屈原同传。显然，贾谊是位天才少年，聪敏而气盛。入仕后，表现得极为出色，尤其是积极言事。

贾谊所言之事，可见《新书》五十八篇。《汉书·贾谊传》采择其

---

① 《史记·刘敬叔孙通列传》。

中最为重要者，可见贾谊之眼光既广阔又深远。班固首先说明贾谊所面对的问题："是时，匈奴强，侵边。天下初定，制度疏阔。诸侯王僭儗，地过古制，淮南、济北王皆为逆诛。谊数上疏陈政事，多所欲匡建。"当时现实问题有三：第一，匈奴南侵之边患；第二，内部制度匮乏；第三，诸侯王尾大不掉。这三大问题直接威胁汉家天下之稳定，贾谊试图解决之。

同时，贾谊对当时制度上的诸多缺陷有清醒认识，主要是社会贫富分化，民风败坏。贾谊总结说，欲长治久安，就必须关注风俗问题，而塑造优良风俗的工具，就是礼义廉耻。在这里，贾谊已触及更化问题。这项事业必须自上而下展开。首先，皇帝应当树立正确的治理观念，为此，应当给太子安排合理的教育，也即，以五经教导太子。

贾谊在其广为人知的《过秦论》中则重复陆贾命题。贾谊断定，秦的治理模式是失败的。原因是，兼并六国之后，秦仍延续打天下理念，而没有及时地完成向治天下之转换，专任刑罚，以打天下之术治天下。结果，秦不二世而亡。贾谊延续陆贾的理念，主张汉家必须完成国家精神的转换，也即以仁义礼乐治国。

以仁义治国，当首先以其对待臣属。在打天下体制中，君臣关系是一种尊卑分明的命令—服从关系，君主视大臣为实现自己目标之犬马，对大臣缺乏必要的尊重。贾谊认为，稳定的君臣关系以双方相互尊重为基础，具体地说，皇帝必须尊重大臣，贾谊是在重申孔子的理念："君使臣以礼，臣事君以忠。"

贾谊对制度变革的种种主张，构成完整的改制方案，其要旨是去秦制，引入儒家式社会治理模式。贾谊将此方案抽象、提升为天人之际的"更化"方案：

谊以为，汉兴二十余年，天下和洽，宜当改正朔，易服色制度，定官名，兴礼乐。乃草具其仪法：色上黄，数用五，为官名悉更，奏之。文帝谦让未皇也。然诸法令所更定，及列侯就国，其说皆谊发之。①

秦始皇定秦为水德，从而确定其治国之基本精神与重要法度。汉承

① 《史记·屈原贾生列传》。

秦制，仍自居水德，治国精神与重要制度未加更改。贾谊要求全面改制，其实质是彻底告别秦制，抛弃秦之治国精神，重建文化、社会、政治等领域的制度。

然而，贾谊之更化方案没有机会展开。汉文帝成长于秦制中，"本好刑名之言"①，仅用贾谊的申商之术，对更化并不在意。位居要津的周勃等功臣和刑名吏等秦制之既得利益者，更是激烈地反对更化。

贾谊本来仍有机会：梁怀王为文帝所爱，或可继位，文帝特命贾谊为太傅。不幸，梁怀王坠马而死。贾谊自觉无望，因而"自伤为傅无状，常哭泣，后岁余，亦死。贾生之死，年三十三矣"。班固引刘向之评论说："贾谊言三代与秦治乱之意，其论甚美，通达国体，虽古之伊、管未能远过也。使时见用，功化必盛。为庸臣所害，甚可悼痛。"② 确实，据现有文献，是贾谊第一个提出了系统更化以去秦制的规划，而这正是儒家日益明确而坚定的共识。四十年后，又一批儒者展开了更化事业。

王臧之更化

高祖、惠帝、吕后乃至文帝时代，反对儒家更化之主要力量是秦制之残余，如军功之臣、刑名吏；到景帝时代，反对更化之主要力量则为黄老信奉者，尤其是窦太后，由此而有儒家与黄老之冲突。《史记·儒林列传》记载：

清河王太傅辕固生者，齐人也。以治《诗》，孝景时为博士。

与黄生争论景帝前。黄生曰："汤武非受命，乃弑也。"

辕固生曰："不然。夫桀纣虐乱，天下之心皆归汤武。汤武与天下之心而诛桀纣，桀纣之民不为之使而归汤武，汤武不得已而立，非受命为何？"

黄生曰："冠虽敝，必加于首；履虽新，必关于足。何者？上下之分也。今桀纣虽失道，然君上也；汤武虽圣，臣下也。夫主有失行，臣

---

① 《史记·儒林列传》。
② 《汉书·贾谊传》。

下不能正言匡过以尊天子，反因过而诛之，代立践南面，非弑而何也？"

辕固生曰："必若所云，是高帝代秦即天子之位，非邪？"

于是景帝曰："食肉，不食马肝，不为不知味；言学者，无言汤武受命，不为愚。"遂罢。是后学者莫敢明受命放杀者。

辕固生治《诗经》，坚持古典政治理念，也即儒家政治理念：君若悖天残民，则人民有权革命。黄生是黄老之士。黄生之论已揭示黄老之术的本质：汉承秦制，辅之以与民休息的政策，故其维护君王之绝对地位。

辕固生与窦太后还发生过直接冲突，《史记·儒林列传》记载：

窦太后好老子书，召辕固生问老子书。固曰："此是家人言耳。"太后怒曰："安得司空城旦书乎？"乃使固入圈刺豕。景帝知太后怒而固直言无罪，乃假固利兵。下圈刺豕，正中其心，一刺，豕应手而倒。太后默然，无以复罪，罢之。居顷之，景帝以固为廉直，拜为清河王太傅。久之，病免。

辕固生指出，老子之书只是家人言，也即，诸子百家之言，故与五经不能相提并论，不足以成为治国大本。值得注意的是汉景帝的态度。他已经知道，不能以百家言治国，只是慑于太后之威无从作为，因此，他设法保护辕固生。同时，他还做出非常重要的安排，由儒生教育自己的儿子：传授《诗经》的鲁人申公之高足——王臧，为太子刘彻之师傅。

由此而有了汉代的第二次更化。《史记·孝武本纪》说，十六岁的汉武帝即位，"汉兴已六十余岁矣，天下乂安，荐绅之属皆望天子封禅、改正度也"。天下人皆思建立更为健全之体制，其师傅王臧顺应这种心理，立刻发动更化：

上乡儒术，招贤良，赵绾、王臧等以文学为公卿，欲议古立明堂城南，以朝诸侯；草巡狩、封禅、改历、服色事，未就。

会窦太后治黄老言，不好儒术，使人微得赵绾等奸利事，召案绾、臧，绾、臧自杀，诸所兴为者皆废。

本轮更化方案与贾谊相近，增加了至关重要的第一条：立明堂。据《礼记·明堂位》："明堂者，天子朝诸侯之堂也。"可见，王臧改制之目标是复封建。秦废封建，鲁儒认为，秦制一切问题皆由此造成。故去秦制，即当复封建。为此，王臧等人请教自己的老师申公。《史记·儒林列传》记载，申公对武帝只说了这样一句："为治者不在多言，顾力行何如耳。"申公及其弟子认为，欲天下大治，即当复古之道。

这是一个极为激进的方案。自孔子以来，社会经济状况已发生巨大变化，复封建之方案不大可行。但此次更化之失败，源于窦太后的反对。黄老之术曾有助于秦制之放松，现在则变成秦制的守护者。

尽管如此，此次更化取得一个成果，政府放弃法家刑名之术，《汉书·武帝纪》记载：

建元元年冬十月，诏丞相、御史、列侯、中二千石、二千石、诸侯相举贤良方正、直言极谏之士。丞相绾奏："所举贤良，或治申、商、韩非、苏秦、张仪之言，乱国政，请皆罢。"奏可。

秦以吏为师，教习法令刑辟。汉承袭之，大量士人习刑名之术。至今，政府正式放弃法家刑名之术。

董仲舒—汉武帝完成更化

面对蛮横的窦太后，汉武帝不能不隐忍。到登基第五年，窦太后病重，汉武帝立刻恢复更化进程，设立五经博士。次年，窦太后死，汉武帝立刻下诏广求贤良：

朕闻：昔在唐虞，画象而民不犯。日月所烛，莫不率俾。周之成康，刑错不用，德及鸟兽，教通四海。海外肃眘，北发渠搜，氏羌徕服。星辰不孛，日月不蚀。山陵不崩，川谷不塞。麟凤在郊薮，河洛出图书。呜乎，何施而臻此与！

今朕获奉宗庙，夙兴以求，夜寐以思，若涉渊水，未知所济。猗与伟与！何行而可以章先帝之洪业休德，上参尧舜，下配三王？朕之不敏，不能远德，此子大夫之所睹闻也。贤良明于古今王事之体，受策察问，咸以书对，著之于篇，朕亲览焉。①

这份诏书可见武帝之伟大抱负。不管汉武帝现实的政治作为如何，正是他在五百年后，第一个自觉地归宗于尧舜三王之道。此即董仲舒所说的"复古"，复向古典。汉武帝以实现尧舜三王为理想，而期待儒家士人提供实施方案。经过充分准备的董仲舒提出了切实可行的更化方案。《汉书·董仲舒传》记载：

董仲舒，广川人也。少治《春秋》，孝景时为博士。下帷讲诵，弟子传以久次相授业，或莫见其面。盖三年不窥园，其精如此。进退容止，非礼不行，学士皆师尊之。

董仲舒精于《春秋》公羊学，有创制立法之抱负。《董仲舒传》全文收录董仲舒上汉武帝"天人三策"，是为汉代乃至两千年间最为重要的政治文献。

第一策中，董仲舒分析战国、秦汉之际的乱局：

秦继其后，独不能改，又益甚之。重禁文学，不得挟书。弃捐礼谊而恶闻之，其心欲尽灭先圣之道，而颛为自恣苟简之治。故立为天子十四岁，而国破亡矣。自古以来，未尝有以乱济乱、大败天下之民如秦者也。

至秦则不然。师申商之法，行韩非之说，憎帝王之道。以贪狼为俗，非有文德以教训于下也。诛名而不察实，为善者不必免，而犯恶者未必刑也。是以百官皆饰虚辞而不顾实，外有事君之礼，内有背上之心。造伪饰诈，趣利无耻。又好用憯酷之吏，赋敛亡度。竭民财力，百姓散亡。不得从耕织之业，群盗并起。是以刑者甚众，死者相望，而奸不息，俗化使然也。

董仲舒指出秦制的根本问题所在：专制。它有两大突出表征：第一，禁止民间传授诗书、百家语，消灭学术，以此消灭社会。第二，专

---

① 《汉书·武帝纪》。

用刑罚，建立警察国家。在价值被消灭、人人被权力控制的秩序中，人人自然成为物质主义者。这样的统治造成之最大恶果是国民心灵之普遍败坏：

> 其遗毒余烈，至今未灭，使习俗薄恶，人民嚣顽，抵冒殊扞，孰烂如此之甚者也。孔子曰："腐朽之木不可雕也，粪土之墙不可圬也。"今汉继秦之后，如朽木、粪墙矣。虽欲善治之，亡可奈何。法出而奸生，令下而诈起。如以汤止沸，抱薪救火，愈甚亡益也。窃譬之琴瑟不调，甚者必解而更张之，乃可鼓也；为政而不行，甚者必变而更化之，乃可理也。

制度扭曲，人心败坏，汉必须更化。在第三策中，董仲舒直率地指出，在黄老之治下，官吏"乘富贵之资力，以与民争利于下"，"富者奢侈羡溢，贫者穷急愁苦。穷急愁苦而不上救，则民不乐生。民不乐生，尚不避死，安能避罪！此刑罚之所以蕃，而奸邪不可胜者也"。

总之，董仲舒认为，体制已经完全败坏，其根源是不受限制的权力。要摆脱危机，就必须终结秦制，终结汉初形成的宽和的秦制。如何做到这一点？秦制的关键是皇权独断。因此，约束皇权专断，成为董仲舒思考的首要问题。为此，董仲舒提出"天道宪政主义"方案。

天道信仰是古典治理秩序之本。这一信仰形成于尧舜时代，夏商周三代历史已证明这样一个命题：优良治理以虔诚的天道信仰尤其是君王的虔信为前提，一旦这种信仰松动、瓦解，君王必放纵欲望和权力，整个社会必陷入混乱与危机中。有天在，则君王虽为人间最高者，却顺服于天。而"天聪明，自我民聪明；天明畏，自我民明威"。如此，君王必敬民，爱民。古典天道治理观的基本框架是："惟天惠民，惟辟奉天。"上天照顾人民，君王遵奉上天。秦制的根本特征则在于，秦始皇完全不信仰天—上帝，如此，皇帝权力是绝对的。经历了秦之暴政，汉儒对此有痛切认知，故积极推动儒学之之阴阳化，以天道观统贯政制思考。《天人三策》第一策提出：

> 臣谨案：《春秋》之文，求王道之端，得之于正。正次王，王次春。春者，天之所为也。正者，王之所为也。其意曰：上承天之所为，而下以

正其所为，正王道之端云尔。然则，王者欲有所为，宜求其端于天。

治理人间的皇帝须服从天的权威。董仲舒在《春秋繁露·玉杯篇》中这样概括其基本理念："《春秋》之法，以人随君，以君随天……屈民而伸君，屈君而伸天，《春秋》之大义也。"在政治秩序中，"以人随君"，"屈民而伸君"，皇帝在万民之上正天下。这是稳定的政治秩序所必需者。然而，这绝不意味着皇权是绝对的。皇帝在天之下，当顺服于天，法天而治。

由于天的引入，秦制下无条件的命令—服从的君、民关系发生了根本性变化。秦始皇就是天。但现在，董仲舒宣告，皇帝只是"天子"。《春秋繁露·郊语篇》说："天子者，则天之子也。以身度天，独何为不欲其子之有子礼也。今为其天子，而阙然无祭于天，天何必善之？"人当孝其父母，皇帝身为天之子，必当敬天。因此，汉儒力主皇帝放弃承继自秦的五帝崇拜，改为祭天。

天道至高，则王者当法天而治。《天人三策》中论述，阴阳之中，阳为主，阴为辅，阳主生，阴主杀，那么，"王者承天意以从事，故任德教而不任刑……为政而任刑，不顺于天，故先王莫之肯为也"。董仲舒依天道秩序指出，当从根本上调整治国之精神，从政刑之治转向德礼之治。董仲舒更进一步提出，各种具体制度也当法天而设。这种政治理念赋予了制度以客观性，将皇帝意志排除在外。

天不仅昭示人间以永恒的治理之道和制度，还对人间日常治理进行监察，并以灾异方式随时表达判断，《春秋繁露·必仁且知篇》说：

> 天地之物有不常之变者，谓之异；小者谓之灾。灾常先至，而异乃随之。灾者，天之谴也；异者，天之威也。谴之而不知，乃畏之以威。《诗》云"畏天之威"，殆此谓也。凡灾异之本，尽生于国家之失。国家之失乃始萌芽，而天出灾害以谴告之。谴告之而不知变，乃见怪异以惊骇之。惊骇之尚不知畏恐，其殃咎乃至。

敬天是皇帝的基本政治伦理，故皇帝须对灾异做出正确回应。这就是"天人相应"。既然如此，对人间治理来说，至关重要的问题就是：某处发生灾异，当政者需立刻弄清天表达了何意，如何对此天意做出正确回应？这就需要"知"，也即，探究天意及做出正确回应的知识和技艺。理解天意需要知识和技艺。首先需确定，究竟哪些异常现象属于"灾异"。其次需确定，灾异的具体指向究竟是什么，上天对人间的哪条法律、哪项措施不满。第三需研究，采取什么样的措施才能令上天满意。第四，需及时地制定相应措施，并有效地实施。

凡此种种，需要《史记·太史公自序》所说"究天人之际、通古今之变"的知识和立法能力。皇帝没有这些知识和能力，只有儒生具有。儒生接受五经教育，其中最为重要的是《春秋》。五经是"先例汇编"，汇集了天人相应之先例。通过研读先例，儒生可掌握探究、理解和回应天意之技艺。皇帝要恰当回应天意，就须任用儒生。皇帝要治理天下，须让儒生进入政治结构，这是皇帝法天而治的前提，只有法天而治，皇帝才可尽到自己对天的义务。基于这一点，董仲舒在《天人三策》最后提出重道、崇儒之说。

董仲舒的方案完整而务实，因而被致力于更化的汉武帝采纳，并渐次推动。其核心是打开儒生制度化地进入政府的渠道，由此形成"儒家士大夫"群体，并享有治理主体地位，而形成儒家士大夫与皇权共治体制。

由此，秦制被彻底改造，更化完成，政治共同体稳定且具有凝聚力。秦制下，官、民乃为相互敌对之关系：政府以暴力控制民众，民众因恐惧而服从政府。双方随时准备侵害对方：政府随意征调民力、物资；民众则随时准备反抗。更化之后，儒家士大夫介于皇权与庶民之间，沟通两者。儒家士大夫以天道、先王之道控制皇权，约束其敬天保民；儒家士大夫主导之立法与决策也准乎"则天道而缘民情"原则，考量民意。身在民间的儒生又是社会自治的组织者，并与政府之间形成以合作为主的关系。也就是说，借由儒家士大夫之中介，官民之间的敌对基本化解，而形成了覆盖所有人的命运与治理共同体。

这样，经由几代儒生之努力，董仲舒指导汉武帝完成了"第二次立宪"，建立了相对健全而稳定的治理架构。然而，董子不仅为汉家创制立法，更为此后两千年中国立法。此后中国历代王朝，凡以打天下方式得天下者，必经历第二次立宪，稳定的治理秩序才有可能。而第二次立宪总是由儒家士人推动，其关键也是接纳儒家，由此而回归道统。归根到底，道成秩序，儒生则是中国之道的守护者、阐释者。因此，第二次立宪由儒生主导，且以儒生成为治天下之主论为根本。

第十九章　共治体制

由陆贾提出"居马上得之，宁可以马上治之乎"的命题始，中经叔孙通、贾谊、王臧等人的努力，汉兴六十余年后，更化终于展开，并完成于董仲舒—汉武帝。到西汉中期，逐渐形成汉宣帝所说"霸、王道杂之"①，也即儒家士大夫与皇权共治体制。

"共治"或与之相近的"共理"等词，乃是汉武帝以来皇帝与士大夫用以描述其所在之治理格局的常用词汇。正是汉武帝第一次表达了与士大夫共治之政治意愿，其所在之汉武帝元朔三年诏令中云，"以百姓之未洽于教化，朕嘉与士大夫日新厥业，祗而不解"②。汉宣帝元康二年诏令说，"与士大夫厉精更始"③。明太祖洪武元年九月癸亥诏曰，"天下之治，天下之贤共理之"④。士大夫方面也有共治之诉求：范仲淹在其政论中反复提及君臣"共理天下"⑤，文彦博对宋神宗说"为与士大夫治天下"⑥。

共治体制为封建崩溃后之第四种政体。此一政体平衡各种因素，具有内在稳定性，因而持续至二十世纪初。也就是说，过去两千年，中国之政体为儒家士大夫与皇权共治体制。

---

① 《汉书·元帝纪》。
② 《汉书·武帝纪》。
③ 《汉书·元帝纪》。
④ 《明史·太祖本纪》。
⑤ 如范文正公文集卷第九，《奏上时务书》："先王建官，共理天下。"又："自古帝王，与佞臣治天下，天下必乱；与忠臣治天下，天下必安。"《上执政书》中也提及"共理天下"一词。
⑥ 续资治通鉴长编，卷二二一，熙宁四年三月戊子条。

儒家士大夫群体

儒家士大夫群体之形成是共治体制成形之标志，这个群体也是共治体制的灵魂，更是体制健全运作之主动力量。

春秋后期，封建的等级制意义上的君子群体败坏。孔子开创私学，教授平民。新兴士人崛起，官吏出自其中。儒生群体自形成于孔子门下，就参与现实政治，冉有、子路等人曾为诸侯、卿大夫之家臣。然而，他们对诸侯、卿大夫之政治理念、制度没有多大影响。子夏等人为王者之师，参与制度设计。然当时各国追逐富强，官吏以才取胜，娴习开疆辟土、充实府库、合纵连横之术者，得举高位，儒生则不能发挥作用，最多是在稷下学宫"不治而议论"。秦制更为败坏，专用刑名狱令之士为官吏，且以吏为师。汉初，上层多为军功之臣，当时的惯例是，非军功封侯者不得为相；中下层官吏皆为秦之刑名吏，其精神则是相同的：以力治国。

至董仲舒时代，依然如此，《汉书·董仲舒传》所收《天人三策》第二策指出，当时"长吏多出于郎中、中郎。吏二千石子弟选郎吏，又以富訾，未必贤也"，也即，官员多为"官二代"和"富二代"。这是一个特权性政府。这个官吏群体"既亡［无］教训于下，或不承用主上之法。暴虐百姓，与奸为市。贫穷孤弱，冤苦失职。甚不称陛下之意。是以阴阳错缪，氛气充塞。群生寡遂，黎民未济。皆长吏不明，使至于此也"。要达成优良治理，必须改造官吏结构。

为此，董仲舒提出两项建议。第一，政府兴办教育：

夫不素养士而欲求贤，譬犹不瑑玉而求文采也。故养士之大者，莫大于太学；太学者，贤士之所关也，教化之本原也。今以一郡一国之众，对亡应书者，是王道往往而绝也。臣愿陛下兴太学，置明师，以养天下之士，数考问以尽其材，则英俊宜可得矣。

封建时代，学在君子之府；孔子创造私学，战国时代的东方，学在私家；秦时，以吏为师。现在，政府则兴办开放性教育体系，而且传授经学，以养成士人。

第二，从民间发现贤人，纳入政府：

　　臣愚以为，使诸列侯、郡守、二千石择其吏、民之贤者，岁贡各二人以给宿卫，且以观大臣之……诸侯、吏二千石皆尽心于求贤，天下之士可得而官使也。遍得天下之贤人，则三王之盛易为，而尧舜之名可及也。

　　治国之要在选"贤者"共同治理。"贤者"以德为本，也就是通儒术者。董仲舒提出，须以接受过儒家教育者替代原来的官吏。

　　具有制度突破意义的是公孙弘。公孙弘先以治《春秋》而为御史大夫，后更为丞相，此为儒生位居三公之第一人，"自此以来，则公卿大夫士吏，彬彬多文学之士矣"①。这里的"文学"就是经学。更化之后，官吏多为略通五经中一经或多经，而由社会荐举之儒生，他们源源不断地进入政府，构成官员之主体。由此，战国之初出现的官僚体系发生了根本变化。

　　养成这样的官员需要新的王官学，董仲舒的《天人三策》以下面一段话收官：

　　春秋大一统者，天地之常经，古今之通谊也。今师异道，人异论；百家殊方，指意不同。是以，上亡以持一统，法制数变，下不知所守。臣愚以为：诸不在六艺之科、孔子之术者，皆绝其道，勿使并进。邪辟之说灭息，然后统纪可一而法度可明，民知所从矣。

　　尧、舜、禹、汤、文、武、周公治国之大经大法，经孔子删述，而成六经。孔子传授六经于弟子而有经学。孔子创造儒家，成就私家言，开启此后诸子百家言。然而，战国、秦汉之际，百家言盛行，尤其是法家、兵家、刑名家、纵横家等，经学则多在民间传授。至秦，更以法家、刑名治国。秦虽设博士官，但来源较为驳杂，且其职能只是"通古今"，备顾问。秦始皇为确立以吏为师的国家学术建制，而发动焚书运动。汉承秦制，朝廷所设博士仍较为驳杂。

　　总起来看，战国初至汉武帝大转型时代，系以百家言治国，法家、黄老之学最为显赫。百家言虽出自六经，然终究是个人意见。在百家言

---

　　① 《史记·儒林列传》。

的引领下，几百年间，制度试验迭出。信用百家言，这本身就表明了这个时代的政治精神：创新。面对广土众民的新事实，置身于残酷的外部压力下，各国不得不进行制度创新。不过，这些试验均不甚成功，其所建立的体制或者短命，或者无法长期维系稳定的社会治理秩序。

董仲舒—汉武帝更化之核心在于治国理念之转换。汉武帝关心的问题是，如何达致尧舜三王那样的优良治理秩序。董仲舒的回答是，回向五帝三王之道。而道在六经中，此即六艺之科；儒学也即孔子之术则传承、守护此道。此中有治国之大道，整个国家应进入这个大道。为此须摒弃各种邪僻之说。经学、儒学确立治国之大法，整个国家就有了方向感和凝聚力。班固形容汉武帝之功首先是"罢黜百家，表章六经"①。董仲舒之功则为"推明孔氏，抑黜百家"②。

由此，儒家传承之经学成为新的王官学。武帝更化之第一项根本措施是"初置五经博士"。武帝虽沿用秦以来的"博士"旧名，但含义全变：此前博士，诸子百家皆有。现在的博士官仅为五经（六经佚乐经而为五经）而设，百家言悉数罢黜。武帝初年已废黜申、商、韩非、苏秦、张仪之言，也即，法家、刑名术、纵横家之术被逐出王官学体系。此次更化，甚至逐出儒家之言，比如孟子学博士。这意味着，汉家治国之思想、观念依据不再是百家言，而是五经。儒家也放弃其私家言，而完全集中于经学。五经不再只是民间私相传授的文献，而成为汉家之根本法，经学则成为汉家根本法学。

政府摒弃百家言，树立经学为王官学；政府兴办教育，以经学养成士人；以士人通经之程度授予其官职。这三点构成董仲舒—汉武帝更化之大法，其结果则是，儒生成长为"儒家士大夫"。

此前五百年间，儒生基本在野，即便进入政府，也是零散的，因而没有力量坚持自己的价值、理念。因此，在社会中，儒家士人之力量也较为微弱。现在，借助新制度，儒生进入政府之管道建制化。逐渐地，儒生群体成为社会之治理主体。儒家士大夫是此后两千多年中国社会最为重要的治理主体。

而儒家士大夫群体的性质相当特别。儒家之学让儒家士大夫具有明

---

① 《汉书·武帝纪》。

② 《汉书·董仲舒传》。

确的价值忠诚，具有"行道于天下"之社会治理理想，因此也就具有强烈的治理主体意识，他们由此主体意识对待皇帝，对待庶民，因而成为社会治理之枢纽。儒家士大夫之权威源于经学之道，而相对独立于权力，但他们又凭借经学获得权力。也即，道与权力在儒家士大夫群体那里得以沟通而又形成抗衡。儒家士大夫以学术养成德行，成长于社会，但又凭借这种品质进入政府。因而，儒家士大夫横跨于社会与政府之间，社会与政府也就既有合作又有竞争。儒家士大夫之构成及其行为模式，决定了董仲舒—汉武帝以来的中国社会治理之性质与运转机制。

士人政府与皇权之共治

汉承秦制，延续了战国以来形成的官僚制度。然而，更化之后，儒家士人担任官员，官员结构发生巨大变化，政府性质也因此发生巨大变化：出现了士人政府。士人政府自一形成，就与皇权处于分立而共治之格局。汉武帝时代，儒家士大夫群体甫一形成，政体上就有中朝、外朝之分立，也就是皇室与政府之分立。霍光曾指出这一点：

> 武帝崩，昭帝初即位，未任听政，政事一决大将军［霍］光。［车］千秋居丞相位，谨厚有重德。每公卿朝会，光谓千秋曰："始与君侯俱受先帝遗诏，今光治内，君侯治外，宜有以教督，使光毋负天下。"①

外朝是以丞相为首的官僚系统，即政府。秦制下之国家权力由皇帝一人垄断，丞相为首的官吏之权力完全来自皇帝之授予。最为重要的是，官吏所习者仅为技术性法令辟禁，官吏没有独立的政治理想和目标。因此，官吏群体缺乏政治主体意识，而甘于充当皇权统治之技术性工具。

儒家士大夫与此不同。首先，儒家士大夫志于道。道让他们具有足够的文化与政治自信，也让他们具有行道于天下之道德理想主义精神。他们确信，自己的政治地位来自文化地位，因此而独立于皇帝的权力。

---

① 《汉书·公孙刘田王杨蔡陈郑传》。

面对皇帝，他们并不自卑。相反，道让他们仍能保持尊严。对于皇帝授予的权力，他们还要进行选择：可以接受，也可以拒绝，这就是儒生始终思考的"出处"选择。面对皇权，秦制下的官吏是完全被动的、卑微的，儒家士大夫则是主动的、有尊严的。

其次，儒家士大夫有理想。依据五经，儒家士大夫形成一套明确的社会治理理想。这个理想就是尧舜、三代之治。他们的人生目标就是实现这一理想，为此，假如他们掌握权力，必致力于以理想改造现实。他们不会轻易接受现实，相反，以理想来衡量，他们总是对现象不满，因而总是希望改造现实。面对社会治理现实，秦制下的官吏顺其逻辑而为，儒家士大夫则超越其逻辑而思考、行为。

第三，儒家士大夫具有知识的自信。五经是治道之大全，也是制度之渊薮。通过研读五经，儒家士大夫可掌握创制立法之知识，也可通晓政治技巧。只有儒家士大夫有能力探究天意，有能力对现实进行反思，从而发现问题，并有能力制定合理的法律或政策，对天意做出正确的回应。

有此种种优势，儒家士大夫面对皇权能够充满自信，保持独立性、自主性，而不甘于充当皇帝之工具。相反，他们自我定位为一个独立的政治主体，一旦进入政府，具有与皇权共同治理天下的政治主体意识，且自主地行动。

在政治运作中，外朝士大夫也享有广泛的治理权力。更化之后，各级政府的行政过程主要由儒家士大夫承担，作为地方官，他们主要承担司法职能。至关重要的是立法权之分享。现在，政府须法天而治，循道而行，以经为本，这样，在立法、制定政策的过程中，儒家士大夫享有主体地位。立法活动通常由他们发动、起草，共同审议，并最终通过。此时的官僚体系就不只是执行皇帝命令的工具，而在很大程度上，是儒家士大夫自我操作的政治机器。尤其是在政治清明时期，皇帝的职能不过是推动整个政治体系执行儒生共同体制定的法律、政策。

外朝士大夫的权力如此之大，因而在共治体制中，尤其是汉代和宋代，接近于形成"责任政府"的政治运作机制。也即，皇帝享有政权，保留军事等领域的特权，而将治权交给以宰相为首的外朝士大夫。外朝士大夫可以实施自己的纲领，相应的，也就须对此成败向皇帝承担责任。一旦行政出现问题，皇帝可以问责于外朝士大夫，尤其是宰相。

当然，皇帝为了维护自己的特权，转而构建了"中朝"，其成员是与皇帝较为亲近、直接为皇帝出谋划策的人。作为一个政治现象的"中朝"，最早出现在汉武帝时代。这并非偶然。任用儒生为大臣之后，汉武帝发现，儒家士大夫不是家臣，不再是可以完全信赖的办事机构。为保持和行使皇权，汉武帝不得不另建皇室权力系统，此即中朝或内朝。

结合后世历史，中朝权力系统主要由五类人组成：第一，宗室，皇帝的兄弟子侄。不过，基于权力的敏感，皇帝对宗室的控制通常相当严厉。第二，女宠，也即皇帝的后妃及其家人，尤其是皇帝宠幸的后妃，其父兄子弟通常获得超常的权力。第三，外戚，即皇帝的母系亲属。如果皇帝以幼年登基，母后临朝，外戚有控制皇帝的天然便利。第四，宦官，他们因为服侍宫廷而有机会与皇帝、母后建立亲密关系；第五，佞幸，他们因种种原因而与皇帝间有可信赖的关系，包括陪伴皇帝读书、作诗之文士。

共治体制中，皇帝与儒家士大夫的关系主要借助理性维系，皇帝与其身边的外戚、女妃、宦官之间的关系则主要依凭情感。一般而言，皇帝均接受儒家士大夫之教育，因而对士大夫有所敬畏。不过，皇帝成长于宫中，对宦官、后妃、外戚等容易产生情感依赖。皇帝的意志如果比较软弱，就会倒向后者。而后妃、外戚通常没有知识，缺乏价值；宦官的人生经历严重残缺，心智经常不成熟或不健全，缺乏道德和政治责任意识。他们的权力也得之不正，因而倾向于超越法度，滥用权力，追求不当甚至畸形利益。中朝均与皇帝有情感联系或密切接触，可以方便地利用私人情感，假借皇帝之名器。外朝士人政府为了优良治理，不能不限制他们，约束他们，抗衡他们。

由此必然引发中朝、外朝之斗争。汉武帝以后历朝之政争，几乎都循此展开。皇帝夹在中朝、外朝之间，皇帝在这两者之间的取舍决定着政治的清明程度。

社会与政府共治

与秦的文法吏不同，儒家士人关注完整的人之自我治理，故当其在政府中获得权力后，立刻运用自己可支配的资源，构建基层之自我治理机制，由此，形成社会与政府的共治。

礼治时代，人们皆生活于小型共同体中，社会与政府混融。礼崩乐坏之后，自上而下的权力控制体系迅速构建起来，社会发育则相当缓慢。在后封建时代，如何将分散的个体重新组织起来？儒家以孝作为重建秩序之入手点："其为人也孝弟，而好犯上者，鲜矣；不好犯上，而好作乱者，未之有也。"① 最基础、最容易结成的群是基于自然血缘关系的群。在这样的群中，人将扩充其内在固有之"仁"，扩展及于陌生人，从而形成治理秩序。

然而，法家曾猛烈抨击儒家之孝悌思想，秦制刻意地消灭人与人之间的自然的、情感的、伦理的联系，并刻意抑制家庭的扩展。秦制依靠文法吏以政令、刑律直接统治所有民众。在此，没有"社会"，强制性权力是秩序的唯一塑造者和维系者。

这样的秩序内在地不稳定。黄老之治虽然释放了人的创造力和欲望，但它缺乏秩序构建能力，不能将基层民众组织起来。

儒家士大夫解决了民众在基层之组织问题：借由孝悌价值之教化，儒家士大夫构造了宗族制度。

秦制不二世而灭亡的故事强化了儒者对孝悌的信念，并影响于汉家。《汉书·惠帝纪》记载，汉惠帝曾下诏"举民孝弟、力田者，复其身"，即免除徭役。这是中国历史上，政府第一次对孝悌予以表彰、优待。《文帝纪》记载，汉文帝十二年下诏："孝悌，天下之大顺也；力田，为生之本也；三老，众民之师也；廉吏，民之表也。"文帝也许受了贾谊影响，《新书》中有《问孝篇》，虽已散佚。汉武帝受王臧教导，《武帝纪》记载，武帝即位当年，就发布诏令：

古之立教：乡里以齿，朝廷以爵。扶世导民，莫善于德。然则，于乡里先耆艾，奉高年，古之道也。今天下孝子顺孙愿自竭尽以承其亲，外迫公事，内乏资财，是以孝心阙焉。朕甚哀之。民年九十以上，已有受鬻法，为复子若孙，令得身帅妻妾遂其供养之事。

上面的举措只是奖掖孝子。董仲舒在此基础上推进一步，《天人三策》中提出，地方官选举贤者，后来察举制中最为重要的科目是"举

---

① 《论语·学而篇》。

孝廉"，廉指廉吏，孝指孝子。孝道被确立为汉家主流价值，形成以孝治天下的政治传统，从高祖以下之皇帝，谥号前都加一"孝"字。这是对秦制的一次彻底颠覆。

孝悌价值之树立，推动了宗族制之建立。战国、秦、汉初，核心小家庭之上不存在更大规模的血亲共同体，而存在因利益而结成的强宗大族，比如官吏、游侠养有宾客。儒生入仕，获得更多资源，有条件实现自己的社会治理理想，扩展家族规模。

杨恽为司马迁之外孙，《汉书·公孙刘田王杨蔡陈郑传》记载，"恽始读外祖太史公《记》，颇为《春秋》，以材能称，好交英俊诸儒"。杨恽特别在意收族："初，恽受父财五百万，及身封侯，皆以分宗族。后母无子，财亦数百万，死皆予恽，恽尽复分后母昆弟。再受訾千馀万，皆以分施。其轻财好义如此。"

《汉书·隽疏于薛平彭传》记载：疏广少好学，明《春秋》，家居教授，学者自远方至。疏广后为宣帝之皇太子也即后来汉元帝之太傅，其子为少傅，教授皇太子《论语》、《孝经》。后来父子二人急流勇退，回归乡里。皇帝赏赐深厚，疏广却每天下令家人具设酒食，请族人、故旧、宾客，与相娱乐，于是族人说服。

从中可以清楚地看出，宗族是对儒家价值自觉之士人自觉地构建出来的。大量儒生散居基层，依照儒家价值，利用自己掌握的文化、财富、政治资源，收族联宗，形成较为紧密的小型共同体，生产和分配地方性公共品，令族人休戚与共，守望相助。

另一方面，原来的强宗大族转而以经学教育子弟，实现士族化转向。西汉中期，儒生掌握资源，豪族转向儒学。经由此一双向运动，宗族逐渐被构建起来，成为基层社会自我治理的组织依托。

儒家士大夫为官一方，也采取各种方式激励庶民，践行孝悌，组织自治。尤其是"循吏"，在这方面表现最为突出。

总之，经由儒家士大夫在民间以身作则，借助政府权力展开教化，基层民众的观念和生活方式发生变化，在核心小家庭之上逐渐形成更大规模的组织。也就是说，在迟到了五百年后，"社会"终于成型。后封建时代的人们不再处于离散状态，而在一定地域范围内生活在稳定的小型共同体内，并有能力自我治理。《后汉书》所记东汉开国功臣之社会形态与西汉功臣形成鲜明对比，这些功臣常率宗族成百上千人兴兵起事。显然，经西汉中后期演进，宗族已相当成熟。

至关重要的是，儒家士大夫既是政府官员，又推动基层民众之自我组织。故当基层宗族发育起来后，他们乐见其分享治理权。也就是说，政府自愿退让，收回其延伸到基层的部分权力，而由新形成的宗族等社会自治组织承担，这些组织可按照地方性礼俗治理小共同体的事务。

这就是社会与政府之共治。信奉儒家价值之士人在基层社会组织自治，政府提供更大范围的公共品。两者之间有竞争，但更多的是合作。儒家士大夫之身份贯通两者。

根本法、礼俗与刑律共治

共治体制之另一支柱是多元规则之共同治理。

从战国经秦至汉武帝时代，社会治理之模式，一言以蔽之，曰刑治。董仲舒在《天人三策》第三策中即坦率地指出自己的时代"废先王德教之官，而独任执法之吏治民"。见证了秦制之失败，自陆贾开始，汉儒持之以恒地主张，抛弃刑治迷信，而以多元的律法体系代替之。更化之后，即形成多元规则共治之结构：

首先，刑律。未来中国历朝都会制定刑律。自李悝造《法经》，刑律代代相承，保持了相当明显的连续性。

其次，礼仪。叔孙通为汉家制作礼仪，未来，历朝都会制作礼典，其中包括政典。这些礼仪包括国家组织结构、议事程序，涵盖今日行政法和部分宪法内容。

再次，五经为根本法。武帝更化，确立经学为王官学。通经之儒生大批进入政府，儒家士大夫以经义创制、立法、议政、决狱。董仲舒的《天人三策》全以《春秋》公羊学、《论语》立论，而"仲舒在家，朝廷如有大议，使使者及廷尉张汤就其家而问之，其对皆有明法"[①]，董仲舒以经义对策。

逐渐地，经之权威也被皇帝承认。约从汉宣帝中期始，皇帝诏令常有"诗曰"、"书云"或"诗不云乎"、"书不云乎"、"语不云乎"等字句。这标志着，五经正式成为汉家根本法。

---

① 《汉书·董仲舒传》。

自此以后，经学就不只是一般知识体系，而具有根本法学之性质，其学问关乎国家治理。事实上，五经成为此后历朝之根本法，五经所记尧舜三王之道乃至其具体制度，均具有最高法律效力。

根本法之树立，推动法律制度发生根本变化。对后世法律演进至关重要者乃是春秋决狱之制。史载，董仲舒"作《春秋决狱》二百三十二事，动以经对"[1]，《汉书·艺文志》著录董仲舒《公羊董仲舒决狱》十六篇。这些著作已散佚，但文献尚保存若干判例，如：

> 时有疑狱曰：甲无子，拾道旁弃儿乙养之，以为子。及乙长，有罪杀人，以状语甲，甲藏匿乙，甲当何论？仲舒断曰：甲无子，振活养乙。虽非所生，谁与易之？《诗》云：螟蛉有子，蜾蠃负之。《春秋》之义，父为子隐。甲宜匿乙而不当坐。

春秋决狱判例中每每出现"或曰"，当为负责处理案件的文法吏之裁判意见，他们通常机械地根据律令做出严酷的裁决。董仲舒总是否定这一裁决，重新做出更为宽和的判决。春秋决狱实践具有鲜明的伦理与政治取向：从根本上矫正秦制以刑律苛酷统治的精神。董仲舒同时提出"原心定罪"的原则，通过探究、剖析当事人在案件之具体情境中的心志来确定其所当承担之责任。这同样是矫正秦制的精神：秦制把人当物，只看其行为。儒家把人当成人，故探其心志。

春秋决狱最为重要的意义在于，在政府颁布的律令之上引入和设置了一套"高级法"。法家相信，统治者颁布的律令是至高无上的法律。儒家相信，在律令之上还有更高级的规范体系，即五经大义：仁义礼智信、忠孝节义等价值。应以这些价值控制司法过程，司法过程应维护社会的根本价值。

自董子之后，儒家官员以《春秋》经义审理案件渐成风气。在这种风气影响下，刑名世家转而研习经学，经学家则扩展至研习律令。这一双向知识活动形成"律章句学"。《晋书·刑法志》记载，东汉时期，知名经师纷纷为律令作章句：

---

① 《后汉书·杨李翟应霍爰徐列传》。

叔孙宣、郭令卿、马融、郑玄诸儒章句十有余家，家数十万言。凡断罪所当由用者，合二万六千二百七十二条，七百七十三万二千二百余言。言数益繁，览者益难。天子于是下诏，但用郑氏章句，不得杂用余家。

在汉代，经学具有法学之功能。律章句学将律令与儒家价值融为一体，既赋予经学以实际治理之价值，又在细节层面上将儒家价值贯注于律令中，从而对律令体系予以透骨入髓的改造。战国以来的律令体系儒家化了。

实际上，在这样的章句和判例中，经师创造了新的律令。秦制奉行的宪制原则是《管子·任法篇》所说："生法者，君也；守法者，臣也；法于法者，民也。"立法是皇帝的垄断性权力，皇帝之外的臣民的全部义务就是实施法律和服从法律。在春秋决狱实践和律章句学中，儒者获得了某种程度的立法权。

此后，历朝也都广泛存在着儒家士大夫根据五经大义解释律令、发展判例的高级法实践。

第四，礼俗。在基层社会，由儒家士大夫化成"礼俗"，支配普通民众的日常生活。

古典时代，所有人都生活在礼治秩序中。礼崩乐坏，战国、秦、汉初，形成相互分割的双层规则体系：在上层，国家以刑律直接管理每个人。在基层，没有精英提升的民众，形成"风俗"。而这个时期，风俗浇薄，关键原因在于，没有精英提撕，没有价值引导。

儒家士大夫群体形成则推动"礼俗"之形成。礼俗就是具有礼之精神的风俗，也即具有儒家价值之习惯性规则体系。礼俗不只是原生态的民众习惯，而经由儒家士君子提撕，以儒家价值濡化而成。礼俗规范人们日常生活之方方面面，既包括祭祀、婚姻之俗，也包括产权界定、工商交易之规则。也就是说，礼俗既涵盖熟人关系，也覆盖陌生人之间的关系。礼俗既有伦理性规范，也有习惯法意义上的法律规范。从某种意义上，礼俗相当于今日之私法。具有儒家价值的基层社会精英借助基层自治组织执行礼俗，普通民众之日常生活多由此调整。

总之，董仲舒—汉武帝更化之后，治理社会之规则体系由原来的单一刑律，扩充为多元的规则体系：五经大义，礼仪，礼俗，刑律。它们相互支持，共同发挥作用，构成完整的法律体系。经由这一法律体系，古典的礼治秩序在一定程度上恢复。前三者构成不同层面的礼，后者则是强制执行手段。至关重要的是，由此，刑律之治理作用极大收缩，社会不再主要由刑律治理，而是多元规则共治。董仲舒—汉武帝更化后，中国走出了刑治，而形成更为健全也更为有效的规则之治模式。

循吏与政教

最能体现儒家士大夫之治理理念，从而将共治体制与秦制分别者，为更化之后出现的循吏群体。

司马迁作《史记》，专辟《循吏列传》，然所记者皆为春秋时代之君子，而无一战国、秦人。《汉书·循吏传》则说，循吏之大量出现在汉宣帝时代，也即董仲舒—汉武帝更化之后。

颜师古《循吏传》解释："循，顺也，上顺公法，下顺人情也。"秦制之官皆为刑名吏或狱吏，只服从国家之刑律而不顾民众之性情。董仲舒等人为循吏树立典范："三人皆儒者，通于世务，明习文法，以经术润饰吏事。"[1] 他们以儒家价值指导行政、司法活动，而儒家核心价值就是仁义，政治理念就是敬天爱民。因此，他们在行政、司法过程中顺乎民情，又提撕人心。为此，他们致力于以教育、行政、司法的力量，推动风俗之形成，以化成人心，以优良的社会秩序支持健全的政治秩序。可见，循吏治理模式完全不同于秦制文法吏，其表现约有如下几点：

第一，为民兴利，令民富庶。典型是南阳太守召信臣：

信臣为人勤力有方略，好为民兴利，务在富之。躬劝耕农，出入阡陌，止舍离乡亭，稀有安居时。行视郡中水泉，开通沟渎，起水门提阏凡数十处，以广溉灌，岁岁增加，多至三万顷。民得其利，蓄积有余。信臣为民作均水约束，刻石立于田畔，以防分争。[2]

---

① 《汉书·循吏传》。
② 《汉书·循吏传》。

今人以为，儒家空谈道德，忽略经济、财富问题。实际上，孔子对于治理之次第，早有清楚的说明：

> 子适卫，冉有仆。子曰："庶矣哉！"冉有曰："既庶矣。又何加焉？"曰："富之。"曰："既富矣，又何加焉？"曰："教之。"①

孟子也主张，治国之要务在"制民之产"，令万民解决温饱。后世儒家士大夫普遍奉行这一原则，为政一方，多致力于兴修水利，鼓励垦殖，为民兴利，令民不饥不寒。在此基础上，"谨庠序之教，申之以孝悌之义"②。

第二，兴办教育，以养成君子。儒家始终相信，社会治理的关键是在养成一批君子，分散于基层社会中，扮演基层社会之"现场治理者"角色，组织普通民众生产和分配公共品。如此，基层社会才有优良治理可言。所以，历代儒家官僚治理地方所采取之优先措施，始终是兴办文教，养成君子。

第三，兴起礼仪，化民成俗。韩延寿担任颍川太守时，风俗较为浇薄：

> 延寿欲更改之，教以礼让，恐百姓不从，乃历召郡中长老为乡里所信向者数十人，设酒具食。亲与相对，接以礼意，人人问以谣俗，民所疾苦，为陈和睦亲爱、销除怨咎之路。长老皆以为便，可施行。因与议定嫁娶、丧祭仪品，略依古礼，不得过法。延寿于是令文学校官诸生皮弁执俎豆，为吏民行丧、嫁娶礼。百姓遵用其教，卖偶车马下里伪物者，弃之市道。
>
> 延寿为吏，上礼义，好古教化，所至必聘其贤士，以礼待用，广谋议，纳谏争；举行丧让财，表孝弟有行；修治学官，春秋乡社，陈钟鼓管弦，盛升降揖让；及都试讲武，设斧钺旌旗，习射御之事。治城郭，收赋租，先明布告其日，以期会为大事，吏民敬畏趋乡之。又置正、五长，相率以孝弟，不得舍奸人。③

---

① 《论语·子路篇》。
② 《孟子·梁惠王上篇》。
③ 《汉书·赵尹韩张两王传》。

儒家相信，庶民普遍具有底线性质的道德意识和伦理，对于优良治理而言具有决定性意义。只不过，这种伦理的养成无法依赖庶人之道德自觉，而须借助君子、政府之教化形成风俗。在良风美俗中，民众不知不觉间形成合宜的行为模式。因此，儒家士大夫治民，均致力于塑造良好风俗，以此塑造民众之心灵和行为。

第四，教化为主，慎用刑罚。召信臣于为民兴利之余：

> 禁止嫁娶、送终奢靡，务出于俭约。府县吏家子弟好游敖，不以田作为事，辄斥罢之，甚者，案其不法，以视好恶。其化大行，郡中莫不耕稼力田，百姓归之，户口增倍，盗贼狱讼衰止。吏民亲爱信臣，号之曰召父。[①]

儒家士大夫并不排斥刑罚，但绝不迷信刑罚，不以刑罚作为主要治理手段，只作为辅助性手段。

循吏之治理模式可用"政教"一词形容。政者，行政也；教者，教化也。循吏之治理，政、教兼用而融为一体，以政为教，又以教为政。循吏行使国家权力的过程带有强烈的教化意味，治理活动不是强制民众盲目地服从国家权力，而是以法律政令、以官员自身行为引导民众向善，令民众认同社会和政治秩序，并成为此秩序之维护者，不论其对此是否自觉。为此，循吏为政，必把文教置于至关重要的位置，兴起教育，奖掖善行，养成风俗。循吏虽为国家官僚，实在相当程度上扮演师儒之角色。循吏同时享有国家权力和道德、知识权威，在整个社会治理结构中，横跨于国家和社会之间。

---

① 《汉书·循吏传》。

第二十章　汉晋体制

董仲舒—汉武帝更化之后，汉承秦制之社会治理架构逐渐发生重大变化，形成共治体制之第一种形态：汉晋体制。汉晋体制从西汉中期形成，持续到唐代中后期士族解体。汉晋体制以经学为灵魂，以察举为纽带，以士族为骨干。

经义作为根本法学

汉武帝设立五经博士，确立经学为王官学，五经成为汉家根本法，君臣依据经义创制立法。如对官制，"及至武帝，多所改作"[1]，改作之依据正是经义。汉中后期有实质性改作，如哀帝时设立太傅，平帝时设立太师、太保，而《汉书·百官公卿表》注明，这些都是"古官"。同时又依据经义之三公制，设立大司徒、大司空、大司马等官。这在很大程度上改变了沿袭自秦的官制。当然，汉代君臣也依据经义议事、决狱。

因此，经学对经义之阐释，关乎制度、施政，而经学自然地有学说之异。五经传承不同，经传各异，如《春秋》有公羊传、谷梁传。秦亡以后，学术气氛自由，学说不断分化，同一个经传系统也产生不同学说。而经说关乎根本法之阐释，政府立博士，旨在确立权威的根本法学说，以保持政治稳定。

而一种经说一旦立为博士，就进入根本法体系中，可支配、影响国家立法、施政、决狱，可培养弟子，塑造官员理念。为此，各家均积极争取列入博士官。而因为经说的变化，必然引发根本法之调整，故政府对设立博士极为审慎，通常经过儒家士大夫共同体之集体审议，由此而

---

[1] 《后汉书·志·百官一》。

有"会议"经义之制。

汉宣帝时召开过石渠阁会议，《汉书·宣帝纪》记载："甘露三年，诏诸儒讲《五经》同异，太子太傅萧望之等平奏其议，上亲称制临决焉。乃立梁丘《易》，大、小夏侯《尚书》，谷梁《春秋》博士。"会议是如何进行的？《汉书·儒林传》记载：

> 瑕丘江公受谷梁《春秋》及《诗》于鲁申公，传子、至孙为博士。武帝时，江公与董仲舒并。仲舒通五经，能持论，善属文。江公讷于口，上使与仲舒议，不如仲舒。而丞相公孙弘本为公羊学，比辑其议，卒用董生。于是，上因尊公羊家，诏太子受公羊《春秋》，由是公羊大兴。

可见，在汉代，各家学说可自由传播，主要靠学说内在说服力赢得学者的尊重和官方认可。皇权对经学之争基本采取超然态度。官府立何种学说为官学，主要看经学共同体内部的竞争结果。这种竞争既看各家经义是否出色，也看经师的表达能力。官府立《春秋》公羊学，因为董仲舒善言。但谷梁学虽未立为博士，在民间影响日增。尤其是一些五经名儒乃是鲁人，而谷梁子也是鲁人，比较偏向谷梁学。汉宣帝本人也偏好谷梁学，鼓励谷梁学传授。甘露三年，

> 乃召五经名儒、太子太傅萧望之等大议殿中，平公羊、谷梁同异，各以经处是非。时，公羊博士严彭祖、侍郎申輓、伊推、宋显，谷梁议郎尹更始、待诏刘向、周庆、丁姓并论。公羊家多不见从，愿请内侍郎许广，使者亦并内谷梁家中郎王亥，各五人。议三十余事，望之等十一人各以经谊对，多从谷梁。由是，谷梁之学大盛。

这里生动呈现了经学会议的情形。朝廷安排公羊学、谷梁学各五位经师就三十余项经义进行辩论，评审团由十一人组成，为当时的五经名儒，加上太子太傅萧望之。他们代表当时的经学家共同体，其权威是双方都认可的。双方各就一个问题表达意见，萧望之等十一人"各以经谊对"，也即根据自己所学经义对双方的是非得失进行判断。结果，评审团认为谷梁的多数说法更为优胜，而被立为博士。当然，这并不意味着

废除公羊博士。

可见，皇权已接受儒者为共同治理者，儒者获得主体性，儒者共同体内部的事务由儒者自己决定。一种经说是否立为博士官，基本上由经学共同体决定。

东汉章帝时代又召开过白虎观会议，据《后汉书·肃宗孝章帝纪》所记建初四年诏书："五经章句烦多，议欲减省……颇令学者得以自助。"随着经学繁荣，经说纷纭，这必然对伦理和治理活动产生不利影响，至少不利于学者学习。召开白虎观会议的目的是"使诸儒共正经义"。于是，

> 下太常、将、大夫、博士、议郎、郎官及诸生、诸儒会白虎观，讲议五经同异。使五官中郎将魏应承制问，侍中淳于恭奏，帝亲称制临决，如孝宣甘露石渠故事，作《白虎议奏》。

诸儒议奏形成《白虎议奏》，班固据此编定《白虎通义》，是对这些议奏的概括、总结，形成了相对统一的经义。"通义"者，为诸家所共同承认，故而可通行于天下之经义。此为汉家根本法之法典化，关涉治理之方方面面的制度、规则及其基本原理：从天子地位，到天子与大臣关系，到政制安排，军事、祭祀制度，再到各色人等的生活礼仪。其范围类似于周礼，但并非具体礼制，而偏重于原则性论述。这些学说是具有法律约束力的。而这部法典是由诸儒通过辩论程序共同审议决定的。由其文本形式即可见会议之一斑：《白虎通义》常在记载一种说法后，以"或曰"或"一说"开头，记载另外一种说法。

此后，在儒家士大夫、普通民众和大多数皇帝心中，经义始终有根本法理念。这种理念与天道信仰混合，对于政治具有深刻而广泛的影响。

学校与清议

儒家从不相信皇帝独治之可能性，也从不相信规则可自行发挥作用。《中庸》曰："文、武之政，布在方策。其人存，则其政举，其人亡，则其政息"，故"为政在人"，在得人，得贤才而行道。儒家的理想治理模式是成千上万具有共同价值取向的士君子共治天下。为此，儒

家士人为政始终以兴学为要务。

孔子办学，儒家因养士而诞生。此后五百年，儒家在民间兴办私学，养成士君子。秦汉之际，经师大师所办私学规模可达几百上千人。到东汉，有些大师登记在册的弟子可达上万人，来自全国各地。儒家之学，公私兼备。自孔子以来，儒家坚守私人办学传统。进入政府后，儒家士大夫也致力于养士、选士之建制化，为此推动两项制度之建立：政府兴办学校，以养成人才；建立选士制度，俾人尽其才。这是儒家士大夫向来最为关注的两个问题。汉以来，几乎所有变法改革都从养士、选士制度之变革开始。

官办学校之设立实始于地方，而且是一个出人意料的地方——蜀郡。《汉书·循吏传》记载：

> 文翁，庐江舒人也。少好学，通《春秋》，以郡县吏察举。
>
> 景帝末，为蜀郡守，仁爱好教化。见蜀地辟陋有蛮夷风，文翁欲诱进之，乃选郡县小吏开敏有材者张叔等十余人，亲自饬厉，遣诣京师，受业博士，或学律令。减省少府用度，买刀布蜀物，赍计吏以遗博士。数岁，蜀生皆成就还归，文翁以为右职，用次察举，官有至郡守、刺史者。
>
> 又修起学官于成都市中，招下县子弟以为学官弟子。为除更繇，高者以补郡县吏，次为孝弟、力田。常选学官僮子，使在便坐受事。每出行县，益从学官诸生明经饬行者与俱，使传教令，出入闺阁。县邑吏民见而荣之，数年，争欲为学官弟子，富人至出钱以求之。
>
> 由是大化，蜀地学于京师者比齐鲁焉。至武帝时，乃令天下郡国皆立学校官，自文翁为之始云。文翁终于蜀，吏民为立祠堂，岁时祭祀不绝。至今巴蜀好文雅，文翁之化也。

蜀郡本为蛮荒之地，正因为此，没有私学根底，文教滞后。文翁秉承儒家治理理念，以教化为先，乃以政府之力兴办教育：首先派遣蜀郡子弟至京师求学，将经学带回蜀郡。其次，在蜀郡设立官学，也即"石室"。文教让蜀郡成为文采风流之地。文翁的制度创新也被汉武帝推广至全国，各郡、国皆设立学校。

最为重要的学校还是京师之太学。董仲舒即提议设立太学，同治

《春秋》公羊学，而气质与董仲舒不合的公孙弘提出了兴办太学的具体方案，《史记·儒林列传》记载公孙弘之建议：

> 为博士官置弟子五十人，复其身。太常择民年十八已上，仪状端正者，补博士弟子。郡国县道邑有好文学，敬长上，肃政教，顺乡里，出入不悖所闻者，令相、长、丞上属所二千石，二千石谨察可者，当与计偕，诣太常，得受业如弟子。
>
> 一岁皆辄试，能通一艺以上，补文学掌故缺；其高弟可以为郎中者，太常籍奏。即有秀才异等，辄以名闻。其不事学若下材及不能通一艺，辄罢之，而请诸不称者罚。

此前，博士也招收弟子，但并非公家学校制度，而为私人授业性质。此次予以制度化，且由郡国按照固定名额选拔弟子从博士受经。博士弟子学业优秀者，可以为吏，为郎，敞开入仕通道。

汉武帝采纳此策，从此有了太学。此后，博士弟子员额不断增加，从百人到千人，甚至达到三千人。东汉复国，立刻恢复太学，尤其是汉明帝对太学极为重视，亲到太学讲经。《后汉书·儒林列传》记载，汉明帝"复为功臣子孙、四姓末属别立校舍，搜选高能以受其业。自期门羽林之士，悉令通《孝经》章句。匈奴亦遣子入学"。经学教育普及于所有权贵子弟。经短暂衰落，顺帝时，"乃更修黉宇，凡所造构二百四十房，千八百五十室"。质帝时，梁太后诏曰："大将军下至六百石，悉遣子就学，每岁辄于乡射月一飨会之，以此为常。"自是游学增盛，至三万余生。这大约是国史上太学生人数之顶峰。

政府兴办学校，标志着国家性质的一次巨变。秦制之国家是孔子所说的"政刑国家"，以"刑赏"也即利益的诱惑、暴力的威胁为统治之基本手段。它以国民不具有情感为预设，事实上却让君臣之间、君民之间、官民之间处于敌对情绪中，因而其统治成本极高，内在也不稳定。儒家呼吁建立"文教国家"，以文化人，或者说"德礼国家"，道之以德，齐之以礼。这种国家寻求国民之自我约束及其对法律和权力之认同。教育乃成为最为基础、最为重要的治理手段。一个有效运转的教育体系可训练出君子群体，这群人可化民成俗，以其文化、社会权威引导民众形成秩序。在刑赏之外，"德礼国家"增加了治理手段，其形成和维系稳定秩序的可能性更大。

成千上万太学生集中于京师，也成为一支不可忽视的文化性政治力量，催生"清议"，这是儒家士大夫政治之重要形态。《后汉书·党锢列传》说：

> 逮［东汉］桓［帝］、灵［帝］之间，主荒政缪。国命委于阉寺，士子羞与为伍。故匹夫抗愤，处士横议。遂乃激扬名声，互相题拂。品核公卿，裁量执政。

清议是在外朝与中朝，也即儒家士大夫与皇权之政争中产生的。东汉中后期皇帝经常幼年即位，被太后、外戚、宦官控制。中朝权力严重扭曲，儒家士大夫为维护法度，乃起而阻遏。受情感约束，皇帝通常不能秉公处理，双方僵持不下。宦官等人控制着皇帝，儒家士大夫掌握着舆论。儒家士大夫以儒家价值为依据，对非理性的皇权进行批评、抨击、抗争，此即清议。士人清议其间具有强烈的道德性，其核心诉求是皇帝回归正道，屏退奸佞。而清议经常是全国性的。儒生群体从一开始就是精神的共同体，道义的共同体，其人际网络覆盖全国。因此，非理性的皇权对若干儒家士大夫的打击，通常会引起儒家士大夫群体的反弹，其范围会逐渐扩展，最后，全国士大夫卷入：

> 诸生三万余人，郭林宗、贾伟节为其冠，并与李膺、陈蕃、王畅更相褒重。学中语曰："天下模楷李元礼，不畏强御陈仲举，天下俊秀王叔茂。"又渤海公族进阶、扶风魏齐卿，并危言深论，不隐豪强。自公卿以下莫不畏其贬议，屣履到门。

东汉后期，太学规模极大，青年的群体生必然激励起道德理想情怀。因此，太学生成为本次清议的主角。太学生与担任官职的儒生互通声息，朝内、朝外呼应，京中、京外联络。因为，儒家士大夫横跨于社会、国家，也即贯通朝野上下，这种舆论场的范围极大。皇权对此极为忧惧，乃指其为"党"、"朋党"。东汉后期皇权首次制造"党锢"，开列党人名单，禁锢其本人甚至几代不得为官。皇权这种做法，反而激起士大夫群体同仇敌忾：

> 海内希风之流遂共相摽榜，指天下名士，为之称号：上曰"三君"，次曰"八俊"，次曰"八顾"，次曰"八及"，次曰"八厨"，犹古之"八元"、"八凯"也。

皇权与儒家士大夫之间的对抗情绪相互激荡，不断升级，乃至不可收拾。共治体制依赖皇权与儒家士大夫的相互信任与合作：皇帝信任儒家士大夫，它构成官僚的主体，也自治基层社会。儒家士大夫相信，这种安排有助于实现儒家价值，而认同皇帝权威。皇权完全倒向中朝，禁锢士大夫，必削弱儒家士大夫群体对皇帝权威的认同。天下离心，支柱倾斜，政治秩序的崩溃也就指日可待了。

选举与代表制

儒家办学，不论私学、官学，目的均在于，以尧舜三王之道养成士君子，并行道于天下，营造和维系优良社会秩序。因此，儒家设计政体，最为关注的就是士君子如何制度化地进入政府。

而从孔子开门授徒开始，掌握权力之人就向士人部分开放位置：冉有、子路等人即为卿大夫之家臣。战国时代，士人或为各国公侯公卿之师、友；或为其臣，成为官僚；或被征召之政府，以备顾问，如稷下学宫，秦、汉初博士。

大约从汉文帝时代起，又创立另外一种政治惯例：朝廷每遇灾异或有重大政策调整，每下诏各郡国荐举"贤良方正、能言直谏之士"，"文学高第"等，参议国政。不过，在此所荐举者不一定是白衣儒士，经常是现任官员。同时，朝廷所征者也不只贤良文学，还有"茂材异等、可为将相及使绝域者"等专业技能之士，视朝廷需要而定。

总体而言，一直到汉武帝时代，政府所用之士较为驳杂，儒家经常并不占据优势。官吏之主体娴习法家刑名之术，儒家士人并没有进入政治结构之制度化渠道。

更化之关键是全面替换官员群体，为此重构了官员遴选制度。而这与学校紧密相关。董仲舒在《天人三策》第二策提议兴太学之外同时提出，"诸侯、列卿、郡守、二千石各择其吏民之贤者，岁贡各二人"。公孙弘提议地方长官荐举"好文学、敬长上、肃政教、顺乡里、出入不悖所闻者"为博士弟子员，其优秀者授予官职。两人建议有共同点：中央与地方之高级官吏察举吏、民之贤良者。

武帝采纳二人建议，于元光元年下诏郡、国每年察举孝者、廉者各一人。然而地方官员似乎并不积极，以刑名吏为主的官吏抗拒更化。《汉书·汉武纪》记载，元朔元年，汉武帝下诏惩罚那些不举孝廉者：

> 公卿大夫，所使总方略，壹统类，广教化，美风俗也。夫本仁祖义，褒德禄贤，劝善刑暴，五帝三王所由昌也。朕夙兴夜寐，嘉与宇内之士臻于斯路。故旅耆老，复孝敬。选豪俊，讲文学。稽参政事，祈进民心。深诏执事，兴廉举孝，庶几成风，绍休圣绪。夫十室之邑，必有忠信；三人并行，厥有我师。今或至阖郡而不荐一人，是化不下究，而积行之君子雍于上闻也。二千石官长纪纲人伦，将何以佐朕烛幽隐、劝元元、厉蒸庶、崇乡党之训哉？

有司奏议以更简练的语言道出举孝廉之意义："所以化元元，移风易俗也。"秦制下，官吏就是刑名吏，以严刑峻法管束民众。更化之后，官员性质大变：其治民之原则是广教化、美风俗，也即创造条件让民众向善，俾基层社会自发形成优良秩序。举孝廉则是一种有效的激励制度，激励民众趋向于忠信、孝悌，也激励基层官吏趋向于廉洁、奉公。总之，举孝廉制度在于激励基层吏、民之道德伦理意识，在优良风俗中自我约束，敬人而守法。所以，察举制、科举制不只是一项行政管理制度，而是一种十分根本的政治安排，它是文教国家的标志。

此后，举孝廉制度化，不少出身寒微的名儒、名臣通过举孝廉而出头。需要说明的是，汉代一般举孝廉为"郎"，并非实官。需经过考察历练，才可出仕。此后相当长的时期，孝廉与其他科目并行，直到东汉中期汉和帝时代，才以孝廉为唯一察举科目。最为重要的是，这一次确定了各郡国之定额，《后汉书·桓荣丁鸿列传》记载：

> 时大郡口五六十万举孝廉二人，小郡口二十万并有蛮夷者亦举二人。帝以为不均，下公卿会议。〔丁〕鸿与司空刘方上言："凡口率之科，宜有阶品。蛮夷错杂，不得为数。自今郡国率二十万口，岁举孝廉一人；四十万，二人；六十万，三人；八十万，四人；百万，五人；百

二十万，六人。不满二十万，二岁一人；满十万，三岁一人。”帝从之。

由此，察举制之代表含义极大地凸现。

政治稳定的根基在于大体公平之参与。封建制下，各小型共同体由其君子自我治理，君子以契约联合为大型共同体，并以“会”的方式参与后者之治理。战国始，礼崩乐坏，权力集中于国王，国王委任官吏统治民众。此一政制的最大问题在于，民众缺乏组织，没有代表参与国家治理。王权与民众脱节，政治秩序缺乏内在之凝聚力和稳定性。

更化之后，儒家士大夫横贯国家、社会，沟通皇权、庶民，实充当民众之代表，参与国家治理。孝廉虽有公卿、郡国长官举荐，然察举是以孝廉之名取士，被察举者之声誉终究形成于社会，儒生群体的意见最为重要。由此，被察举之士具有相当高的社会代表性。他们作为政治、行政官员参与国家治理，极大地改变了国家性质：皇权与民众被联结为一体，民意被导入国家立法、决策中。

至于名额之制，涵义亦颇为深刻。此前，各郡国不论大小，孝廉名额相同，体现政治统治原则，各郡国代表平等参与，以确保其对皇权之向心力。依人口分配名额，则转换为民众参与原则，旨在为民众，当然主要是基层儒家士人，平等参与国家治理提供制度化渠道。这意味着，政治的重心已经下移。可以推测，在这背后，基层社会组织化程度提高，故其参与意识有所强化。

代表意识之强化生成汉代政治另一显著现象：临时征召代表，对重大国事予以审议。石渠阁会议、白虎观会议涉及根本法，另外一次重要的代表会议是盐铁之议。

汉武帝是一个复杂的过渡性人物：一面推动更化，一面将宽和秦制之恶放大到极端，好大喜功，为筹措资金又任用兴利之臣与酷吏，实施盐铁专卖等经济管制政策。这些政策造成巨大的经济混乱，民生艰难。武帝驾崩，昭帝即位，霍光执政，谏大夫杜延年提议召开会议重新审议武帝之政策。始元五年，昭帝下诏：“其令三辅、太常举贤良各二人，郡国文学高第各一人。”郡国各一名代表，皆为文学，也即通六经之儒生。这些人于次年陆续从各地汇聚长安，皇帝即“诏有司问郡国所举贤良、文学民所疾苦。议罢盐、铁、榷酤”。[1]

---

[1] 《汉书·昭帝纪》。

本次会议的主题是审议汉武帝所建立的盐铁专卖和酒类榷酤制度之废立。儒生主张废除此类制度。不过,废除此类制度立刻牵涉其他军政国策。由此不断深化,最终,会议议题涵盖了治国精神、原则,以及最为重要的政策问题。从某种程度上,它已超越政策审议的层面,而变成一次带有立宪性质的会议。也因此,会议持续数月,御史大夫桑弘羊为首的财政、刑名官员与贤良文学就当时几乎所有重大观念、政策、制度问题进行辩论。双方辩难的结果是,贤良文学胜利。

此一事件具有重大宪制意义。或许可以说,汉代治理精神、制度的彻底更化,实完成于这次会议。几十年后,桓宽将此次会议记录整理为《盐铁论》,具有重大思想史和政制史价值。

汉晋还有另一重要制度:中央政府公卿与地方郡守、国相自辟僚属,此即征辟制度。这种制度有助于长官拥有行政自主权,因而后世不断有人呼吁恢复这种制度。这种制度更有助于士大夫群体消除朝野隔阂,维持共同体意识。在朝之士大夫须密切关注社会,征辟在野士人之优异者,这有助官员获得整个士人群体的肯定。反过来,这激励士人按照儒家伦理,在经学、伦理、基层治理事务中自我砥砺。这两点均会达成一个效果:强化儒家士大夫群体的自我认同,激励道德自觉。

不论是察举还是征辟,所重视者乃是士人之"名"。由此导致士人重名,形成"名士"。战国就有名士,不过以才艺出名。更化之后,在儒家士大夫的引领下,社会价值取向发生巨变,唯以德行闻名,才可成为名士。最为常见的德行是至孝,另有不畏权贵,礼让爵位,推让财产,躲避征辟,精通经术,于危难之际报举主、业师之恩,为父、为师报仇等等德行。凡有这些德行者,必获得士大夫群体之激赏,而闻名一隅甚至全国,随之,极有可能被举孝廉或征辟。

士人群体重名,难免负面效果,比如,士人为追求名誉而过高其行,不近人情,或难免虚伪。不过,士人群体重名,总体而言,对社会治理发挥了正面作用:士人砥砺德行,深自检束,且具有强烈的共同体意识。如此士人群体也就能够化民成俗,维护较为良好的社会秩序。史家公认,秦汉以来,历朝风俗之美,无过于东汉。

士族

汉晋时代之社会领导者为"士族"。士族依靠其知识、道德而享有文化、社会和政治地位。

战国以来，即有豪族大宗。不过，豪族之基础或在权力，如宗室、外戚；或在财富，如富商巨贾；甚至在暴力，如游侠。秦汉朝廷对这些豪族多有戒心。更化之后，豪族构成发生巨变，也即"士族化"：士族就是由士而族，经由累世经学而累世公卿，两者相互循环。

更化之后，取士基本标准是通经术。一些白衣书生被辟召，积功而为公卿。他们传承家学给子弟，当时经学以口说为主，故家内传承，条件最为便利。因接受较好的经学教育，这些子弟会被察举、征辟。学术传承与优美德行令其扩大家族规模、保持崇高地位。最著名者莫过于孔子后人孔氏家族，以及汉代大儒伏生家族，两汉四百年间，两大家族均有数十人位至卿相牧守。另一方面，原来依凭战功或财富的豪族，受风气影响，也安排子弟习经，将其权威来源转移到学术、德行，虽然他们未必在经学上有多大成就。

总之，汉晋士族之权威从根本上来自文教，子弟之为学，或从师受经，或游学于京师，受业于太学之博士。受儒家价值引导，子弟多以孝友礼法见称于宗族乡里。州郡牧守、京师公卿闻名而加以征辟，走入仕途，终致通显。在此过程中，家族背景、姻亲关系、门生关系当然有重要作用。对此，时人多有批评。但是，凡此种种力量发挥作用之前提是，士族子弟之行为大体合乎仁孝廉让等伦理标准，而不至于过分出格。为此，士族必会约束自家子弟，砥砺德行，由此形成较为严厉的家风。依靠权力，或可侥幸于一时，只有严守礼法而维系社会地位之士族，才能获得社会的普遍尊敬，并长期维持自己的社会地位、政治地位。

也就是说，士人立身之本在德行，士族立家之本在礼法。杨震家族四世三公，其基础来自克己自约之儒素家风，《后汉书·杨震列传》记载，杨震：

性公廉，不受私谒。子孙常蔬食步行，故旧长者或欲令为开产业，震不肯，曰："使后世称为清白吏子孙，以此遗之，不亦厚乎！"

震少子奉，奉子敫，笃志博闻，议者以为能世其家。

震中子秉。秉字叔节，少传父业，兼明京氏易，博通书传，常隐居教授。年四十馀，乃应司空辟，拜待御史，频出为豫、荆、徐、兖四州刺史，迁任城相。自为刺史、二千石，计日受奉，余禄不入私门。故吏赍钱百万遗之，闭门不受。以廉洁称……秉性不饮酒，又早丧夫人，遂不复娶，所在以淳白称。尝从容言曰："我有三不惑：酒，色，财也。"

士族谨守礼法，自然约束闺门。西汉末，刘向编撰《列女传》，女德、妇德趋于系统化。然而女德以教育为本，士族常教授其女以经传。最为著名的也许是汉和帝之邓皇后。邓皇后为东汉开国功臣邓禹之孙女，《后汉书·元后传》记载：邓氏"六岁能史书，十二通诗、论语。诸兄每读经传，辄下意难问。志在典籍，不问居家之事"。邓后把持政权二十余年，但其治国却完全信赖经术：她"诏中官近臣于东观受读经传，以教授宫人，左右习诵，朝夕济济"，又"诏征和帝弟济北、河间王子男、女年五岁以上四十余人，又邓氏近亲子孙三十余人，并为开邸第，教学经书，躬自监试"。由此可见，汉晋士族女子皆接受教育。

士族之力量来自多方面，显而易见者为权势，以及自身的学术、道德权威。借助这两者，士族构造出"弟子门生故吏"网络。汉世公卿常开门授徒，亲受业者为弟子，转相受业者为门生，门生数量有多至上万人者，遍布全国各地。另一方面，汉行察举、征辟制度，公卿守相征辟僚属，双方即有"准君臣关系"，被举者忠诚举主，可为其赴汤蹈火。这种行为还会得到士林称赏。当然，士族之间也相互联姻。通过这些人际网络，士族拥有广泛而强大的文化、社会、政治力量。当然，由此，士族的经济力量也相当强大。更进一步，士族拥有门客、部曲、僮仆等，数量从百人到千人不等，甚至达到万人。

因此，士族是汉晋体制下之综合性社会治理单位。士族拥有相对独立的权威，主要是社会名望，及由此构造的相当紧密的组织。

这个组织内部有一套公共品的生产与分配体系，给其成员提供某种保护和福利。东汉之后漫长的岁月中，政治秩序紊乱，戎狄入侵，国家权威沦丧，此时，士族具有强大的自保能力，很多庶民自愿归附，士族治理之人口规模扩大，其权威更为完整。这几百年间，士族就是公共品的主要生产者、华夏文明的主要守护者。

王与马，共天下

士族力量如此之大，此后政治秩序之稳定，即取决于士族对皇权之支持。

汉末皇权对儒家士大夫施以党锢，儒家士大夫与皇权离心，导致秩序解体。士族纷纷凭借其强有力的社会资源割据称雄。袁绍是四世五公的望族，门生故吏遍于天下，也得到其他士族的支持，因此而独霸一方。

曹魏出身阉宦之家，采取不少措施摧抑士族。不过，曹操成事也有赖于部分士族的支持。但最终，曹氏政权亡于司马氏，《晋书·帝纪一》记载：司马懿之前四代均为将军、郡守，为河内士族，本人"少有奇节，聪明多大略，博学洽闻，伏膺儒教"。司马氏与曹氏之争在相当程度上是士族与阉宦之争的延续。司马氏得到当时士族的广泛支持，而轻取曹氏政权。

永嘉之乱，晋室南迁，政治秩序之稳定则有赖于北方、南方士族之协力同心。在这方面，王导发挥了至关重要的作用。《晋书》卷六十五《王导传》记载，早在永嘉之乱前，王导就预料将有大乱，因此指导当时的琅琊王也即后来在建康接续晋统的晋元帝，笼络南方士族：

及〔晋元帝〕徙镇建康，吴人不附，居月余，士庶莫有至者。〔王〕导患之，会〔其从兄王〕敦来朝，导谓之曰："琅邪王仁德虽厚，而名论犹轻。兄威风已振，宜有以匡济者。"会三月上巳，帝亲观禊，乘肩舆，具威仪，敦、导及诸名胜皆骑从。吴人纪瞻、顾荣皆江南之望，窃觇之，见其如此，咸惊惧，乃相率拜于道左。

〔王〕导因进计曰："古之王者莫不宾礼故老，存问风俗，虚己倾心，以招俊乂。况天下丧乱，九州分裂，大业草创，急于得人者乎！顾荣、贺循，此土之望，未若引之以结人心。二子既至，则无不来矣。"帝乃使导躬造循、荣，二人皆应命而至。由是吴会风靡，百姓归心焉。自此之后，渐相崇奉，君臣之礼始定。

王敦、王导是北方望族，他们放下身段崇奉琅琊王，南方士族这才愿意崇奉琅琊王。由此可见，当时士族与王室完全可以分庭抗礼。王导又亲自造访南方士族的代表，感动后者，由此，"君臣之礼始定"。也就是说，由此，晋室才在南方站稳脚跟。显然，没有当地士族的支持，政治秩序是无法稳定的。

王导还劝告晋元帝争取南来北方士族之支持："洛京倾覆，中州士女避乱江左者十六七，导劝帝收其贤人君子，与之图事。"王导清楚地看出，政治秩序之稳定端赖于士族之支持，故王导奉劝晋元帝善待这些南来士族。

王导也激励这些士族尽心扶持王室：

> 过江人士每至暇日，相要出新亭饮宴。周𫖯中坐而叹曰："风景不殊，举目有江河之异。"皆相视流涕。惟导愀然变色曰："当共戮力王室，克复神州，何至作楚囚相对泣邪！"众收泪而谢之。

王导也深知，南方土著与北方南来士族之团结，对于政治秩序的稳定具有决定意义，所以，他自己向南方士族求婚，甚至刻意降低身段，学习吴语。由此，将南方士族与北方南下士族凝聚为一个整体，共同扶持晋室。当然，扶持晋室，才能形成稳定的政治秩序，化解士族之间可能的冲突，并生产全用性公共品。

东晋南迁的特殊时刻以极端方式呈现了董仲舒—汉武帝更化之后中国之基本治理结构：儒家士大夫与皇权共治天下。晋室之能否保有统治权，取决于士大夫群体是否认可、支持。王导发挥的作用就是以自己家族的道德、文化威望和社会、政治影响力，引导各方士族联合，支持东迁晋室，晋室这才得以在南方站稳脚跟，故时人为之语曰："王与马，共天下。"① 也因此，晋元帝登位之时有这样一幕极具有象征意义的场景：

> 及帝登尊号，百官陪列，命［王］导升御床共坐。［王］导固辞，至于三四，曰："若太阳下同万物，苍生何由仰照！"帝乃止。

----

① 《晋书》，卷第九十八《王敦传》。

第二十一章　文雅

西汉中后期，士族形成，中国社会精英群体之价值观念、生活方式为之一变，由战国以降之朴质甚至粗鄙，而趋向于文雅而不乏奢靡。尤其是魏晋时代，士族生活优裕，又受世事变幻莫测之刺激，而脱离礼法之束缚，追求心灵之畅发，开发出诸多精神与观念产品，吾国之精神生活样态大为丰富。

士族风度

华夏君子自来讲究文雅、风度。尧有"文"之德，周代文明是礼乐文明，其直观呈现是君子威仪，外有精致的器物，温润的玉器，壮观的车马，华美的服饰。君子更讲究仪节，在各种场合，与各种人交接，进退周旋，尊卑有度。君子也掌握言谈、乐舞之技艺，在公共场所以诗言志。

礼崩乐坏，孔子删述六经，保存礼乐文明，以培养新式君子，而依然重视君子威仪。礼经详尽记录君子之仪节，孔子告诫弟子："君子不重则不威。"① 孔子之后，儒门世传《士礼》。至汉初，鲁徐生"善为容"②，善于容貌威仪之事。

战国之后，各国以力相争，新兴精英的心灵是物质主义的，其财富大增，而生活趋向粗鄙。秦灭六国，这种粗鄙达到极端。秦始皇、二世穷奢极欲，追求数量上的庞大，《史记·秦始皇本纪》记载："先作前殿阿房，东西五百步，南北五十丈，上可以坐万人，下可以建五丈旗……关中计宫三百，关外四百馀。"庞大就是美。

---

① 《论语·学而篇》。
② 《史记·儒林列传》。

汉初经过战乱，物质萧条。然而，人们的心灵依然是物质主义的。故财富增加后，奢靡之风骤起。此时精英群体多为功臣后代与富商子弟，缺乏教养，崇尚力与利，行为粗鄙暴慢。

儒家更化，大夫斌斌多文学之士，精英群体普遍接受良好教育，也即儒家六经教育，而这种教育之宗旨就是养成君子。由此，精英群体再度君子化，而以士族的形态出现。

汉晋士族之经济较为优裕，因而十分重视仪表、风度。大体说来，汉代士族讲究克己守礼。《汉书·匡张孔马传》记载，精于诗学的匡衡为丞相，曾上书汉成帝，劝以经学威仪之则：

> 臣又闻：圣王之自为动静周旋，奉天承亲，临朝享臣，物有节文，以章人伦。盖钦翼祗栗，事天之容也；温恭敬逊，承亲之礼也；正躬严恪，临众之仪也；嘉惠和说，飨下之颜也。举错动作，物遵其仪，故形为仁义，动为法则。孔子曰："德义可尊，容止可观，进退可度，以临其民，是以，其民畏而爱之，则而象之。"《大雅》云："敬慎威仪，惟民之则。"诸侯正月朝觐天子，天子惟道德，昭穆穆以视之，又观以礼乐，飨醴乃归。故万国莫不获赐祉福，蒙化而成俗。

汉代士族也正是这样自我要求的。士族的内心是诚敬的，自然地表现为外在行为之恭谨，主要是孝友之礼。

当然，士族经济优裕，难免奢靡，《后汉书·马融传》记载，东汉大儒马融，"才高博洽，为世通儒。教养诸生，常有千数，涿郡卢植、北海郑玄皆其徒也。善鼓琴，好吹笛。达生、任性，不拘儒者之节。居宇、器服，多存侈饰。常坐高堂，施绛纱帐，前授生徒，后列女乐"。

东汉之后，门第制度形成，上层士族更为讲究风度，以此标示自己崇高的文化与社会地位。

士族十分重视容仪，魏晋南北朝诸史中，"美容止"、"美容仪"之类字眼反复出现，士族群体也以此判断一个人的才能，《南齐书》卷二十三记载："〔褚〕渊美仪貌，善容止，俯仰进退，咸有风则。每朝会，百僚远国使莫不延首目送。宋明帝尝叹曰：褚渊能迟行缓步，便持此得宰相矣。"

士人评价人之容止，特别重视眼神、眸子。《世说新语·容止篇》

记载，裴楷评论王戎"眼烂烂如岩下电"。王衍评价裴楷"双眸闪闪若岩下电，精神挺动，体中故小恶"。王羲之评价杜弘治"面如凝脂，眼如点漆，此神仙中人"。

作为容止的一部分，士族特别重视"辞气"，也即言辞之音色、声调、口音，当时人称之为"美音容"、"美音仪"、"美音辞"等，咸为令人尊敬之品质。《世说新语·文学篇》注引《晋纪》："裴遐以辩论为业，善叙名理。辞气清畅，泠然若琴瑟。闻其言者，知与不知，无不叹服。"《南史》卷七十一记载："〔顾〕越遍该经艺，深明毛诗，傍通异义。特善庄、老，尤长论难，兼工缀文，闲尺牍。长七尺三寸，美须眉。武帝尝于重云殿自讲《老子》，仆射徐勉举越论义。越抗首而请，音响若钟，容止可观，帝深赞美之。"

士族追求服装之华美，还一些衬托其姿容的道具，《世说新语·容止篇》记载："王夷甫容貌整丽，妙于谈玄，恒捉玉柄麈尾，与手都无分别。"

士族喜欢音乐，最喜欢的乐器是琴。《梁书》卷二十一记载："初，宋世有嵇元荣、羊盖，并善弹琴，云传戴安道之法。〔柳〕恽幼从之学，特穷其妙。齐竟陵王闻而引之，以为法曹行参军，雅被赏狎。王尝置酒后园，有晋相谢安鸣琴在侧，以授恽，恽弹为雅弄。"士族们普遍都有很好的音乐修养。

归根到底，士族追求卓越的气质与高雅的生活品位。《世说新语·雅量篇》记载，"桓公〔温〕伏甲设馔，广延朝士，因此欲诛谢安、王坦之……谢之宽容愈表于貌。望阶趋席，方作《洛生咏》，讽浩浩洪流。桓惮其旷远，乃趣解兵"。容貌风度竟然可以免除杀身之祸。而在此风度背后是内在充实的文化与社会自信。

魏晋名士

"名士"就是知名之士。周秦之际，名士以才能知名。董仲舒更化之后，名士以德行、经术知名。到魏晋南北朝时期，名士内涵又有新义，士林风气亦为之一变再变。

曹魏时代的名士，也即正始名士，基本属于曹魏新兴权贵集团，以曹爽为首，包括夏侯玄、何晏等人，也有王弼。这个集团的名士普遍缺乏家内经学熏陶，因而，率先推动了士族浮华风气。比如，何晏本为汉末外戚何进之孙，其母尹氏被曹操纳为妾，何晏随母成长于后宫，又尚公主为妻。其身份尊贵，而"性自喜，动静粉白不去手，行步顾影"①。这些名士也疯狂聚敛财物，又追求享乐，《三国志·诸夏侯曹传》说，曹爽"饮食车服，拟于乘舆；尚方珍玩，充牣其家；妻妾盈后庭……作窟室，绮疏四周，数与晏等会其中，饮酒作乐"。何晏等人专政，"共分割洛阳、野王典农部桑田数百顷，及坏汤沐地以为产业，承势窃取官物"。

然而，这个时代，司马懿集团的力量已经成型，与正始名士集团之间有严重冲突。因此，他们的享乐实带有末世感。为此而有"寒食散"之兴起。其中有一种，以石钟乳、石硫黄、白石英、紫石英、赤石脂等组成，名为"五石散"，服用者最多。服此散后，身体忽冷忽热，周身上下，痛苦难言，而伴随莫名的恍惚状态，且口出谵言妄语。此后名士，常以服药为尚。

这个名士集团被司马懿击败并夷三族。稍后另外兴起一个名士团体：竹林七贤。以嵇康、阮籍、山涛为领袖，向秀、刘伶次之，阮咸、王戎为附属。这其中，嵇康与曹魏宗室有姻亲关系，故对掌权的司马氏采取不合作态度：司马氏主张恢复名教，嵇康的核心观念则是"越名教而任自然"。因此，嵇康被司马氏借故处死。

基本上，竹林名士皆好老、庄，因此而任自然，对名教不以为然，因而与司马氏关系紧张。在严苛政治环境中，他们普遍采取躲避灾祸之生存策略：醉酒佯狂。《晋书》卷四十九记载：

> ［阮］籍本有济世志，属魏、晋之际，天下多故，名士少有全者。籍由是不与世事，遂酣饮为常。［晋］文帝初欲为武帝求婚于籍，籍醉六十日，不得言而止。钟会数以时事问之，欲因其可否而致之罪，皆以酣醉获免。

饮酒也是魏晋南北朝名士们的风尚，然而，这种风尚的起源实与残酷的政治环境有关。当然，这种风气也合乎老庄"任自然"之宗旨。

---

① 《三国志·诸夏侯曹传》注引《魏略》。

正是从竹林名士开始，玄学大兴。至于阮籍，"虽不拘礼教，然发言玄远，口不臧否人物"，实际上，阮籍十分清醒而谨慎，也正是他推动了清谈之成熟。

到西晋，又有中朝名士；晋室南迁，则有东晋名士。这些名士所面临的政治压力，略有缓解，因而他们的行为不再过分怪异，而更多呈现为华丽、奢靡、轻浮。

在此浮华时代，另一种名士独树一帜，即隐士如陶渊明。孔子时代就有隐者。两汉代不绝人，《后汉书》专门有《逸民列传》，到《晋书》则专门为《隐逸》列传。陶潜之可贵者在于其本为士族，而有隐逸之志，如《五柳先生传》所说"忘怀得失"，其精神之洁净、处世之洒脱，为后人所向往。

玄学

魏晋南北朝时代新兴之思想为"玄学"，玄学之形成，固与汉末、魏晋残酷而变幻莫测的政治环境有关，也有其思想演进之内在脉络可寻。

周人最重诗书，孔子教导弟子也偏重于诗书礼乐。《史记·孔子世家》记载："孔子晚而喜《易》，序彖、系、象、说卦、文言。读《易》，韦编三绝。曰：假我数年，若是，我于易则彬彬矣。"经过周游列国之挫折，孔子措意于性与命与天道，而重视《周易》。不过，早期儒家依然把诗书列为诸经之首，继之以乐，然而才是《易》。司马迁作《儒林列传》，《易》也在《诗》、《书》、《礼》之后。

然而，西汉末年刘向作《七略》，东汉初年班固据此作《汉书·艺文志》，易已被列为诸经之首。可见，西汉中期以后，在士人观念世界中，《周易》的地位急剧上升。这并不奇怪：战国中期后，各家思想均阴阳化，尤其是儒家，天道观念渗透于经学。董仲舒—汉武帝更化之后，经学占据学术主流地位，天道观念也就逐渐盛行。而《周易》尤其是易传多言阴阳天道，必然被人重视。

汉代易学又有两支：一派言象数，一派谈玄理。直接影响玄学者为后者，其中关键是西汉末年的蜀人扬雄，他"以为经莫大于《易》，故作《太玄》"①，以为玄者，天也、道也，圣贤制法作事，皆引天道以为根本。到汉末、三国时代，相对于其他各经，易学最为兴盛，而易学家多习《太玄》，逐渐形成谈玄的新思潮。

至王弼注《周易》，则一扫汉代易学传统，抛弃象数之学，直言义理，其依据在《周易略例·明象篇》："夫象者，出意者也。言者，明象者也。尽意莫若象，尽象莫若言。言生于象，故可寻言以观象。象生于意，故可寻象以观意。意以象尽，象以言著。故言者所以明象，得象而而忘言。象者所以存意，得意而忘象。"王弼因此张大易学之易理传统，宋代程颐延续了这个传统。

当然，得意忘言也奠定了玄学的学术方法。汉代经学朴茂严谨，以章句为主，也即紧扣阐释对象，离章辨句，逐句、逐章阐释原文，较为繁琐，甚至不乏附会。王弼倡导得意忘言，注重于疏通大义而不以辞害意，甚至寻绎"言外之意"。这也就让思想更为洒脱——当然也可能更为虚浮。

玄学思想的另一渊源是道家。汉初黄老之术盛行，董仲舒更化之后，相对冷落。但在此后，那些游离于正统经学而好学深思之辈如扬雄、桓谭、王充、蔡邕等人，都偏爱老子道家之学。汉末、魏晋时代，正统经学受到政治挤压，思想也丧失活力，黄老得以在两个层面上兴起：在社会底层，有道教之兴起；在上层士族中，则有老庄之学的兴起。王弼之注《老子》，同样具有决定性意义。随后有向秀、郭象注《庄子》。

上述三个学术传统汇集而为魏晋之"三玄"。《颜氏家训·勉学篇》说：

> 何晏、王弼祖述玄虚，递相夸尚，景附草靡……直取其清谈雅论，辞锋理窟。剖玄析微，妙得入神。宾主往复，娱心悦耳。然而济世成俗，终非急务。洎于梁世，兹风复阐，《庄》、《老》、《周易》，总谓三玄。

玄学兴起，中国思想之整体结构发生巨大变化。汉代经学言天，构

---

① 《汉书·扬雄传》。

造了一个天人之际的宇宙，天是至高的主宰者，并有确定的道德倾向。天监察人间，通过灾异警示君王，儒生则通过经术探究、阐明天意，学术在"究天人之际，通古今之变"。到玄学，天退隐了，代之而起的是"道"或"太极"。太极或是有或是无，但终究丧失了其意志性、道德性，也不可能监察人间。应当说，魏晋玄学构建了一个最具有"哲学"意味的思想体系，玄学家沉思于有无、体用、自然与名教等玄远问题。

中国思想自然演进至玄学，让佛教获得了进入主流思想之机会：玄学家们所谈论的哲学，正是佛学擅长的。僧人多用玄学家的概念来翻译、表达佛理，而佛学渊深之思辨体系对玄学家产生极大吸引力，他们转而接受佛学。而一旦佛教进入上层社会，中国思想观念世界之整体格局也就会发生根本性变化。

清谈

周代君子即十分重视言辞，君子出口成章，由此而有《国语》，专门记录列国君子朝聘、飨宴、讽谏、辩诘、应对之辞。儒家养成士君子，也十分重视言辞的技艺。战国纵横家尤其善于言辞，汉初陆贾、司马相如等人犹有此风。即便在经学中由于书写工具匮乏，经、传也是通过口耳相传的方式传承的。经师也须擅于讲说，才能开门授徒。

随着国家安定，纵横之风衰退。更化之后，经学地位大幅度提升，士人趋向恭谨守礼。加上书写工具易得，士人更多借助文字严谨地表达自己的心志，逐渐不再重视言辞技艺。

到东汉后期，士人对经师繁琐的章句之学心生厌烦，而当时的太学发达，士人聚集洛阳，频繁会聚，由此而有士人聚会游谈之风。汉末，宦官专权，士气高涨，而有"清议"，清议的核心内容是品鉴人物，议论士人或官员品行之高下，行为之正邪，由此形成了"三君"、"八俊"、"八顾"、"八及"、"八厨"等名目。

这其中有一个人物相当特别，即郭太，《后汉书·郭符许列传》说他"性明知人，好奖训士类"，然而，他"虽善人伦，而不为危言核论。故宦官擅政，而不能伤也。及党事起，知名之士多被其害，唯林宗及汝南袁闳得免焉"。郭太也在品鉴人物，但并不具体评议高官显宦之得失，只是抽象地研讨人伦识鉴的理论。残酷的政治环境促使很多士人转向这种讨论，刘劭的《人物志》是这方面的代表作。

清议由此转变为清谈。清议议论特定人物之德行，清谈则抽象谈论人的性情、才性等伦理学、哲学议题。《世说新语·文学类》说钟会曾撰作《四本论》，四本就是关于才、性关系的四种主张：才性同，才性异，才性合，才性离。此处之性是仁义礼智之性，才是治国用兵之才能。可见，曹魏时代的清谈，与现实政治有密切关系。曹操主张蔑弃士大夫之德，而唯才是举，由此引起用人标准之争论。大体上，拥曹者主张才性异或才性离，反曹者则主张才性同或才性合。

进入晋尤其是东晋，这个问题不再重要，清谈的内容又有一变，大体上是谈论玄学。经过魏、西晋，"三玄"已经成熟，佛学也已加入，士人以谈玄为风尚。《晋书》卷四十三《王衍传》记载：

> ［王］衍既有盛才美貌，明悟若神，常自比子贡。兼声名藉甚，倾动当世。妙善玄言，唯谈《老》《庄》为事。每捉玉柄麈尾，与手同色。义理有所不安，随即改更，世号"口中雌黄"，朝野翕然，谓之"一世龙门"矣。累居显职，后进之士莫不景慕放效。选举登朝，皆以为称首。矜高浮诞，遂成风俗焉。衍尝丧幼子，山简吊之。衍悲不自胜，简曰："孩抱中物，何至于此！"衍曰："圣人忘情，最下不及于情。然则情之所钟，正在我辈。"简服其言，更为之恸。

这种风气一直贯穿于整个东晋、南朝，直到南方士族群体毁灭。

总体说来，清谈是上等士族的一种文化风尚。士族形成一个相对紧密的文化共同体，在园林、山中别墅、寺庙等清幽高雅之地形成一个个相对开放的社交场所。士族们均接受过较好的教育，生活优裕，工作清闲，经常聚会。清谈就是聚会的助兴节目，其内容无所不包，但最能吸引人的还是清新可喜的辞令与随机应变的机敏。优雅而机敏的清谈能让一个人在士族群体中赢得尊重。

对士族来说，清谈具有重大意义：士族们在这样优雅的社交场所中确认自己的文化、社会与政治身份，形成共同的身份认同，分享知识，解决彼此分歧。在太学制度瓦解后，士族子弟也在这样的场所中接受新知识，进行士族风度的训练。

技艺

因为生活优裕，心灵畅发，魏晋士族令多种精神生活之技艺，得以独立、成熟，这包括书法、绘画与文学。

中国文字源远流长，连续不断。自古以来，中国各地之语各异，至今依然如此。然而文字却始终大体相同。这是中国文明具有强大凝聚力的核心力量之一。在汉末之前，无人把文字书写作为一种艺术对待，它只是实用工具而已。《汉书·艺文志》小学节记载，秦时之李斯、赵高、司马相如、史游、扬雄、班固等人都曾书写字书，以为文字规范。今人将彼时遗留的碑刻视为书法珍品，不过，书写者本人当时并无书法之艺术自觉。

到东汉末年，随着士族门第成熟，书法才被当成一种艺术，为士族自觉地追求，书法艺术至此产生。士族对高贵、优美生活之追求，自然及于书写。很自然地，书法是上层阶级的艺术，东汉、魏晋以来的伟大书法家基本上出自士族，比如，在中国书法史中具有决定性意义的人物：钟繇，王羲之。而且，书法艺术具有家族传承的明显特点：钟繇的儿子钟会善书法。王羲之所在的王家，书家辈出，王羲之的几个儿子玄之、徽之尤其是献之，都是杰出的书法家。

书法艺术一出现，就与秦汉文字的气质不同。秦代流行篆书，汉代隶书盛行。现存汉代碑刻多为隶书。而这两种书体都严谨工整。书法作为一门艺术的诞生，则以秀丽的楷书、灵动的行书为标志，钟繇、王羲之的创造性也正体现于此。唯其如此，文字的书写才有能力承载更为丰富的精神内涵，成为一门艺术。

绘画同样在魏晋时代独立、成熟。唐人张彦远之绘画艺术理论著作《历代名画记》开篇《叙画之源流》说："夫画者，成教化、助人伦、穷神变、测幽微，与六籍同功，四时并运，发于天然，非由述作。"绘画比文字更为古老，与人类同生。不过，在漫长的历史中，绘画同样是实用技艺，施于宫室、器皿、车服、坟墓等处。到魏晋时代，在一些具有艺术创造力的士族那里，绘画脱离实用，成为表达个体心志之独立艺术。顾恺之是关键人物，《晋书·文苑传》说顾恺之"尤善丹青，图写特妙。谢安深重之，以为有苍生以来未之有也"。这也就是说，顾恺之创造了作为一门艺术的绘画。顾恺之的绘画仍以人物为主，但已措意于山水。

而山水画意识之觉醒才标志着中国绘画艺术之成熟。老子、孔子均有山水意识。子曰："知者乐水，仁者乐山。"① 南朝宋人宗炳较早具有山水画意识，《历代名画记》记载，宗炳"善琴书，好山水。西陟荆巫，南登衡岳，因结宇衡山，怀尚平之志，以疾还江陵。叹曰：噫！老病俱至，名山恐难遍游。唯当澄怀观道，卧以游之。凡所游历，皆图于壁，坐卧向之，其高情如此"。宗炳所作《画山水序》中说："圣人含道映物，贤者澄怀味像。至于山水，质有而趣灵……夫圣人以神法道，而贤者通山水，以形媚道，而仁者乐，不亦几乎？"宗炳最后总结说，山水画之功用，在于"畅神而已。神之所畅，孰有先焉？"这里已清楚说明士人山水画之艺术特质。此后，山水画成为最能代表中国士人精神之绘画品种。

当然，那个时代，最为重要的艺术，当属文学。

严格说来，早期的文字作品，如《诗经》，并非自觉的文学。相反，诗、乐、舞混融为一体。它被用于君子之养成，是为乐教。一直到春秋时代，君子也在公共场合赋诗言志。

诸子百家之墨家、法家皆不在意文字之美，甚至根本反对之。儒、道最重视文章之美，因而其文学理念对后世影响最大。孔子删述诗书礼乐，以文教人。因而，儒家天然重视文字表达。孔子提出一系列论断，如"诗言志"、"思无邪"、"温柔敦厚"，构成后世中国文学之主流理念。孟子"好辩"，《孟子》一书展示了缜密纯熟的论辩技巧。同时，孟子也特别强调浩然之气，所以，其文辞极有气势，"气"同样也是中国文艺理论之核心概念。

道家提出了另外一些重要理念，如"法自然"。而《庄子》一书具有浓郁的文学性，充满诡奇的想象，恣纵汪洋的文字，构造了一个奇妙的文字世界，极为精确地传达人生理想与哲学沉思。

老庄均出自楚地，也正是在楚地，诞生了文学。楚人于春秋中后期完成华夏化，但仍广泛保留了本地习俗，如王逸《楚辞章句·九歌序》说：楚地之俗"信鬼而好祠，其祠，必作歌乐鼓舞以乐诸神"。由此之

---

① 《论语·雍也篇》。

故，楚人皆善歌，《史记·项羽本纪》记载项羽的英雄末路之歌："力拔山兮气盖世，时不利兮骓不逝。骓不逝兮可奈何，虞兮虞兮奈若何！"《史记·高祖本纪》记载汉高祖归乡所赋英雄感怀之歌："大风起兮云飞扬，威加海内兮归故乡，安得猛士兮守四方！"刘邦随之起舞，涕泪数行。刘、项英雄，诗人气质如许！

正是在楚的文化土壤中，文学形成。中国历史上第一位自觉的文学家当属楚人屈原。《九歌》本为祭祀之歌，屈原加以利用、改造，以表达个体心迹，由此形成与北方《诗经》大不相同的文体，而被后人冠以"楚辞"之名。至关重要的是，屈原作赋乃是有文字记载的自觉的文学创作。在《离骚》中，屈原自拟为弃妇，故其情感哀婉缠绵，完全不同于《诗经》的"乐而不淫，哀而不伤"①。为了个体情感表达的需要，其字句也较为多变。这一点也不同于《诗经》。屈原立基于楚地文化，创造出一种完全不同于北方辞章的文体和情感表达方式。

屈原之后，宋玉等人开始自觉地从事文学创作。汉初君臣多为楚人，楚文学进入宫廷，传播于上层。这个时代出现了专职文人，或为诸侯王宾客，或为皇帝言语侍从之臣，包括东方朔、枚皋、严助、吾丘寿王、司马相如等人。他们随侍诸侯或皇帝左右，奉命制作各种赋颂。多数诏书由他们制作。有趣的是，汉武帝还令言语侍从之臣与外朝丞相等士大夫辩论。此后历朝都有文学侍从之臣的制度安排。这些文学之臣通常有经世之大抱负，不满足于文学侍从，也就产生了流传后世之赋的核心议题：对怀才不遇的感怀。这也是屈原的主题。

赋在西汉逐渐失去活泼精神，诗歌则有所突破，在《诗经》式四字句之外，出现了五言诗、七言诗。汉武帝设立乐府，采集民间歌谣。这些歌谣多为五言、七言。文人模仿，乃成一种新兴文体。保存至今的有《古诗十九首》，其主题是游子的思乡之情、思妇的闺房之怀，由此而于希望之中表达对生命之淡淡忧愁，文字质朴，而不乏哲思。

由此积累，而有了魏晋时代文学之整体自觉。整体上，两汉精神是由经学支配的，即便文学之臣，也都自幼接受经学训练，这几乎是当时唯一的教育。也因此，西汉最重要的文体——大赋，从用词、价值到写作宗旨，均深受经学影响。比如，大赋罗列经书中之名物，这一点也延

---

① 《论语·八佾》：子曰："关雎，乐而不淫，哀而不伤。"

续到六朝骈文。

魏晋时代文学之自觉，实源于士人之偏离经学。客观上，整个魏晋南北朝时期，战乱不断，生民涂炭，其惨状不能不刺激士人心灵。尤其是士人自身，在王朝更替、戎狄入侵时，生死无常，心灵不能不为之悸动。这样的外部冲击在曹操为首的邺下文人群那里，引发别样反应，正是他们，掀起个人化文学之风。

曹操出身阉宦之家，为篡汉而一心摧破儒家士大夫精神。经学塑造的士大夫之具有强烈公共性的道德情怀遭到猛烈冲击，个体的肉体感官和私人情感的敏感度大大提升。这两者寻求更为直接的表达，文学成为应手工具。因此，毫不奇怪，中国历史上第一批文学家群体形成于曹操周围，此即"建安七子"，其中除孔融外，刘桢、阮瑀、应玚、陈琳、徐干、王粲都在建安年间先后归附曹操。

此后，士族门第化，上层士人从俗物中解脱出来，对生命、自然有更为敏锐的感觉，乃自觉地进行文学创作。诗占据着文坛主导地位，五七言古体诗繁荣发展并达到鼎盛阶段。另一方面，文向诗靠拢，出现了诗化之文：骈文。赋也向诗靠拢，出现了骈赋。

当时的文学创作有一些共同的主题：首先是生死，士人感慨人生的短促，死亡之不可避免。其次是游仙，想象神仙的世界，表达对那个世界的向往以及企求长生的愿望。第三是隐逸，包括向往和歌咏隐逸生活的作品，以陶渊明最为出色。这个时代还有山水诗。玄学和佛学渗入文学，崇尚自然等也是文学的重要主题。

文学自觉之另一重要标志是划时代的文论之出现，其著名者为刘勰《文心雕龙》、钟嵘《诗品》。南北朝时期也出现了贯通古今的文学选集：萧统《文选》、徐陵《玉台新咏》。由此，文学形成了自己的"统"。

道教

经学体制松动，建制化宗教得以成长。中国本土最为规整的宗教——道教，形成于东汉，经历了从民间道教到神仙道教的演变。

道教最初形成于齐地，也即胶东半岛。此地是华夏文明早期唯一的滨海之地，面对浩渺无垠的大海，人们长于玄想。阴阳学诞生于此，这里也出现了最早的方士，鼓动秦始皇入海求仙人，寻找长生不死之术。凡此种种正是道教的核心观念。汉末出现道教，也是自然而然的，因为，阴阳五行是汉代主流观念，加上巫术就成为原始道教。此时经学体制开始松动。这给了道教以发展的机会。

《后汉书·郎颛襄楷列传》记载：汉顺帝时，有琅邪人宫崇向朝廷献师干吉（又称于吉）所得神书一百七十卷，名为《太平清领书》。此书的出现是道教形成的基本标志。朝廷以为此书妖妄不经，没有在意。然而，正是这部书颠覆了汉朝：张角得到此书，传播道教。《后汉书·刘焉袁术吕布列传》注引《典略》曰：

> 初，熹平中，妖贼大起，三辅有骆曜。光和中，东方有张角，汉中有张修。骆曜教民"缅匿法"，角为"太平道"，修为"五斗米道"。太平道师持九节杖，为符祝，教病人叩头思过，因以符水饮之。病或自愈者，则云此人通道。其或不愈，则云不通道。

最初，道教有好几个支脉。总体而言，道教诞生之初乃是一种新兴宗教，张角的"黄巾军"就是依托道教发动叛乱的。从陈胜、吴广开始，底层社会的所有叛乱皆借助鬼神，而大规模的叛乱通常借助于高度组织化的新兴宗教。只有这样的宗教才能够把离散的流民组织起来，并激励其牺牲精神。

黄巾军失败，并没有影响道教的传播。张陵在蜀中造作道书，从受道者出五斗米，此即五斗米道，就是天师道。张陵死，其子张衡行其道。张衡死，其子张鲁复行之。张鲁还占据汉中，通过教会体系治理民众，雄踞巴、汉近三十年。五斗米道扎下根来。更为重要的是，曹操攻张鲁，张鲁归降。大约是碍于张鲁信徒众多，曹操封张鲁为侯，其五子也为列侯。这样，五斗米道获得在北方政治中心发展的良机。

道教另一支则在滨海从北向南传播，《后汉书·郎颛襄楷列传》注引《江表传》记述：

> 时有道士琅邪干吉，先寓居东方，来吴会。立精舍，烧香读道书，制作符水以疗病，吴会人多事之。孙策尝于郡城楼上请会宾客，吉乃盛服趋度门下。诸将、宾客三分之二下楼拜之。掌客者禁诃，不能止。策

即令收之。诸事之者，悉使妇女入见策母，请之。

孙策盘踞江东，而其将军、宾客竟有三分之二信奉道教，且非常虔诚，见到于吉，纷纷下拜，以至于礼官不能禁止。孙策的母亲也信奉道教。孙策感到道教对自己权力的严重威胁，不听母亲劝告，杀了于吉。由此可见，道教已改变发展策略：从下层民众转到上层精英中发展信徒。

由此，道教接连卷入两桩重大政治事件：晋亡于八王之乱，八王之乱起于赵王司马伦之篡位，而司马伦与他最为信任的孙秀都信奉天师道。其后又有孙恩之乱，仍以天师道为号召。天师道成为一支重要的政治不稳定力量。

晋室南迁之后，道教随之大规模在南方传播。当时皇室中不少人物信奉天师道，不少士族也是天师道崇信者。一般而言，当时士族凡是父子、兄弟姓名中皆有"之"字者，当为家族世传天师道。名字中有"道"字者，如会稽王司马道生，有"灵"字者如谢灵运，也都是天师道徒。大体上，在东晋，道教极为发达。

道教传入上层，开启了道教发展的另外一个方向，那就是"神仙道教"。这一转折的关键人物是葛洪。《晋书》卷七十二《葛洪传》说：葛洪是丹阳人，出身士族。年少时"以儒学知名"，不过，"尤好神仙导养之法"。葛洪著的《抱朴子内篇》是道教史上至关重要的文献。神仙道教的核心目的是求长生成仙，《抱朴子内篇·勤求篇》说："道家之所至秘而重者，莫过乎长生之方也。"为此，葛洪在《论仙篇》中专门论述神仙是存在的。那么，如何长生、成仙？有内修、外养两种法门。内修主要是行气和房中术。葛洪提出了各种养生之道。这些对于气功、医学的发展都有极大影响。外养主要是服仙药，葛洪最为重视的是"金丹"。所以，葛洪晚年投入炼丹事业。

值得注意的是，道教是中国本土宗教，故从一开始，就对国人主流理念采取认同态度，葛洪突出了这一点。《抱朴子内篇·对俗篇》中说："欲求仙者，要当以忠孝和顺仁信为本。若德行不修，而但务方术，皆不得长生也。"

在北方，北魏寇谦之也对五斗米道进行清整，使之甚至一度成为北魏的国教。此前的五斗米道带有底层新兴宗教的特点，《魏书·释老志》记载寇谦之清整五斗米道的具体作法："除去三张伪法，租米钱税，及男女合气之术。"前者是三张以教为政时期之特殊制度，无法适应道教正常传播之需要。男女合气之术明显与主流价值冲突。寇谦之"专以礼度为首，而加之以服食闭练"。他参照佛教戒律的形态，依据主流伦理社会规范，确定《云中音诵新科之戒》，建立道教戒律和斋仪体系；删减诸多方技、巫术，而发展服食闭练等长生之术，从而吸引上层士人。经此清整，北方天师道焕然一新，其价值、活动形态得以主流化。

这样，南北朝时期，北方、南方天师道都经历大调整，摆脱新兴宗教的边缘化特征，趋向成熟，得以进入社会上层，确立其在中国文明体中的重要位置。北方道教首先被北魏尊崇，唐代皇室尤其崇奉道教，宋、元、明等时代，道教也都曾在皇室或士大夫中流行，至于民间更是广为传布。

第二十二章　族群融合

任何秩序都会崩解。东汉末年，外戚、宦官专权，儒家士大夫与皇权之共治结构崩溃，曹操横空出世，本乎法家和兵家精神，摧破士族之道德信念。由此，士气低落，士族败坏，人心涣散，社会解体，政治无力。华夏之内溃引发内迁之胡人的觊觎之心，胡人政权在北方先后兴起。不过，北方士族仍有其质朴敦厚之力量，因而有力量抗衡胡人，并以华夏文明涵溶胡人，推动了一次漫长的夏、胡族群融合过程。

秩序解体

儒家士大夫与皇权共治体制中，中朝之非理性化经常导致王朝政治秩序之解体。西汉，宫中对外开放，并不专用刑余之人。故西汉中朝，多由外戚掌权，比如王氏家族，阉宦势力不盛。到东汉，则是外戚与阉宦专权并行。皇帝多在幼年继位，太后、外戚专权盛行。到中后期，更有宦官专权之兴起。这首先是因为，汉光武帝中兴之后，宫中不再任用士人，而只用阉宦，并有定额。汉和帝继位，年纪幼小，而外戚专权，皇帝无法与内外臣僚接触，整日与宦官在一起，对阉宦形成深刻的感情依赖。外朝士大夫对此不满，提出批评，皇帝倍感孤独，反而加深对阉宦的依赖。于是，东汉中后期，阉宦"手握王爵，口含天宪"[1]。

这当然引起士人的强烈反对。儒家士大夫反对外戚专权，不过更化之后，外戚也普遍接受儒家教育，故儒家士大夫与之并非直接敌对关系。相反，更大的敌意在儒家士大夫与宦官之间，士子羞与阉宦为伍，故多有批评。阉宦心态扭曲，其对士人的回应也毫不留情，制造"党锢"。双方势成水火。由此带动共治体制破裂，政治秩序当然解体。

---

[1] 《后汉书·宦者列传》。

　　阉宦则在这场政治较量中获胜，而有曹魏政权。曹操出身阉宦之家：其父曹嵩，为汉桓帝宠幸之中常侍曹腾之养子，无人知晓其家世出身。身在阉宦集团中，曹操对儒家士大夫群体之态度，也就可想而知。曹操掌政之后，采取种种权谋，打击士大夫阶层。首先，曹操刻意打击声望最高之士族。《后汉书·杨彪列传》记载，袁术与曹操为敌，而与杨彪有姻亲关系，曹操据此将杨彪下狱，欲以大逆之罪处死。自杨震经杨秉、杨赐至杨彪，弘农杨家是四世公卿的士族，孔融与杨氏有休戚之感，不及朝服，匆忙替杨彪说情：

　　"杨公四世清德，海内所瞻。《周书》：'父子兄弟，罪不相及'，况以袁氏归罪杨公。《易》称'积善馀庆'，徒欺人耳。"操曰："此国家之意。"融曰："假使成王杀邵公，周公可得言不知邪？今天下缨緌搢绅所以瞻仰明公者，以公聪明仁智，辅相汉朝，举直厝枉，致之雍熙也。今横杀无辜，则海内观听，谁不解体！孔融，鲁国男子，明日便当拂衣而去，不复朝矣。"操不得已，遂理出彪。

　　孔融之言实在威胁曹操。曹操虽以法术治国，但当时资源皆掌握在士族手中，曹操欲成大事，不能不依赖士族。不过，他也时刻图谋摧破名门，迫使士族低头。孔融明白这一僵局，故相当露骨地代表士族群体威胁曹操：若杀害杨彪，士族将对曹操二心。曹操听出孔融的意思，暂时放过杨彪。不过最终，曹操以莫须有的罪名杀了杨彪的儿子杨修。弘农杨氏是汉代士族之象征，曹操必欲摧破之，以在士族中树立威权。

　　为杨彪说情的孔融，也遭杀害。孔融是孔子二十世孙，至汉末有六百年传承。《后汉书·孔融传》说孔融"年十三，丧父，哀悴过毁，扶而后起，州里归其孝。性好学，博涉多该览"，孔融可谓是典型的儒家士人。担任北海相时，孔融积极救助战乱之余的流民，"立学校，表显儒术，荐举贤良郑玄、彭璆、邴原等……郡人无后及四方游士有死亡者，皆为棺具而敛葬之"。孔融完全按照儒家为政之道治理地方。当时多位朝廷大臣依曹操法家旨意，欲恢复肉刑。孔融依据儒家理念，坚决反对。他对曹操之为人总看不惯，多有讥讽。曹操忌恨在心。孔融又喜好结交士人，宾客盈门，为曹操所惧。曹操乃以鸡零狗碎的理由将孔融下狱弃市，其妻与儿子也被杀。

伏氏家族自汉初济南伏生传《尚书》，累世传经为宦，历经两汉四百年，至汉末，这个家族更为荣耀：伏完尚桓帝之女阳安长公主，其女则为汉献帝皇后。曹操对此家族忌恨有加，借故杀死伏后，诛灭伏氏家族。《曹瞒传》记载，曹操派华歆捉拿汉献帝之伏皇后：

公遣华歆勒兵入宫收后，后闭户匿壁中。歆坏户发壁，牵后出。帝时与御史大夫郗虑坐，后被发徒跣过，执帝手曰："不能复相活邪？"帝曰："我亦不自知命在何时也。"帝谓虑曰："郗公，天下宁有是邪！"遂将后杀之。

"我亦不自知命在何时也"写出了生长在宦官家庭的曹操之扭曲心理。

曹操也致力于摧破士族之精神支柱及其赖以立身制度，著名的《求才三令》即以此为目的，故曹操不惮以三令五申。首先是建安十五年春，曹操下令曰：

自古受命及中兴之君，曷尝不得贤人君子与之共治天下者乎！及其得贤也，曾不出闾巷，岂幸相遇哉？上之人不求之耳。今天下尚未定，此特求贤之急时也。"孟公绰为赵、魏老则优，不可以为滕、薛大夫。"若必廉士而后可用，则齐桓其何以霸世！今天下得无有被褐怀玉而钓于渭滨者乎？又得无盗嫂受金而未遇无知者乎？二三子其佐我明扬仄陋，唯才是举，吾得而用之。

曹操说求"贤"，但其所期望之贤其实只是才。这与董仲舒以降汉代士人对贤的理解正好相反。且曹操特别提出，"明扬仄陋"，显然针对士族而发，旨在打破士族对权力的垄断，拔擢寒士。建安十九年十二月，曹操又下令：

夫有行之士未必能进取，进取之士未必能有行也。陈平岂笃行，苏秦岂守信邪？而陈平定汉业，苏秦济弱燕。由此言之，士有偏短，庸可废乎！有司明思此义，则士无遗滞，官无废业矣。

曹操提出德与才不可兼得之说，恰恰是那些无德而有才之人，成就了伟大的功业。建安二十二年秋八月，曹操再次下令曰：

昔伊挚、傅说出于贱人，管仲，桓公贼也，皆用之以兴。萧何、曹参，县吏也，韩信、陈平负汗辱之名，有见笑之耻，卒能成就王业，声著千载。吴起贪将，杀妻自信，散金求官，母死不归，然在魏，秦人不敢东向；在楚，则三晋不敢南谋。今天下得无有至德之人，放在民间，及果勇不顾，临敌力战；若文俗之吏，高才异质，或堪为将守；负污辱之名，见笑之行；或不仁不孝，而有治国用兵之术。其各举所知，勿有所疑。①

最后一句话表明，当时士族拥有广泛而深厚的影响，所以，前两令并未被认真执行。因此，曹操第三次申明德才不可兼得论，且这一点愈来愈露骨。

这三篇文书不只是求才之令，而是曹氏大政方针之宣言。其要旨是德才不可兼备，有德未必有才，有德经常无才。而在曹氏价值排序中，只要有才，无须有德。曹操之"唯才是举"旨在排斥德行，否定德行之价值。而德行本为儒家士大夫立身之本，也是更化之后汉家为政之本。汉代举孝廉的标准就是士人之德行，由此进身的儒家士大夫多以德行标榜。修身立德是士大夫之精神支柱，士大夫群体的联结纽带也正是这一价值共识，士大夫群体的力量同样来自其道德理想主义精神，这一点，在士人抗衡阉宦中已有淋漓尽致的表现。而具有这种道德意识的儒家士大夫，对曹操之人格、施政行为和法度、政策皆难以接受，孔融直接将自己的鄙视表达出来。曹操欲巩固自己通过暴力获得的权力，就必须贬抑德行，反士林价值观而行，重建用才标准，以自己掌握的位，摧破士大夫群体之价值。求才三令，其实是在宣示反儒家的价值立场。

沿着反儒家的路，曹操也成为那个时代的异类：法家。《三国志·武帝纪》说：曹操"揽申、商之法术，该韩、白之奇策"。曹操之政治理念基本上抛弃儒家，而走到儒家的反面：以法家治国，以兵家为术，而向来的法家、兵家实为一家。

---

① 三令俱见《三国志·魏书一·武帝纪》第一及其注。

阉宦家世与法家、兵家的知识结构，使曹操的精神气质与东汉士大夫完全不同。《三国志·魏书·武帝纪》注引《曹瞒传》用四个字形容曹操之性格："酷虐变诈。"曹操杀害大量士族，在征伐之中多次屠城，毫无恻隐怵惕之心。当然，曹操也将兵家之术用于人际关系中。

曹操凭借着残忍与权谋之"才"，操纵汉家朝廷，荡平各地豪杰。然而，在汉末观念和社会环境中，曹操终究不能不有所忌惮。更因为心术不正，故始终无法提出光明正大的革命理由，而只能猥琐地挟天子以令诸侯。至其子曹丕，才公然篡汉立国。然而，士族并不完全认同此一异类政权。有两百年积累的根基，他们拥有广泛的社会基础。士族群体处心积虑，以司马氏为中心，很快颠覆曹魏政权。

士族败坏

曹魏倒台，士族完全控制权力。司马氏也标榜恢复汉家法度，尤其强调以孝治天下。自司马懿以来，居父母之丧，皆逾常制。当司马昭控制魏政，也大力提倡孝道，当时的三大孝王祥、何曾、荀颜同一日被任为三公，王祥后被列入"二十四孝"。

然而，曹操的法家权谋统治造成深刻的精神后遗症：世道人心已经崩塌，士族本身也已腐败，士林普遍抛弃仁义廉耻。司马氏本人就是最好的例证。《晋书·宣帝纪》这样评价司马懿："帝内忌而外宽，猜忌多权变。"对待政敌，司马氏父子也十分残忍。代表士族长期与曹操争锋的袁绍之性格也是"外宽而内忌"[1]。外宽乃是诗书熏陶之性情，内忌则是残酷环境中历练之权术。这种人以阴谋论对待他人，时机不成熟时百般隐忍，一旦得到机会则心狠手辣。

晋之开国者晋武帝则在欲望放纵之路上狂奔。虽标榜孝道，武帝行为却极为腐败，《晋书》卷三十一《后妃传上》记载：

> 泰始中，[晋武]帝博选良家以充后宫：先下书，禁天下嫁娶。使宦者乘使车，给驺骑，驰传州郡，召充选者，使后拣择……名家盛族子女，多败衣瘁貌以避之。

---

[1] 《三国志·卷十·荀彧荀攸贾诩传》。

时帝多内宠。平吴之后，复纳孙皓宫人数千。自此，掖庭殆将万人，而并宠者甚众。帝莫知所适，常乘羊车，恣其所之，至便宴寝。宫人乃取竹叶插户，以盐汁洒地，而引帝车。

晋武帝后宫之盛，可谓空前绝后。然而，他也遭到报应，继位的晋惠帝是痴呆儿。

及居大位，政出群下。纲纪大坏，货赂公行。势位之家，以贵陵物。忠贤路绝，谗邪得志，更相荐举，天下谓之"互市"焉。高平王沈作《释时论》，南阳鲁褒作《钱神论》，庐江杜嵩作《任子春秋》，皆疾时之作也。

帝又尝在华林园，闻虾蟆声，谓左右曰："此鸣者为官乎、私乎？"或对曰："在官地为官，在私地为私。"及天下荒乱，百姓饿死，帝曰："何不食肉糜？"其蒙蔽皆此类也。

鉴于此，赵王司马伦篡位，引发八王之乱，晋室自相残杀，最终解体。

不光司马氏，整个士族陷入群体性腐败中。其中最为引人注目的是奢靡而贪财。《晋书》卷三十三《石崇传》记载：

财产丰积，室宇宏丽。后房百数，皆曳纨绣，珥金翠。丝竹尽当时之选，庖膳穷水陆之珍。与贵戚王恺、羊琇之徒以奢靡相尚。

奢靡是当时士族之风气。石崇有宠妓曰绿珠，美而艳，善吹笛。当时赵王司马伦专权，派其爪牙孙秀求之。石崇不允，孙秀乃劝赵王杀石崇。石崇则与淮南王等人密谋，先发制人，被人察觉逮捕。

及车载诣东市，崇乃叹曰："奴辈利吾家财。"收者答曰："知财致害，何不早散之？"崇不能答。

士族对钱财之爱，已失去理性，而成为一种精神疾病。《晋书》卷四十三《王戎传》记载：

性好兴利，广收八方园田水碓，周遍天下。积实聚钱，不知纪极。每自执牙筹，昼夜算计，恒若不足。而又俭啬，不自奉养，天下人谓之膏肓之疾。女适裴頠，贷钱数万，久而未还。女后归宁，戎色不悦。女遽还直，然后乃欢。从子将婚，戎遣其一单衣，婚讫而更责取。家有好李，常出货之，恐人得种，恒钻其核。以此获讥于世。

有鉴于此，鲁褒痛惜当时士族之贪鄙，著《钱神论》以讽刺之。他指斥当时士族对于金钱"亲之如兄，字曰孔方"：

洛中朱衣，当途之士，爱我家兄，皆无已已。执我之手，抱我终始，不计优劣，不论年纪，宾客辐辏，门常如市。谚曰："钱无耳，可使鬼。"凡今之人，惟钱而已。

两汉士族本以孝友之德行立身，然而，经历曹魏之巨变，士族群体严重地物质化——法家、兵家之基底就是物质主义。残酷的生存环境迫使他们通过变态地积累和占有财富获得可怜的安全感，或者麻醉自己敏感的心灵。

社会领导群体之精神状态如此，则他们很难以诚敬的态度管理社会，承担行政和政治秩序之责任。这方面的记载极多，如《晋书》卷四十三《山简传》记载，山简"出为征南将军、都督荆、湘、交、广四州诸军事、假节、镇襄阳。于时，四方寇乱，天下分崩，王威不振，朝野危惧。简优游卒岁，唯酒是耽"。《王澄传》记载，王澄为荆州刺史、持节、都督，"既至镇，日夜纵酒，不亲庶事，虽寇戎急务，亦不以在怀"。王澄同族王衍职为太尉，石勒叛乱，众人推之为元帅，"衍以贼寇锋起，惧不敢当"，很快，全军为石勒所破。

勒呼王公，与之相见，问衍以晋故。衍为陈祸败之由，云计不在己。勒甚悦之，与语移日。衍自说少不豫事，欲求自免，因劝勒称尊号。勒怒曰："君名盖四海，身居重任，少壮登朝，至于白首，何得言不豫世事邪！破坏天下，正是君罪。"使左右扶出。谓其党孔苌曰："吾行天下多矣，未尝见如此人，当可活不？"苌曰："彼晋之三公，必不为我尽力，又何足贵乎！"勒曰："要不可加以锋刃也。"使人夜排墙填杀之。衍将死，顾而言曰："呜呼！吾曹虽不如古人，向若不祖尚浮虚，戮力以匡天下，犹可不至今日。"

石勒已清楚地指出，天下瓦解，责任全在士族。当死亡降临，王衍才恢复理性，承认如果士族当初勇于承担治理责任，则天下必不至于此。

然而，王衍虽有此觉悟，但士族精神之腐朽、败坏之势，无可阻挡。虽有西晋败亡之前鉴，东晋南朝之士族依然如故。这就是南朝始终无力恢复中原的根源。自更化以来，儒家士大夫群体就是社会治理之主体，而儒家士大夫与秦制下的刑名吏之根本区别在于其道德理想主义精神。由此，士君子可树立道德权威，整合社会团结；由此，士君子以行道之理想提撕政治向上。借这两者，两汉才有四百年基业。曹魏政权竭力摧毁士人道德精神，导致士族有其位而无其德。如此，则整个社会价值空虚，人心离散，社会涣解，政治堕落，军力衰竭。一言以蔽之，士族向下堕落，则国家颓然无力。

中国如此状态，自然启发胡人觊觎之心，趁机内侵，而有五胡乱华之巨变。

胡人内迁

五胡指胡、羯、鲜卑、氐、羌五个种族，他们分别在北方汉地建立政权，时间或长或短，规模有大有小。而五胡不同于此前困扰华夏之匈奴、突厥，而皆有一定程度的华夏化。

卫青、霍去病出击漠北，歼灭匈奴有生力量。汉宣帝时代，匈奴单于势穷力单，称臣于汉，中国也安置这些匈奴于中国之边地，主要在今山西中北部，以部落形态与汉人杂居。他们也自告奋勇为汉家"保塞守御"，为此提出，汉家当撤除沿边障塞亭隧及其守御吏卒。当时不少大臣认为，这样可以减省军事开支，但郎中侯应娴习边事，他认为万不可答应匈奴，其核心理由是："夫夷狄之情，困则卑顺，强则骄逆，天性然也"[1]。后来事实证明，侯应是正确的。

---

[1] 《汉书·匈奴传下》。

戎狄内迁，确实有利于减轻国防负担，中国甚至希望以夷制夷，用内迁的戎狄对付更为遥远而不驯服的戎狄。因此，西汉中期以来，中国对这些入居边地的匈奴始采取"包"而"化"之的政策。而进入内地之后，资源丰富，匈奴人口快速繁衍，向四周扩散，弥漫北方边境地区，终致难以控制。

最大的危险在于，戎狄虽然内迁，却仍保留其部落建制，因而具有坚固的组织。他们通常也执行自己的法律。这样，华夏之礼乐文明难以影响他们。匈奴、羌胡等族的华夏化过程始终没有完成。戎狄仍保持其固有精神，即《史记·匈奴列传》所说，"苟利所在，不知礼义"。也因此，他们与中国的关系就是《后汉书·西羌传》所说："王政修，则宾服；德教失，则寇乱。"

而他们已深入内地，转成中国心腹之患。曹操基于兵家的敏锐，曾采取措施，对南匈奴采取分而治之的办法。邓艾也提出了"渐出"羌胡的建议，也即，将已杂居于汉地的羌胡逐渐移出。然而，晋立国之后，反其道而行之，连续接纳了南来之匈奴。这样，今山西、河北等地，充塞胡人。在西北，关中、河西也到处是胡人。晋室内乱，胡人发现有机可乘，立刻发动叛乱。而此时，他们就在中国的心腹之地。

不过，胡人已长期生活于汉地，当然会有一定程度的华夏化。比如，最早在北方叛乱之刘渊，又名刘元海，《晋书》卷一百一《刘元海载记》记载：

> 幼好学，师事上党崔游，习《毛诗》、《京氏易》、《马氏尚书》，尤好《春秋左氏传》、《孙吴兵法》，略皆诵之，《史》、《汉》、诸子，无不综览。

当时的情形是，东方是华夏文化最为发达的地区，而刘氏匈奴部族就"居于晋阳汾涧之滨"，这个地区的经学极为发达，收入《晋书·儒林传》者除崔氏外，还有雁门范隆、上党续咸等人。胡人上层必然模仿华夏士族，幼习经学，由此而华夏化。也因此，刘渊虽然叛晋，然其所建立的政权却尊汉之正统。不过，他们毕竟是胡人，所以，具有战士的天赋。

刘渊之从祖刘宣同样接受过很好的经学训练："师事乐安孙炎，沈精积思，不舍昼夜，好《毛诗》、《左氏传》。"然而，此人戎狄之性终究难除：

惠帝失驭，寇盗蜂起，元海从祖故北部都尉、左贤王刘宣等窃议曰："昔我先人与汉约为兄弟，忧泰同之。自汉亡以来，魏晋代兴。我单于虽有虚号，无复尺土之业。自诸王侯，降同编户。今司马氏骨肉相残，四海鼎沸。兴邦复业，此其时矣。左贤王元海姿器绝人，斡宇超世。天若不恢崇单于，终不虚生此人也。"于是密共推元海为大单于。

因为聚族而居，故胡人虽居于汉地，并在文化上部分地华夏化，但仍具有十分强烈而明确的部族意识。当华夏政治秩序稳定时，他们接受朝廷的管制。一旦王纲解纽，其逐利之天性促使他们反叛，而建立自己的政权。

羯族之石勒同样接受过华夏文化，《晋书·石勒载记下》记载：

[石]勒始制轩悬之乐，八佾之舞，为金根大辂，黄屋左纛，天子车旗，礼乐备矣。

[石]勒亲临大小学，考诸学生经义，尤高者赏帛有差。勒雅好文学，虽在军旅，常令儒生读史书而听之，每以其意论古帝王善恶，朝贤儒士听者莫不归美焉。尝使人读《汉书》，闻郦食其劝立六国后，大惊曰："此法当失，何得遂成天下！"至留侯谏，乃曰："赖有此耳。"其天资英达如此。

显然，石勒对经史所记华夏治理之道，皆有较为深入的思考。《晋书》卷一百九、一百十、一百二十七分别记载鲜卑慕容氏：

慕容皝……雄毅多权略，尚经学，善天文。
慕容儁……博观图书，有文武干略。
慕容德，字玄明，皝之少子也……博观群书，性清慎，多才艺。

《晋书》卷一百十三又记载氐族的苻坚：

八岁，请师就家学。[其父苻]洪曰："汝戎狄异类，世知饮酒，今乃求学邪！"欣而许之……性至孝，博学多才艺。有经济大志，要结英豪，以图纬世之宜。王猛、吕婆楼、强汪、梁平老等并有王佐之才，为其羽翼。

又《晋书》卷一百十七记羌族之姚兴为太子时：

与其中舍人梁喜、洗马范勖等讲论经籍，不以兵难废业，时人咸化之。

总之，因为长期居于汉地，故趁华夏之乱而在汉地建立政权之五胡族群，普遍有一定程度的华夏化，尤其是上层精英普遍受当时士族的影响。正因为有此文明基础，这些政权建立之后，普遍推动本部族之华夏化，比如，恢复学校，逐渐打破部落结构，采取编户齐民政策。

胡人采取这样的政策，北方士族也勉强与胡人合作。胡人政治之华夏化推动了种族融合。当然，这个进程在不同族群那里进展不一：匈奴、鲜卑逐渐融入汉人，一部分氐人、羌人也融入汉人，部分则向西南移动。只有羯人，因对汉人十分残暴，而被报复性地灭族。

不过，胡人华夏化最重要的案例，还是拓跋鲜卑族建立之北魏。

北方士族之坚守

胡人华夏化之根本动力在华夏士族之坚守。

晋室南迁，北方动荡，五胡纷纭，士族纷纷南迁。然而，战乱之后远距离迁徙实为一项具有极大挑战性的事业：它需要强有力的组织和一定的资源规模。因此，只有那些最为强大的士族有能力南迁。略次一等的士族无力南迁，也不甘束手等死，而在北方寻求自保。

士族本身就具有道德和政治权威，还有"族"这样现成的制度依托，自保所需的就是防御工事。在士族领导下，北方地区出现了大量坞堡。《晋书》卷八十八《庾衮传》生动地记载了士君子组织民众自保而形成严密组织的过程：

庾衮……少履勤俭，笃学好问，事亲以孝称。

齐王同之唱义也，张泓等肆掠于阳翟，衮乃率其同族及庶姓保于禹山。是时，百姓安宁，未知战守之事，衮曰："孔子云：不教而战，是谓弃之。"乃集诸群士而谋曰："二三君子相与处于险，将以安保亲尊、全妻孥也。古人有言：千人聚而不以一人为主，不散则乱矣，将若之何？"众曰："善。今日之主，非君而谁！"衮默然有间，乃言曰："古人急病让夷，不敢逃难。然人之立主，贵从其命也。"乃誓之曰："无恃险，无怙乱，无暴邻。无抽屋，无樵采人所植。无谋非德，无犯非义。戮力一心，同恤危难。"众咸从之。

于是，峻险厄，杜蹊径。修壁坞，树蕃障。考功庸，计丈尺。均劳逸，通有无。缮完器备，量力任能，物应其宜。使邑推其长，里推其贤，而身率之。分数既明，号令不二。上下有礼，少长有仪。将顺其美，匡救其恶。

及贼至，衮乃勒部曲，整行伍，皆持满而勿发。贼挑战，晏然不动，且辞焉。贼服其慎而畏其整，是以皆退，如是者三。时人语曰："所谓临事而惧、好谋而成者，其庾异行乎！"

这里十分生动地解释了儒家士君子在民众自保过程中发挥的领导作用。自保需要领导，而儒家之学就是合群之学。在非常情况下，君子之学的功用立刻发挥出来。没有君子的领导，离散之民众是无众形成秩序而凝聚力量的，在和平时期，无从生产公共品，在战乱时期，甚至不能保全生命。五胡横行期之北方士族，展现了君子之于社会治理之大用。

后来，胡人兵起，庾衮又在林虑山领导民众据险结堡自保。史家的评说解释了庾衮能发挥领导作用之品质：

庾衮学通《诗》《书》，非法不言，非道不行。尊事耆老，惠训蒙幼。临人之丧必尽哀，会人之葬必躬筑。劳则先之，逸则后之。言必行之，行必安之。是以，宗族、乡党莫不崇仰，门人感慕，为人树碑焉。

儒家士君子依恃其德、其能，发挥合群、领导作用，而于基层构造和维系社会组织风雨飘摇的华夏文明现在就寄存于儒家士人发起、领导的这些基层社会组织中。

由此也可看出，坞堡内成员不限于同宗同族。当五胡乱华，这类内部组织严密的坞堡遍布北方。《晋书》卷一百《苏峻传》说：

> 峻少为书生，有才学，仕郡主簿。年十八，举孝廉。永嘉之乱，百姓流亡，所在屯聚，峻纠合得数千家，结垒于本县。于时豪杰所在屯聚，而峻最强。遣长史徐玮宣檄诸屯，示以王化，又收枯骨而葬之。远近感其恩义，推峻为主，遂射猎于海边青山中。

五胡之滔天洪水一波又一波肆虐于北方大地，华夏族群依靠自己深厚的文化抵御着冲击。胡骑确实令人恐惧，然而，一旦聚集于坞堡，在坚定的道德精神激励下，以严密的组织为依托，华夏族群也就拥有了直面铁骑之勇气。

在士族领导下如此组织起来的华夏也拥有了主张自己文化之生存权的力量，可在胡人建立的政权中拥有谈判权。也正是在这样的离乱之世，士族深刻体认精神之力量，他们尽心竭力保存华夏文明之道：五经。

经过汉末、曹魏破坏，国家教育系统已经崩溃，经学传承完全在士族家内进行。这些士族本以经学传世、礼法立家，尤其是那些不在当时的文化中心的次一等士族。他们较少受文化中心玄虚之风的影响，学风较为朴实保守，坚守两汉正统经学。而永嘉之乱后，中原战乱不已，苛酷的生存环境迫使他们更为用心地在家内传承正统经学，以礼法自立、合群、自卫。这个时期的五经是他们在与异族生存的严酷环境中自我认同之关键。

值得一提的是"河西儒学"。永嘉之乱后，中原战乱不已，河西走廊一带反而相对安宁。有两位汉人先后在此建立政权，前有张轨父子建立之前凉，后有李暠建立之西凉。他们本身都是士族，《晋书·张轨列传》说，张轨"家世孝廉，以儒学显"。担任凉州刺史后，"以宋配、阴充、氾瑗、阴澹为股肱谋主，征九郡胄子五百人，立学校，始置崇文祭酒，位视别驾，春秋行乡射之礼"，尊崇儒学。张轨也以儒家理念治理凉州，如表彰"清贞德素，嘉遁遗荣；高才硕学，著述经史；临危殉义，杀身为君；忠谏而婴祸，专对而释患；权智雄勇，为时除难"，斥责"谄佞误主，伤陷忠贤"。《晋书·凉武昭王》则说，李暠"少而好学，性沈敏宽和，美器度，通涉经史，尤善文义"，对儒术尤加尊崇。

有此环境，中州士族托命于此，传承经学。苻坚灭前凉，凉州保存之汉晋经学传回长安，此后又继续向东，传回北魏之洛阳。这一脉经学与河北经学结合，在北魏孝文帝改革中发挥了重要作用。重要的是，这一脉经学传统于西部仍有存续。北魏解体后，宇文氏建立北周，其创制立法之知识依托，仍在此一线仅存的汉晋经学。

华夏化及其反复

胡人打天下者也积极地推进华夏化。他们不能不面对一个基本事实：他们确实依靠自己族群的武力建立政权，而一旦建立政权，所统治的人群就不再只是本族群，而至少包括另外两群人：华夏族群，及其他胡人族群。北朝所有统治者都不能不思考，如何有效地同时统治这三群人。

而这三群人的特质各不相同：本族掌握优势的武力，但人数有限；华夏族群具有最高的文明，且人数上占有优势；还有其他胡人族群，也掌握次要的但不可忽视的武力。重点是如何处理前两者的关系。胡人统治者的选择无非两种：一种是迷信武力，保持自己的族群特性，压制华夏文明和其他族群。但这是极少数，也极为愚蠢：华夏族群拒绝配合，其他胡人族群也会叛乱，其统治必极为短暂。另一种选择更为明智：主动地推动华夏化，接受华夏礼乐制度。由此可消弭族群紧张，实现政治的理性化。但这样一个长远看来具有重大好处的做法也有代价，华夏化必然触动本族群上层之政治特权，因而可能引发内乱。也因此，华夏化过程完全可能出现反复。

北魏选择了后一种国家战略，也经历过反复。

北魏太祖道武帝拓拔珪本身似乎不通经籍，不过，他对于文化的重要性还是有认识的，因此，晚年即"初令五经群书各置博士，增国子太学生员三千人"。又"集博士儒生，比众经文字，义类相从，凡四万余字，号曰《众文经》"[1]。至其子太宗拓跋嗣，情况则大不相同："帝礼爱儒生，好览史传。以刘向所撰《新序》、《说苑》于经典正义多有所

---

[1] 《魏书·卷二·太祖纪》。

阙，乃撰《新集》三十篇，采诸经史，该洽古义，兼资文武焉"①。接下来的太武帝拓跋焘即位之初，即"起太学于城东，祀孔子，以颜渊配"。人到中年，他做了另一件更为重要的事：既已平定北方多数割据政权，乃决定"偃武修文"，下令寻找"延登俊乂"：

"访诸有司，咸称范阳卢玄、博陵崔绰、赵郡李灵、河间邢颖、勃海高允、广平游雅、太原张伟等，皆贤俊之胄，冠冕州邦，有羽仪之用……"遂征玄等及州郡所遣，至者数百人，皆差次叙用。②

这里列举的是北方最著名的士族。在此之前，清河崔氏已进入政权。显然，北魏现在的统治区域主要在汉地，要治理华夏族群，就不能不依靠北方华夏精英：士族。而士族为了恢复秩序，也不能不与胡人政权合作。但是，士族具有完整的价值、治理理念和制度知识，因此，一旦他们进入胡人政权，就必然发动文化和制度变革。崔浩就迅速行动起来。《魏书》卷三十五《崔浩传》说明，崔浩是非常正统的儒家士人：

初，浩父疾笃，浩乃剪爪截发，夜在庭中仰祷斗极，为父请命，求以身代。叩头流血，岁余不息，家人罕有知者。及父终，居丧尽礼，时人称之。袭爵白马公。朝廷礼仪、优文策诏、军国书记，尽关于浩。浩能为杂说，不长属文，而留心于制度、科律及经术之言。作家祭法，次序五宗，蒸尝之礼，丰俭之节，义理可观。

崔浩的政治理想也是儒家的，"大旨先以复五等为本"，也即复封建。至于具体的政策主张，《魏书·卢玄传》记载，崔浩"大欲齐整人伦，分明姓族"，也即重视儒家坚守之德行，同时又重视士族家世。很显然，这是要完全地华夏化，以儒家价值重建国家。

崔浩这种做法引发其与鲜卑军功贵族的理念和利益冲突。值得注意的是，崔浩被处死，北方士族多被牵连，《崔浩传》说："清河崔氏无远近，范阳卢氏、太原郭氏、河东柳氏，皆浩之姻亲，尽夷其族。"这

① 《魏书·卷三·太宗纪》。
② 《魏书·卷四·世祖纪上》。

是鲜卑权贵对华夏化的一次反抗。

不过，北魏的统治中心已在北方，北魏就不能不继续华夏化，由此而有了北魏孝文帝之改制。《魏书·高祖纪下》说：孝文帝"雅好读书，手不释卷。《五经》之义，览之便讲，学不师受，探其精奥。史传百家，无不该涉。善谈《庄》、《老》，尤精释义"。可见，北魏孝文帝已完全成为士人。

孝文帝改革的核心措施包括：迁都洛阳，将政治中心南移；改衣服之制，鲜卑贵族不得服鲜卑服；鲜卑贵族改从汉姓，如皇族拓跋氏改元姓；鲜卑贵族就地埋葬，不得还北；鼓励鲜卑贵族与汉族士族通婚；断胡语，三十岁以下鲜卑官员使用汉语；祀孔子，尊经学，立太学、小学等。孝文帝改革之取向十分明确：鲜卑华夏化，鲜卑贵族士族化。尤其是语言的汉化与学术的普及，对鲜卑人的华夏化具有决定性意义。事实上，洛阳的鲜卑人也很快地华夏化。

当然，推动孝文帝改革的多为中州儒士，另有一位人物发挥了重要作用，那就是王肃。王肃乃是王导之后人，治经以《礼》、《易》为长。其父兄被齐武帝所杀，王肃愤恨，乃投奔北魏。而北魏正需要这样的人才，《北史》卷四十二《王肃传》说："孝文幸邺，闻其至，虚衿待之，引见问故。肃辞义敏切，辩而有礼，帝甚哀恻之。遂语及为国之道，肃所陈说，深会帝旨。帝促席移景，不觉坐之疲也。"孝文帝对王肃极为优待，因为，王肃给急欲变法之孝文帝提供了创制立法之知识，《王肃传》说："自晋氏丧乱，礼乐崩亡，孝文虽厘革制度，变更风俗，其间朴略，未能淳也。肃明练旧事，虚心受委。朝仪国曲，咸自肃出。"

洛阳政权之华夏化引起留在北方故地的六镇鲜卑贵族之不满。华夏化意味着以夏变夷，也即崇文鄙武，这样，武人逐渐被排斥在贵显官位之外，而鲜卑人之长唯有武技。华夏化意味着其特权削弱，政治地位下降。北方六镇胡人相信，他们被抛弃了。而他们拥有武力，于是发动叛乱，一路南下，在洛阳大肆屠杀，毁灭文明。

这场叛乱带有极强的泄愤性质，而以这群愤怒的士兵为依托的高氏北齐政权，也就走上了华夏化的反方向：鲜卑化。

在西部，关陇之宇文氏同样逆华夏化。与东方的高氏相同，宇文泰的基础也是六镇反华夏化之军人。只不过，宇文泰僻居关中，势单力弱，无从与高氏争雄。为寻求增强力量，宇文泰进行改制，建立府兵制。然而，这一改制实乃鲜卑化。府兵兵员主要为流入关中地区的六镇军人，及原在关中的鲜卑诸部人。后来也收纳关中汉人强壮者。重要的是，兵士不编入户籍。这样，兵为兵，民为民。兵为鲜卑人，民为汉人。兵民之分就是胡汉之别。其组织架构也是返祖的：仿照鲜卑最早的八部制。更具有象征意义的是，宇文泰分赐诸将以北魏初年鲜卑部落之姓，所统兵士也改从主将之姓。凡此种种皆说明，关中在去华夏化。

有趣的是，宇文泰以华夏经典装饰这样的去华夏化过程：宇文泰依《周礼》设立官制。宇文氏篡魏之后，又以周为国号，表明其上承周制的用心，甚至诏书文体也模仿《尚书》所收周公书之风格。这种做法当然旨在博取关陇地区华夏士族的支持。这样，北周制度就是一种夷夏混合制。

而华夏文明只要有其合法空间，就会逐渐地在国家体制内扩展。因此，从北周一直到隋唐，关陇贵族集团的华夏化过程持续进行。比较重要的是隋文帝。在其代周之前就下令"诸改姓者，悉宜复旧"[1]，也即改为鲜卑姓之贵族又恢复其汉姓。华夏化终于战胜了鲜卑化。隋开国之后，隋文帝下诏"凡是军人，可悉属州县，垦田籍帐，一与民同"[2]，府兵不再自成体系。原来的兵、民之分就是胡、汉之别，现在兵、民合一，也就意味着胡、汉融合。胡人不再以部落制治理，不再拥有相对于汉人的特权，而被纳入华夏的郡县治理架构中。

也就是说，隋之开国实意味着北方胡人华夏化过程之基本完成。隋又统一南方，实现分隔近三百年的南北文化之大融合。隋唐时代实乃魏晋以来族群与文化融合之收官。

---

[1] 《周书·静帝纪》。
[2] 《隋书·高祖纪下》。

第二十三章　佛教之中国化

从尧舜直到东汉，中国人的宗教信仰大体保持不变。从东汉中后期开始，中国人的宗教信仰经历了一次剧变，既有道教之兴起，更有佛教之传入。尤其是后者，实乃外来高级文化第一次与华夏固有文化发生大规模接触，其间有隔阂，有紧张，甚至有冲突，但最终经过中国化之调和，形成中国佛教。

佛教之传入

佛教形成于印度，由陆路经西域传入中国。

汉武帝击溃匈奴，打开中国向西之陆上通道。而当时中亚各族多有信奉佛教者，西域僧人东进，佛教自然传入中土。《东汉书·光武十王列传》记载，东汉光武帝之子楚王刘英"少时好游侠，交通宾客，晚节更喜黄老，学为浮屠斋戒祭祀"。而其同父异母兄弟汉明帝下达给他的诏书则说，"楚王诵黄老之微言，尚浮屠之仁祠，洁斋三月，与神为誓"云云。这是关于佛教传入中国之最早的可信文字记载。此时，佛教已传入中土。

不过，上述记载也表明，当时中土之人把佛教仅当作一种方术。战国中期，神仙方术兴起，汉武帝又大兴方术，鬼神祭祀、服食修炼等等日益盛行。而这些活动基本上托名于黄帝、老子，逐渐发展成为道教。人们刚刚习得的佛教仪轨似乎也混迹于正在形成的道教之中。《后汉书·郎颛襄楷列传下》记载，"善天文阴阳之术"的襄楷上书汉桓帝：

又闻宫中立黄老、浮屠之祠。此道清虚，贵尚无为，好生恶杀，省欲去奢。今陛下嗜欲不去，杀罚过理，既乖其道，岂获其祚哉！或言老子入夷狄为浮屠。浮屠不三宿桑下，不欲久生恩爱，精之至也。天神遗以好女，浮屠曰："此但革囊盛血。"遂不眄之。其守一如此，乃能成道。今陛下婬女艳妇，极天下之丽，甘肥饮美，单天下之味，奈何欲如黄老乎？

汉桓帝同时祭祀浮屠与黄老，襄楷接下来则相当娴熟地引用佛教义理批评汉桓帝，汉桓帝是历史记载的第一个后宫规模达五六千人的皇帝。襄楷还引述了当时流行的"老子化胡说"，也即佛教实乃老子西出而为胡人所造之教。此说流行于汉魏时代，这是人们面对异域文化的自然反应。十九世纪很多中国人也相信，西方器物、制度、观念实源于中国。

值得注意的是，这个时代的佛教主要流行于齐楚以及江淮之间。这个地方也盛行黄老之术，道教正发源于此。因此，汉人常称佛教为"佛道"，学佛为"学道"、"行道"。

西域僧人进入中土传教，不能翻译佛教经典为中文。汉末有人建立寺庙，即洛阳白马寺，主要供西域僧人译经之用。此后各地陆续建造若干寺庙，但皆与道教不分。

魏晋之际，清谈之风大盛，佛教转而附会玄学，乃脱离方术的层面，提升至玄理的层面，也就影响到精英士大夫群体。这是佛教传播史上至关重要的一步。达成这一步的关键是，僧人敏锐地意识到中土士林风气之转变，而充分地运用佛理精微之本有特征，参与到士人的玄谈场域。

比如，支谦祖先为月支族，其祖父迁入中国，精通华夏文化，后又兼学梵书，受业于同族僧人，通大乘学。汉献帝末年，洛阳动荡，避乱南渡东吴。因聪明超众，时人称为"智囊"。吴主孙权拜其为博士，辅导太子孙亮。康僧会祖先为西域康居人，随其父经商移居交趾，同样接受了很好的华夏文化训练，也在东吴传播佛教，孙权曾为其建造寺庙，这是江南第一座寺庙。他们二人翻译佛经，文辞优雅，并因为精通中国之学，而经常以中国固有之名词翻译佛经，其讲法也多会通佛学、中学，尤其是玄学。

两晋之际，越来越多的僧人具有名士风度，而成为所谓"名僧"。他们的容貌依然是西域人，但谈吐则中国化。而借助于精微的佛学义理，名僧很快获得名士们之敬仰，高谈周易、老庄的名士们很乐意与名僧交往。这些名僧之玄谈，总能标揭新理，胜义迭出，名士无不折服，名僧如支遁几乎执名士界之牛耳。《世说新语》收录了不少名僧事迹，也记录了名僧、名士交流之盛况。晋、宋以后，此风不衰。僧徒多擅文辞，旁通世典。士大夫亦兼习佛理。又因僧寺清幽，尤为其名僧、名士共同游观倡和之地。

由此，佛教完全进入上层社会。东晋、南朝诸帝，大多崇奉佛教。华夏士族也多有世代供奉佛法者，比如东晋之王、谢两族，均与佛法有密切关系。

晋室南迁之后的北朝各国立国者多为胡人，自身文化低下，故更易接受佛教，五胡十六国与北魏之后各国统治阶级普遍信奉佛教。今日传世之三大佛教石窟，云冈石窟、龙门石窟与敦煌石窟，皆开凿于这个时代。

在这个时代，出现了"格义"。特定思想体系总由一组特定语词表达，此语词骤然输入操持另一种语言的他邦，必然难以索解。有心者详加思索，必有所悟，而以本邦语言中同义之词表达。汉末支谶译《道行般若经》时，即以"本无"、"自然"等词表达佛教"性空"之义，三国支谦译《大明度经》，借用庄子"得意忘言"之法，提出"由言证已，当还本无"，以此注解"得法意，以为证"的佛教经文。主要活跃于东晋时代的僧人竺法雅则有意识地系统运用这种方法，而成为"格义"，即有意识地以中土固有概念比拟、配合佛教相应义理。这种方法最初有助于思想之跨文化交流，但也会造成大量误解，让异域思想丧失其独特价值。因此，与竺法雅同学的道安很快就禁止门人使用这种方法，而自行创设名词，以独立地表达佛教义理。

在底层社会，佛教继续传播。尤其是东汉末年以后，迭经乱世，民生凋敝，祸福无常，而佛教的祸福报应之说可以安顿普通民众之身心。在底层，神仙方术对于吸引信众依然发挥重要作用。

随着佛教在上层、下层广泛传播，佛教教育趋于发达，中土聪明之士也投身佛门。大约从两晋之间起，中土高僧开始涌现，著名者如释道安、释慧远。正是他们，推动了佛教之中国化。

晋室南迁之后，由于南北分隔，南北方文化出现较大差异，佛教也随之出现了南北风格之明显区别。佛法本身同时包含两大因素：教，也即信仰；理，也即义理。二者本应交相为用，不可偏废。然而，佛教传入中土，接受者自身有明显气质差异，则自然倾向于各取所需。

魏晋之际，玄谈兴起，盛行于最为高贵的士族群体，名僧游走于其中。晋室南迁，这些士族南迁，以名士身份出现的名僧与玄谈之风随之同时南移，由此确定了南方佛教之特点：偏于佛理之玄谈。对外教、异说，南方佛教普遍秉持较为开放的态度。即便发生冲突，也只是笔墨官司。

留在北方的士族在原来的玄谈场中没有地位，且五胡迭起，政局动荡，士族无心玄谈；胡人统治者文化程度较低，无此风流爱好。故晋室南迁，北方玄谈之风顿消。北方精神生活趋于朴实无华，由此塑造北方接受佛教之特点：笃信为上。朝廷上下之奉佛，仍首在建功德，求福田饶益，故造像立寺为北朝佛法之特征。也因此，北朝佛教倾向于保守宗门，排斥异说。北方之宗教冲突，较为惨烈。

道教与佛教：宗教冲突

魏晋时代，随着佛教之传播日益广泛，对各阶层人民观念之影响日益深远，难免与中国固有之宗教、理念发生冲突，最为醒目者为北方道教、佛教之冲突。

本来，佛教混同于道教之前身而传播，到汉末，道教成形。两者几乎按照相同的路径同步发展：先在底层传播，后进入上层。道教、佛教在两晋、南北朝士族中都拥有广泛影响力，双方为争夺信徒，自然发生冲突。

在南方，这种冲突纯用笔舌，其较为根本的立论点是夷夏之辨。西晋惠帝时，天师道祭酒王浮常与僧人争邪正，乃作《化胡经》一卷，记述老子入天竺变化为佛陀，教胡人为佛教。此文立论即为华、夷之辨。南朝顾欢之《夷夏论》，对此论点发挥更为详尽。《南齐书·高逸列传》记载：顾欢"事黄老道，解阴阳书，为数术多效验"，《夷夏论》指出，夷夏礼仪完全不同。接下来，顾欢提出这样一个命题："全形守礼，继善之教；毁貌易性，绝恶之学。"夷夏习俗、生活方式不同，宗教信仰也自当不同。夷狄自可信奉佛教，中国人则当尊崇庄老、周孔。顾欢承认，佛教也是道，"道固符合"。然而，中国人信奉佛教，却是"以中夏之性，效西戎之法"，悖逆自己的本性，"俗则大乖"，必然造成风俗之混乱。

在北朝，道教势力因寇谦之而光大，遂有北魏太武帝之灭佛事件。《魏书·释老志》记载，太武帝是一位务实的君主，因为习俗所染而信奉佛教，但他对佛教之信奉完全是功利性质的。正因为这样的心态，他很快改信道教。其中的关键人物是天师道清整者寇谦之。寇谦之具有巨大魅力，征服了魏太武帝，同时也征服了北方士族之代表人物崔浩。崔浩既是儒家，又信奉道教。他劝说太武帝发动毁佛事件，其理由是现实的政治考虑：崇佛浪费财富。太武帝平定长安之叛乱后，在长安沙门种麦寺内，发现弓矢、矛盾，乃命搜捕，"阅其财产，大得酿酒具及州郡牧守富人所寄藏物，盖以万计。又为屈室，与贵室女私行淫乱"等等。这些正是后世朝廷查禁佛教的理由：佛教拥有完整的组织，拥有丰厚的财富，甚至可能拥有武力。君王通常会认为，这对政治秩序构成威胁。当然，劣僧淫乱也是佛教遭到非议的一个常见理由，不过这种说辞经常出于臆测。太武帝下令，从长安开始，毁灭境内一切佛教。诏令非常严厉。

不过，佛教遭受之破坏，倒并不是毁灭性的。佛教已在汉地具有深厚的社会基础，宫廷、宗室、士族、普通民众广泛信仰，太武帝之长子拓跋晃就明确反对灭佛，并劝阻太武帝。值得注意的是，《魏书·世祖纪下》记载，拓跋晃"好读经史，皆通大义"，受儒家影响较大。太武帝虽决议灭佛，但灭佛诏令因此被延宕时日发布。结果，各地僧人得到消息，纷纷逃亡，并隐藏佛像、经书，唯一遭到较大破坏的是寺庙建筑。这也就留下了佛教迅速复兴的条件。实际上，太武帝本人很快后悔，新皇帝即位，立即抛弃灭佛令，佛教也迅速恢复。

其后，北周武帝、唐武宗同样发动毁佛事件。周武帝早年受父兄影响，信奉佛教。后有卫元嵩其人，本为佛教徒，然明阴阳历数，到长安结交权贵，上书请废佛法，并自还俗，并与道士张宾相结，煽惑武帝，遂致毁法。但佛教势力庞大，周武帝也不敢贸然毁佛，乃召开百官、僧、道就佛教兴废问题讨论了四次。最后确定：儒教为先，道教为次，佛教为后。北周依《周礼》立制，当然尊崇儒教。皇帝尊崇道教，佛教则是打击对象。北周灭齐后，武帝又下令毁灭齐国境内佛教。

接下来有唐武宗之灭佛。唐代皇室因为附会李耳，而尊崇道教，唐武宗尤甚，《旧唐书·武宗本纪上》记载，唐武宗灭佛的策动人是道士赵归真，赵归真又以长生之术推荐罗浮道士邓元起，这两人再加上衡山道士刘玄靖，"排毁释氏，而拆寺之请行焉"。三位道士推动武宗发起灭佛运动。

综观上述三武灭佛，可发现其共通之处：皇帝皆崇奉道教，受道士影响，以政治权力灭佛。三武灭佛，实为佛、道两家之宗教冲突，而与儒家无关。实际上，当时儒家的地位恰恰比较低下，尤其是皇帝，对儒家并不崇信。

除宗教因素，三武灭佛还有财政与政治两个原因。佛教广泛传播，四处立有寺庙，大量青壮年男女入空门为僧尼，不在编户之内，不服役，不纳租赋。另有很多农民，为躲避租赋，自愿投附寺庙。由此，国家财政、兵员皆受影响。因此，历代政府一直采取措施，控制僧尼规模，甚至强令僧尼还俗。那些具有远大政治抱负的君王若有道教信仰支撑，则会采取暴力措施，以毁灭佛教的方式实现其财政、政治与宗教目标。

儒家与佛教

汉代士人以经传家，以礼法自我约束。因此，佛教初入中国，儒家士大夫甚少受其影响。然而，曹魏打击士族，经学受到抑制，士人转向"三玄"。佛教依凭其精微之玄理，而获士人瞩目。

不过，哪怕是士人高谈玄学、佛义的南朝，治国经邦也不能不依赖经学。故传承经学之儒生，仍有其文化和社会力量，也就仍有力量排击佛教。《南史·循吏列传》记载，南朝梁武帝崇奉佛教，将以易俗，郭祖深抬着棺材诣阙上封事，他沉痛地指出：

> 都下佛寺五百余所，穷极宏丽。僧尼十余万，资产丰沃。所在郡县，不可胜言。道人又有白徒，尼则皆畜养女，皆不贯人籍，天下户口，几亡其半。而僧尼多非法，养女皆服罗纨，其蠹俗伤法，抑由于此。

士大夫反对佛教的重要理由经常是浪费财富。南北朝时期，各朝不乏反佛之士大夫。

唐代皇室既崇奉道教，又崇奉佛教。而自实施科举制度，天下士人重新重视经学，轻视佛教名理。这样，儒家士人有了文化自觉，其反对佛教的立场也就更为坚定，由此而有了韩愈之《谏迎佛骨表》。唐宪宗遣使者往凤翔迎佛骨入宫禁，京城王公士人百姓为之狂热。韩愈甚为担忧、厌恶，乃上表宪宗，对此痛加斥责。韩愈开篇就提出："佛者，夷狄之一法耳。"最后一段，韩愈更明确提出："佛本夷狄之人，与中国言语不通，衣服殊制；口不道先王之法言，身不服先王之法服，不知君臣之义、父子之情。"韩愈表达了儒家士大夫反对佛教的根本理由：损害中国礼法。

帝王崇奉佛法，经常是为了求得福报。韩愈举出佛法传入前后帝王之年寿论述："事佛求福，乃更得祸。由此观之，佛不足信，亦可知矣。"韩愈描述了王公百姓迎佛骨之狂热情状："以至灼顶燔指，十百为群，解衣散钱，自朝至暮，转相仿效，唯恐后时，老幼奔波，弃其生业。若不即加禁遏，更历诸寺，必有断臂脔身以为供养者。伤风败俗，传笑四方，非细事也。"对于风俗之这种败坏，韩愈十分痛心。韩愈的立论，仍是夷夏之辨。

应该说，韩愈反对佛法之理据并不新鲜、有力，但其勇气和决心则表现了士大夫精神之自觉。尤其是主要着眼于夷夏之辨，显示了儒家士大夫对于自身文化身份的自觉认同。

儒家士大夫如此反佛努力，并未能阻止佛教之广泛传播，尤其是皇帝、王公崇奉佛教之风并未消歇。但是，儒家所施加的观念压力终究促使佛教本身不能不推进其中国化。

佛教之中国化

佛教发展至隋唐，达到其顶峰状态，其结果是形成中国化佛教。

隋文帝不喜儒学，笃信佛教。《隋书》卷三十五记载："开皇元年，高祖普诏天下；任听出家，仍令计口出钱，营造经像。而京师及并州、相州、洛州等诸大都邑之处，并官写一切经，置于寺内；而又别写，藏于秘阁。天下之人，从风而靡，竞相景慕，民间佛经，多于六经数十百倍。"这基本奠定隋唐两代帝王之基本信仰格局。隋炀帝同样笃信佛教，隋代大体上推行以佛教治国的理念。李唐皇室虽宗奉道教，也笃信佛教，对佛教采取宽纵乃至鼓励政策。隋唐时期，佛教有空前宽松的环境，大量聪敏之士剃发为僧。同时，南北重新归一，南北佛学交汇，佛教进入一个伟大的创造性时代，其创造之方向，则为佛教之中国化。

佛教传入中国之东汉，中国文明已高度成熟。佛教从一开始就不得不与中国固有之观念、制度相调适，佛教在中国传布的过程就是佛教中国化的过程，这体现在多个方面。

僧人之中国化。魏文帝曹丕时代，中国人开始依照佛戒剃发为僧。即便如此，很长时间内，佛教传播之主体是西域东来之僧人，及西域人在中国之后裔。一直到南北分裂，才有中土名僧之涌现。第一个中土高僧为释道安。正是道安第一个确定中土僧人姓"释"，即释迦牟尼之释，以表明其僧人身份。这个姓体现了文化的自觉，由此，汉僧与西域僧人区别开来。这种惯例延续至今。释道安之后则有慧远等高僧。此后，中土高僧辈出，到隋唐时代，中土高僧灿若星辰。他们是佛教中国化之主体。

这些高僧精神上所受文化冲突之困扰，比之西域僧人要切身、严重得多，故他们缓慢地推动佛教义理之中国化，致力于化解佛教与中国固有观念之冲突。

其中最为重要者是僧人和佛教信徒如何对待君长、父母。中国固有礼法强调孝敬父母，礼敬君长。而佛教《梵网经》规定："出家人法：不向国王礼拜，不向父母礼拜，六亲不敬，鬼神不礼。"中土僧人也遵守这些戒律，故自传入上层，上述规范就不断遭受坚持礼法观念之儒家士大夫抨击。比如，东晋时大臣庾亮门风峻整，动由礼节，故其主张令沙门致敬君长，他的核心观点是"名教有由来，百代所不废"。僧人及支持佛教之大臣不断与之辩难。双方的争论持续数百年，唐释彦悰编有《集沙门不应拜俗等事》六卷。

东晋高僧慧远乃开始寻找解决这一冲突之出路，作《沙门不敬王者论》。大体上，慧远坚持佛教不拜王者立场，但做出圆融的解释。慧远区分佛教信徒为在家和出家两种：在家者须遵从忠孝礼仪，出家者则是"方外之宾"，只有忘身废敬，才可能通达涅槃，故不可从于俗礼。但慧远同时强调，出家修道同样有助于王者之治理。佛教礼制和儒家礼教并非水火难容，"常以为道法之与名教，如来之与尧、孔，发致虽殊，潜相影响；出处诚异，终期则同；详而辩之，指归可见"。慧远已提出儒、佛二教可合而明的论点，佛教此后不断深化这一点。

面对君王的权威，佛教基本坚持了不敬的戒律。不过，对于不敬父母，中国僧人有较多修正。其中较为重要者为唐代华严宗大师宗密作《盂兰盆经疏》，其序言说："始于混沌，塞乎天地，通人神，贯贵贱，儒释皆宗之，其唯孝道矣！"宗密指出"孝为二教之宗本"，只是其行孝的方式有所不同而已。此后，佛教也就成为孝道的重要阐扬者，以各种方式教化其信众行孝。

佛教中国化之另一大标志是中国佛教宗派之兴起。宗派是指有明确的创始人、有传授者、有信徒、有教义、有教规之宗教团体。在印度、中亚，高僧有所专攻，而可能被人称为某某"经师"或"论师"，但这只是学派，而非宗派。随着僧人中国化，中国佛学内部竞争激烈，自然地以高僧为中心形成宗派。这其中，"传法"概念至为重要，该词在隋唐时代流行。传法旨在确立一个明确而排他性的传承正统，由此也就确立了宗派之领袖。领袖的传承有助于教义的深入，也有助于聚集信徒，占有相对固定的寺庙，形成相对独特的教规和教团。这就是宗派。隋唐时代，宗派林立，计有三论宗、天台宗、法相宗、华严宗、律宗、净土宗、密宗等等。

宗派的出现意味着佛教完成中国化。每个宗派都以印度佛典或高僧为其祖师，但其核心教义实由中国僧人阐明。隋唐各宗派的命运与其中国化程度密切相关。天台宗、华严宗是中国高僧自己的创造，融汇佛教与中国固有观念，故传播较广，流行久远。法相宗或唯识宗在唐初大盛，高僧玄奘居功甚伟。唐代皇室对此照拂有加。唯识宗极大地推动了"因明学"也即逻辑学的研究。然而，中唐之后，这一宗派迅速衰落，仅有少数僧侣研习，其经典也大多散失。原因在于，它与当时的佛教中国化大势正好相反，试图回向印度佛教，因而只能成为少数僧人的学术兴趣，而无法成为一个具有持久生命力的中国佛教宗派。

佛教中国化之最高成就，为禅宗之创立。禅宗自谓"教外别传"，实为中国本土佛教。其关键人物为六祖惠能，祖籍河北，但出生成长于岭南。慧能在湖北黄梅修禅，以"菩提本无树，明镜亦非台。本来无一物，何处惹尘埃"之偈而得禅宗五祖弘忍传授衣钵，后南下辗转于岭南各地，揭明"直指人心，见性成佛"之"顿悟"法门，一扫数百年来僧徒繁琐章句之学，摧陷廓清，发聋振聩。其弟子记录六祖弘法要义为《坛经》，这是中国僧人撰写著述中唯一被冠以"经"的佛教典籍。中晚唐之后，南宗禅宗成为汉传佛教的主流，标志着佛教之中国化进程已经完成。值得注意的是，慧能教义成熟于岭南，由南向北波及全国，这是岭南文化第一次发挥全国性影响。

中国化佛教成熟的另一个标志是，中国佛教向外传播，向东北传入朝鲜，通过朝鲜也通过海路向东传入日本，向南则传入越南。这三国之佛教皆属于中国佛教系统，不同于南亚佛教。

不过，隋唐时代，佛教之中国化完成后，中国佛教在教义、组织上的创造力，也就趋于衰微。今日中国佛教之格局，基本上奠基于唐代。

佛教寺庙也于隋唐时期完成中国化。印度佛教建筑以塔为中心，供奉舍利、佛像等，周围建以殿堂、僧舍。中国最早的佛教建筑格局大体如此。晋唐以后，僧人之中国化推动寺庙建筑格局之中国化，大雄宝殿等殿堂逐渐成为寺庙主体建筑，佛塔被移于寺前、寺后或另建塔院。寺院通常坐北朝南，主要殿堂依次分布在中轴线上，层次分明，布局严谨，与中国宫殿之建筑格局类似。佛塔本身也发生变化。印度佛塔是覆钵状的圆坟形，唐代以后中国寺庙之佛塔则多建成可供人凭眺的楼阁式建筑。

佛教丰富中国文明

佛教进入中国，搅动了中国文明体。一方面，中国固有价值、观念、思想、制度作用于佛教，推动佛教中国化。另一方面，佛教尤其是中国化之佛教，推动中国人价值、观念、思想、制度之变化，丰富了中国文明。

随着佛教完成中国化，佛教成为中国第一大宗教。魏晋以前，中国自有其古典宗教信仰体系。佛教传入中国，刺激道教趋向成熟。道教核心理念是中国的，其神灵也是中国固有的而予以系统化。不过，佛教的僧侣、经典、寺庙、戒律、教团等制度对道教先驱以极大启发。道教早期经典《老子想尔注》明确指出，道教不造神像。然而，佛教传入，大量造像，吸引信众。道教受此启发，也开始造像。北魏寇谦之受佛教戒律启发，编定道教戒律《老君音诵诫经》。当然，道教戒律有强烈的中国色彩，比如它规定道士当忠、孝。

道教成熟、佛教广泛传播之后，两种宗教凌驾于各种神灵崇拜之上，成为国人普遍的宗教信仰，佛教又略具优势地位。一千多年来，佛教始终是中国信众最多的宗教。由此，普通中国人的精神世界发生了很大变化。比如，中国人自古有"鬼神"观念，《诗经》也反映出神灵上天之类的观念。不过，鬼神常无清晰形象。古人祭祀皆无形象，仅有神主，也即牌位，对鬼似乎也没有恐惧感。而佛教所讲鬼神极多，形象各异而明确。地狱的组织也系统、复杂。佛教重塑了中国人的鬼神观念。

在精英文化层面上，佛教推动了中国思想之细密化。佛教大规模传入中国的关键环节是佛教加入魏晋玄谈与玄学，为玄谈提供了清新可喜的材料与言说方式。此后，佛学与玄学同步发展，佛教理念及其推理、言说方式不能不影响士人。南朝的儒家经学就明显受到佛教之学的影响，比如皇侃《论语集解义疏》的形式类似于当时的佛经注疏。

而宋代兴起的道学与佛教之间的关系也是微妙而深刻的。道学家始终采取排佛态度，韩愈如此，宋代的欧阳修、程氏兄弟、张载、朱子无不如此。然而，不少宋儒都有出入佛老的经历，宋儒之思想不能不受佛理影响。韩愈的"道统"之说，固然由《孟子》末章启发，但也很可能受到禅宗影响。宋儒以《中庸》作为"四书"之首，似乎也是受佛家影响，因为最早重视《中庸》的就是宋代僧人，僧人为深化佛理之中国化而重视和阐述《中庸》。

唐中期以后，禅宗深刻地塑造了士人的精神世界。禅宗影响了艺术，尤其是诗歌，产生所谓禅诗，比如王维、孟浩然、苏东坡等诗极有禅意。宋代文人画之兴起，而成为此后绘画之主流，而文人画是有深刻禅风的。

佛教推动了中国通俗文学的发展。儒家以教育为本，但儒家教育的层次较高，也不会主动传教。道教主动传教的意向也不明确。佛教则积极地面向一切人主动传教。隋唐时代，佛教向底层社会渗透，僧侣为宣讲佛理，把经文与其中的故事编成通俗文字加以言说、演唱，这就是"俗讲"，也即通俗讲经；其文字脚本称为"变文"，即改编之佛经。俗讲的形式被俗人模仿，宋以后出现的诸多民间艺术如说话人、话本、宝卷、诸宫调、弹词等，均溯源于此。

佛教也为民众组织化提供了新的机制。此前中国社会之组织约有两类：士人通过学而组成陌生人的大规模团体，普通民众主要生活在宗族等小规模团体中。佛教作为一种建制化宗教，其僧侣固然结成团体，信众也被整合为跨越地缘、血缘的大型团体。针对在家信众，最早成的佛教组织当为东晋高僧慧远在庐山组织的莲社。此后，佛教徒经常组织这种"法社"，尤其是唐代以后，法社层出不穷，会员众多，在家信众也积极参与，比如，白居易就积极地参加杭州龙华寺僧人南操创办的"华严社"。法社的主要活动是集体诵经、举办斋会等。魏初开始，北方基层社会还出现了"义邑"，以在家佛教徒为中心，规模在数十人，以营造佛像寺塔等为机缘而结成，信众聚集诵读经文，举办斋会。中国人习得了一种新的组织方式。

佛教推动了慈善性社团之发展。汉代皇帝屡次下诏地方官员照顾老、弱、病、残。宗族也承担这种社会救济功能。道教最初的吸引力就在于为弱者提供互助性救济。而佛教之组织化程度更高，寺院依靠信众的布施又拥有强大的经济能力，因而，自六朝起，寺院即颇致力于社会慈善事业。唐代佛寺中设立"悲田养病坊"，救助无助之病人，收容贫困儿童。宋以后，佛教慈善事业持续发展，而成为中国慈善领域之重要角色。

同样是从唐代起，寺院设立"宿坊"，容纳外人住留，不论是出家人还是俗人。宋明不少士人就是在寺院读书的，比如，范仲淹少年时曾在山东长白山上之醴泉寺中寄宿读书。寺庙始终于士人躲避尘嚣、清静读书、谈玄求道之场所。

一个文教，多种宗教

随着佛教传入中国和道教的形成，文献中出现"三教"一词，而中国人之基本精神格局也就定型为一个文教，多种宗教。

中国自古有"教"，比如"乐教"。而这个教的意思是教育、教化、教导。汉代，有儒生、儒者、儒学、儒家、儒术等词，而没有儒教一词。因为，教化之大本在经学。魏晋时才出现"儒教"一词，其含义仍为教化。这一点，后世始终未变。佛教传入，道教兴起，教仍然是这个含义。"三教"意思就是三种教化体系。

从南北朝开始，儒、释、道三家之关系成为重大文化政治问题。儒家传承经学，经学为中国道统之所在，因此，董仲舒——汉武帝更化以后，凡是较为稳定的朝廷，都不能不承认五经之根本法地位，确立经学为最高之学。透过这一教育体系，养成儒家士人群体，他们又教化民众。儒家是文化政治之骨干，是社会治理之大本。

从南北朝时期开始，佛教、道教信众众多，具有重大的社会影响。治理国家就不能不重视这两个宗教团体。皇帝个人尽管接受过儒家教育，但又普遍信奉佛教或者道教，或者两者同时信奉，且相当热诚，他们也就倾向于将佛教、道教引入政治结构中。

于是，三种教化体系在政治结构中竞争，而引起诸多文化与政治纠葛。早期，三教关系较为紧张。佛教和道教都处于成长阶段，急欲扩大影响，争取精英、权力的认可和支持，为此而相互排斥，有时还会排斥儒家。这个时代的三教和皇帝本人都热衷于给三教排序。北周武帝曾数次亲自主持大臣、儒士、僧人、道士等辩论三教先后，有时参与者达两千多人。唐太宗也曾下令孔颖达等儒生与僧人、道士辩论三教优劣、次序。中唐以后，每在天子生日，都会礼仪性地进行这一辩论。这种辩论相当紧张，尤其是佛教与道教之间。

但到唐代，道教、佛教都已成熟，也就失去了进攻态势。尤其是，佛教成熟的标志是其完成中国化，这意味着佛教之最为显著的异质性因素已经软化，接受了中国固有价值，而这价值一直是由儒家守护的。于是，宋代开始，三教调和之说开始流行。张商英所著的《护法论》，站在佛教立场上这样论断三教关系：

余谓：群生失真迷性，弃本逐末者，病也。三教之语以驱其惑者，药也：儒者使之求为君子者，治皮肤之疾也。道书使之日损，损之又损者，治血脉之疾也。释氏直指本根，不存枝叶者，治骨髓之疾也。

尤其值得注意的是，宋代一直有高僧倡导三教合一，如北宋智圆一生游走于儒学、佛学之间，著《闲居编》五十一卷，力倡三教共同发挥教化民众之作用。智圆批评当时佛教界流行的鄙视儒教之倾向："非仲尼之教，则国无以治，家无以宁，身无以安；国不治，家不宁，身不安，释氏之道何由而行哉？"智圆认为，佛教、儒教其实互为补充：

夫儒、释者，言异而理贯也，莫不化民俾迁善远恶也。儒者，饰身之教，故谓之外典也。释者，修心之教，故谓之内典也。惟身与心，则内、外别矣，蚩蚩生民，岂越于身、心哉？非吾二教，何以化之乎？

嘻！儒乎？释乎？其共为表里乎？

不光是儒教、佛教，三教之间都是互补关系：

> 三教之大，其不可遗也：行五常、正三纲，得人伦之大体，儒有焉；绝圣弃智，守雌保弱，道有焉；自因克果，反妄归真，俾千变万态，复乎心性，释有焉。吾心其病乎，三教其药乎？苟病之有，三药可废邪？

从这里可看出佛教之自我定位，与前代相比有重大变化：此前，佛教强调自己为出世法，现在，佛教则深切地关心世俗秩序，从世俗秩序的角度看待自身。一旦站在这样的立场，则儒、释、道之间教理上的差异就不那么重要了，重要的是其对于人间维持优良秩序的功用，这种功用自然是互补的，"释道儒宗，其旨本融，守株则塞，忘筌乃通"，三者可共同发挥作用，不必相互排斥。

这种理念逐渐占据主导地位。宋以后，三教基本处在融洽状态，形成儒家统摄之诸教宽容共存的中国人精神生活格局，也即一个文教，多种宗教。除此之外，中国人还普遍信奉祖先崇拜及各种地方性神灵崇拜。同一个中国人，可同时信奉儒家价值、佛教，崇拜祖先及其他神灵。包括儒生，也可信奉佛教甚至基督教。宗教宽容乃是中国文明固有之古老传统。

何以形成宗教宽容传统？根本原因在于，守护中国之道的儒家，不是宗教，而是文教，因而不与诸宗教冲突。儒教之价值还会渗入各宗教之格局。在此格局中之多种宗教普遍接受儒家守护之主流价值，道教和民间信仰固然如此，异域传来之佛教，乃至明代传入之基督教，也必有中国化努力。儒家价值钝化了其极端教义，在儒家涵摄下，各教免于冲突。凡是儒家不能居于主导地位、无文教涵溶的时代，道教、佛教等宗教之间就可能发生冲突。维护儒家主体地位，是诸教相互宽容之前提。

非常有趣的是，佛教完成中国化之后，三教不仅调和、并存，还出现了三教合一的现象。明代曾出现罗教，融合禅宗和道教之教义和传统，而以儒家价值统摄，一贯道从罗教演变而来，清末民初形成，并迅速传播。

第二十四章　唐宋之变

晋室南迁后，北方社会由两支力量治理：部分华夏化之胡人凭借武力拥有统治权，留在北方之士族凭借其深厚的文化社会基础分享治理权。北方政治之基本格局就是这两个群体间之竞争、冲突与合作。隋唐是这两个群体所能创造和维系的社会秩序之极限。它带来了短暂而耀眼的辉煌，但很快就显示出其内在的文化底蕴之不足。中唐以后，胡—华混合体制逐一崩解，社会各领域发生巨变：士族溃散，新兴进士群体兴起；农民和商人获得更大自由。继周秦之际的第一轮平民化，中国社会经历第二轮平民化。

精神之彷徨

汉晋秩序的关键性制度是五经居于根本法位置，儒家以之养成士族，治理社会、运作政府。汉晋体制松动之具体表现是两个重大事态：内迁之胡人在华夏边缘兴起，儒家之外的建制化宗教兴起，而根源又在经学之衰落。

经学衰落之内在原因为玄学之兴起，外在原因为曹魏政权之冲击。由此，士人精神倾向大变，《晋书》卷九十一《儒林列传》序言说：

> 有晋始自中朝，迄于江左，莫不崇饰华竞，祖述虚玄。摈阙里之典经，习正始之余论。指礼法为流俗，目纵诞以清高。遂使宪章弛废，名教颓毁。五胡乘间而竞逐，二京继踵以沦胥。运极道消，可为长叹息者矣。

这种士林风气延续至南朝，加之佛教的冲击，经学更为衰微，《南史·儒林列传》说：

泊魏正始以后，更尚玄虚。公卿士庶，罕通经业。时苟颐、挚虞之徒，虽议创制，未有能易俗移风者也。自是中原横溃，衣冠道尽。逮江左草创，日不暇给。以迄宋、齐，国学时或开置，而劝课未博。建之不能十年，盖取文具而已。是时乡里莫或开馆，公卿罕通经术。朝廷大儒，独学而弗肯养众；后生孤陋，拥经而无所讲习。大道之郁也久矣乎！

南朝各代皇帝普遍信奉佛教，士人普遍热衷玄虚之学。当然，这个时代，士人教育仍本于五经，但老庄、佛教观念对其人生、政治亦有深刻影响，甚至居于支配地位，故南朝士人普遍缺乏积极向上之力量。

在北方，情况反而略好一些。为生存，北方士族保守汉晋经学。而部分华夏化之胡人统治者深知，要治理汉人及其他族群，就不能不借助士族与五经的价值系统和制度构想。因此，当汉晋体制在南方自然地衰败之际，在北方，却出现了按照——或者说附会——五经而创制立法的事情，比如北周之制。

不过，北方部分华夏化之胡人之精神，终究是混杂的。他们可以给五经以一定地位，但是，道教、佛教对他们总有更大的吸引力。五胡、北朝君王如此，隋、唐两代帝王同样如此。

隋唐两个皇室均源出于北周，其社会关系、文化、信仰、政治理念均为胡汉混杂。故此两个皇室对经学了无兴趣，而热衷于佛教或者道教。隋与唐前期之高门大族，也都是这种情形。

隋文帝崇奉佛教，又崇奉法家，《隋书·儒林列传》说："及高祖暮年，精华稍竭，不悦儒术，专尚刑名。执政之徒，咸非笃好。暨仁寿间，遂废天下之学，唯存国子一所，弟子七十二人。"隋炀帝受南朝奢靡之风影响，爱好文艺，同样忽视经学。

李唐皇室为证成自身权力之正当性，因老子姓李而尊崇道教。《唐会要》卷五十记载，唐高祖尊老子为"太上元元皇帝"等号，唐玄宗尤其尊崇道教，下令"每有荐新，先献元元庙"。东、西两京设立崇元学，各置博士助教一员，学生一百人。这就等于另立一所国子监。同时，作孔子像，侍于老子之侧。不少道士也出入宫廷，与皇帝关系密切。

李唐皇室也积极扶持佛教。玄奘之西行取佛法，自为中外文化交流史上的盛事，但此举得到李唐皇室的全力支持，则另有丰富的政治含义。尤其玄奘之学试图重回印度佛教之原教旨，反映了拒斥儒家即拒绝佛教之华夏化也即儒家化的政治倾向。

当然，唐代两位开国之帝对儒学还比较重视。《旧唐书》卷一百八十九《儒学列传》说，唐高祖"初定京邑，虽得之马上，而颇好儒臣"。高祖针对不同品级官员子弟开办国子学、太学、四门学，各郡县也设学，置生员。又为皇族子孙及功臣子弟别立小学。同时下令，"于国子学立周公、孔子庙各一所，四时致祭"。这是朝廷第一次立孔子庙。

唐代皇帝中，唐太宗最为重视儒学。《儒林列传》说，太宗未登基之前，就"锐意经籍，于秦府开文学馆"，即位之后，又于正殿之左置弘文学馆，精选天下文儒之士各以本官兼署学士，令更日宿值，"听朝之暇，引入内殿，讲论经义，商略政事，或至夜分乃罢"。正是这样的讨论，令唐太宗对优良治理之道有所体认，而成就贞观之治。唐太宗又大兴国学，广增博士、学生。

> 是时四方儒士，多抱负典籍，云会京师。俄而高丽及百济、新罗、高昌、吐蕃等诸国酋长，亦遣子弟请入于国学之内。鼓箧而升讲筵者，八千余人。

唐太宗还做了另外一件事情，那就是下令前中书侍郎颜师古考定《五经》，颁行天下，命学者习之。汉代以来，儒学多门，章句繁杂，太宗下令国子祭酒孔颖达与诸儒撰定五经义疏，共一百七十卷，名曰《五经正义》，颁行天下传习。《五经正义》是对汉晋经学的一次总结。然而，这也意味着，汉晋经学传统至此终结。

唐太宗也创立了一种制度，以颜子、左丘明以下二十二位历代大儒配享孔子庙堂。

然而，《儒学列传》又说，唐高宗嗣位，"政教渐衰，薄于儒术，尤重文吏"。武则天称制，"以权道临下，不吝官爵，取悦当时。其国子祭酒多授诸王及驸马都尉……至于博士、助教，唯有学官之名，多非儒雅之实……生徒不复以经学为意，唯苟希侥幸。二十年间，学校顿时隳废矣"。

大体上，隋唐两代，在政治精英群体中，三教之基本格局是，佛教最为显赫，道教次之，经学又次之。当时一般人士之教育只能是经学，儒者是一般教育者的承担者。主要靠着这一点，儒家依然维持一线生机，但它已非精神生活之中心。

这种文化政治格局导致社会处于价值混乱之中，伦理规范缺乏约束，个人放纵欲望，尤其是皇室失范，如唐太宗制造玄武门事件，武则天女王临制，唐玄宗以儿子之妃杨玉环为妃，如此等等。这样的皇室给社会树立了恶劣的典范，这样的皇室也没有守护道统之自觉，而茫然地采取诸多饮鸩止渴式政策，导致社会之中坚士族溃散。

士族之溃散

北周政权融合了胡人之武力与北方士族之文化社会权威，隋唐两朝承接了这个混杂的精英集团。不过，隋之杨氏与唐之李氏均非汉晋士族，而是北周政权中的军功之臣，与胡人关系更为密切。而现在，他们的统治权超出关中，覆盖于全国，既包括原来文化经济较为发达的"山东"，更包括东晋南朝开发之江南，这两处文化比关中更为发达。如何与这两地之文化精英相处，成为一个重大政治问题。

相对而言，江南精英力量较弱。因为，江南士族崇尚玄虚，其精神早已萎靡。同时，地位最崇高的士族不务治理，寒族军人当政，引发频繁内乱，两大士族集团遭到毁灭性打击，第一次是侯景之乱，第二次是江陵沦陷。

至于山东士族，则致力于保守礼法，以之凝聚力量，与胡人周旋。因而，北方统治者虽不断变换，但在苛酷的环境中，北方士族却顽强地生存下来。隋唐皇室要建立稳定的治理秩序，不能不与北方士族打交道。关中、陇西士族已融入权贵集团中，重点是后来才纳入的山东士族。麻烦的是，山东士族的文化程度较高，并不十分尊崇新兴权贵集团。《唐会要》卷三十六《氏族》记载，唐高祖曾愤愤不平地对一位贵戚说："比见关东人崔、卢为婚，犹自矜伐。公世为帝戚，不亦贵乎？"

这就决定了隋唐皇室对待山东士族的手法：不能不容纳山东士族，又采取各种措施打击之，最有名的例子是《氏族志》事件。山东士人好自矜夸，以婚姻相尚。太宗羡慕而又厌恶，乃诏礼部尚书高士廉等人遍索天下谱牒，约诸史传，考其真伪，编为《氏族志》一百卷。孰料此书尊重当时社会主流价值，以河北崔干为第一等。

太宗对此排序极为不满："我与山东崔、卢家岂有旧嫌也？为其世代衰微，全无官宦人物。贩鬻婚姻，是无礼也；依托富贵，是无耻也。我不解人间何为重之？我今定氏族者，欲崇我唐朝人物冠冕，垂之不朽，何因崔干为一等？"① 太宗乃以下令重定次序，皇族为第一等，外戚次之，崔干等山东传统士族屈居第三等。

这里提示了山东士族与李唐权贵集团权威渊源之根本区别。《魏书·卢玄传》评论山东卢家享有崇高地位的原因："卢玄绪业著闻，首应旌命，子孙继迹，为世盛门。其文武功烈殆无足纪，而见重于时，声高冠带，盖德业儒素有过人者。"山东士族拥有其累世传经之文化权威，以礼法修身、立家之社会权威，这两种权威皆独立于君王之权力。在士族看来，这种权威比权力更持久、荣耀，也确实更为人尊仰。故《氏族志》编纂者最初将山东士族列为第一等，此为山东社会之共同价值。唐太宗则从中看到了其分散皇权之政治危险，新定氏族次序，专以权力为社会等级划分的标准。

尽管如此，山东士族之文化社会权威终究不容忽视，李唐皇室终究不能不重用山东士族。唐太宗欲有所作为，也不能不重视经学，而经学正是山东士族为学、立家之大本。所以，在唐代政治中，山东士族始终扮演非常重要的角色。而且，相对于依附皇帝之好恶的新兴军功、外戚权贵集团，山东士族的生命力更为顽强。权贵集团倏忽消散，山东士族却凭其优良的家学传统及复杂的婚姻网络，在政治中始终扮演着重要角色。

中晚唐牛李党争中的李德裕就是山东士族之代表，而这一党争实起因于汉晋士族文化力量与新兴进士群体之文化力量间的较量，最终士族失败，代之兴起的是进士科出身的新兴士人群体。

进士群体之兴起

自汉代以来，如何遴选优秀人士进入政府，构成政治之核心问题。董仲舒—汉武帝更化以后形成的汉晋察举制，由公卿、州郡依据公众意

---

① 《唐会要》，卷三十六《氏族》。

见荐举，朝廷予以考察后任用。社会意见对于官员遴选有很大影响。

然而，曹魏对此制度已进行重大改变，实施"九品中正制"，其核心是中央高官兼任其籍贯所在地之大中正，地方之社会意见和士林公意在人才遴选中的权重大大下降。缺乏了这种约束，察举制极有利于士族垄断权力，由此而形成门第制度。

当然，士族、寒门之等级，也有其客观原因：东汉末年中原丧乱，学术重心自京师之太学转移到地方士族，儒家学术之共享性弱化，转而在家族内部传承。而士人进身之阶仍为通经术、励名行，士族天然占有优势，士族之外的子弟很难有接受经术之机会。知识上的不平等导致了权力分配的不平等。

隋唐开国者本身文化程度较低，乐于打破士族对权力之垄断，因此沿着九品中正制的逻辑进一步发展，而有了科举制。科举与察举的核心区别有二：第一，察举基于士林和公众意见，科举则基于客观的考试成绩。第二，察举的遴选权在士林和社会，科举的遴选权在中央政府。

唐代科举考试名目繁多，其中最为重要的是两科，明经科和进士科。明经科测试考生对经、史的掌握程度，进士科则考时务策五道，帖一大经。唐高宗时，进士加试杂文二篇，也即一诗一赋，通文律者才可试时务策。这样，诗赋就成为进士科的首要科目。明经科为旧学，进士科重新学。前者相对容易，只要熟读经传和注释即可中试，后者则需要创造性和卓越的文字表达能力，得第很难。所以，当时流传有"三十老明经，五十少进士"之谚，社会最重进士。

与察举制相比，科举制具有极大的开放性。任何人都可以到州、县报名，通过州县考试，即可由州县举荐至礼部参加考试。考试内容对所有人是公平的。士族传承经学，故明经科有利于士族。进士考试的主要科目是诗赋和时务策，这些与经学并无直接关系。在这种考试面前，士族与寒门处于平等地位。由此，寒门获得最为简便的上升通道，中国社会趋向于平等。

仅靠这一点，科举制就有能力发现优秀人才：其遴选范围极大。因此，《新唐书·选举志上》评论说："方其取以辞章，类若浮文而少实；及其临事设施，奋其事业，隐然为国名臣者，不可胜数，遂使时君笃意，以谓莫此之尚。"科举考什么并不重要，重要的是它的开放性，基数庞大，故科举总能遴选出优秀人才。武则天以后，几乎所有宰相、名臣都是进士出身。

也就是说，科举制导致政治结构急剧变化，权威、权力向平民、寒门转移。士族为保护自己的既得利益，排斥新兴进士群体。两者不能不发生冲突，此即贯穿中晚唐的牛李党争。《新唐书·选举志上》记载，"宰相李德裕尤恶进士"。李德裕曾对唐武宗抱怨，"公卿子弟艰于科举"，在科举考试中，传统士族并无任何优势。而皇室延续其压抑士族的一贯立场，站在新兴进士一边，比如《新唐书·选举志上》记载：

> ［唐］文宗好学嗜古，郑覃以经术位宰相，深嫉进士浮薄，屡请罢之。文宗曰："敦厚、浮薄，色色有之。进士科取人二百年矣，不可遽废。"因得不罢。

最终，借助宦官力量，进士出身的新兴士人取得胜利。在科举新贵的侵蚀下，山东士族的政治机会越来越少，最终退出政治舞台。进士所引导的士人群体成为社会的领导阶层，此为国史之一大转折。

然而，中晚唐至五代社会秩序之混乱，又为此一转折之失调所致。新兴士人群体多出身寒族，一般并不精通传统的经术，而长于文章诗赋。表面看起来，这个群体也是读书人，但与原来以经术立命之士族相比，气质、精神结构大相径庭。

士族以经术立家，以礼法自治。经术中有社会治理之道，有制度知识，在家族生活中，他们也可以习得合群之能力。故士族确有社会治理之德行、技艺和威仪，此唐人所说的士族之最大特征：敦厚。

中晚唐人谈及进士新贵，常用一个词"浮薄"。最直观地看，大多数进士是诗人。唐代进士制确实大大推动了诗歌之繁盛，成就了中国文学史上最华美的一章。问题在于，科举之职能并非遴选诗人，而是遴选治国者。而治国绝不是写诗，擅长写作、奔放不羁之诗者，一定不适合于治国。因为，赋诗需要想象力，治国却需要耐心、审慎；赋诗需要个性，治国却需要礼法；赋诗需要放纵，治国却需要德行；赋诗需要天赋，治国却需要长期实践历练之技艺。进士词科所遴选的人才未必具有治国之德行与技艺，却掌握了权力，他们的品质注定了不大可能善用权力。

同时，士族和进士之权力渊源也大不相同。士族凭借其家传之经术获得社会地位和政治地位，这种地位独立于皇权，皇帝反而要借助于他们的权威，治理邦国。因此，士族与皇权实际上是共同治理之伙伴关系。进士则不同。进士几乎皆出身庶民寒门，北宋汪洙《神童诗》所谓"朝为耕田郎，暮登天子堂"，而以诗赋进位。他们无所依凭，其权威完全来自皇权之授予。事实上，他们的兴起在很大程度上就是皇权有意的安排。这样，面对皇权，新兴士人群体的独立性要差很多。

这就形成了一个严重的反差：这些新兴士人是诗人，心灵敏感，个性张扬；在现实中，他们却不能不依附他人。此种处境下，他们不可能不感到苦闷、无奈，唐诗对这种复杂心态多有反映。

更大的麻烦是，这样一个具有较高依附性的新兴士人群体是无力主导社会的。也就是说，到晚唐，出现了社会组织者与现场治理者之真空：士族已经崩溃，士族所坚守的礼法体系也已崩溃。新兴士人群体则气质软弱，缺乏责任感，因而缺乏治理权威。同时，他们也缺乏治国之知识和技艺，不知道如何组织社会。

这样，士族与新兴士人争斗、更替的过程，带来既有社会治机制溃散，而新的治理机制未能及时填补的危险局面。整个社会治理架构趋向粗鄙化、野蛮化：赤裸裸的权力成为唯一的联结纽带。内有宦官专权，外有藩镇割据，人们看不到新兴士人群体采取过什么样的有效对策。唐室因此崩解，而进入五代。而五代是以其礼崩乐坏、伦常颠倒而著名的。

自孔子之后，士人始终是社会之领导阶层，其精神状态、其与权力的关系、其治理能力，决定着社会治理秩序之良窳。唐代出现的新兴士人群体显然还没有做好精神、知识和能力的准备。如何让这个新兴士人群体具有德行的自觉，具备治理技艺，成为关乎中国社会能够形成秩序的关键问题。

农民的自由

战国以来，中国即实行相当完整的私人产权制度，土地之主流制度为私人所有，自由买卖。此一市场机制的运作当会令土地得到合理配置。然而事实是，土地经常出现兼并，原因在于不合理的国家赋税制度。

秦国重农，驱民于农，压制商业，则国家当然主要向农民征税。汉承秦制，继承这一治国与税收理念。然而，汉制放松国家压制，商业繁荣，税制却没有调整，造成民众收入与税收的反差：农民的法律政治地位很高，但收入低，税负重；商人的法律政治地位低下，但收入高，税负轻。汉初晁错曾上书汉文帝："今法律贱商人，商人已富贵矣；尊农夫，农夫已贫贱矣。"在此利益的引导下，民众纷纷"背本而趋末"①。

至于农民负担，可分两大块：一为田赋，二为人头税。人头税又可分为两种形态：或承担国家劳役，或缴纳定量的布帛或现金。这两项负担又高度相关，而以田地为本。政府是以土地占有确认农民之纳税人身份的，只要占有土地，为官府登记，就需要承担人头税。若没有登记土地，则可以轻易躲避人头税。这样很容易出现土地变成负担的局面：农民占有一小块土地，田赋负担固然很轻，汉代有时只有土地收益的三十分之一。但人头税则是定额税，而这种负担相当沉重，农民每年承担国家劳役可能在五十天，加上往返日期就更长。这样，农民只有放弃土地，或者带着自己的土地投靠富豪，这些富豪通常享有免税待遇，合法的或灰色的。这样，"编户"减少，登记土地的剩余农民之负担更加沉重，无力承担，政府财政崩溃。

北魏均田制以土地官有为前提，向农民分配土地，据此征收赋税。它部分实现了征税对象之转向：确保每家标准农户拥有相对一律的土地规模，而后确定统一的纳税额，这样可以实现赋税平均，农民的负担则有租、庸、调。然而，实施这一制度的前提是经过严重战乱，地多人少，且土地多为无主。隋唐均沿用这一政策。但到唐代，出现了新问题。秦汉基本是地多人少的局面。到唐代人口增长，出现人多地少的局面。很多家庭不能获得足额土地，却必须承担确定的租庸调。结果是相同的，农民为逃避徭役，而放弃田产或带着土地投靠享有特权之豪门。政府财政陷入困局。

为走出困局，中唐杨炎进行了一项革命性财政变革措施：实施两税法。两税法对中国经济和社会产生了深远影响，最重要的是土地制度和农民身份摆脱了国家之束缚。

两税法以家庭财产状况和田亩数量为依据征收赋税。陆贽《均节赋

①　《汉书·食货志上》。

税恤百姓》精炼地说明了两税法的关键点："先王之制，赋人也，必以丁夫为先……两税之立，则异于是，唯以资产为总，不以丁身为本：资产少者，则其税少，资产多者，则其税多。"此前税制侧重于对具有劳动和服役能力的成年男子征税，现在则主要对土地征税。这样，农民负担就更为公平。

这一点，加上另外一条规定"户无主客，以见居为簿"，也让农民可以充分地保有独立身份。在按人头纳税、服役制度下，不堪重负的农民只能依附于豪门，丧失独立性。现在按资产征税，则贫穷就可以少纳税，因为，在农村，土地多少通常决定着贫富。同时，他们投靠豪门也没有多大意义，因为同样要承担税赋。这样，农民倾向于保留自耕农身份。另外一些农民，即便租佃土地较多者的土地，同样是独立经营。农民的身份更为自由。

因为实行两税法，政府主要对农民土地征税，政府也就不必以法律的方式确定单一的田制。故宋代以后，土地制度完全交给市场机制来自发安排。换言之，政府不立田制。由此，土地产权可自发演进，乃趋向于细化，这表明土地资源得到更有效率地配置，从而产出提高，可以养活更多人口。

随着人口增多，农村出现人口过剩现象，农民开始在农业之余广泛从事工商业，这又推动了中国商业之发展。多种经营提高了家庭独立生存的能力，推动了农民身份之自由、独立。

不过，从社会结构角度看，农民身份独立引出一个重大问题：乡村社会离散化。原来农民受到较为直接的外部管理，主要为政府，政府掌握人丁情况，故在基层建立了完整的国家权力控制体系，在乡、亭、里等乡官管制下，民众被组织起来，集中居住于里。另外，不堪政府重负的农民会依附豪族。现在，农民享有更多独立性，以小家庭为单位独立地生存，里社共同体面临危机，乡村公共生活难以为继，公共品供应和分配体系也在溃败。

商业与城市

两税法另一革命性意义在于，政府意识到商业的重要性，对茶、酒、盐等商品交易征税。这改变了以单一农业税为主的传统税收结构。

商人的负担固此加重，然而，商人因此而被平等对待，政府不再从法律、政治上歧视商业。由此，商业在中国快速发达起来，并构建了市镇。

周封建制下，就存在商业。商人大体分为两种：从事远距离交易的"商"与在固定场所经营的"贾"。每个封建的城邑都有"市"，贾集中于此。按照封建的基本逻辑，这些商人是大夫或诸侯之臣，其从事商业活动需"策命"。《论语·先进篇》记载，孔子说子贡："赐不受命而货殖焉，亿则屡中。"子贡生活在礼崩乐坏时代，他未有封建的策命而从事商业活动，并大获成功。子贡是中国最早一批自由商人。

此后，商业迅速繁荣。战国时代，东方出现多座商业都市。例外的是秦。秦自商鞅之后，即采取抑商政策，一直延续到秦亡。汉兴，综合了秦与东方的政策，政府放任商业发展，但从法律、政策上歧视商人。在这种情况下，商人倾向于投靠士族。由此形成汉晋时代引人注目的现象：士族经营商业，尤其是东晋、南朝，这种现象很普遍。

到唐代，南方士族衰败，北方士族不屑于经商，商人的独立性有所增强。两税法规定"行商者，在郡县税三十之一"。商户承担税赋标志着商人独立性进一步提高。他们既然是正常纳税人，也就享有国民待遇。此后，商业出现了一次爆炸性增长。政府税收中，商税所占比例持续提高。到宋代，政府对商户征税之重视，不亚于农户。

自由商业之繁荣，推动了市镇之出现。秦以后，中国始终存在金字塔型城邑体系，城是中央、州或郡、县等各级政府所在地，集中大量人口与财富。为便利市场交易，城内设市，政府划定固定地方为市，同一行业集中于一处，政府集中管理。除此之外，商人不得设立商铺，商业区与居住区分割。城内居住区也是封闭的。乡村则有十分简易的集市。

从唐代开始到宋代，除政治性的城、提供简单交易功能的集市之外，出现了工商业市镇。核心原因在于农民的独立性增强，劳动效率提高，家庭出现相对剩余人口，乃转而从事工副业生产。其中很多人集中于市镇，或者市镇商人向这些在乡村的工副业提供原料和市场。这些市镇卷入区域性或全国性甚至全球性商业网络中。到明清两代，此类市镇数量更多。

同时，从宋代开始，在城中，政府不再限制市于划定区域，商人可随处开设商铺。延续了数千年的城之格局大变，城与市合一，商业区与居民区重叠。商业由此更加繁荣，北宋画家张择端之名作《清明上河图》生动地描述了这一景象。

这些城市和市镇的主体是市民，以商人为主体。他们曾是农民，自由进入商业领域，并完全独立地进行经营。政府设立专门机构征税、管理市场。两宋三百多年，商税增加幅度高于国家税收整体增长速度。市镇商业在整个经济结构中所占比例提升。

在城市和市镇，人口相对集中，文化娱乐活动的潜在听众更多；相对于农民，商人的平均教育程度要高一些，收入也高一些，消费能力更强。因此，中晚唐开始，市井文化也即市民文化迅速发育、繁荣，最为引人注目的是适合市民群体审美趣味的新文艺样式之涌现，比如"说话"及其衍生的话本、戏曲等。

也正是商业和市镇之发育，刺激了一些重大技术的突破。指南针发明的直接动力是商业性航海之需要。最为重要的发明则是印刷术。开放的科举制推动了教育普及，商业发展也对教育产生刺激，更多庶民愿意支付成本教育自己的子弟。而土地制度与多种经营也让农户和商人有能力支付这一成本。凡此种种催生了社会对书籍的强劲需求。民众对佛教经书的需求同样刺激了印刷术的发明。印刷术发明后，普通人家也可拥有书籍，接触和阅读书籍，庶民开明了。这是一个历史性的变化。

概言之，唐宋之际，中国社会经历一番广泛而深刻的变化：科举制增加了庶民之政治机会，生成新兴士人群体；两税法推动农民独立性提升，商人更为自主地经营商业；上述社会结构性变动推动教育普及，市镇形成，市民文化发育。发生于中晚唐与北宋的这一系列变化，构成"唐宋之变"。其本质是平民之文化、社会、政治、经济地位提升，中国社会再度趋向平等。汉晋体制中，士族站在舞台中央明亮的灯光下，庶民由士族组织。现在，庶民从昏暗的背景中走出，成为主角。由是，他们的价值观、他们的组织化程度，对于社会治理秩序具有决定性意义。宋儒意识到这一趋势，他们的问题意识就是，在一个更为平民化的社会中塑造秩序。

卷五

宋明体制

第二十五章　宋代士人之振拔

唐宋之际，士族中心的汉晋体制解体，社会再度平民化。代替士族兴起的是科举制催生的平民士人。但这些士人在丧失了经学之型塑后，失之于浮薄，缺乏道德理想与合群技艺，无力担任组织、领导庶民之责任，由此而有晚唐、五代之失序与堕落。宋儒之兴起，正为回应这一问题。在汉晋经学之后，宋儒构建道学，提振士人道德理想主义精神，进而于废墟上重建秩序大厦。

韩愈：首倡道统

韩愈出身寒门，进士科出身，属于新兴士人群体，且其一生并不得志。但是，韩愈超越当时新兴士人群体看起来开阔实则偏狭的精神世界，先知般地预见到身后将要出现的礼崩乐坏之局面，而在社会、政治结构转型之际，启动了儒家的转型过程。其最为重要的贡献是提出"道统"说，见《原道》。韩昌黎首先界定他心目中的道：

博爱之谓仁，行而宜之之谓义，由是而之焉之谓道，足乎己而无待于外之谓德。仁与义为定名，道与德为虚位。故道有君子、小人，而德有凶、有吉。

依据这个道，韩愈主张辟佛老，首先是辟道教。唐皇室尊崇老子、道教，韩愈毫不畏惧，明确指出："凡吾所谓道德云者，合仁与义言之也，天下之公言也。老子之所谓道德云者，去仁与义言之也，一人之私言也。"儒家守护的仁义之道乃是中国之大道，老子不过是百家言而已，不足为治国之大道。接下来，韩愈痛心疾首地指出，佛老盛行一时，"为孔子者，习闻其说，乐其诞而自小也"。新兴士人自我矮化，随波逐流。结果是社会秩序之紊乱。

> 传曰："古之欲明明德于天下者，先治其国；欲治其国者，先齐其家；欲齐其家者，先修其身；欲修其身者，先正其心；欲正其心者，先诚其意。"然则，古之所谓正心而诚意者，将以有为也。今也欲治其心而外天下国家，灭其天常，子焉而不父其父，臣焉而不君其君，民焉而不事其事。孔子之作《春秋》也，诸侯用夷礼，则夷之；进于中国，则中国之。经曰："夷狄之有君，不如诸夏之亡。"《诗》曰："戎狄是膺，荆舒是惩。"今也举夷狄之法，而加之先王之教之上，几何其不胥而为夷也？

这段话具有重大思想史价值：韩昌黎发现了《大学》之重大意义。《大学》本在《礼记》中，汉晋儒并不重视，经韩愈发掘，成为宋明"四书"体系之首。据《大学》，韩昌黎指斥佛教为夷狄之法。接下来正面阐述道统：

> 夫所谓先王之教者，何也？博爱之谓仁，行而宜之之谓义，由是而之焉之谓道，足乎己无待于外之谓德。其文：《诗》、《书》、《易》、《春秋》；其法：礼、乐、刑、政；其民：士、农、工、贾；其位：君臣、父子、师友、宾主、昆弟、夫妇；其服：麻、丝；其居：宫、室；其食：粟米、果蔬、鱼肉。其为道易明，而其为教易行也。是故以之为己，则顺而祥；以之为人，则爱而公；以之为心，则和而平；以之为天下国家，无所处而不当。是故，生则得其情，死则尽其常。郊焉而天神假，庙焉而人鬼享。

韩愈明确提出，须回到先王之教，也即摒弃道、佛，回归儒家。由此，中国人才可真正成为人。至关重要的是，由此才可形成合理秩序。最终，韩昌黎提出道统之说：

> 曰："斯道也，何道也？"曰："斯吾所谓道也，非向所谓老与佛之道也。尧以是传之舜，舜以是传之禹，禹以是传之汤，汤以是传之文、武、周公，文、武、周公传之孔子，孔子传之孟轲。轲之死，不得其传

焉。苟与扬也，择焉而不精，语焉而不详。由周公而上，上而为君，故其事行。由周公而下，下而为臣，故其说长。”“然则，如之何而可也？”曰：“不塞不流，不止不行。人其人，火其书，庐其居。明先王之道以道之。鳏、寡、孤、独、废、疾者有养也，其亦庶乎其可也。”

　　韩昌黎的《原道》与董仲舒的"天人三策"有相似处：董仲舒要求"诸不在六艺之科、孔子之术者，皆绝其道"，辟黄老、刑名之术，归宗于六经与孔子；韩昌黎则辟老、佛，同样归宗于"道统"。韩愈的道统说为宋明儒接受，并构成了宋明儒道德理想精神之基本支柱，也塑造了宋明儒思想体系之基本轨道。

　　孔子生当乱世，于正在崩溃的封建之"礼"外，标举"道"字，从而撑起了儒家之精神世界。汉初儒家之所以掀起更化运动，因其掌握五帝三王之"道"。儒家体制化之后，则形成经学体系。到唐代，经学体系崩解，具有道德理想主义情怀的儒生不能不再度诉诸抽象的"道"，并于宋代构建出道学体系。

　　接续道统之宏愿推动韩愈发起"古文"运动。自孔子以来，士人基本上就是文士，学"文"乃是养成士之大本，孔子之"文"指六经。反过来，士又通过文章表达自己的理念，包括参与社会治理。因此，士人的社会处境与精神状态决定其文章之形态，文章形态反过来又对士人之社会治理活动产生影响。

　　汉代，除了赋，士大夫的两大活动即经学与论政，基本采取散文形态。此即韩愈所说的"古文"，士大夫以此积极参与社会治理。魏晋以后，士族门第化，鄙视实务，崇尚浮华，其文体趋向于严格的形式化，由此形成骈文。骈文讲究对偶、声律、藻饰、用典，充分表现了中国语言的形式之美，优美而富有表现力，是典型的中国文学体裁。然而，与经学演变为玄学一样，骈文也脱离文以载道传统，诱导作者过分用力于文辞。

　　韩昌黎具有明确的道统意识，很自然地投入文体革命。韩昌黎一再说明自己的文学理念。《争臣论》说："修其辞以明其道"；《题欧阳生哀辞后》说："愈之为古文，岂独取其句读不类于今者邪？思古人而不得见，学古道则欲兼通其辞。通其辞者，本志乎古道者也"；《答李秀才书》说："然愈之所志于古者，不惟其辞之好，好其道焉耳。"因为好古之道，昌黎好古之文。相比于骈文，古文更为自由灵活，更便于论说道理。古文把士人从繁琐的形式约束中解放出来，《答尉迟生书》说："夫所谓文者，必有诸其中，是故君子慎其实。"如此，则如《答李翊书》所说："当其取于心而注于手也，汩汩然来矣。"士人应当关注的对象是自身之德，也即见识和情感，对于道之体认。未来的道学，即以古文为其基本文体。

范仲淹：道德自觉

赵宋立国，崇尚文治。天下恢复太平，儒家士人得以从容讲习，在年轻士人中，一种新的精神逐渐酝酿发酵。至宋立国六十年后之仁宗时代，儒家士人之道德理想主义精神终于迸发，范仲淹、欧阳修为这些士人之领袖。《宋史》卷四百四十六《忠义一》开篇云：

> 士大夫忠义之气，至于五季，变化殆尽。宋之初兴，范质、王溥犹有余憾，况其他哉。艺祖［宋太祖］首褒韩通，次表卫融，足示意向。厥后，西北疆场之臣勇于死敌，往往无惧。真［宗］、仁［宗］之世，田锡、王禹偁、范仲淹、欧阳修、唐介诸贤，以直言谠论倡于朝。于是，中外搢绅知以名节相高，廉耻相尚，尽去五季之陋矣。故靖康之变，志士投袂，起而勤王。临难不屈，所在有之。及宋之亡，忠节相望，班班可书。匡直辅翼之功，盖非一日之积也。

宋代第一个高倡道德理想主义精神并身体力行之新兴儒家士人乃是范文正公仲淹。

赵宋立国约三十年，范仲淹出生。范仲淹少有志操，苦读诗书。稍长，至应天府，投戚同文门下学习，昼夜不息。冬日疲惫已甚，以冷水浇面。家贫粮食不给，以糜粥继之。在此艰苦环境下，范仲淹泛通五经，尤长于易学。

唐代新兴平民士人群体以诗赋成名，虽意气风发，而流于浮华无根。范仲淹重回经学，为秀才时，就有异常强烈之精神自觉。登仕之后，身体力行儒家道德。范仲淹的历史意义在于他对士人群体发出强有力的呼吁，这就是《岳阳楼记》那段脍炙人口的名句：

予尝求古仁人之心，或异二者之为，何哉？不以物喜，不以己悲。居庙堂之高，则忧其民，处江湖之远，则忧其君。是进亦忧，退亦忧。然则何时而乐耶？其必日先天下之忧而忧，后天下之乐而乐乎！噫，微斯人，吾谁与归？

范仲淹利用各种机会，呼唤新兴士人群体。《宋史·范仲淹传》说，学者多从范仲淹求学，范仲淹诲人不倦，"尝推其俸以食四方游士、诸子，至易衣而出，仲淹晏如也。每感激论天下事，奋不顾身，一时士大夫矫厉尚风节，自仲淹倡之"。宋学史上公认的"宋初三先生"，即胡瑗、孙复、石介，无不得到范仲淹之奖掖。宋代大儒张载年轻时喜谈兵，并求见任职陕西的范仲淹，范仲淹告诫他："儒者自有名教可乐，何事于兵！"张载奉命研读《中庸》，后来开创"关学"。① 范仲淹还点拨名将狄青，授之以《左氏春秋》曰："将不知古今，匹夫勇尔。"② 狄青乃折节读书，悉通秦、汉以来将帅兵法，由是越发知名，后以行伍而为枢密使，一改五代、宋初军人之粗野无文。

儒家之理想乃在于治国平天下，塑造健全秩序，故士人道德理想主义精神之自觉，必意味着治理主体意识之觉醒。具有道德理想主义精神之儒家士大夫总是具有高远的政治理想，与依照理想改变现实制度之政治勇气，他们总是寻求改变现实制度，这就是"变法"的道德与政治动力。力倡"先天下之忧而忧，后天下之乐而乐"的范仲淹，正是仁宗年间"庆历新政"之主导者。此为宋代此起彼伏之变法运动的第一波。

欧阳修：砥砺士气

韩愈发动古文运动，当时有柳宗元等人唱和，但在中晚唐颓靡的士风中，并未能持续下去。反之，晚唐五代，反而形成更为浮靡空洞之"西昆体"。

士人群体之道德理想主义觉醒，乃起而接续韩愈古文运动，变革文

---

① 《宋史》卷四百二十七《张载传》。
② 《宋史》卷二百九十《狄青传》。

风。在士人影响下，宋仁宗在天圣至庆历年间，曾三次下诏诫斥浮靡文风。当时任国子监直讲的石介则专门写《怪说》三篇，猛烈抨击西昆体。太学生受石介影响，抛弃西昆体华美密丽之文风，却又走上险怪艰涩的道路，形成所谓"太学体"。欧阳修对这两者都不以为然，在他执掌嘉祐二年贡举时，对以这种文体答卷者，痛加排抑。

欧阳修追慕韩愈，《宋史》卷三百一十九《欧阳修传》说，欧阳修"游随，得唐韩愈遗稿于废书簏中，读而心慕焉。苦志探赜，至忘寝食，必欲并辔绝驰，而追与之并"。欧阳修追慕韩昌黎，倡导一种中道的文风，如《欧阳修传》所说：

> 为文天才自然，丰约中度。其言简而明，信而通，引物连类，折之于至理，以服人心。超然独骛，众莫能及，故天下翕然师尊之。奖引后进，如恐不及，赏识之下，率为闻人。曾巩、王安石、苏洵、洵子轼、辙，布衣屏处，未为人知，修即游其声誉，谓必显于世。笃于朋友，生则振掖之，死则调护其家。

经欧阳修与其同道之努力，古文运动大获成功。自然、灵活的文体让道学家们获得了最佳文字载体。

然而，欧阳修绝不只是文学家，而是一位具有强烈道德理想主义精神的儒家士大夫。《欧阳修传》说："学者求见，所与言，未尝及文章，惟谈吏事，谓文章止于润身，政事可以及物。"

欧阳修致力于追求优良秩序，而这个秩序之典范在三代。欧阳修著《本论》三篇，探讨如何回向三代之治。他指出："尧、舜之书略矣，后世之治天下，未尝不取法于三代者，以其推本末而知所先后也。"欧阳修也指出，中国当辟佛教，而最为有效的方案是恢复三代之治。佛法之所以流行于中国，乃因为中国自身"王政阙，礼义废"，民众"中心茫然无所守而然也"。欲杜佛法之患，就需回到三代，如此，"王政修明，礼义之教充于天下"。民众自然"学问明而礼义熟，中心有所守以胜之也"。

与欧阳修大体同时，石介等人也提出回向三代之治的政治理想。这在宋代政治史上具有重大意义。

欧阳修精通易学，著有多种著作，尤其是《易童子问》影响相当之大，开创了经学变古之风，实为宋代新经学之滥觞。欧阳修的易学纯取义理，在士人道德理想主义觉醒的环境下，特别重视君子、小人之辨，张扬君子之道德担当。比如，对豫卦之大象传，"雷出地奋，豫。先王以作乐崇德，殷荐之上帝，以配祖考"，欧阳修解释说：

> 于此见圣人之用心矣。圣人忧以天下，乐以天下。其乐也，荐之上帝、祖考而已，其身不与焉。众人之豫，豫其身尔。圣人以天下为心者也，是故，以天下之忧为己忧，以天下之乐为己乐。

这里的精神气度与范仲淹完全相同。欧阳修解释损、益两卦之大象传曰：

> 呜呼！君子者，天下系焉，非一身之损益，天下之利害也。君子之自损，忿欲尔；自益者，迁善而改过尔。然而，肆其忿欲者，岂止一身之损哉，天下有被其害者矣。迁善而改过者，岂止一身之益哉，天下有蒙其利者矣。

君子实为天下治乱之所系，因此君子当始终具有责任感，为此，当始终具有道德自觉，惩忿窒欲，迁善改过。

为砥砺士气，欧阳修以一己之力，自作《五代史记》。欧阳修感叹："甚矣，五代之际，君君、臣臣、父父、子子之道乖，而宗庙、朝廷，人鬼皆失其序，斯可谓乱世者欤！自古未之有也。"[1] 基于这一伦理与政治判断，欧阳修删削《旧五代史》中的志，仅保留《司天考》、《职方考》，因为在他看来，五代礼乐文章根本不足取。另一方面，欧阳修增加《义儿传》，其序言对五代将领为了权力而认他人为义父之做法痛心疾首："呜呼！世道衰，人伦坏，而亲疏之理反其常，干戈起于骨肉，异类合为父子。开平、显德五十年间，天下五代而实八姓，其三出于丐养。"欧阳修专门著《死节传》，表彰忠贞之臣；又著《唐六臣传》，贬斥五节之臣。从史料价值看，《新五代史》也许低于《旧五代史》。然而，欧阳修以私人身份修史之目的本不在于全面记载历史，而

---

[1]　《新五代史·唐废帝家人传》。

在于效仿孔子作《春秋》，寓道德、伦理之褒贬于史事之中，对晚唐五代之礼崩乐坏作一彻底清算，以唤醒当代士人之道德自觉。

总之，欧阳修之经学、史学、文章指向一个目标：推动士人之君子自觉，砥砺士人之政治勇气。

胡瑗：推明治道

至少到宋仁宗时代起，士人即形成重建健全秩序之政治理想，其道则是回向三代之治，为此，需要"推明治道"。

"宋初三先生"皆致力于此。孙复治《春秋》，作《春秋尊王发微》，朱子评价说，孙复"推言治道，凛凛然可畏，终得圣人意思"[1]。石介作《怪说》指出，尧、舜、禹、汤、文、武、周、孔之道万世常行，不可易之道也。不过，影响最大的，当属胡瑗。

范仲淹知苏州，聘请胡瑗为苏州教授。后来，范仲淹又荐举胡瑗掌管太学，把地方学校模式移入太学，对宋代士风、学风产生巨大影响。胡瑗办学之所以广受关注，因其能够应因士人道德与政治自觉之大势，《宋元学案·安定学案》介绍说，胡瑗办学，立经义、治事二斋：经义选择其心性疏通、有器局、可任大事者，使之讲明六经。治事则一人各治一事，又兼摄一事，如治民以安其生，讲武以御其寇，堰水以利田，算历以明数。熙宁二年，胡瑗的得意门生刘彝向宋神宗阐述胡瑗教育理念：

> 圣人之道，有体、有用、有文。君臣父子，仁义礼乐，历世不可变者，其体也；诗、书、史、传、子、集，垂法后世者，其文也；举而措之天下，能润泽斯民，归于皇极者，其用也。国家累朝取士，不以体用为本，而尚声律浮华之词，是以风俗偷薄。臣师当宝元、明道之间，尤病其失，遂以明体达用之学授诸生。夙夜勤瘁，二十余年，专切学校。始于苏、湖，终于太学，出其门者无虑数千余人。故今学者明夫圣人体用，以为政教之本，皆臣师之功。

---

① 《朱子语类》，卷八十三。

儒家理想是行道天下。君臣父子、仁义礼乐是道之体。道体永恒且普遍。诗书等五经、诸子是道之文，学者通过研习、疏解道之文，而体认道。优良治理就是以道正天下，这就是达用。尤其是归于"皇极"，也即为君王树立典范，引导君王行道。为此，儒者当"推明治道"，在现实脉络中阐明道之文中的治理之道，此即"道学"。道之体、文、用三者相互支持：体道以达用，为政本于道学，道、学、政循环不已。胡瑗这一理念对宋儒产生巨大影响。

王安石初建道学

范仲淹主持之庆历新政虽然失败，但儒家士人之政治热情并未消退。未过三十年，儒家士大夫推动第二次大规模变法，主其政者为王安石。

后来的道学家，比如二程、朱子，道学之外的儒者，比如司马光、苏轼父子等，对王安石变法均持质疑和反对立场。然而，王安石乃是沿着宋代士人之觉醒路线前进的，并构造了第一个完整的道学体系。

王安石才华出众，因而得到欧阳修提携。王安石慨然有矫世变俗之志，于是，上宋英宗以洋洋万言书。《上皇帝万言书》首先提出，天下之财力日以困穷，风俗日以衰坏，根本原因在于"不知法度"，因为"方今之法度，多不合乎先王之政"。法先王之政，也不是照搬固有制度，而是"法其意而已"。当下必须法先王之意，构思更为合理的制度，进行"改易更革"。然而，更革需要人才，此需人主"陶冶而成之"，教之，养之，取之，任之。也即，建立更为合理的学校、财产、取士、任官制度。在此基础上，"当时人君，又能与其大臣，悉其耳目心力，至诚恻怛，思念而行之，此其人臣之所以无疑，而天下国家之事，无所欲为而不得也"。对于如何解决当时的财政问题，王安石也提出了具体设想。这份万言书体现了王安石的基本理念，反映了当时士人之普遍精神状态。

正因为此，王安石获士林称誉，得大臣提携。年轻的宋神宗同样受到当时士人群体道德理想主义精神之感染，也有强烈的改革意愿。故甫一即位就重用王安石，《宋史》卷三百二十七《王安石传》记载王安石与宋神宗的第一次对话：

入对，帝问为治所先，对曰："择术为先。"帝曰："唐太宗何如？"曰："陛下当法尧、舜，何以太宗为哉？尧、舜之道，至简而不烦，至要而不迂，至易而不难。但末世学者不能通知，以为高不可及尔。"帝曰："卿可谓责难于君，朕自视眇躬，恐无以副卿此意。可悉意辅朕，庶同济此道。"

王安石充分展现了宋代士人道德理想主义精神之高涨，在他看来，唐太宗根本无足道，现在应当直追尧舜。尧舜之治并非遥不可及，经过努力是完全可以达到的。二十岁的宋神宗也认可这一理想，只是他表示，要实现这一理想，需要士大夫之支持。由此可见，"共治"已成为宋代君臣之共同理念。

次年，王安石即拜参知政事，筹划大规模变法。因循守旧的官僚对此有所议论，因此而发生了《王安石传》所记的一段对话：

上谓曰："人皆不能知卿，以为卿但知经术，不晓世务。"安石对曰："经术正所以经世务。但后世所谓儒者，大抵皆庸人，故世俗皆以为经术不可施于世务尔。"上问："然则，卿所施设以何先？"安石曰："变风俗，立法度，正方今之所急也。"上以为然。

这段对话清楚地表明了王安石的政治理想与政治勇气之渊源，也表明了王安石主导之变法政治与官僚的日常政治之间的根本区别。王安石立足于经术，希望依据经中先王之意，对现有制度进行彻底变革。变法旨在以理想提撕政治，这当然会引发利益之重大调整，而遭到普通官僚之反对。

正因为这一点，当变法遭到挫折后，经由宋神宗提议，王安石与其弟子训释《诗经》、《尚书》、《周礼》三经，颁之学官，天下号曰"三经新义"。在此过程中，王安石创立了经学之新传统，摒弃秦汉以来章句传注传统，索解经文义理。宋学之基本形态就此奠定。

三经新义中，《周礼新义》最为重要。王莽据《周礼》改制，王安石同样据《周礼》变法，因为《周礼》系统地描述了一套完整的理想体制。可能正因为有此完美体制，王安石信心十足，而不免失之于自负。世人所传王安石"天变不足畏，祖宗不足法，人言不足恤"之语，即表明其自负心态。而这一点已背离儒家政治之基本轨道。王安石之变法，最终难免失败。

值得一提的是，王安石推动科举改革，罢明经及诸科，最为重要的是，进士科罢诗赋。唐以来，进士科最为重要的考试科目就是诗赋，现在则变为经义，包括《诗》、《书》、《易》、《周礼》、《礼记》及《论语》、《孟子》等，以"三经新义"为主。后来以"四书"大义取士，即为这一制度之发展。

二程

河南二程兄弟，大程子程颢、小程子程颐，为宋明儒学体系之奠基者。

二程成长于儒家道德理想主义高涨时代，年轻时即有"大有为"之政治抱负。王安石变法之际，程颢上《陈治法十事》，畅论改制方案，开篇论述推明尧舜三代之道与创制立法之关系：

圣人创法，皆本诸人情，通乎物理。二帝三王之盛，曷尝不随时因革，称事为制乎？然至于为治之大原，牧民之要道，理之所不可易，人之所赖以生，则前圣、后圣，未有不同条而共贯者……苟或徒知泥古而不能施之于今，姑欲循名而顾忘其实，此固末世陋儒之见，诚不足以进于治矣。然傥谓今世人情已异于古，先王之迹必不可复于今，趋便目前，不务高远，亦恐非大有为之论，而未足以济当今之极弊也。

治道是永恒不变的，制度则可因时而变。但制度之变化又不离乎道，反过来，须以治道提撕制度，引导变化，以构建理想政治。这才是真正的"大有为"。这种理念与王安石并无不同。因此，对王安石变法，二程最初持支持态度，并参与其中。但很快，二程对王安石变法就有所质疑。关键问题在于王安石之心，《宋史》卷四百二十七《程颢传》记载：

王安石执政，议更法令，中外皆不以为便，言者攻之甚力。［程］颢被旨赴中堂议事，安石方怒言者，厉色待之。颢徐曰："天下事非一家私议，愿平气以听。"安石为之愧屈。自安石用事，颢未尝一语及于功利。居职八九月，数论时政，最后言曰："智者若禹之行水，行其所无事也；舍而之险阻，不足以言智。自古兴治立事，未有中外人情交谓不可而能有成者，况于排斥忠良，沮废公议，用贱陵贵，以邪干正者乎？正使徼幸有小成，而兴利之臣日进，尚德之风浸衰，尤非朝廷之福。"遂乞去言职。

儒家士大夫理想之政治形态乃是君臣共治，士大夫共治，执政者舍己而从人。庆历新政之所以半途而废，就是因为反对者较多，而宋仁宗和范仲淹具有儒家政治伦理，故宁可放弃变法，而不固执己见。王安石缺乏这种美德，自负其道，一意孤行。对持有不同意见者严加排斥、打击，由此导致士大夫群体严重分裂。而缺乏士大夫共识支持之变法政治，难免扭曲。比如，政治投机盛行，基层官员以变法扰民。如此变法，必然失败。

王安石变法的失败，构成宋代政治与思想史的一个转折点。自宋仁宗以来三十年间，士气高涨，具有道德理想主义精神之士大夫普遍认为，应当"大有为"，更易变革既有制度，以回向三代之治。故先有庆历新政，半途而废。再有熙宁变法，规模更大，坚持时间更长。然而，后果更加令人失望：变法没有给民众带来福祉，士大夫内部的政争反而激化。此后一直到南宋，废止或恢复王安石新政成为宋代政治纠葛之主要线索。

变法何以导致混乱并最终失败？带着这样的问题意识，二程治学、深思，构建了一个成熟的道学体系，确立宋明儒学之范式。孔子传经，又创立儒学。汉儒传承经学，经学究天人之际、通古今之变，探究优良制度。至魏晋，玄学兴起，学者弃天而论道，杂以老庄、佛学。隋唐两代，佛学发达，善谈心性。宋代道学接续韩愈之道统说，以孟子为儒学传承之枢纽，关注人心，善谈性、命、天理。这与汉代经学之关注天人关系与制度，形成明显对比。

为把握天理、人心及其间关系，二程重视《大学》、《中庸》。两篇本在《礼记》中，汉儒并不重视。韩愈已重视《大学》，宋初以来的佛家为佛理之儒家化，而发明《中庸》之义，儒家因此也开始重视《中庸》。《大学》的格物、致知、诚意、正心与《中庸》的"天命之谓性、率性之谓道、修道之谓教"以及"喜怒哀乐之未发，谓之中；发而皆中节，谓之和"，"自诚明，谓之性；自明诚，谓之教"等理念，构成道学之基础。

由此，道学发展出君子修身之功夫论。汉晋经学家重礼，君子养成之道，无非谨守礼仪。道学家则深入人心，探讨心性修持之道。不过，大程子与小程子气质不相同，其示人入道之门也有所不同。二程之师周敦颐主静，大程子以为，静字稍偏，不若专主于敬，不过整体仍偏于静。小程子则以为，"敬"字也不够，而益之以"穷理"，并提出"涵养须用敬，进学在致知"。由这种差异，分化出道学之两支：从大程子发展出陆象山、王阳明之"心学"，从小程子发展出朱子集大成之"理学"。

也就是说，相对于经学，相对于宋初之学，道学发生了内在化转向。不过，诚如《大学》所示，格物、致知、诚意、正心，与齐家、治国、平天下乃是一贯的，而以修身为枢纽。道学家之理想仍在于达成优良的社会治理秩序，其发明人心乃为了在平民社会中更为有效地养成君子，以行道天下、齐家、治国、平天下。

朱子与道学家共同体

朱子生活在南宋，为道学之集大成者，道学至朱子而定型。朱子具有十分强烈的道统意识，他完成了道统之构造。朱子于《中庸章句序》中指出：

盖自上古圣神继天立极，而道统之传有自来矣。其见于经，则"允执厥中"者，尧之所以授舜也；"人心惟危，道心惟微，惟精惟一，允执厥中"者，舜之所以授禹也。

自是以来，圣圣相承：若成汤、文、武之为君，皋陶、伊、傅、周、召之为臣，既皆以此而接夫道统之传。

若吾夫子，则虽不得其位，而所以继往圣、开来学，其功反有贤于尧舜者。然当是时，见而知之者，惟颜氏、曾氏之传得其宗。及曾氏之再传，而复得夫子之孙子思……自是而又再传以得孟氏，为能推明是书，以承先圣之统，及其没而遂失其传焉。则吾道之所寄，不越乎言语文字之间，而异端之说日新月盛，以至于老佛之徒出，则弥近理而大乱真矣。

然而，尚幸此书之不泯，故程夫子兄弟者出，得有所考，以续夫千载不传之绪；得有所据，以斥夫二家似是之非。

根据这一道统理念，朱子编纂《河南程氏遗书》、《伊洛渊源录》、《近思录》，令后人得以把握道学脉络。

朱子之学，因致知而穷理，故终其一生，竭其精力，研究圣贤之经训，著有《周易本义》、《周易启蒙》、《诗集传》等，所编辑者有《论孟集议》等。朱子还留心于史学，编纂《通鉴纲目》、《宋名臣言行录》等。

最为重要的是，朱子撰述《大学章句》、《中庸章句》、《论语集注》、《孟子集注》，汇编为一册印刷，构建了"四书"体系。此为儒家思想与中国人观念生活之一大转型。

"四书"之中，唯有《论语》在汉代为人重视，另外三书并无专门研究、传承。仅从文本看，宋代成形的"四书"重建了一个儒家理念体系。它与经学有连续性，但侧重点发生重大转移。经学关注之重点是天人之际与礼法制度，"四书"关注之重点则是天理、人心与修养功夫。

这一转型因应于社会之平民化大势。汉人之学为五经之学，学者须就学于经师，穷数年之力方可通一经。魏晋以后，经学主要在士族家内传承。士族体制崩溃，士人多出自平民家庭，习经不易，亟须简捷易学的新教本。"四书"满足了平民化社会这一文化需求。反过来，"四书"形成后，借助印刷术，进入千家万户，推动了教育与儒学之普及。

朱子生活在南宋，其活跃时代道学最为繁荣，同时期道学大家有阐发心学之江西陆九渊，注重史学之浙东吕祖谦，气质似程颢之湖南张栻，永康功利学派之陈亮、叶适等，可谓群星璀璨。这是中国思想史最为辉煌的时期之一。

这些学者形成了一个道学家群体。他们之间的思想立场各不相同：朱子之学以道问学为主，主敬以立其本，穷理以致其知，反躬以践其实。陆九渊之学以尊德性为宗，先立乎其大者，发明本心。吕祖谦介乎两者之间，主张静多于动，践履多于发用，涵养多于读说，读经多于读史。张栻之立论为"主一"，陈亮主张义利双行、王霸杂用。各家立论各别，难免反复辩难。大多数情况是通过书信，朱子与陈亮有多次书信往返。机缘凑巧，道学家们则组织"会讲"：朱子与张栻会讲于岳麓书院，朱子与陆九渊又会讲于江西鹅湖书院。会讲由观点相异之大师围绕一个主题相互辩难，其他学者、学生则在旁观摩。通过这些辩难，大儒推进自己的思想，达到至精至微之境界。这些大师虽观点各异，然和而不同，始终相互尊重。

在政治上，道学家们也互通声气，形成不可忽视的政治力量。其核心政治理念则以君王之正心诚意为建立健全秩序之关键。比如，淳熙六年，朱子上疏宋孝宗：

> 天下之务，莫大于恤民；而恤民之本，在人君正心术以立纪纲。盖天下之纪纲不能以自立，必人主之心术公平正大，无偏党反侧之私，然后有所系而立。必亲贤臣，远小人，讲明义理之归，闭塞私邪之路，然后乃可得而正。①

这就是"致君行道"之政治理念。汉代经学将天置于皇权之上，以天道约束皇帝。宋代道学家则诉诸皇帝之正心诚意。在皇权制下，这是行道于天下之最为经济的办法。不过，道学家之政治思想显然不止于此。

---

① 《宋史》卷四百二十九，《道学列传三》。

第二十六章　宋代宪制

儒家士人向来以行道于天下为己任，故宋代士人之道德理想主义精神自觉，自然带动其政治主体意识之自觉。儒家士大夫在政治结构中伸张自己的治理权，赵宋皇权基于文治之方针，也与士大夫相配合，双方合作、互动，构建了一系列制度，至宋仁宗时代，大体形成了一套比较经典的儒家士大夫与皇权共治体制，这包括道、学对政之驯化，权力之分立与制衡，责任政治与政党政治等。这是周秦之变以来最为优良的宪制。

文治气质

赵氏之取得治理权，实乃中国历史上最为和平而体面者。

经过中唐以后之藩镇割据，五代之王朝变换，人心思治。《新五代史·周本纪》记载，周世宗已有恢复文治之愿望，与五代其他武人君王不同，周世宗略通书史黄老，在位短短几年内，延儒学文章之士，考制度、修《通礼》、定《正乐》、议《刑统》。又于即位之次年，废天下佛寺数千，毁铜佛像以铸钱。曾于夜间读书，见唐人元稹所作《均田图》，慨然叹曰："此致治之本也，王者之政自此始！"

《宋史·太祖本纪》记载，赵匡胤"器度豁如"，与刘邦颇为类似，因而得到将士之拥戴，而有陈桥驿黄袍加身之事。就在此刻，赵匡胤与将士相约："太后、主上，吾皆北面事之，汝辈不得惊犯；大臣皆我比肩，不得侵凌；朝廷府库、士庶之家，不得侵掠。"这里已展示其宽和的政治气质。这一点成为赵宋皇室的遗传基因。

赵氏轻易取得天下，不能不思考何以治天下。隋唐皇室可依靠关陇胡汉军政集团，赵氏本是寒族，无此政治根基。赵氏亲见五代骄兵悍将废立人主之放恣，不能不预为防范。赵宋乃转而依靠新兴的文士。即位第三年，宋太祖谓侍臣曰："朕欲武臣尽读书以通治道，何如？"虽然左右皆不知应对，但赵匡胤已确定了以文士治天下的宪制原则。

为此，宋立国后，迅速扩大科举取士规模，并改变唐代士人及第后再试于吏部才可入仕的制度，凡进士及第，立刻获得优差。这一点刺激了文教事业之高度发达，尊崇文化成为宋代社会风气。

在政治上，赵宋皇室也尊重士大夫。从制度上，宋代官员的物质待遇相当优厚。在政治过程中，皇帝也尊重士大夫，其中最为重要者是"太祖誓约"。宋人笔记《避暑漫抄》说，宋太祖在太庙寝殿之夹室中雕刻一通誓碑，誓词三行。宋徽宗被俘，曾在自己衣服上书写紧要事项，由曹勋向宋高宗转达。曹勋回国后向宋高宗上奏：

（太上皇）又语臣曰："归可奏上，艺祖有约，藏于太庙：誓不诛大臣、言官，违者不祥。故七祖相袭，未尝辄易。每念靖康年中，诛罚为甚。今日之祸，虽不［在］此，然要当知而戒焉。"①

宋哲宗曾说："朕遵祖宗遗制，未尝杀戮大臣。"② 可见，不杀大臣确为宋代"祖宗之法"，构成规范宋代政治之根本法，约束皇帝节制权力。宋朝士人也以不杀大臣作为宋代政治超越汉唐之重大标志。

在文治的政治气氛中，士大夫群体得以相互砥砺，从容成长。到宋仁宗时代，涌现出一批具有强烈道德理想主义精神的士大夫，如范仲淹、欧阳修等。而儒家士君子之使命就是行道天下，道德理想主义觉醒带来政治主体意识之觉醒。一如汉代立国六七十年而有董仲舒推动之更化，宋代于此时，在士大夫群体推动下，同样发生一次更化，建立一系列新制度，从而形成较为典型的共治体制。

祖宗之法

文治必然诉诸法度，以规则治国。在上层，有皇家、朝廷礼仪，规范君臣交接之礼。在普通刑事领域中，有《刑统》；民间有礼俗，规范

---

① 《宋史》卷三百七十九，《曹勋传》。
② 《宋史》卷四七一，《章惇传》。

婚丧嫁娶、产权继承等等。在日常政治领域，则有"祖宗之法"或"祖宗家法"，实为活的不成文宪法。

敬天法祖是古老的政治观念，《尚书》所收周公书中历数文王、武王之法度，并要求成王、康叔等君子遵守之。《诗经·大雅·假乐》赞美周成王"不愆不忘，率由旧章"。《国语》记载，春秋时代人多谈"故"。汉代则有"故事"一词，皇帝诏书或大臣对策中常有"如某某帝时故事"字样。这些故、故事都是个案形成的先例，对后人具有法律约束力。不过，"祖宗之法"在宋代的有效性和政治约束力，超过任何朝代。

原因在于，宋代比任何朝代更重视法度。宋太祖、太宗两人皆亲身经历五代之乱，因而，自始即奉行"以防弊之政，为立国之法"的治国理念。宋太宗即位诏书说："先皇帝创业垂二十年，事为之防，曲为之制。"① 为此太祖、太宗均注意在政治各个领域建立完备的规则、程序。更为重要的是，赵氏于乱世之中因机缘而得天下，立国根基较浅，不能不谨慎从事，自我约束。《元城语录》卷上记载了这样一个故事：

太祖即位，常令后苑作造熏笼，数日不至。太祖责怒左右，对以事下尚书省，尚书省下本部，本部下本曹，本曹下本局，覆奏又得旨，复依方下制造，乃进御，以经历诸处行遣，至速须数日。太祖怒曰："谁做这般条贯来约束我？"左右曰："可问宰相。"上曰："呼赵学究来。"赵相既至，上曰："我在民间时，用数十钱可买一熏笼。今为天子，乃数日不得，何也？"普曰："此是自来条贯，盖不为陛下设，乃为陛下子孙设。使后代子孙，若非理制造奢侈之物，破坏钱物，以经诸处行遣，须有台谏理会。此条贯深意也。"太祖大喜曰："此条贯极妙，若无熏笼，是甚小事也。"

该故事中的"条贯"就是行政程序。赵普对宋太祖说明，这套行政程序旨在约束皇帝之任意欲望，以框定皇帝行为之理性。宋太祖立刻明白了这一点对赵家维护治理权的重要性，而宁愿忍受自己一时之不便，以为后代子孙树立法度。

----

① 《续资治通鉴长编》，卷十七，开宝九年冬十月乙卯条。

正是在这样的心态下，宋太祖、太宗在施政过程中留心于确立合理的行政程序，建立各种规则和制度。他们自己也严格遵守。宋太宗在即位诏书中宣布，"纪律已定，物有其常。谨当遵承，不敢踰越"。① 循此以往，在皇室、朝廷、地方等政治之各个领域，法度不断积累，形成一组相当完整的先例、惯例、规则、程序、机构等等。

到宋代第三位皇帝宋真宗时代，具有道德理想而谨慎奉公之名臣王旦长期执政，"旦谓祖宗之法具在，务行故事，慎所变改"②。真宗之后的宋仁宗时代，皇帝正式提出"祖宗之法"概念，《续资治通鉴》卷一一三记载，宰相李迪曾委任两人为台谏官：

> 言者谓，台官必由中旨，乃祖宗法也。既数月，吕夷简复入，因议其事于上前，上曰："祖宗法不可坏也。宰相自用台官，则宰相过失无敢言者矣。"迪等皆惶恐……

"言者"和皇帝都指出，台谏官由皇帝任命而不由宰相任命为祖宗之法，李迪也承认这一点，并不得不遵从。这意味着，在君臣心目中，祖宗法具有很强的约束力。

此后，一直到宋亡，宋代君臣在所有政治领域中，频繁提及"祖宗之法"、"祖宗家法"、"祖宗成法"等等，且以之相互约束。比如，宋仁宗至和二年，御史中丞孙抃上书称："朝廷之法是陛下之法，陛下之法即祖宗之法。祖宗之法乃一天下、平元元之大本，臣等可戮，此法不可屈。"③

祖宗家法的内容极为广泛，《宋史》卷三百四十《吕大防传》记载，宋哲宗御迩英阁，召宰执、讲读官共读《宝训》，吕大防总结有宋祖宗家法曰：

> 自三代以后，唯本朝百二十年中外无事，盖由祖宗所立家法最善，臣请举其略：
> 自古人主事母后，朝见有时，如汉武帝五日一朝长乐宫，祖宗以来

---

① 《续资治通鉴长编》，卷十七，开宝九年冬十月乙卯条。
② 《宋史》，卷二百八十二，《王旦传》。
③ 《续资治通鉴长编》，卷一百七十九。

事母后，皆朝夕见，此事亲之法也；

前代大长公主用臣妾之礼，本朝必先致恭，仁宗以姪事姑之礼见献穆大长公主，此事长之法也；

前代宫闱多不肃，宫人或与廷臣相见，唐入阁图有昭容位。本朝宫禁严密，内外整肃，此治内之法也；

前代外戚多预政事，常致败乱。本朝母后之族皆不预，此待外戚之法也。

前代宫室多尚华侈。本朝宫殿止用赤白，此尚俭之法也。

前代人君虽在宫禁，出舆入辇。祖宗皆步自内庭，出御后殿，岂乏人力哉，亦欲涉历广庭，稍冒寒暑，此勤身之法也。

前代人主，在禁中冠服苟简。祖宗以来，燕居必以礼，窃闻陛下昨郊礼毕，具礼谢太皇太后，此尚礼之法也。

前代多深于用刑，大者诛戮，小者远窜。惟本朝用法最轻，臣下有罪，止于罢黜，此宽仁之法也。

至于虚己纳谏，不好畋猎，不尚玩好，不用玉器，不贵异味，此皆祖宗家法，所以致太平者。陛下不须远法前代，但尽行家法，足以为天下。

值得注意的是，吕大防总结之祖宗之法，多具有今日宪法意义，其宗旨在限制皇室、宦官之权力，乃至约束皇帝权力。而宋哲宗对这一总结深以为然。《宋史》还记载了其他祖宗之法：

内侍杨戬被任为节度使，尚书右仆射张商英曰："祖宗之法，内侍无至团练使。"[1]

［赵］汝愚出任同知枢密院事，监察御史汪义端说："祖宗之法，宗室不为执政。"[2]

武功大夫苏易转横行，程俱指出："祖宗之法，文臣自将作监主簿至尚书左仆射，武臣自三班奉职至节度使，此以次迁转之官也。"[3]

---

① 《宋史》，卷三百五十一。
② 《宋史》，卷三百九十二。
③ 《宋史》，卷四百四十五。

祖宗之法范围内的规则多属于现代意义上的宪法性规则或者行政法。它们界定各级、各部门权力之范围及其运作之程序，也规范皇帝之公、私行为。每个规则、程序最初形成于个别的政治、行政活动中，后来不断被重复、确认，而形成比较稳定且被人们公认的规则、程序。随着时间推移，这类规则、程序不断积累，形成一个相互关联的规则与程序体系，覆盖所有政治、行政乃至司法领域。这些规则和程序通常都是成文的，但散见于不同的文书中，因而作为一个整体是不成文的。但这一点丝毫不影响相关者对它的认同，也丝毫不影响其约束力。宋代君臣所说的祖宗之法，由宪法性先例和惯例构成，作为一个整体是宋代的不成文宪法或者说非法典性宪法。

事实上，宋代有人进行过此一宪法的成文化努力，也即编纂祖宗之法的汇编。《宋史》卷三百九十三《彭龟年传》记载：南宋光宗朝，曾从朱子、张栻问学的彭龟年述祖宗之法为《内治圣鉴》以进，光宗曰："祖宗家法甚善。"龟年曰："臣是书大抵为宦官、女谒之防，此曹若见，恐不得数经御览。"光宗曰："不至是。"

《宋史》卷四百二十八《道学二》记载：程门高第杨时鉴于王安石变法以来法度不断变更，而上奏宋徽宗提出："臣愿明诏有司，条具祖宗之法，著为纲目。有宜于今者，举而行之；当损益者，损益之。元祐、熙、丰，姑置勿问，一趋于中而已。"

宋代另有一种制度在一定程度上汇编祖宗之法，此即历代皇帝之"宝训"或"圣政录"。它与祖宗之法意识的形成同步，出现于宋真宗朝。尤其值得注意的是，这种汇编最初由士大夫私人编纂，上呈皇帝。这清楚地表明了儒家士大夫以祖宗之法约束皇帝的政治意图。后来，历代皇帝都编纂前朝宝训和圣政录。前者多记皇帝之嘉言训示，后者多记皇帝之行政举措。它们均构成法度，且其读者主要是皇帝。

有宋一代政治过程中，士大夫频繁引用祖宗之法，士大夫又自行撰述宝训、圣政录，这显示，祖宗之法概念乃是士大夫寻求政治法度化以限制皇权的制度化安排。《宋史》卷三百九十六记载：宋孝宗在一位大臣论述科场取士之道的对策上批示："用人之弊，人君乏知人之哲，宰相不能择人。国朝以来，过于忠厚，宰相而误国，大将而败军，未尝诛戮。要在人君必审择相，相必当为官择人，懋赏立乎前，诛戮设乎后，人才不出，吾不信也。"此手诏既出，朝廷内外哗然。史浩奏对："诛戮大臣，秦、汉法也。太祖制治以仁，待臣下以礼。列圣传心，迨仁宗而德化隆洽。本朝之治，与三代同风，此祖宗家法也。"大臣以祖宗家法抗衡皇帝之意志。

《宋史》卷三百八十五记载：宋孝宗时代，相位空缺，兼代参知政事的钱端礼谋求扶正为执政。然而，他的女儿为皇长子邓王夫人，吏部侍郎陈俊卿抗疏，力诋其罪，且谓本朝无以戚属为相，此惧不可为子孙法。遽进读《宝训》，适及外戚，因言："祖宗家法，外戚不与政，最有深意，陛下所宜守。"上纳其言。

宋人笔记《退斋笔录》记录了这样一件事情：

> 神宗时，以陕西用兵失利，内批出令斩一漕臣。明日，宰相蔡确奏知，上曰："昨日批出斩某人，已行否？"确曰："方欲奏知。"上曰："此事何疑？"确曰："祖宗以未尝杀士人臣事，不意自陛下始。"上沉吟久之，曰："可与刺面，配远恶处。"门下侍郎章惇曰："如此，即不若杀之。"上曰："何故？"曰："士可杀，不可辱！"上声色俱厉曰："快意事，便做不得一件！"惇曰："如此快意事，不做得也好！"

上引所有例子都是士大夫以祖宗之法否决皇帝之行为。皇帝总有其欲望和感情，对宦官、外戚、佞幸乃至亲近之臣。如何控制皇帝的欲望，乃是皇权政制最为重大的问题。汉代士大夫本乎天道信仰，树立五经为根本法。魏晋以来，天道信仰已趋衰微，宋代士大夫乃诉诸既往之宪法先例、惯例。他们自己遵守，自我约束，更以此限制皇权，使之遵循客观法度，由此而有宋代的清明治理。

不过，祖宗之法一旦被皇帝和士大夫群体共同认可，会给政治带来一个问题，那就是保守性。比如，宋仁宗、范仲淹实施庆历新政，反对者就以祖宗之法为理由予以反对，而仁宗尊重祖宗之法，果然中断新政。对宋神宗、王安石变法，反对者也多立足于祖宗之法。

但其实，祖宗之法并不拒绝变革。作为非法典性宪法，祖宗之法体系是持续生长的，规则与程序不断增加，而在政治实践中，后世完全可因应社会、政治、观念变化，对前朝法度进行调整。这样的变化发生在祖宗之法体系的边缘上，是于悄然之间发生的。

当然，宪法性先例、惯例如此积累，会带来另外一个问题：在祖宗之法体系中，大体相同的事务，可能存在多个略有差别甚至不同的规则或程序。这是习惯法的基本特征。这样，在现实政治中，利益和立场不同的人完全可以各执一词。宋代政争中常出现这种局面：相反两派都引用祖宗之法论证自己纲领与行为之合法性。此时，士大夫群体的主流意见也即"公议"，就具有决定性意义。

国是与党派政治

"国是"一词出自汉代刘向之《新序·杂事二》：

> 楚庄王问于孙叔敖曰："寡人未得所以为国是也。"孙叔敖曰："国之有是，众非之所恶也。臣恐王之不能定也。"王曰："不定独在君乎？亦在臣乎？"孙叔敖曰："国君骄士曰：'士非我，无逌［由］富贵。'士骄君曰：'国非士，无逌安强。'人君或失国而不悟，士或至饥寒而不进，君臣不合，国是无逌定矣。夏桀、殷纣不定国是，而以合其取舍者为是，以不合其取舍者为非，故致亡而不知。"庄王曰："善哉！愿相国与诸侯、士大夫共定国是，寡人岂敢以福国骄士民哉！"

国是就是举国关于为政治国之共同意见。楚庄王、孙叔敖君臣所论之国是，在封建制中不难理解。封建共同体由君子群体共同治理，君不能不尊重共同意见或者多数意见。由此形成国是。国是不是君王个人之意志，而是一国之所是，是包括君、臣在内、承担治理之责的君子群体的政治共识。国是形成于公议，即使其与君王个人意见相反。

宋代"国是"观念直接来源于此。《续资治通鉴长编》卷二百十记载熙宁三年四月司马光与宋神宗的对话：

> 上曰："今天下汹汹者，孙叔敖所谓'国之有是，众之所恶'也。"［司马］光曰："然。陛下当察其是非，然后守之。今条例司所为，独［王］安石、韩绛、吕惠卿以为是，天下皆以为非也。陛下岂能独与三人共为天下耶？"

这是文献记载宋代君臣第一次论及"国是"。由此，国是观念进入宋代政治。国是系某个时期之施政纲领，它决定政策之取舍，机构之兴废，大臣之遴选，以及至关重要的，决定祖宗之法的阐释方向。由此也就可以理解，"国是"一词何以首先出现在熙宁变法期间，这是一次巨大的变化，已非常规政治，在士大夫群体内部引发激烈争论：王安石等人坚持变法，司马光等人反对新法。双方势均力敌，争执不下。此时需要确定明确的政治方向，"国是"的功能就是指明政治方向。

这样的"国是"必为士大夫群体与皇帝经过反复审议、辩难而确定。一旦确定，皇帝和士大夫群体都按"国是"施政，以此保障政治之稳定。"国是"对皇帝构成限制，当然对大臣也构成限制。

不过，"国是"又绝不可能是全体士大夫群体共同认同的，这一点是其与祖宗之法绝不相同的地方。情势变化，士大夫群体之观念、意愿必发生变化，他们中一部分人断定现有国是不足以应对现有问题，实现理想。此时，他们必通过各种途径，比如互通书信、上书皇帝、抨击执政大臣等方式，表达政治意见。一旦新意见聚集到一定规模，就足以撼动原有国是。对此，皇帝和执政大臣不能正面应对，调整国是。"国是"必然是不断调整的，而这通常伴随着执政集团之更换。

也就是说，"国是"总具有党派性。"国是"总是一党一派之政治纲领。伴随着熙宁变法中"国是"理念出现，宋代政治也就走入党派政治时代。在熙宁变法中，变法"国是"确定之前提是，反对变法的司马光以及支持他的大臣下野。关于这一点，王安石与支持司马光的人士曾在宋神宗面前有所争论：

> ［司马］安石曰："若朝廷人人异论相搅，即治道何由成？臣愚以为，朝廷任事之臣非同心同德，协于克一，即天下事无可为者。"上曰："要令异论相搅，即不可。"［曾］公亮又论［司马］光可用，安石曰："光言未尝见从，若用光，光复如前日不就职，欲陛下行其言，则朝廷何以处之？"上遂不用光。①

宋代士大夫具有极强的政治责任意识，尤其是执政大臣。在其位，则谋其政，并且是按照自己的政治理念行政。变法引发了纲领性政治分

---

① 《续资治通鉴长编》卷二百十三，熙宁三年七月壬辰条。

歧，王安石决意实施自己的变法纲领，为此他提出，朝廷任事之臣当具有共同理念，如此方可有效施政。

从这些对话中可以看出，宋神宗君臣已具有"责任政府"观念。而这一观念必然带来党派轮流执政现象。实际上，董仲舒—汉武帝更化之后，皇权与士大夫构成的政府分立，汉代政制已隐然存在政治责任观念：丞相要因外朝的施政行为对皇帝承担全部责任。只是汉代中朝权力经常较大，丞相有其责而无其权，责任政治特征不是很明显。到宋代，权力就在皇帝和士大夫组成的政府中，政治责任十分清晰。尤其到宋仁宗时代，士大夫的政治主体意识觉醒，政治责任意识也就趋于清晰。也正是在这个时期，"朋党"之论兴起。

朋党论之最初起因是，范仲淹还只是普通官员，就上《百官图》，指其次第曰："如此为序迁，如此为不次，如此则公，如此则私。况进退近臣，凡超格者，不宜全委之宰相。"[1] 这实际上是一份党派成员名单。范仲淹已有一个呼引同类以实现政治理想的计划。当时执政大臣吕夷简对此极为反感，而有"朋党"之指控。仁宗乃数次下诏诫百官不得结成朋党。具有政治理想的士大夫主流却不以为然，尤其是支持范仲淹的欧阳修写下其千古名文《朋党论》：

> 臣闻：朋党之说，自古有之，惟幸人君辨其君子、小人而已。
>
> 大凡君子与君子以同道为朋，小人与小人以同利为朋，此自然之理也。然臣谓，小人无朋，惟君子则有之。其故何哉？小人所好者，禄利也；所贪者，财货也。当其同利之时，暂相党引以为朋者，伪也；及其见利而争先，或利尽而交疏，则反相贼害，虽其兄弟亲戚，不能自保。故臣谓，小人无朋，其暂为朋者，伪也。
>
> 君子则不然。所守者道义，所行者忠信，所惜者名节。以之修身，则同道而相益；以之事国，则同心而共济；终始如一，此君子之朋也。故为人君者，但当退小人之伪朋，用君子之真朋，则天下治矣。

本文实为中国政治观念史上一篇重要文献。欧阳修所说的小人之党是以个人利害结成的党，君子之党则是以公共的政治理念所结成之党。

---

① 《宋史》卷三百一十四，《范仲淹传》。

身处士大夫政治主体意识初次高涨的时代，欧阳修意识到，士大夫政治必为责任政治，责任政治无可避免地将呈现为按照政治理念运作的党派政治。士大夫欲行其道，就必须基于共同的政治理念结成朋党，如此方可有效实施自己的政纲，实现自己的理想。欧阳修认为，皇帝不应试图取消政治上的党派，唯一应当防范的是谋求私人利益之特殊利益团伙。

王安石变法引发的政治分歧更为严重，士大夫的党派之分也就更为明显而深刻。变法党和反变法党之分立，影响极为深远，且两党在此后长期轮替执政。宋室南迁以后，除此之外，又增加了对金之和或战或守这样的重大争议点。

而党派之间的核心分歧必然体现到施政纲领也即国是上。宋高宗刚即位，礼请李纲执政，李纲对宋高宗提出自己的施政纲领，高宗同意，方愿就任，其中第一条就是"议国是"，也即确定"能守而后可战，能战而后可和"之方针。围绕战、守、和及相关联问题，南宋士大夫分成两个党派，争斗不已，从而形成了党派轮流执政之现象。

轮流执政的关键是更换宰相。熙宁变法以后，宰相的更换总与国是之调整相表里。原有宰相自有其施政纲领，得到皇帝和多数士大夫赞成，并获得组阁权。然而，政治情势总会变化，在野派的理念逐渐占优，获得机会组阁，原有政府重要官员或自愿辞职，或被免职、贬职，新政府上任，实施自己的政治纲领。如此轮替不已。

宋神宗以后政府频繁更换宰相丝毫不意味着宋代政治之混乱无力，相反，这是责任政治相对成熟之标志。它表明，士大夫对自己的政治理念是认真的，士大夫对国家政治也是负责任的。这种党派政治也意味着，士大夫的治理权是相对完整的。也就是说，儒家士大夫与皇权共治体制在宋代是较为典型的，甚至于士大夫的权重超过皇权。

两权制衡

在政府内部，约自宋仁宗时代起，权力就分散在宰执与台谏之间，从而形成两权分立、相互制衡的政制格局。

自董仲舒更化后，丞相作为政府首脑，与皇帝为首的中朝之间形成分立格局，两种权力之关系决定着政制之基本性质。宋初相权，从礼仪上看，似乎有所削弱。宋人王曾《王文正笔录》记载：

　　旧制，宰相早朝上殿，命坐，有军国大事则议之，常从容赐茶而退。自余号令、除拜、刑赏、废置，事无巨细，并熟状拟定进入，上于禁中亲览批，纸尾用御宝可其奏，谓之"印画"，降出奉行而已。由唐室历五代，不改其制。抑古所谓坐而论道者欤？

　　国初，范鲁公质、王宫师溥、魏相仁溥在相位，上虽倾心眷倚，而质等自以前朝相，且惮太祖英睿，具劄子面取进止，朝退各疏其事，所得圣旨，臣等同署字以志之。如此，则尽禀承之，方免口误之失，帝从之。自是，奏御浸多，或至旰昃。啜茶之礼寻废，固弗暇于坐论矣。于今遂为定式，自鲁公始也。

　　从前，宰相与皇帝皆坐，并且从容品茶、论道，也即谈论国家大事。至于日常政务，则是例行公事而已。现在，宰相却通过文书向皇帝请示，皇帝忙于观览文书，宰相忙于记录皇帝旨意，也就无暇喝茶论道。

　　不过，这未必意味着宋代相权低落。事实恰恰相反，宋代的相权高过任何时代，至少从宋仁宗时代即如此。原因在于，宋代士大夫具有强烈的政治主体意识，庆历新政和熙宁变法推动了相权之增长。尤其是后者，宋神宗受士大夫观念影响，同样具有道德理想，意欲建立健全秩序，故对王安石相当信赖。由此，王安石作为宰相获得了诸多权力。

　　至关重要的是，王安石认为，自己享有的这些权力并非来自皇帝之恩赐，陆九渊在《荆国王文公祠堂记》中说，王安石曾对宋神宗说："君臣相与，各欲致其义耳。为君则自欲尽君道，为臣则欲自尽臣道，非相与赐也。"宋神宗曾明确对王安石说"卿宜悉意辅朕，庶同济此道"。君臣双方都具有共治天下之自觉，这是相权稳定并有所扩大之基础。

　　或许可以说，由于皇帝普遍认同共治理念，与士大夫之间没有精神隔阂和猜疑情绪，故宋代相权部分吸纳了皇权。宋神宗与王安石的关系就是如此。因此，宋代的相权并不弱，一个标志是，王安石之后，宋代不断出现"权相"，如哲宗朝的章惇，徽宗朝的蔡京，高宗朝的秦桧，宁宗朝的韩侂胄，理宗、度宗朝的贾似道等。责任政治强化了相权，同时也让皇帝可以把权力放心地交给在宰相。

但如此扩大的相权并未导致宋代政制失衡，因为台谏之权强化，对它构成有力制衡。

宋代台谏制度，别树一帜。秦汉就有御史、谏官，然两者职责大不相同：御史负责纠察百官，谏官负责谏议皇帝。宋代分设御史台和谏院两个机构。然而，北宋真宗时代，其职责就似乎不加分别。到宋仁宗庆历五年，也即庆历新政后，更设立"言事御史"，从制度上确认了御史与谏官职责之相混。从此以后，御史台和谏院官员互行其职，事权不分，并称"台谏"。

宋仁宗则反复强调，台谏官须由皇帝亲自遴选任命。庆历四年八月，仁宗下诏，"自今除台谏官，毋得用见任辅臣所荐之人"。① 而在此之前的明道二年，仁宗又言："宰相自用台官，则宰相过失无敢言者矣。"② 在仁宗看来，台谏官之职责主要是监察宰相，而不是讽谏皇帝。

这并不意味着，皇权更为专端。相反，这是皇权寻找平衡的一种制度安排。自士大夫道德理想与政治主体意识觉醒，宰执之权力扩张，包括立法之权、用人之权。具有共治意识之皇帝认可这一点，但也不能不对其加以约束。皇帝转而借助台谏约束相权。

然而，台谏本身也是由士大夫组成的，而且，总是由学术才行具备、一世所高者担任，比如，范仲淹、欧阳修、王安石、程颢、司马光、苏轼、朱熹、陆九渊等人们熟悉的宋代名臣、儒者，几乎都担任过台谏官。通常情况下，担任此职者，不出十年，即会升任执政。这些台谏官通常比执政大臣具有更为强烈的道德理想主义精神。而因为他们是言官，职责所在，不能不张大其言，也即，总是站在批评的立场上，依据他们坚守的各种原则和伦理规范，对执政之政策、施政行为提出严厉批评。皇帝若拒绝采纳他们的建议，台谏官甚至集体行动。宋代也延续历代惯例，允许台谏官风闻言事，如王安石所说："许风闻言事者，不问其言所从来，又不责言之必实。若他人言不实，即得诬告及上书诈不实之罪，谏官、御史则虽失实，亦不加罪。"③ 而宋代自立国始，就确定了不杀言事官的祖宗之法。上述两项制度叠加，台谏官乃放言直论。

---

① 《续资治通鉴长编》卷一百五十一，庆历四年八月戊午条。
② 《续资治通鉴长编》卷一百十三，明道二年十一月丁未条。
③ 《续资治通鉴长编》，卷二一〇。

宋代台谏官之政治力量是历朝最为强大的。

士林也清楚这种批评对于政治理性化的重大作用。所以，直言极谏之台谏官立刻可以获得士林之清誉，执政、皇帝之压制、贬谪反而可以提高其声望。也因此，出现了下面一个令人瞠目的故事：《宋史》卷三百二十七记载，王安石看重唐坰，本拟提拔其为谏官，又担心其轻脱，故只命其以本官同知谏院。唐坰果然大怒，对王安石反戈一击：

> ［唐］坰至御坐前，进曰："臣所言，皆大臣不法，请对陛下一一陈之。"乃措笏展疏，目安石曰："王安石近御坐，听札子！"安石迟迟，坰诃曰："陛下前犹敢如此，在外可知！"安石悚然而进。坰大声宣读，凡六十条，大略以"安石专作威福，曾布等表里擅权，天下但知惮安石威权，不复知有陛下。文彦博、冯京知而不敢言。王珪曲事安石，无异厮仆"。且读且目珪，珪惭惧俯首。"元绛、薛向、陈绎，安石颐指气使，无异家奴。张琥、李定为安石爪牙，台官张商英乃安石鹰犬。逆意者虽贤为不肖，附己者虽不肖为贤。"至诋为李林甫、卢杞。上屡止之，［唐］坰慷慨自若，略不退慑。读已，下殿再拜而退。侍臣、卫士相顾失色。

唐坰之气势的确是此前此后历朝无法想象的。如此"渎乱朝仪"的唐坰最多只是贬官，遭到羞辱的王安石也为此人开脱"此素狂，不足责"。

故有宋一代，台谏官虽由皇帝任命，但在士大夫道德理想精神高涨的文化政治环境下，却代表士大夫群体之理想。苏轼在反对王安石变法的一份上书中清楚地说明了这一点：

> 祖宗委任台谏，未尝罪一言者。纵有薄责，旋即超升，许以风闻，而无官长。言及乘舆，则天子改容；事关廊庙，则宰相待罪。台谏固未必皆贤，所言亦未必皆是。然须养其锐气，而借之重权者，岂徒然哉？将以折奸臣之萌也。今法令严密，朝廷清明，所谓奸臣，万无此理。然养猫以去鼠，不可以无鼠而养不捕之猫；畜狗以防盗，不可以无盗而畜不吠之狗。陛下得不上念祖宗设此官之意，下为子孙万世之防？臣闻长老之谈，皆谓台谏所言，常随天下公议。公议所与，台谏亦与之；公议

所击，台谏亦击之。今者物论沸腾，怨讟交至，公议所在，亦知之矣。①

苏轼在这里提出，台谏之言，被认为代表天下"公议"。《宋史》卷三百四十二《梁焘传》记载：文彦博议遣刘奉世使夏国，御史张舜民论其不当遣，降通判虢州。焘言："御史持纪纲之官，得以犯颜正论，况臣下过失，安得畏忌不言哉？今御史敢言大臣者，天下之公议；大臣不快御史者，一夫之私心。罪天下敢言之公议，便一夫不快之私心，非公朝盛事也。"这不仅是士大夫的看法，也是皇帝的看法。宋英宗曾说，对宰辅之罪，"欲使台谏言，以公议出之"②。

这样的公议是与宰执之权相对而言的。基于其职在批评之内在逻辑，台谏经常自然地发展成为相权之批评者。皇帝也有意识地利用台谏官制约相权。这样，在很多时候，台谏之位成为党派政治中在野党的发言渠道。观察宋代政治变动即可发现，重大的政治变化多出自宰执和台谏。尤其是庆历新政之后，党派之更替通常由台谏发动。宰执欲维持其执政地位，必获台谏支持。然而，在野派必从台谏入手，因为，台谏的性质决定了，它最容易站到宰辅的批评者立场。一旦台谏这种立场明确，就会发动连番进攻。只要批评的压力足够大，宰辅就只能辞职。在野派获得组阁权，实现党派轮替。如此循环不已。

因此，在宋代政体中，相当程度上，相权与台谏权形成两权分立并制约平衡之格局。宰辅掌握执政之权，台谏则以天下公议之代言人身份出现。前者是政体之执行部门，按效率原则运作；后者是政体之审议部门，依原则对行政过程进行审查。两者不只分立，更为重要的是制约与平衡。皇帝则游离于两者之间，通过自己的最终政治权力，竭力保持两者之平衡。

正因为有这样的机制，主要党派可以轮替执政，各种政策皆有实施之机会。由此，宋代政治整体上是讲道理的。也因此，其国体之稳固性超过任何朝代，其政策的理性化程度也超过任何朝代。

---

① 《宋史》卷三百三十八，《苏轼传》。
② 《宋史》卷三百四十一，《傅尧俞传》。

经筵

宋代还有一些软性宪制，有效地教养、约束皇权，这包括经筵、公议与"道理"。

有宋追求文治，故太祖尤其是太宗虽起于草莽，却酷好读书，李昉等人编纂类书《太平总类》1000卷，太宗见之大喜，发誓日读三卷，以一年时间读毕，因此改名《太平御览》。太宗重视皇子之教育，设专人辅导其阅读经史，包括今本《论语注疏》之疏者邢昺。太祖希望这些师儒教导生在深宫的皇子们以忠孝之道。宋真宗后来说，他为太子时，讲《尚书》凡七遍，《论语》、《孝经》亦皆四遍。

接受了完备的儒学教育的宋真宗继位后，初步建立了经筵制度：在翰林侍读学士之外，更任命邢昺为翰林侍讲学士，还在秘阁设直庐（值班室），由三位翰林侍读学士和翰林侍讲学士邢昺轮值，讲读经史之余，并备顾问。仁宗继位时只有十四岁，皇太后与大臣们立刻给少年皇帝安排了严密的皇帝教育体系：

> ［仁宗］始御崇政殿西阁，召翰林侍讲学士孙奭、龙图阁直学士兼侍讲冯元讲《论语》，侍读学士李维、晏殊与焉。初，召双日御经筵。自是，虽只日［单日］亦召侍臣讲读。王曾以上新即位，宜近师儒，故令奭等入侍。上在经筵，或左右瞻瞩，或足敲踏床，则奭拱立不讲，体貌必庄，上亦为悚然改听。①

这是"经筵"一词首次出现。现在，师儒们不再只是陪皇帝读书，而是教育、训练皇帝。可以说，仁宗皇帝完全是儒家士大夫训练出来的，而儒家理念确实深深烙入他的心灵，他的价值体系与儒家士大夫完全相同，因此他对士人始终采取优容态度，也基本按照儒家理念治国。正是这种特殊的机缘，让仁宗朝成为宋代政治之更化期，宋代优良宪制基本确立于此期。

这包括儒家士大夫以道统驯化皇权之政治自觉。这首先表现在负责

---

① 《续资治通鉴长编》卷九十八，乾兴元年十一月辛巳条。

为诸王府讲学的睦亲宅都讲吴申在宋英宗继位之初的一次抗争：

> 初，宗室坐序爵，仍自为宾主，讲官位主席之东隅。于是睦亲宅都讲吴申不肯坐，且曰："宗室当以亲族尊卑为序，与讲官分宾主。"再移书大宗正，不能决。因内朝出［吴］申二书，上是之。宗室正讲席自申始。①

师儒之职在传道，因此主张师道尊严，与诸王为宾客，也即，因为传道的角色而与诸王平起平坐。更进一步，到宋神宗时代，王安石等人则争取与皇帝平起平坐：

> 翰林学士兼侍读吕公著、翰林学士兼侍讲王安石等言："窃寻故事，侍讲者皆赐坐。自乾兴后，讲者始立，而侍者皆坐听。臣等窃谓，侍者可赐立，而讲者当赐坐，乞付礼官考议。"②

神宗将此事付与礼院研究，礼院官员奏称，"祖宗以讲说之臣多赐坐者，以其敷畅经艺，所以明先王之道。道所存，礼则加异"，支持王安石等人的提议。

程颐与王安石政见不同，但在这一点上是相同的：他在年少的哲宗即位之初担任经筵讲读官时，也多次要求经筵讲官坐讲，甚至要求太后同时上殿听讲。在儒家士大夫看来，经筵讲读官是在传道，而皇帝治国必须循道。因此，师儒相对于皇帝乃是宾，甚至是师。唯有维护师之尊严，才可确立道相对于皇权之优势。

程颐对经筵问题进行过深思熟虑，故拟就《论经筵劄子三道》。第一道完整论述君王辅养之道："自古人君守成而致盛治者，莫如周成王。成王之所以成德，由周公之辅养。"所谓辅养之道就是"朝廷慎选贤德之士，以侍劝讲。讲读既罢，常留二人值日，夜则一人值宿，以备访问。皇帝习读之暇，游息之间，时于内殿召见，从容宴语。不独渐磨道义，至于人情物态，稼穑艰难，积久自然通达"。程颐下面又说，皇帝

---

① 《续资治通鉴长编》卷二百一十，治平元年六月丁未条。
② 《续资治通鉴长编拾补》卷三上，熙宁元年四月乙巳条。

通过经筵"与士大夫处，久熟则生爱敬，此所以养成圣德，为宗社生灵之福。天下之事，无急于此"。在第三道箚子中，程颐提出首先指出：

> 臣窃以为，人主居崇高之位，持威福之柄，百官畏惧，莫敢仰视，万方承奉，所欲随得。苟非知道畏义，所养如此，其惑可知。中常之君，无不骄肆。英明之主，自然满假。此自古同患，治乱所系也。故周公告成王，称前王之德，以寅畏祗惧为首。从古以来，未有不尊贤畏相而能成其圣者也。

在程颐看来，皇帝身居权力顶端，自然倾向于滥用权力，须以道约束之。担负经筵的师儒承担着驯化之责，据此，程颐提出讲读官当坐讲，以养成皇帝"尊儒重道之心"。最后，程颐提出自己的核心政治理念："天下重任，唯宰相与经筵：天下治乱系宰相，君德成就责经筵。"皇帝治理天下之天职，实需两项制度成就：宰相承担治权，经筵官则以道驯化皇帝。在程颐看来，经筵甚至比宰相更重要，唯有涵养圣德，皇帝才能信任宰相。当然，承担这两者的都是士大夫，两者共同构成与皇权共治之另一治理主体。

经筵官不仅可向皇帝宣讲自己的治国理念，还可借讲解经史之机会，讨论正在发生的政事，从而对政治决策产生直接影响。实际上，经筵官本身就有"备顾问"之功能，皇帝常以留身奏事等方式，就具体政事征询经筵官意见。

最为值得注意的是，自创立以后，宋代皇帝始终坚持经筵制度。它构成了士大夫与皇权共治之一项重要制度。宋代，宰相或许不能与皇帝从容论道，但是，经筵代之而起。在经筵上，作为师儒的士大夫与皇帝从容论道。最具有学问的士大夫与皇帝共同读书，对治理之道进行深入的探讨。学在这个时代的政治中发挥着极为重要的作用，而这是宋代政治讲道理之关键。

公议与道理

宋代宪制中，除较为正式的国是外，还有两个相对柔性但也具有约束力的政治观念，在士大夫与皇权互动的政治运作中发挥作用：公议，道理。

士大夫群体在观念、社会与政治等方面内在地具有相对紧密的联系，他们有相似的人生经历，接受共同的教育价值高度一致，又有频密的私人交往；他们通过学术交流、书信往还，形成一个个相当紧密的圈子。因此，士大夫群体中自然存在着一个活跃的公共舆论空间，并与现实政治直接关联。公议就是士大夫群体对某一制度、政策或人物的主流看法。公议不是通过正式决策程序形成的，具有一定弹性和不确定性，但它又是士大夫可以普遍感受到的，在宋代政治过程中，对各方也确实有一定拘束力。

宋真宗欲拜枢密使王钦若为相，现任宰相王旦委婉地予以反对："臣见祖宗朝未尝有南人当国者，虽古称立贤无方，然须贤士乃可。臣为宰相，不敢沮抑人，此亦公议也。"① 真宗果然接受这个理由。范仲淹之子"纯仁凡荐引人材，必以天下公议，其人不知自纯仁所出"。② 南宋宁宗即位即征召朱熹，但很快又外放，项安世乃上书留之曰：

夫人主患不知贤尔，明知其贤而明去之，是示天下以不复用贤也。人主患不闻公议尔，明知公议之不可而明犯之，是示天下以不复顾公议也。且朱熹本一庶官，在二千里外，陛下即位未数日，即加号召，畀以从官，俾侍经幄，天下皆以为初政之美。供职甫四十日，即以内批逐之，举朝惊愕，不知所措。臣愿陛下谨守纪纲，毋忽公议，复留朱熹，使辅圣学。则人主无失，公议尚存。③

项安世反复以公议审查宁宗决策之正当性。在他看来，皇帝之作为必须关注公议，尊重公议，而不能任情肆欲，一意孤行。公议乃是天下之公议，代表着天下士大夫群体之主流意见，忽视公议将使皇帝失去人心。南宋后期，真德秀对宁宗阐明公议与人心、天理的关系：

臣闻：天下有不可泯没之理，根本于人心，万世犹一日者，公议是也。自有天地以来，虽甚无道之举，破裂天常，斁坏人纪，敢为而弗顾

① 《宋史》，卷二百八十二，《王旦传》。
② 《宋史》，卷三百一十四，《范纯仁传》。
③ 《宋史》，卷三百九十七，《项安世传》。

者，能使公议不行于天下，不能使公议不存于人心。善乎先正刘安世之论曰：公议即天道也。天道未尝一日亡，顾所在何如耳。①

公议的制度化表达是台谏，很多时候，宋人把台谏意见称作公议。台谏享有风闻奏事之特权，这里的"风"就是士大夫群体内部流传的小道消息，在传播过程中自然带有士大夫群体的主流道德与政治判断。台谏在宋代所具有之重大政治力量也恰恰在此，台谏官的背后站立着士大夫群体，宰臣、皇帝不能不在意。

程颢在《论养贤箚子》中则提出了一个将公议制度化的构想，设立延英院："凡公论推荐及岩穴之贤，必招致优礼……凡有政治，则委之详定；凡有典礼，则委之讨论。经画得以奏陈，而治乱得以讲究也。"这是一个接近于议会的设想，公论所举之士人就重大的法律、制度、政策问题，通过集体讨论作出决策。

宋代政治中还有一条宪法格言："道理最大。"此语之最早记载见沈括《续笔谈》：

太祖皇帝尝问赵普曰："天下何物最大？"普熟思未答间，再问如前，普对曰："道理最大。"上屡称善。

"道理"一词早就出现，然而宰相赵普提出的"道理最大"命题，却构成宋代政治的一项宪法性原则。宋太祖君臣在讨论，皇帝应当依据什么行使自己拥有的巨大权力。为此，赵普才需沉吟、深思而后回答，道理最大。皇帝当然有欲望、有意志，但是，皇帝必须节制这两者，而依循道理进行统治。值得注意的是，宋太祖屡屡称善，也就将"道理最大"确定为宋代一项宪法原则。

此后，宋代君臣屡次引用道理或者道理最大，自我节制或者限制对方。宋太宗曾对宰相说："统制区夏自有道理。若得其要，不为难事。必先正其身，则孰敢不正？若恣情放志，何以使人凛惧！"② 宋太宗明确指出，统治的依据是道理，而非皇帝个人的欲望、意志。元祐元年，

---

① 《西山集》，卷二，庚午六月十五日轮对奏札二。
② 《续资治通鉴长编》，卷二五，雍熙元年十二月甲辰条。

学士院出题策试馆职，台谏认为，苏轼所出策题不当，高太后不以为然。台谏指责太后偏袒苏轼，太后否认，台谏便要求："陛下不主张苏轼，必主张道理，于道理上断。"①

南宋君臣谈论"道理最大"就更多了。宋孝宗乾道五年三月，明州州学教授郑耕道在进对中提及宋太祖、赵普"道理最大"之论，并发挥说："夫知道理为大，则必不以私意而失公忠。"孝宗同意这一看法："固不当任私意。"纂辑《中兴两朝圣政》的留正等臣评论说："天下惟道理最大。故有以万乘之尊而屈于匹夫之一言，以四海之富而不得以私于其亲与故者。寿皇圣帝因臣下论道理最大，乃以一言蔽之曰：固不当任私意。呜呼，尽之矣。"② 道理就是用以约束皇帝私人之欲望和意志的。

"道理最大"之说与宋儒之"道学"及其"天理"说之间有密切关系，宋理宗的谥号也来自这个"理"，理宗确比较崇尚理学。宋代士大夫与皇帝自觉地追求"道理"之治，由此才有文治。

共治意识

上述种种制度构成了较为经典的儒家士大夫与皇权共治体制。至关重要的是，宋代皇帝与儒家士大夫均具有明确而坚定之共治意识，此为宋代得以建立最为典范之共治体制之精神基础。

在士大夫方面，经由道德理想精神及相伴而来的政治主体意识之觉醒，很自然地产生共治之政治诉求。宋仁宗天圣三年，范仲淹在《奏上时务书》中说："臣又闻：先王建官，共理天下，必以贤俊授任，不以爵禄为恩。"在《上执政书》和《上资政晏侍郎书》中，范仲淹则反复要求宰执"致君行道"，与皇帝"共理"天下。熙宁四年，宋神宗与反对变法的文彦博有一段对话：

彦博又言："祖宗法制具在，不须更张，以失人心。"上曰："更张法制，于士大夫诚多不悦，然于百姓何所不便？"彦博曰："为与士大

---

① 《续资治通鉴长编》，卷三九三，元祐元年十二月壬寅条。
② 《中兴两朝圣政》，卷四十七，乾道五年三月戊午条。

夫治天下，非与百姓治天下也。"上曰："士大夫岂尽以更张为非？亦自有以为当更张者。"①

文彦博认为，皇帝当与士大夫共治天下。宋神宗完全承认这一点，他说，恰恰有很多士大夫希望变法，那就应当变法。宋神宗君臣都把皇帝与士大夫共治视为一项基本宪制原则。

此后，士大夫始终坚持共治理想。程颐唯一系统的著述是《周易程氏传》，其中反复指出，君王当与士大夫共治天下。乾卦"九五，飞龙在天，利见大人"，程颐传："圣人既得天位，则利见在下大德之人，与共成天下之事。"君臣"共成天下之事"是贯穿于《易传》的核心理念。蹇卦"九五，大蹇，朋来"。程传曰："自古圣王济天下之蹇，未有不由贤圣之臣为之助者，汤、武得伊、吕是也。中常之君，得刚明之臣而能济大难者则有矣，刘禅之孔明，唐肃宗之郭子仪，德宗之李晟是也。虽贤明之君，苟无其臣，则不能济于难也……盖臣贤于君，则辅君以君所不能；臣不及君，则赞助之而已，故不能成大功也。"在程颐看来，优良治理的关键是大臣，而非君主。君主之贤明仅表现在发现贤明之士大夫，信任他们，让他们发充分发挥作用。

宋室南迁之初，发挥中流砥柱作用的李纲，上书宋高宗六事，前三条是信任辅弼，公选人才，变革士风：

何谓信任辅弼？夫兴衰拨乱之主，必有同心同德之臣相与有为，如元首股肱之于一身，父子兄弟之于一家，乃能协济……

何谓公选人才？夫治天下者必资于人才，而创业、中兴之主所资尤多。何则？继体守文，率由旧章。得中庸之才，亦足以共治。至于艰难之际，非得卓荦瑰伟之才，则未易有济。是以，大有为之主，必有不世出之才，参赞翊佐，以成大业。然自昔抱不群之才者，多为小人之所忌嫉……而以道事君者，不可则止，难于自进，耻于自明……苟非至明之主，深察人之情伪，安能辨其非辜哉？②

---

① 《续资治通鉴长编》卷二百二十一，熙宁四年三月戊子条。
② 《宋史》，卷三百五十九，《李纲传下》。

李纲的意见与程颐完全相同。李纲同时明确指出，有能力与皇帝共治天下的士大夫，必以道事君，也即具有政治伦理，具有自己的政治理想，权力只是他们实现理想的工具。因此，如王安石所说，他们之权力并非皇帝之赏赐，而是他们分内应有者。面对皇帝，他们是具有独立地位的共同治理者，而不是皇帝进行统治的工具。

基于这种认识，宋代士大夫常谈及"共治"，夏竦《代三司刘密学谢表》说："国家膺天承命，司牧元元，分命庶官，共治天下。"宋祁《上两地谢赴阙启》中说："恩被典州，责深共治。"可见，与皇帝共治天下，乃是宋代士大夫之基本政治意识。

从皇帝方面，至少到宋仁宗时代，也承认了这一原则。南宋陈亮在《中兴论论执要之道》众引用了这样一则故事：

> 臣闻之故老言，仁宗朝，有劝仁宗以收揽权柄，凡事皆从中出，勿令人臣弄威福。仁宗曰："卿言固善，然措置天下事，正不欲专从朕出。若自朕出，皆是则可，有一不然，难以遽改。不若付之公议，令宰相行之，行之而天下不以为便，则台谏公言其失，改之为易。"

宋仁宗对君主专权之危险，有清醒认识，故愿与士大夫共享权力，而以执政与台谏之分权制衡为制度框架。皇帝有此见识，不愧仁者。仁宗的做法也成为祖宗之法，大体为历代宋帝奉行。比如，宋理宗时代，朱子再传门人董槐为参知政事，自愿要求调往抵御蒙古大军之前线任职，理宗诏报曰："腹心之臣，所与共理天下者也，宜在朝廷，不宜在四方。"[①]

皇帝与士大夫共治天下，这就是宋仁宗以后政治之基础性理念，它植根于士大夫的心灵中，也构成君臣之共识。此为宋代最为重要的祖宗之法，也是上述种种制度得以形成并长期正常运转的前提。儒家士大夫与皇权共治也不仅体现于政体层面，更体现于士大夫在社会领域中之广泛自治。

---

① 《宋史》，卷四百一十四，《董槐传》。

第二十七章　征服与专制化

华夏共同体之成长史，贯穿了与四裔之争夺与融合。南北朝时，戎狄曾交替统治北方，然南迁之华夏族群尚有半壁江山。宋代，北方、西北方戎狄迭代兴起，共存始终。然最终，蒙古完全征服华夏，此为中国历史上第一次。近四百年后，华夏再度被满清征服。这两次征服导致中国社会治理严重而全面的退化。不过，这两个征服者也有华夏化努力。

战略劣势

中国是一个超大规模文明与政治共同体，理论上说，其整体实力远在任何戎狄之上。即便宋、明，也依然如此。事实上，考虑到技术原因，宋、明的经济力量比之汉唐更强。然而，面对戎狄，宋、明却疲于应付，最终竟被完全征服。这与汉唐形成对比。甚至晋的表现，也比宋、明优秀，起码维持了南北分治格局。为什么宋、明被完全征服？

纵观中国历史，西周、西汉在抵御外患方面的表现最为出色，尤其是西汉，有能力彻底击溃匈奴。两代之成功有赖两个因素：

第一，缘边和北方、西北之社会结构紧实。华夏文明兴起于北方，周、汉、晋时代，此地文化发达，国民精神强健，尤其是，社会组织化程度较高，社会结构强固，具有高效率的资源动员能力，也就具有较高的自卫能力。这些地区恰与戎狄交接，戎狄内侵，缘边可在第一时间组织起有力的抵抗，从而为中央政府动员全国力量、组织大规模的抵御、反击争取时间。事实上，繁荣而强盛的北方社会本身就能抑制戎狄之觊觎、蚕食野心。

第二，政治中心濒临前线，可运用政治权威调集远方之资源。中国整体力量虽然庞大，但幅员广阔，且经常出现经济中心远离前线的局面。西周、西汉经济中心在东方，而敌人在西北、北方。为此，周公、刘邦明智地将政治中心布局于前线附近。这种高危态势可刺激中央政府始终具有忧患意识，面对戎狄之蚕食，寸土必争。这种高危态势更可刺激中央政府强化其资源动员能力，构建和维护高效率的政治性资源转移通道。戎狄东进、南下，中央政府迅速动员、高效整合资源，输送前线。这种高危态势还可以刺激中央政府之进取精神，它倾向于主动出击之战略，而非一味防御。

这两点相辅相成，缺一不可。缘边如果不能组织有效抵抗，中央政府根本来不及调集资源。中央政府如果没有布置在前线附近，而安居腹地，必然缺乏忧患意识和进取精神，对边地之得失略不在意，让戎狄得以不断蚕食。唐宋以后，文化与政治地理格局之巨变，让这两大战略优势逐渐流失。

首先，自东汉末年以来，由于内部政治混乱，也由于胡人横行，西北和北方也即今天陕西、山西、河北等地之社会结构遭到严重破坏。与戎狄接壤之地文化衰败，人口减少，社会组织溃散。由此，北方社会抵御戎狄之能力大幅下降。北方无力就地组织抵御，更无力消解、同化戎狄。相反，经常发生的事情是戎狄内迁，戎狄固然部分地华夏化，但相当不彻底。而相当数量的华夏又戎狄化，甘于接受戎狄之统治。五胡、安史之乱、五代、契丹、金之统治均由这两类人支撑。于是，中国经常丧失北方。

其次，战略轴线由东西转换为南北，令中国在政治地理上处于不利地位。周、汉时代，戎狄在西北，文化经济中心在东方，资源补给线不算太长。唐宋以后，潜在的敌人仍在西北方，加上北方，而东方已经衰落、空虚，中国之文化、经济中心转移至长江流域乃至更南。战争所需资源要从遥远的南方向北方调集，转运成本大幅度提升，战略补给线大大延长，战备难度大大增加，中国的战略灵活性则大大降低。在这种情况下，精英层特别容易产生怯战心理。

尤其麻烦的是，唐宋以后，社会精英之主体是南人，他们的利益主要在南方，对北方戎狄之患缺乏切身之痛，极易产生避战、厌战心理。晋室南迁，士族开发南方，立刻显示出这种心态，北伐始终得不到士族主流之支持。宋代士大夫群体主流也是怯战、避战心理，原因在于，从北宋中期开始，士人多出自南方，对于保卫苦寒的北方没有多大兴趣。

秦汉以来，兵员素质低下是中国始终面临的一个严重问题。三代唯有君子可为武士，军人是一种崇高的职业。战国以来，士兵由庶民充当，军人地位下降。秦代开创更为恶劣的传统：征调流民、囚徒、贫民等社会公认卑贱、无赖之人为兵上阵。由此有了兵匪不分、兵民对立之传统，一直延续至现代。比如，宋代士兵皆刺面，而成为一个特殊的贱民阶层。北宋名将狄青出身行伍，升任最高军政官枢密使时，其面部刺痕犹在，时时陷入自卑焦虑中。

士兵地位低下，其战斗力就完全取决于将领之素质。三代、秦汉精英群体文武并重，政制安排中文武不分。周代之君子首先是武士，平时治民，战时统兵，即便周王、诸侯，也冲锋陷阵于第一线。这样的君子群体精神刚健，娴达礼乐，而又具有尚武精神。汉代保留这一传统，精英出将入相，即便文人如司马相如，也颇有雄武之气。精英子弟从军者，不在少数，如班超、班固。

但东汉以来，儒家士大夫治国，重文轻武，精英子弟多习文而轻武，不愿为将，由此导致将领素质下降。在制度上，从元代开始，文武分途，文武官员之铨选分归吏部、兵部，两不相交，武人地位更为低落，而政府完全由没有军事意识和经验的文人组成，政府之军事决断和组织力下降，国家抵御戎狄之政治能力削弱。

文化因素也对军队的战斗力产生重大影响。冷兵器时代，战争能力主要取决于将士之体力和意志。相对而言，北方环境苦恶，民众意志强忍，体质健壮，好勇善斗，是最好的兵员。尤其是与戎狄交接之缘边民众，因与戎狄不断斗争，故最有战斗力。汉虽为楚人所立，然与匈奴交战之主将全部出自北方，士兵也都在北方。此时，北方将士有强健的体魄，与戎狄不相上下；又受文化熏陶，有保国意志和侠义精神，故中国军队完全可以压倒戎狄。

北方空虚之后，情况则有极大变化。将士仍然主要出自北方，其体力未必变弱，但其意志，大不如周、汉。北方文化衰败，北方社会之价值体系松动，将士之保国意志和侠义精神削弱，战斗力必然下降。故在唐宋以后，中国军队规模扩大，但与戎狄未接战即望风而逃或一触即溃的事情，却时有发生，这完全是因为意志软弱所致。而意志软弱之源在文化之衰败。面对这种困境，中国有时被迫借助内附之北方胡人力量，但这些力量并不可靠，他们本身经常变成心腹之患。

还有另外一个因素，让中国面对戎狄处于不利地位。戎狄善骑射，来往倏忽。周代行车战，地旷人稀，马匹相当充足。《诗经》中与马相关之词汇极多，可见君子对马十分熟悉，故周人至少在武备上有能力应对戎狄。春秋后期，车战消失，代之以步战，中国面对戎狄立刻显示出劣势。赵武灵王之胡服骑射，其目的正在师戎狄之长技以制戎狄。然而此后，中国人口增多，闲田、旷地消失，养马成为难题。而无马，则无从对付骑射之戎狄。汉代经过数十年积累，才畜养出足够马匹，有能力与戎狄周旋乃至远征漠北。然而，此后，马匹始终为中国抗衡戎狄面临的一大瓶颈，唐、宋皆然。

就宋代而言，立国规模自始不甚有利。宋代大患在北方，华北大平原易攻难守，黄河防线亦极为脆弱，一败即易丢失整个淮河以北。故最佳战略方案是立都于华北平原之北缘，集全国之力以防御北方。然宋立国之初，燕云十六州为辽所有。宋被迫定都开封，而以今天河北沧州、正定、山西代县、朔州一线为界，与辽对峙。宋太祖、太宗虽欲规复燕云十六州，终归无力。宋人对都城位置之不利影响，早有切身认识。

好在，宋与辽尚能维持和平，金人兴起，则迅速横扫北方，渡过黄河，攻占汴京。不过，一旦到达淮河流域，骑兵优势无从发挥，南迁之宋室得以组织力量，与金人再度形成对峙之势。南宋朝廷士大夫分为主战、主和两派，纷争不已，南宋"国是"即在这两者之间摇摆，构成南宋政治之主要线索。具有道德理想主义之士人比如朱子，有北伐之意志。然而，北方尽失，不复有善战的将领、士兵。南宋初年名将、士兵，皆出自北方。名将凋零后，南方将士之战斗力不足，无力北伐，故总体上，南宋只能在和议之中勉强守御。

面对蒙古兴起，南宋亦不能采取有效措施。相反，基于仇恨，南宋与蒙古合作灭金，南宋丧失战略缓冲。蒙古人对南宋采取大包围战略，一面从北方南侵，一路向西绕行，下西康、大理。不过，蒙古大军一旦逼近南方，南宋尚能组织起有效的抵抗。蒙古军队第一次侵宋在宋理宗端平二年（公元 1235 年），到 1279 年宋亡，南宋抗蒙四十四年，若无坚定意志，断难做到这一点。祥兴二年（1279 年）二月，崖山之战，可谓惊天地、泣鬼神，《宋史》卷四十七记载：

　　会暮，且风雨，昏雾四塞，咫尺不相辨。［宋将张］世杰乃与苏刘义断维，以十余舟夺港而去，［丞相］陆秀夫走卫王舟。王舟大，且诸舟环结，度不得出走，乃负［南宋末代幼帝赵］昺投海中，后宫及诸臣多从死者。七日，浮尸出于海十余万人。杨太后闻昺死，抚膺大恸曰："我忍死艰关至此者，正为赵氏一块肉尔，今无望矣！"遂赴海死。［张］世杰葬之海滨，已而世杰亦自溺死。宋遂亡。

从战略态势上看，明远好于宋。明继承元代政治遗产，定都于北京，恢复了都城布置于前线的传统政治地理格局，可以政治力量动员南方资源应对北方边患。北方戎狄也确实受到遏制。然而，在东北，另有满洲之兴起。本来，满洲力量并不算大，然而，明代政治混乱，边将难获信任，频繁调整，加上宦官弄权，用兵没有定策，连连失败。满洲得以坐大，尤其是与蒙古联盟，实力陡增。此刻，中国发生以李自成、张献忠为首的大规模流民暴乱，横行大半个中国，且攻陷北京，满洲趁机入关。

满洲入关之后发生的事态，清楚地说明了文化与战争能力的关系。北方社会文化已严重衰败，社会组织化程度较低，尤其缺乏具有道德理想精神的绅士之领导，故无力抵抗戎狄。北方大量官民望风而降，满洲收编明朝军队，力量剧增，长驱南方。而到南方，满清遭遇抵抗。尤其是剃发令发布后，江南绅士借助其较为强固的基层社会，发动、组织义兵反抗，南明王朝借此士气、民气，得以维系十余年。

征服与专制、腐败

夷狄征服总是伴随政治退化，也即专制化。五胡时代之政治如此，蒙元、满清同样如此。

蒙元、满清政制之最显著特征是部族专权。两朝以少数族众统治广土众民之中国，出于防范心理，始终奉行种族歧视政策，在全国居民中划分等级。元朝依次划分国民为蒙古人，西域之色目人，较早被征服之北方汉人，最晚被征服之南人。重要职位皆为蒙古人占有；色目人凭借理财术，负责财政，为朝廷搜刮；汉人在政治上可分一杯羹，南人则遭到系统排斥。因此，蒙元官员之整体文化素质低下，有的行中书省没有一人通文墨，元代若干皇帝也根本不通汉文。

满清立国之后，同样奉行种族政策：满人最高，蒙古人次之，汉人最下。在政制上，满清严格实行满汉分职政策：有些官职，汉人根本不能担任；凡汉人可任之官职，必配以满臣，且总是满臣掌握实权。而满臣经常不学无术，由此导致官员整体素质大幅度下降。

种族防范意识造成蒙元、满清两朝政治之共同特征：非公，反智。传统中国政治理想向来是"公天下"，对天下人开放，蒙元、满清则采取政治封闭政策，排斥汉族士大夫。而排斥士大夫，也即排斥中国既有之政治理念和智慧。因此，蒙元、满清之治理理念和政制设计均不够理性，其政治始终不在正轨。

元代遗留后世之最大政治遗产是"行省"，而这实际上脱胎于殖民统治意图。不论汉、晋之郡，唐、宋之州，皆为自足的地方政府。蒙元兴起之初，凡有征伐之役，则由中央之中书省官员分任军民之事，称"行中书省"，其主官为丞相。行省不是地方政府，而是中央政府的派驻机构，带有强烈的殖民统治性质。

因为中央政府不可能派出太多机构，因此，行省面积极大，通常相当于汉代十余郡、宋代十余州。这是中国地方政制的一次巨变，并造成诸多严重问题，比如政治层级增加，地方治理趋于劣质化。为便于殖民统治，行省划分也刻意增加内部复杂性，将几个地理、文化、经济大不相同的地方划在一省，而将本来密切相关的地方又划在两省。

不幸的是，此制竟为明、清沿用。清代在此基础上，再度强化殖民统治性质。明代各省之主官为布政使，掌一省之政，另设提刑按察使，掌管司法。承担军事职能的巡抚、总督，不过是临时因事特设，事毕复命，即或停遣。满清立国，虽然继续设立文职之布政使、按察使。然在其上，则常设总督、巡抚，加兵部左、右侍郎衔，其职责以"提督军务"为首。换言之，各省最高长官以军政为本职，而兼理民政。如此地方政治，不能不严重扭曲。

蒙元、满清政制也偏离共治正道，走向皇权专制。在政制结构上，蒙元和满清之政治理念较为原始，开国之初，多沿用其部落治理方式，通常是部族首领会议，比如，蒙古有库里台大会，满清入关后有议政王大臣会议。各部族首领共同审议重大事项，并非专制。然而，它对异族是封闭的，当蒙人、满人统治中国后，这种会议排斥占据人口多数的汉人精英，也就丧失代表性。此时，皇帝专权反能对汉人开放出一些机会。当然，脱离了部族首领会议控制的蒙古、满清皇帝，通常也不信任汉族士大夫，难以回到共治体制，而是建立专制政体。

清初最高权力机构有议政王大臣会议和内阁，前者由满蒙王公组成，拥有实权，后者不过虚有其名而已。雍正十年，用兵西北，以内阁在太和门外，恐漏泄机密，始于隆宗门内设置军机房，选内阁中谨密者入值缮写，辅佐皇帝处理军政大事，后称"军机处"。军机大臣无定员，由大学士、尚书、侍郎内特旨召入。军机处总揽军、政大权二端，真正成为执政的最高国家机关，大臣无日不被召见，无日不承命办事，军机大臣因此而被视为宰相。然而，军机处完全没有宰相之实，仅为皇帝的私人秘书处。形式上，它也始终为临时机构，而非正式国家最高政务机构。军机大臣之职责也始终没有明确规定，一切都是皇帝临时交办，军机大臣承旨办事。这样的军机处只是皇帝专权之工具，而没有政治审议之权能。

汉宋共治体制之关键在于，儒家士大夫具有政治主体意识，而皇权对儒家士大夫有所尊重。然而，蒙元、满清皇帝出于其猜疑和反智的政治本能，总是采取摧抑儒林士气之政策。

蒙元统治集团崇尚武功，对儒家士人之社会治理功能缺乏认知，开国之初，将儒生视同工匠，仅用其认文写字之能力而已。元人有"一官、二吏、三僧、四道、五医、六工、七猎、八民、九儒、十丐"之说，儒生地位相当低下。元朝中期恢复科举，最值得注意的是以程朱《四书》取士，这一点为明清两代沿用。然而，元朝科举并未形成常制，次数很少，取士不多。所取之士也不受重用，因为，元朝地方官长期实行世袭制，中央高官也多出自"怯薛"，即蒙古贵族子弟充当皇帝侍卫，而获得拔擢任用。因此在元代，儒家士大夫基本被排斥在政治权力之外。正因为此，聪敏的士人只能成为文人，而有了元代小说、戏曲之繁荣。

满清对待士人之态度又大不相同。满清入关，士人所经屠戮略少，士气较旺。蒙古人仅将汉地视为其横跨欧亚大陆的庞大统治区域的一片，故对汉地民情、政治不甚措意；满清则专注于统治汉地，因而也就更为深切地认识到，士人对自己保有统治权之重潜在威胁，尤其致力于消灭"士"气。

满清表面上推崇儒学，延续明代科举制，以《四书》取士。然而，对程朱之政治理念，满清统治者从未接受。程颐《论经筵札子》说

"天下重任，惟宰相与经筵：天下治乱系宰相，君德成就责经筵。"乾隆对此深为恼火，亲自撰文抨击：

> 夫用宰相者，非人君其谁乎？使为人君者，但深居高处，自修其德，惟以天下之治乱付之宰相，己不过问，幸而所用若韩、范，不免有上殿之相争，设不幸而所用若王、吕，天下岂有不乱者？此不可也。且使为宰相者，居然以天下之治乱为己任，而目无其君，此尤大不可也。①

不为相，则为师，得君行道，以天下为己任，这是宋明儒学之核心主张，乾隆则予以完全否定、痛加斥责，全无尊儒之相。

事实上，满清入关，就压制士人以天下为己任之政治自觉。顺治九年，颁卧碑文，刊石立各直省之学宫，其最后两条为：

> 七、军民一切利病，不许生员上书陈言。如有一言建白，以违制论，黜革治罪。
> 八、生员不许纠党多人，立盟结社，把持官府，武断乡曲。所作字文，不许妄行刊刻。违者听提调官治罪。

传统上，士人皆可自由上书，就军民利病有所建言，汉、宋两代皇帝更屡下诏书，广征直言极谏之士。宋明两代，士人广泛结成各种社团，从事文学、学术乃至政治活动。士人也可自由刊刻文集，以传布学术、思想，此为学术、思想存在、为士人立身并发挥作用之基本制度。满清完全禁绝这一切，也就取消了思想、学术，取消了士人之社会治理主体地位，而将其变成读书识字的驯服工具而已。

为震慑士人，满清政权大兴文字狱，始于顺治，盛于乾隆，雍正帝最用心，他亲自揭发、审理文字狱。至于文字狱之罪名，五花八门，多为莫须有者。每一文字狱皆牵连广泛，入罪者少则几十人，多达上千人，主犯多被凌迟处死。长达一百多年的文字狱之祸，令士人闻之胆颤。

---

① 《清高宗实录》卷一一二九，乾隆四十六年四月辛酉。

与文字狱相配合，乾隆皇帝下令编纂《四库全书》，名为编书，实为毁书。最初着力销毁明末野史，其后，四库馆臣提议，宋人言辽、金、元，明人言元，其议论偏谬尤甚者，一切销毁。于是，明清之际大贤之著作均予查禁。总计乾隆时被销毁书籍近三千余种，满清修《四库全书》，而古书亡矣！

可见，满清之镇压士人、摧毁中国文化不下于暴秦。在如此巨大的政治压力下，士人股栗，士气全面低落，全无一丝道德理想主义精神，也丧失了治理主体之政治抱负。而士人本为社会之治理主体，士气低落导致政府与社会之双重腐败。洪亮吉于嘉庆四年上疏痛言当时风俗日趋卑下：

> 士大夫渐不顾廉耻，百姓则不顾纲常。然此不当责之百姓，仍当责之士大夫也。以亮吉所见，十余年来，有尚书、侍郎甘为宰相屈膝者矣；有大学士、七卿之长，且年长以倍，而求拜门生，求为私人者矣；有交宰相之僮隶，并乐与抗礼者矣。太学三馆，风气之所由出也。今则有昏夜乞怜，以求署祭酒者矣；有人前长跪，以求讲官者矣。翰林大考，国家所据以升黜词臣者也。今则有先走军机章京之门，求认师生，以探取御制诗韵者矣；行贿于门阑侍卫，以求传递代倩，藏卷而去，制就而入者矣。及人人各得所欲，则居然自以为得计。夫大考如此，何以责乡会试之怀挟替代？士大夫之行如此，何以责小民之诳诈夤缘？辇毂之下如此，何以责四海九州之营私舞弊？[①]

满清官员之卖官鬻爵、滥用权力、谋取钱财等现象是全面、系统而严重的，清代流传有"三年清知府、十万雪花银"之谚，乾隆权臣和珅创造了中国历史上官员贪腐之纪录。

由于士林道德意识弱化，官员腐败之催化，社会同样充斥腐败。清代包括晚清诸多笔记、文学对此有充分反映。民众尤其是商人行贿官员，几成习惯。

需要说明的是，这种全面腐败并非中国文明之常态。检视汉、唐、宋等朝文献，官员腐败是相当罕见的。在共治体制下，权力受到相当制

---

① 《清史稿》卷三百五十六，《洪亮吉传》。

约，尤其是道德理想主义精神，令士大夫自我约束。满清腐败主要因为皇权猜疑，摧毁士气，整个社会匮乏向上提撕之力量。士大夫在政治上难有作为，自然就把主要精力用于谋取私利。同时，共治体制不复存在，皇权与仰赖皇权之官员的权力皆无有效约束，官员难免滥用权力。如此士大夫、如此官府，必带动整个社会堕落。

征服者之儒家化

不过，征服者为统治汉地，也不得不接受儒家，蒙元、满清都有过儒家化的努力，从而部分地中国化，尤其是满清。

蒙古人以掠夺性武力闻名，早期所到之处，屠杀、抢掠一空。然而，蒙古人向南进攻，得以接触儒者，其统治政策乃渐受影响。第一个发挥了巨大作用的人物是契丹族之耶律楚材。《元史》卷一百四十六《耶律楚材传》记载："博极群书，旁通天文、地理、律历、术数及释老、医卜之说，下笔为文，若宿构者。"契丹人已部分接受儒家文化，耶律楚材受过较好的教育，其学问、观念以儒家为本，而较为驳杂。

自陆贾以来，生活于每一王朝初期的儒者，给自己设定的职责就是推动统治者从打天下的心态和制度，转向治天下的心态和制度。耶律楚材和他之后的儒者之全部努力都在于此，这包括两个方面：一面抑制蒙元统治者对暴力的依赖，节制杀戮；一面引入礼仪和行政、司法制度，推动统治的理性化。

蒙元儒家化最为重要的努力在忽必烈统治之早中期。受命总领漠南汉地后，忽必烈于金莲川开幕府，广招天下英俊。其中有两个重要人物刘秉忠和姚枢，虽不是纯儒，却向忽必烈灌输儒家治理理念，并提升儒学之政治地位。

元代大儒许衡则有力地推动了蒙元体制华夏化。南宋末年，赵复被俘北上，理学传入北方。而后，北方的儒学开始有了一定活力，北方才有大儒出，许衡就是其中最为著名者。许衡建议忽必烈兴建太学，教育蒙古王公子弟。耶律楚材以来之儒者希望推动蒙古统治体制之转型，也即转向"汉法"。而蒙古贵族天然地享有政治优势，那么，推动统治体制转型的重要途径就是以儒学教育蒙古王公子弟，塑造其儒家治理理念，故许衡对蒙古贵族子弟的培养极为重视。这种努力也取得了成果，中书右丞相安童、皇太子真金都曾从许衡受教，而他们在汉法与回回法的斗争中，站在汉人儒臣一边，推动了蒙古统治体制之华夏化。

许衡本人也直接采取政治行动，推行汉法，他上《时务五事》疏，畅论实行汉法的必要，及建立汉法之种种设想。中统、至元年间，许衡亲身参与了确定"立国规模"之活动，按照中原传统王朝之标准，建立华夏化的统治体系及相应典章制度，从而奠定了有元一代政制规模。

然而，忽必烈晚年推动儒家化的力度减弱，故蒙元之儒家化浅尝辄止。整体上，蒙元统治始终带有强烈部族政权色彩，其统治理念和治理制度不甚适合于汉地，故其统治时间较为短暂。

相比较而言，满清之儒家化更为彻底。大体上，清因明制，满清延续了明朝之各种政治制度，故制度本为华夏的。相比于明朝历代帝王，满清帝王之儒家教养似乎更胜一筹。

努尔哈赤兴起就受关内文化影响，尤其喜读《三国演义》、《水浒》传等内地通俗文学影响。同时，他也引入诸多内地制度。皇太极接受过略好一些的教育，因此，在关外即位后，立即接受汉臣建议，仿照明朝制度，设六部，立谏臣，更馆名，置通政，辨服制，实现满清的一次制度飞跃。皇太极崇文重道，重视儒学，在盛京立孔子庙，并命汉臣祭祀。此事具有重大意义，表明满清文化认同发生重大变化。皇太极还命满洲王公子弟读书，以讲明义理，其所读之书则以中国经史为主。

入关之后，顺治皇帝进一步儒家化。顺治十年，上谕礼部"国家崇儒重道"云云。亲政不久，顺治帝即遣人至曲阜祭奠孔子。九年，顺治帝亲临太学，对孔子行释奠之礼，敕曰："圣人之道如日中天，上之赖以致治，下之资以事君。学官诸生当共勉之。"十二年谕曰："今天下渐定，朕将兴文教，崇儒术，以开太平。直省学臣，其训督士子，博通古今，明体达用。诸臣政事之暇，亦宜留心学问，佐朕右文之治。"[1]就在这月，顺治帝设"日讲官"，顺治十四年又开"经筵"。这两项制度在宋代宪制中至关重要，经筵较为隆重，群臣参与，日讲则是日常性的，由经学深湛之儒臣向皇帝讲解经文，阐明治道。

康熙帝尤其热衷于日讲，数十年坚持不懈，康熙晚年自谓："朕御极五十年，听政之暇，勤览书籍，凡四书、五经、通鉴、性理等书，俱

---

① 俱见《清史稿·世纪本纪》。

经研究。每儒臣逐日进讲，朕辄先为讲解一过，遇有一句可疑，一字未协之处，亦即与诸臣反复讨论，期于义理贯通而后已。"① 康熙二十三年，御驾亲幸阙里圣庙，行三跪九叩首礼，并书"万世师表"四字悬额殿中。二十八年，诏颁御制《孔子赞序》及颜回、曾参、子思、孟轲四《赞》，对儒家圣哲竭尽称颂之辞。

康熙帝如此崇奉孔子、儒学，似因其道统、治统合一论："朕惟天生圣贤，作君、作师。万世道统之传，即万世治统之所系也……道统在是，治统亦在是矣。"② 崇儒可表明满清统治之道统正当性，从而证成其对华夏治理之权的正当性。

乾隆帝继承康熙之观念，在位期间，曾八次亲临曲阜，致祭孔子，且行三跪九叩首之大礼。

基于这一点，顺治、康熙、乾隆等帝皆热衷于御制、钦定经解，逐渐积累形成了一个系统的官方经学体系，涵盖诸经。皇帝本人对经学如此热心，为此前所无。个中原因在于，满清皇帝身为夷狄，难免为统治之正当性焦虑。亲自解经，则可以显示自己对道统之归宗态度，从而可向臣民证明统治权之正当性。

可见，满清政权之文化政治策略相当奇特：一方面极力表现承接华夏道统之形象，另一方面又残酷镇压士人。两者皆起因于以夷狄入主中国之统治正当性焦虑。而这恰可表明，满清统治者之中国自我认同远超蒙元。满清统治者意欲保持自身种族与文化纯洁性，以维系权力之垄断。但满清统治者深知，维持此一统治权的关键在于获得汉人之认同，为此不能归向道统。满清统治者始终在这两者之间挣扎，直到其逊位。

蒙元、满清之儒家化意味着其不同程度地融入中国文明之中。从这个意义上说，蒙元、尤其是满清王朝仍在中国文明之统内。在这两个征服性王朝统治之下，中国文明仍保持相当程度的连续性。而这两个王朝为中国文明做出了巨大贡献：他们以其独特的地缘、宗教和统治技巧，将东北、蒙古、新疆、西藏完全纳入中国文明与政治共同体中。

---

① 《清实录·圣祖仁皇帝实录》，卷二四五。
② 《御制文集·四书解义序》。

第二十八章　明代士人之挺立

　　元朝始终没有回到正统的共治体制，其政治不上轨道，故早早覆亡。群雄共举义旗，恢复中华，朱元璋创建明朝。然而，由于信仰的原因，明太祖自立国之初，就不甚信任士人。因此，明太祖并未回到儒家士大夫与皇权共治之正统政治，而是强化了皇权专制。迟至明中期，士人之道德理想主义觉醒，社会始恢复活力。

明代政制之劣质化

　　朱元璋以"明"为国号，相当特别。传统上，开国之君选择国号，或以自己初起之地名，或以所封之爵邑，或追溯己之所始，明却不属于任何一种。它大约来源于白莲教之明教、明王。元末义兵多信奉白莲教，白莲教与外来之明教有密切关系，韩山童曾被推为"明王"。正是对明王之期待，给了底层民众以誓死反抗的勇气。朱元璋身在义军，必有同样信仰，其开国将领也多信奉白莲教。

　　这意味着，明太祖与儒家士大夫几乎不可能建立相互信任的关系。确实，朱元璋起于江淮，此地儒学较为发达。朱元璋欲成大事，不能不依赖儒家士人，如《明史·儒林列传》所说，"明太祖起布衣，定天下，当干戈抢攘之时，所至征召耆儒，讲论道德，修明治术，兴起教化，焕乎成一代之宏规。虽天亶英姿，而诸儒之功不为无助也"。

　　这样，朱元璋政权中并存两个信仰不同的群体：文臣是儒生，武将信奉白莲教。白莲教是新兴宗教，信徒相当狂热。故两者之间必然存在紧张和冲突，而朱元璋则在两者之间游移。《明史》卷一百三十九《钱唐传》记载了一件极为重要的事情。洪武二年，朱元璋下诏，"孔庙春秋释奠，止行于曲阜，天下不必通祀"。此前，大约在儒臣推动下，朱元璋下令全国通祀孔子。然而很可能，此举导致武将不满，朱元璋不能不屈服。儒臣钱唐等人上疏极言通祀孔子之重要意义，朱元璋"皆不听。久之，乃用其言"。

开国之君不学无术者，所在多有，著名者如刘邦，他曾溺于儒冠，但此轻浮态度仅因为无知。朱元璋的情况与此完全不同：他另有信仰，且为新兴宗教。恐怕正是因为这一信仰因素，朱元璋对儒家采取苛酷批判态度，同样是《钱唐传》记载：

> 帝尝览《孟子》，至"草芥""寇仇"语，谓"非臣子所宜言"，议罢其配享。诏："有谏者以大不敬论。"唐抗疏入谏曰："臣为孟轲死，死有余荣。"时廷臣无不为唐危。帝鉴其诚恳，不之罪。孟子配享亦旋复。然卒命儒臣修《孟子节文》云。

这里提到的《孟子节文》，实为了解明代政治之重要文献。它是明太祖下令删节《孟子》所成。据刘三吾《孟子节文题辞》所说，明太祖认为，"《孟子》一书，中间词气之间抑扬太过者八十五条，其余一百七十余条，悉颁之中外校官，俾读是书者知所本旨"。这其中包括"民为贵，社稷次之，君为轻"，"君之视臣如手足；则臣视君如腹心；君之视臣如犬马，则臣视君如国人；君之视臣如土芥，则臣视君如寇雠"等关于君臣关系、仁政、王政等论述，朱元璋认为，这些都是大不敬。

此事清楚地表明了朱元璋对儒家的立场：儒家并不崇高，他可以删削修改经典。儒生掌握着一些知识，为治国所必需，但儒生须甘于充当工具，接受既有政治秩序，不可有自己的政治理想，哪怕这个理想是公认的亚圣提出的。

明太祖对待儒家之如此立场，体现于对待士人、儒家士大夫的态度。明太祖开创"士夫不为君用"之罪名，《明史》卷九十四《刑法志》记载，朱元璋"开国之初，惩元季贪冒，重绳赃吏"，严厉惩罚官吏：

> 凡三《诰》所列凌迟、枭示、种诛者无虑千百，弃市以下万数。贵溪儒士夏伯启叔侄断指不仕，苏州人才姚润、王谟被征不至，皆诛而籍其家："寰中士夫不为君用"之科所由设也。其《三编》稍宽容，然

所记进士、监生罪名，自一犯至四犯者犹三百六十四人。幸不死还职，率戴斩罪治事。

士人被朝廷征用而不出，则为大逆之罪。孔子说："用之则行，舍之则藏。"① 然而，明太祖认为，士人没有退隐的自由，只有服从的义务。

对士人，明成祖也相当惨酷。方孝孺从宋濂问学，学问最为优异，以明王道、致太平为己任。燕王朱棣起兵北平，谋臣姚广孝以方孝孺托付朱棣：城下之日，方孝孺必然不降，然不可杀之，"杀孝孺，天下读书种子绝矣"②。方孝孺果然不从，朱棣乃命磔诸市，宗族、亲友前后坐诛者数百人。

可见，明初士人常在死亡阴影下，故士人对出仕心怀畏惧。《明儒学案》所列第一人吴与弼名声在外，高官再三推荐出仕，却坚决拒绝，实在无法推辞，上任之后，又坚决请辞回乡。人们问起中原因，他只说了一句："欲保性命而已。"

明太祖开创"廷杖"之刑。明初，士大夫曾劝太祖尊重士大夫，《明史·刑法三》记，太史令刘基对明太祖说："古者公卿有罪，盘水加剑，诣请室自裁，未尝轻折辱之，所以存大臣之体。"侍读学士詹同援引《大戴礼》及贾谊疏以进，且曰："古者刑不上大夫。以励廉耻也。必如是，君臣恩礼始两尽。"然而，明太祖并未接受士大夫之劝阻，永嘉侯磔亮祖父子皆鞭死，工部尚书薛祥毙杖下，"廷杖之刑，亦自太祖始矣"。宣德三年，怒御史严皜、方鼎、何杰等沉湎酒色，久不朝参，下令给这些官员带上枷游街示众。此后，廷杖士大夫之事愈演愈烈：

至正统中，王振擅权，尚书刘中敷、侍郎吴玺、陈瑞、祭酒李时勉率受此辱，而殿陛行杖习为故事矣。

成化十五年，汪直诬陷侍郎马文升、都御史牟俸等，诏责给事御史李俊、王浚辈五十六人容隐，廷杖人二十。

正德十四年，以谏止南巡，廷杖舒芬、黄巩等百四十六人，死者十

---

① 《论语·述而篇》。
② 《明史》卷一百四十一，《方孝孺传》。

一人。

嘉靖三年，群臣争大礼，廷仗丰熙等百三十四人，死者十六人。中年刑法益峻，虽大臣不免笞辱。宣大总督翟鹏、蓟州巡抚硃方以撤防早，宣大总督郭宗皋、大同巡抚陈燿以寇入大同，刑部侍郎彭黯、左都御史屠侨、大理卿沈良才以议丁汝夔狱缓，戎政侍郎蒋应奎、左通政唐国相以子弟冒功，皆逮杖之。方、燿毙于杖下，而黯、侨、良才等杖毕，趣治事。公卿之辱，前此未有。又因正旦朝贺，怒六科给事中张思静等，皆朝服予杖，天下莫不骇然。四十余年间，杖杀朝士，倍蓰前代。

在朝堂之上，被公然按地杖责，儒家士大夫之羞辱，莫此为甚，而此刑竟然贯穿整个明朝。

明朝如此对待儒家士大夫之态度，完全不同于汉，尤其与宋相反。赵匡胤自开国之初，就确定了尊重士大夫之宪制原则。由此，宋代士大夫具有强烈的政治主体意识，与皇权共治天下，从而维持宋代政治之清明。明太祖则创立了猜疑士大夫之宪制原则，因此，明代士气与明代政制皆与宋代大不相同。

明代制度

总体而言，相对于元代，明代政治理性得多，但相对于宋代，又较为专制。

明代政治之最大变化在废宰相。战国以来，丞相或宰相是政府首脑，尤其是在汉代，协助天子助理万机。在宪制架构中，皇帝为国家元首，政治领袖。九卿各司其职，为专业行政部门。丞相居其间，为政府首脑，上对皇帝负责，下统百官，沟通政治、行政。唐宋两朝，宰相虽无其名，仍有其实。甚至元代也有此职。

明太祖借胡惟庸谋反之由，废丞相之位，而由礼、户、礼、兵、刑、工六部与都察院、通政司、大理寺等九卿分掌国政。洪武二十八年敕谕群臣：“国家罢丞相，设府、部、院、寺以分理庶务，立法至为详善。以后嗣君，其毋得议置丞相。臣下有奏请设立者，论以极刑。”[①]

---

① 《明史·职官志》

这样一来，作为专业行政部门负责人的九卿各司其职，直接对皇帝负责。皇帝不仅是国家元首，更是行政首脑。

这种制度安排取消了政治，导致皇帝之行政化。汉宋之间，丞相统领行政庶务，皇帝相对清闲，故可与丞相从容论道，对国家大政进行理性审议。现在，九卿所处理者皆为专业行政，直接与之打交道的皇帝也陷入行政事务中难以自拔。而行政一旦丧失政治之指导，必缺乏长远视野，趋向非理性化。尤其是，道在政治结构中没有落脚处。

而在现实中，皇帝很难直接处理全部日常政务，不能不借助助手。同时，儒家士人毕竟具有道德和政治理想。两个力量同时推动，内阁制自发形成。皇帝处理政务，至少需要文臣备顾问、掌笔墨，因此有内阁学士之职，其品级不高。明太祖、明成祖为开国之君，有英才大略，内阁学士只是秘书而已。明仁宗生长于深宫，要对军国大事做出决策，就不能不倚赖政治经验丰富的内阁学士，尤其是曾经教导过自己、可以信赖的师傅，内阁大学士的地位急剧提升。再后来，几乎同时发生三大变化，更进一步推动内阁大学士之宰相化：

第一，皇帝不见大臣。大臣与皇帝朝会，这是历朝政治之核心平台。而明朝中后期，皇帝的普遍特点是不理朝政，不会大臣。大学士不能不统领政务。

第二，出现"票拟"惯例。宋代诏书常经君臣在朝会中议定，再由知制诰撰写发出。现在皇帝不与大臣朝会，而由内阁用小票墨笔书写意见贴于大臣奏疏上，呈进皇帝，皇帝再以朱笔批出。这一制度实际上推动了政制之理性化。因为，政治决策现在由接受过较好教育的儒家士大夫做出。

不过，另一个因素同时进入，又导致政制之非理性化。这就是第三个变化：太监专权。明太祖鉴于前代太监之祸，确定内侍不得识字的宪制。然而，皇帝不与大臣朝会，内阁与皇帝仅以文书往来，太监得以居中发挥作用。这是宰相名不正言不顺之必然结果，《明史·职官志》说："然内阁之拟票，不得不决于内监之批红，而相权转归之寺人。于是朝廷之纪纲，贤士大夫之进退，悉颠倒于其手。"太监在皇帝身边，皇帝常与之有亲密情感，内阁票拟能否被皇帝接受，取决于太监。皇帝甚至懒得批红，而由太监代笔。这样，太监就享有了政务之终极裁决权。

在这种情况下，内阁大学士专权，也就伴随着宦官专权，宰相不得不与太监内外勾结。这导致明代士大夫之政治行为严重扭曲，太监专权亦成为明代政治一大顽疾。

明代政制另有最为黑暗者：东厂、西厂、锦衣卫、镇抚司狱。锦衣卫为皇帝直属、军人组成的警察组织，镇抚司为皇帝直属的司法组织。东、西厂为宦官领导、刺探官民隐情的情报组织。三者共同特点是侵夺正规司法机构之权力，凭借皇权，法外用法。《明史·刑法志三》慨叹说："是数者，杀人至惨，而不丽于法。踵而行之，至末造而极。举朝野命，一听之武夫、宦竖之手，良可叹也。"明成祖之后，这四个组织常控制在太监手中，成为其压制士大夫之利器。

明代地方政制也不合理，主要表现为地方治理劣质化。这是因为，明代沿用元代行省制度，设十三行省，规模过大。宋仁宗时代，全国有三百州，一千多县，每州管理三五个县。相比而言，明代县数大体未变，平均每行省管理一百县。不得已，在省、县之间插入府一级，明中期全国有一百五十九府，每府管理十余县。然而，省政府仍面临管理难题，每省乃平均下设五道，布政使下设分守道，按察使下设分巡道。

这样，地方政府层级增加。由汉到宋，地方政府通常只有郡、县或州、县两级，最多上面再有一个监察性质的机构。现在，则变成省、道、府、县四级。在此安排中，地方官的政治地位大幅下降。汉代，郡守秩二千石，与中央九卿相当。明代布政使管理区域远大于汉代郡守，却仅为从二品，低于中央六部尚书之正二品。汉代县令、县长秩千石至六百石，与丞相府之长史、御史大夫之丞地位相当。明代，知县仅为正七品，与布政使的品级相差极大，与中央政府各部属员也无法相比。这就导致地方政治受制于中央，地方官缺乏自主权，无法扎根地方寻求善治，地方治理趋向劣质化。

士人之矫正

明代政制虽多扭曲之处，儒家士大夫之道德精神却相当高涨，而给明代政治注入活力。

接南宋余脉，儒家之学以江南为盛，而在元代，南方儒生多不见用。朱元璋有雄才大略，征召江南刘基、宋濂、章溢、叶琛等人为谋士，儒生得以进用。《明史》卷一百二十八《刘基传》记载，刘基"博通经史，于书无不窥，尤精象纬之学"，明开国之后，对太祖"敷陈王道"，力劝太祖"少济以宽大"，明太祖也称刘基"数以孔子之言导予"。同卷《宋濂传》说，宋濂通五经，对明太祖讲《大学衍义》，因曰"人主诚以礼义治心，则邪说不入；以学校治民，则祸乱不兴，刑罚非所先也"，又谓"三代治天下以仁义"。他们都希望引导明太祖归宗道统，以仁义治国。

在这些儒家大臣影响下，明太祖兴办各种文教事业，养成士人。

政府设立翰林院，专门安排才华出众之儒臣，此为明代政制中较为优良者。翰林院最早设于唐代，宋代有翰林学士，至明代，翰林院体制成熟。翰林院设学士之职，掌制诰、史册、文翰之事，以考议制度，详正文书，备天子顾问。翰林学士以知识参与政事，并可接近皇帝。翰林院设有侍读、侍讲，负责日讲等事，向皇帝讲读经、史，教皇帝以治道。殿试成绩最优秀之进士一甲入翰林为编修，二甲、三甲为庶吉士。通过编史，他们思考历代治乱，熟悉本朝法制、惯例。可以说，在政府各机构中，翰林院代表着知识和智慧，它牵引政治入于理性轨道。凭借这些优势，翰林学士的上升空间极大，明中期后，权力日增之内阁大学士必出自翰林院。

同时，六科给事中制度也给了儒家士大夫以矫正皇权政治之非理性倾向的制度平台。唐代，门下省设给事中，对诏令有封驳之权。明代没有门下省，针对礼、户、礼、兵、刑、工六部设立六科给事中。给事中品级很低，仅相当于知县，但权力相当大：凡内阁拟定、皇帝颁布的诏令，均须经过给事中之手审查，有所阙失，可以封还执奏。凡内外所上章疏经皇帝朱批后下发，皆分类抄出，同样送交各科给事中，驳正其间之违误。六部之官品级虽高，却不能无视给事中的意见而自行其是。在这个位置上的士大夫，通常都是公正直言之士。

上述种种制度表明，明代政制虽有不合理处，但儒家士大夫仍有很大活动空间。正是借助这些空间，儒家士大夫群体与明制中之种种非理性力量，进行了艰苦卓绝的斗争。

应该说，经过太祖、成祖之高压后，到仁宗、宣宗时代，政治环境好转，明儒开始讲学，《明儒学案》所列第一人为吴与弼，即活动于宣宗、英宗时代。薛瑄也活动于这个时代。吴与弼弟子则有胡居仁、陈献章等人。他们在各地讲学，士人之道德理想主义精神苏醒，由此而有了明朝中后期诸多慷慨悲壮之政治事件。

最令人瞩目的事件是嘉靖朝持续十余年之"大礼议"。正德帝无嗣，也无兄弟在世，驾崩后，皇太后张氏与大学士杨廷和摄理国政，根据《皇明祖训》中所说"兄终弟及"原则，选定正德帝的堂弟、兴献王朱祐杬次子朱厚熜承继大统，是为世宗，即嘉靖帝。由此引发围绕宗法制的一次重大宪法危机：群臣依据宗法制原理认为，嘉靖帝当以武宗为皇考，尽管从血缘上说，嘉靖帝是正德帝的堂弟，但皇位传承乃是公共的政治关系，当压倒血缘关系；至于嘉靖的亲生父亲，则只能作为"皇叔考"。历朝都是如此处理。嘉靖帝似乎没有接受过完整的儒家义理教育，受情感支配，不愿接受这样的宪法安排。儒家士大夫之主流乃依据儒家义理、先朝成例，前赴后继，反复劝谏。其间有上百位大臣被下锦衣卫狱，几十人被廷杖，死者十余人。

儒家士大夫也与宦官激烈斗争：正统年间，反对太监王振；宣德年间，反对太监刘瑾；万历年间，反对太监魏忠贤。在后一场政治事件中，东林党人是主角。

万历三十二年，被革职还乡的顾宪成在地方官支持下，修复宋代名儒杨时讲学之东林书院，与高攀龙、钱一本、薛敷教、史孟麟、于孔兼及其弟顾允成等人讲学其中。《明儒学案·东林学案》这样概括顾宪成之理念：

> 先生论学，与世为体。尝言：官辇毂，念头不在君父上；官封疆，念头不在百姓上；至于水间林下，三三两两，相与讲求性命，切磨德义，念头不在世道上，即有他美，君子不齿也。故会中亦多裁量人物，訾议国政，亦冀执政者而药之也。天下君子以清议归于东林，庙堂亦有畏忌。

东林党人以道德理想议论国政，全国各地、朝野上下，皆有士大夫响应，由此形成结构松散但具有极强道德和政治凝聚力的思想与政治团体，即"东林党"。东林党以极高的道德热情，反对宦官专权、朝廷与民争利等各种不良政治行为，为此而前赴后继，不惧牺牲，士林精神，可歌可泣。

尽管如此，明代宪制存在重大缺陷，士人之努力虽部分制止了明代社会治理之非理性化，但效果终究有限。在这种情况下，王阳明及其门人探索了另外一条重建优良秩序之道路。

士人之转向

在高压气氛下，明代前期六七十年，儒学不振，直到宣宗年间，才有吴与弼等人之讲学。然而，《明史·儒林列传》序概括说："有明诸儒，衍伊、雒之绪言，探性、命之奥旨……至专门经训授受源流，则二百七十余年间，未闻以此名家者。"明代经学衰微，因为，经学宗旨在推明治道。政治高压，士人对此噤若寒蝉，乃转而空谈性命。一直到王阳明出，儒家士人才找到承担政治主体性之新出路。

王守仁，世称阳明先生，浙江余姚人。自幼豪迈不羁，慷慨有大志。当时，女真已为祸中国，十五岁那年，阳明游历居庸关、山海关，纵观山川形胜，筹划御边之策。弱冠举乡试，学业大进。然而越发地好言兵事，且善于射艺。弘治十二年，考中进士，进入官场。

正德元年冬，宦官刘瑾逮治南京给事中御史戴铣等二十余人，王阳明上书救助同僚，刘瑾大怒，惩罚王阳明廷杖四十。大约从这个时候起，受廷杖者被剥去衣服，王阳明是最早遭受这种酷刑之士。去衣行刑，受刑者不仅更易死亡，更是有意羞辱士大夫人格。王阳明遭此奇耻大辱，内心之惨痛可想而知。由此而有了"龙场悟道"。

王阳明被贬谪贵州龙场驿丞。龙场万山丛薄，苗、僚杂居。此身，此心，此境，具有强烈道德理想主义情怀的阳明不能不对现实之政制万念俱灰，乃苦思行道天下之新路。《明儒学案·姚江学案》记载：

> 先生之学，始泛滥于词章，继而遍读考亭〔朱子〕之书，循序格物。顾物理、吾心终判为二，无所得入。于是，出入于佛、老者久之。及至居夷处困，动心忍性，因念圣人处此，更有何道，忽悟格物致知之旨：圣人之道，吾性自足，不假外求。

儒者向来以行道于天下为己任，宋儒之进路是"得君行道"或"致君行道"，教导、引导居于政治秩序之顶端的皇帝归向于道，以礼乐刑政治国。朱子历次上疏，皆以君王"正心诚意"为首，有人曾劝他，皇帝已对此厌烦，不要再重复了，朱子曰："吾平生所学，惟此四字，岂可隐默以欺吾君乎？"① 阳明也曾有此意，致君行道。然而，惨痛的个人经历让他确信，不合理的制度、朱明皇家对士人之猜疑、惨酷，让得君行道之路完全走不通。阳明乃问：圣人处此时此世，当如何行道于天下？阳明找到了答案。

龙场悟道的要旨是，不再走得君行道之路。此后，阳明在政治上采取消极策略。正德皇帝崇佛，朝中士大夫纷纷上书劝阻，阳明也曾写就一份奏疏。思量再三，最终弃置一旁。阳明决意不再卷入这种毫无希望的传统士大夫的政治活动中。

虽然不再致君行道，但阳明依然是儒者，依然具有强烈的道德理想主义，依然决意行道于天下。只是现在，他另走新路：人各自觉，自行其道。这就是龙场悟道之深层含义。如黄宗羲在《宋元学案》中说："先生以圣人之学，心学也。心即理也，故于致知格物之训，不得不言'致吾心良知之天理于事事物物，则事事物物皆得其理'。"小程子、朱子发展了理学，王阳明接续大程子、陆九渊，集心学之大成。心学之要点在于回到自我之主体性，嘉靖四年《答顾东桥书》云：

> 若鄙人所谓致知格物者，致吾心之良知于事事物物也。吾心之良知即所谓天理也，致吾心良知之天理于事事物物，则事事物物皆得其理矣。致吾心之良知者，致知也。事事物物皆得其理者，格物也。是合心与理而为一者也。

阳明龙场悟道所悟者就是这个格物致知之旨。这里的"物"是指"事"，也就是齐家、治国、平天下之事，包括孝亲、事君。阳明以为，关键不在于孝、忠之对象，而在于我之心。我心中有忠，则君是尧舜、是桀纣已不重要。因此，重建秩序之根本不在于君王如何，而在于我心如何。阳明实现了治道思考的一次根本转换，确立行道在我之主体性。《答聂文蔚》书中说：

---

① 《宋元学案·考亭学案》。

仆诚赖天之灵，偶有见于良知之学，以为必由此而后天下可得而治……今诚得豪杰同志之士扶持匡翼，共明良知之学于天下，使天下之人皆知自致其良知，以相安相养，去其自私自利之蔽，一洗谗妒胜忿之习，以济于大同，则仆之狂病，固将脱然以愈，而终免于丧心之患矣，岂不快哉！

心学之宗旨与理学无二：天下治平。然而，在理学那里，优良治理之要害在政治秩序顶端之君王；在阳明这里，要害则在每个人。每个自致其良知，则天下如尧舜时代，"世之君子惟务致其良知，则自能公是非，同好恶，视人犹己，视国犹家，而以天地万物为一体，求天下无治，不可得矣"。也正是在这个意义上，王阳明断言"满街都是圣人"，期待每个人"务要立个为圣人之心"。在阳明看来，每个人都是行道天下之主体，其善恶直接决定天下之治否。阳明相信，士农工商，皆可成圣成贤。《答顾东桥》书中说，尧舜之时，圣人推其天地万物一体之仁以教天下，其教之纲目。

所谓"父子有亲，君臣有义，夫妇有别，长幼有序，朋友有信"五者而已……下至闾井田野农工商贾之贱，莫不皆有是学，而惟以成其德行为务。何者？无有闻见之杂，记诵之烦，辞章之靡滥，功利之驰逐，而但使之孝其亲，弟其长，信其朋友，以复其心体之同然，则人亦孰不能之乎？

根据这样的治道理念，王阳明及其后学开始了一场重建社会秩序之伟大实践：讲学以立会，自下而上重建秩序。

自孔子始，讲学即为儒家最基本的社会存在形态，也是儒家重建社会秩序之入手处。然而，阳明之讲学有两大相互关联之特点：弟子众多，学术简易。愈到晚年，阳明之学愈加简易。也因此，贩夫走卒，皆可感动奋发。不以传播深奥的学问为目的，对平民讲学，这是阳明讲学完全不同于先儒之处。阳明讲学有此特点，故王门之学迅速传遍天下。

王阳明还有另一制度创造：立会。当士大夫正在北京为大礼议而以死相争之时，阳明却在家乡立会于龙泉寺，作《书中天阁勉诸生》，要求跟从自己问学者每月以朔望初八、廿三为期聚会，"务在诱掖奖劝，砥砺切磋，使道德仁义之习日亲日近"，以养成自己为君子。

这是儒生组织化的一次飞跃。儒生向来生活于团体中，但相对松散。阳明则以会的方式，强化儒生内部联系。阳明后学将阳明讲学以立会的创新予以发扬光大。比如，阳明在世时，其弟子就创建"惜阴会"，参加者以百数，阳明闻之欣然。王氏门人到处兴建书院，以书院为依托立会。邹守益一生创会七十余，大会有十。尤其值得注意的是，邹守益在家乡赣西为四乡会。春秋二季，合五郡，出青原山，为大会。凡乡大夫在郡邑者，皆参与此会。于是四方同志之会，相继而起。赣西的惜阴会横跨五郡，其下设有多层分会。最小的分会是宗族，然后是乡，各乡隔月一会。参加分会的会众多为庶民，甚至包括妇女。春秋各有一次，五郡之会中举行大会。

这是一个超越既有社会治理架构的全新的民众组织。庶民、儒生、绅士被组织进一个道德性社团中，其成员从熟人圈扩展到陌生人。把人们联系在一起的不完全是血亲宗族关系，也不是国家的行政关系，而是精神性关系。阳明及其门人在按照全新的原则重构社会。

这带有某种宗教气质，更进一步，阳明后学明确地走向宗教化，发展出"儒教"。王艮、颜钧等人特别重视宗教体验，并相当决绝地摆脱家庭束缚，向往道德式团契生活。何心隐早年致力于宗族建设而颇有成效，后来则放弃家庭，而欲聚友以成道德团契。正是宗教性之凸显，让阳明后学被正统的士大夫视为异端，遭到打击。

不过，经过阳明，会已成为儒生乃至儒生之外民众联合的方式，晚明东林党、复社都在这一传统中。然而，明代政治结构无法吸纳社会层面这一巨大变化。非理性的皇权对士人结社之镇压，引发激烈的政治对抗。在这种对抗中，内部流寇和外部戎狄交相为祸，明朝覆灭。

第二十九章　宋明社会自治

中唐以后，中国社会再度平民化，从而进入社会秩序重建期。宋儒所努力者，就是平民化社会之秩序重建。科举制刺激教育之普及其所养成之士人经由宋儒之道德陶冶，在基层社会逐渐形成一个绅士群体。他们在基层社会创新各种制度，组织民众生产和分配种种公共品，从而形成了持续至明清乃至今日仍有部分存续的宋明基层社会自我治理机制。

从豪民到绅士

基层社会需要现场组织者才能形成有效治理，组织者的品质决定基层社会治理之状况。唐代中期士族制度逐渐解体之后，在平铺而散漫的基层社会涌现出一批"豪民"，主要是有财者、有力者。在一定程度上，他们凭借财富和暴力维持着基层社会的秩序。这种秩序是内在地不稳定的。而经过北宋初中期儒家士大夫与政府的共同努力，在基层社会养成一个新的领导群体：接受过儒家教育的绅士，它们构成宋明基层社会治理之主体。

隋唐两代的大多数时间，每年进士录取数量不过三十余人。宋太祖时，因为五代之乱，不过十几人。但宋太宗深刻认识到文治之重要性，乃大幅度增加取士数量，从几十人、百余人，到每三年七百人，并为定例。同时，科举的地位大幅度提高，宋太宗首先进行殿试，进士及第之后赐以琼林宴，备极荣耀。

在此政策刺激下，教育开始普及、繁荣。宋代教育之繁荣，由于官、民共举。

首先，宋立国后，太学规模不断扩大，从数百人到数千人。太学以教授经学为主，但也教授律学、算学、书学、医学等。

地方政府也设立学校，宋代地方学校之兴办，在宋仁宗时代，范仲淹主持的庆历新政中，一项至关重要的政策就是兴学校。宋仁宗下诏各州县立学。神宗变法时代和徽宗时代，又有两次政府兴学运动。一般而言，宋代县学学生员额在三五十人，政府建造学舍，拨给学田供应县学办学费用，故学生可免费住宿，并享受生活补贴。具有较强的道德理想主义精神的官员也即"循吏"，坚信教化之治理作用，因而到任之后，通常大力扩充学校，整顿学风。至于学生资格，基本没有什么限制。官宦人家送子弟入学，普通农民、商人家庭，只要家道略微殷实，也会供应子弟入学。故宋代教育规模相当庞大，徽宗时代，二十四路共有学生十六万多人。宋太宗时代，应进士试之士子就超过万人。

可以推想，大部分人无法通过进士科考试，因而无法进入仕途。他们是平民，大多数人留在本乡、本县，通常从事教育活动。在科举制刺激下，很多官宦人家自行兴办教育。通过经商或务农而富裕起来的庶民家庭，为提升自己的社会地位，也出资兴办教育，培养自家子弟参加科举考试。因此，宋代基层社会均有教育设施。陆游《观村童戏溪上》诗描述村童读书景象："三冬暂就儒生学，千耦还从父老耕。识字粗堪供赋役，不须辛苦慕公卿。"其笔记《入蜀记》卷四记载，"十月一日，过瓜州坝、仓头、百里洲。泊沱滩，皆聚落。竹树郁然。民居相望，亦有村夫子聚徒教授群童，见船过皆挟书出观，亦有诵书不辍者。"

从技术上说，印刷术与教育的普及相互刺激。民间兴办教育的动力，也与商业发达有关，从事商业活动需要识字、计算的基本技能。教育的平民化也催生了蒙学教材。《百家姓》、《千字文》、《三字训》等传统蒙学教材，均出现于宋代。

可以说，中国教育至宋代出现一次飞跃。对宋代的识字率，有人估计，很有可能达到令人吃惊的百分之三十。如此之高的识字率意味着国民的普遍开明，也为商业繁荣、技术发展创造了条件。

明代情形与宋代相似。洪武二年，太祖下诏，"朕惟治国以教化为先，教化以学校为本。京师虽有太学，而天下学校未兴。宜令郡县皆立学校，延师儒，授生徒，讲论圣道，使人日渐月化，以复先王之旧。"[1]中央政府有国子学，府、州、县皆设学：府设教授，州设学正，县设教谕，又俱设训导。生员之数，府学四十人，州、县以次减十。师生各给

---

① 《明史·选举志》。

食米，人六斗，有司给以鱼肉。因此，有明一代，可谓无地而不设之学，无人而不纳之教。故明代学校之盛，为唐、宋以来所不及。这个教育体系养成大量士人，明代又在元之文教荒芜之后，恢复健全的科举制，每三年举行一次，每次取进士，约在三百名左右。

明代还有一项制度创新：洪武八年，太祖下诏，基层设立"社学"，延师以教民间子弟，兼读《御制大诰》及本朝律令。此制不断完善，明中期，各府、州、县在城厢和乡村建立社学，选择本处明师，民间幼童十五以下者送入读书，讲习冠、婚、丧、祭之礼。社学依靠民间力量兴办，政府官员予以督责，其宗旨是以礼化俗。除此之外，在基层社会，还有宗族兴办的大量私学。

如此发达的宋明教育体系，在基层社会养成了绅士。它由三部分人组成：第一部分人是那些不能入仕的庶民士人，因为掌握着知识，在诸多公共生活中充当司仪等角色，获得民众普遍尊敬。第二部分人是退休官员，进士本身多出身平民，登入仕途，固然在外为官，而一旦致仕，通常回本乡养老。第三部分人是宋代特有的，即祠禄官制。宋京师内外有各种宫观，诸宫观置使、副使、判官等职，统称宫观官或祠禄官，以宰相、执政、翰林学士等兼领，不理政事而照给俸禄，此为优抚大臣之制。在宋代党派政治环境下，朝廷经常以此安置反对派，数量渐多。这些官员其实并不去那些祠、观中，而通常在家闲养。比如，朱子登第五十年，仕于外者仅九年，在中央任职仅四十天，其余多以祠禄在家闲居、讲学。因此一制度，相当数量最具才学而精力旺盛的士大夫离朝在野，成为里居地方的精英群体。

上述几个方面的人士共同构成基层社会之绅士，他们是基层社会自治之发起者和领导者。

书院与学术自治

有宋一代，先有民间办学，然后才有官方兴学，如马端临说："未有州县之学，先有乡党之学。盖州县之学，有司奉诏旨所建也，故或作或辍，不免具文。乡党之学，贤士大夫留意斯文者所建也，故前规后随，皆务兴起。后来所至，书院尤多，而其田土之锡，教养之规，往往过于州县学"①。

历史上，具有道德理想精神的士大夫对官学总是不满意，范仲淹、朱熹等人都对学校提出严厉批评。因为，学校生员通常关心仕途，并不热心学业。因此，儒家士大夫总是怀疑，学校不能培养出贤能之士，乃奋起在官办学校体系之外兴办自由教育。

自由教育之第一种形态是私人讲学。此传统自古即有，程度有高有低。低者开蒙识字，中者科举应试，高者讲习义理。后者由知名学者主持，一旦成名，自有士人求学。布衣学者在自家宅中，或由官宦富贵资助讲学，已仕学者则常在官衙中讲学。《宋元学案·高平学案》记范仲淹之师戚同文私人讲学之事迹：

> 始，闻邑人杨悫教授生徒，日过其学舍，因授《礼记》，随即成诵，日讽一卷。悫异而留之，不终岁，毕诵《五经》，悫即妻以女弟。自是弥益勤励读书，累年不解带。
>
> 悫尝勉之仕，先生曰："长者不仕，同文亦不仕。"悫依将军赵直家，遇疾不起，以家事托先生，即为葬三世数丧。[赵]直复厚加礼待，为筑室聚徒。请教之人不远千里而至，登第者五十六人。

戚同文受益于私人讲学，自己又在官宦支持下讲学。二程、张载等人都以私人讲学方式培养弟子。学生或短期游学，或长期师从，而师生共同生活，关系密切，从而形成紧密感情。

也正在讲学中，形成了道学特有的形态。二程之学，注重义理之切身功用，程颢《识仁篇》提出，"学者须先识仁。仁者，浑然与物同体，义、礼、智、信皆仁也。识得此理，以诚敬存之而已，不须防检，不须穷索"。因此，二程讲学完全不同于汉晋经师，并不传授章句，而是重视诚意正心的功夫，带有禅宗气息。汉晋儒多作经注，道学家则倾向于不立文字，唯有弟子记录师徒对谈，由此形成宋明时代流行的语录体。这一点，在心学更为明显。

在私人讲学基础上，有自由书院之兴起。宋真宗对戚同文之讲学精神大为嘉叹，正式赐额"睢阳书院"，曾求学于戚同文的范仲淹在成名

---

① 《文献通考·学校考七》。

之后，被知应天府之晏殊推荐，到睢阳书院掌学主教。

书院之名，唐代即有，然而当时书院以士人甚至僧人藏书读书、游宴会友等事为主，且数量极少。书院之勃兴在宋仁宗时代，恰为儒家士大夫之道德理想与政治主体意识觉醒的时代。此后，每朝皆有兴建，宋代总计兴建过五百多所书院。自由书院构成宋代教育之一项重要制度，也是宋代思想之集散中心，更是地方文化中心。

大部分书院是学者兴建之民间自由书院。尤其到南宋，几乎所有著名学者，都曾兴办不止一家书院。以朱子为例，在武夷山一带，朱子创建过寒泉精舍、武夷书院、考亭书院；在江西任职期间，创办白鹿洞书院，后又修复岳麓书院。朱子一生总计创建书院四所，修复书院三所，在二十所书院讲学，为七所书院撰记、题诗，为六所书院题词、题额。朱子一生与书院有不解之缘。

书院意味着儒家士人自我组织能力之飞跃。私人讲学以学者个人为中心，书院则为法人。书院以山长为中心，他通常是知名学者。对士人最为吸引力的还是学识，而学识只属于私人。因此，各家书院会因山长之不同，而各具学问之特色。南宋常以书院为中心形成某种学派，或成为某一学派传播的中心。

但是，书院自有一套制度和资源，并不受山长个人生命之影响，书院是一个可以永续经营的法人。从组织上说，书院有山长，由知名学者担任。副山长则常驻书院管理日常事务，书院另有堂长、讲书、讲书执事、司录、斋长等职位，各司其职。为维持这个组织体系的运作，书院定有明确的规则与办事程序。书院对学生也有系统的管理规章。

更为重要的是，成功的书院均拥有稳定的财政来源，主要为"学田"。"学田"就是书院发展基金，其田产来自官府、私人之捐赠，或直接捐赠土地，或捐赠金钱购买土地。书院出租这些土地，以地租供应书院所需。有学田收入为基础，书院就可以维持正常运转，并向学生提供免费教育。借助学田收入，书院可以大量购买书籍，或从事刻书活动。

借由上述制度、资源，宋代书院实行高度组织化的自治。当然，官府通常会对书院予以表彰、支持，比如皇帝赐书院匾额，甚至拨付经费。另一方面，宋代以来，由于政争，政府打击书院之事时有发生，但书院总能顽强复兴，并基本维持自治。宋及其以后之书院自治乃是中国社会建立广泛的自治组织之基础。儒家士人就是中国社会的组织者，其自我治理的理念决定着整个社会的自我治理水平与形态。书院是一种高度组织化的教育机构，在此，儒家士人结成紧密的价值共同体，尤其重要的是，儒家士人在此习得自治的技艺。带着这种技艺，儒家士人在社会各个领域缔造和维系广泛的自我治理机制。

宗族与祠堂：社会之重新组织

宋明社会治理之基本组织是宗族，宗族之核心制度是祠堂。

宗族自古就有，而在汉晋时代，宗族以士族为中心组织，士族领导庶民生产和分配公共品。士族体制崩溃，平铺的基层民众陷于离散状态。何以组织民众？宋儒以祠堂为中心，重建平民化宗族组织。

周代，宗庙是一姓一氏治理权之所寄，旨在确保治理权之连续性，故只有治民之天子、诸侯、卿大夫才有资格立庙，士、庶人不治民，故不立庙。至于共同体之精神和公共生活中心，则主要在社。战国王权制出现之前提是荡平大夫之分散的治理权，统归于国王与皇帝。很自然地，除国王、皇帝外，任何人不得立庙，只有受封之王、侯例外。基层民众聚居于"里"，而以"社"为精神和公共生活中心，士族在此发挥领导作用。

到中唐，里、社制崩塌，而社会再度平民化。平民社会中的士大夫崛起，首先构造了平民士大夫家庙之制：五品以上官员可立家庙。宋初，鉴于唐末藩镇与五代之乱，朝廷禁止士大夫立家庙。但是，建立祠庙以祭祀祖先，是人的文化本能。儒家士大夫也认为，立庙则追远保本，可厚民德，因而主张士大夫应当立庙。到宋仁宗年间，朝廷允许大臣立家庙，且范围比唐代还大，国家还予以支持。

不过，家庙制不足以解决基层社会之组织问题。基层民众普遍生活于核心小家庭，士大夫本为平民，今因科举登第而获得权力，其家庙仅能覆盖自身家庭或小家族，大量平民人家并不能因家庙而组织起来。另外家庙常立于官员任职之京师或任所，而与周代大夫不同，现在的官员是流官，四处流动任职，家庙常被废弃。在家庙制之外，司马光提到当时的"影堂"制，也就是悬挂祖先影像于堂或摆设祖先祠版于堂前桌，以时祭祀；张载主张，庶民可将家中正厅作为祭祀祖先的专门场所。这些制度固可满足家人追远保本之情，却缺乏公共性，无力发挥周代宗庙具有的整合社会成员之作用。

朱子通过《家礼》，确定祠堂之制，在平民化社会的脉络中，融合宗庙与社之功能：祠堂既可祭祀，又是基层社会的公共生活中心。朱子清楚自己是在突破旧制，而为一个平民化社会创制立法，故特将祠堂之制列在《家礼》之首：

> 此章本合在祭礼篇，今以报本反始之心，尊祖敬宗之意，实有家名分之首，所以开业传世之本也。故特著此，冠于篇端，使览者知所以先立乎其大者，而凡后篇所以周旋、升降、出入、向背之曲折，亦有所据以考焉。然古之庙制不见于经，且今士庶人之贱，亦有所不得为者，故特以祠堂名之，而其制度亦多用俗礼云。

祠堂确为一绝妙制度创新。周代宗庙旨在显示宗子治理权之传承次序，唐宋家庙旨在确立官员之尊崇地位，宋明祠堂却以收族、合族为主，旨在联合若干平民化家庭为一个紧密组织。在宋代平民化社会中，宗子权威大大弱化，其与支脉的地位落差大大缩小。因此，宋明祠堂不像周代宗庙那样以确立"宗子"之治理权为核心功能，而是让若干家庭以相对平等的地位共同祭祀一个含糊的"始祖"，以此精神纽带联合、合作。

因此，经由祠堂，平铺而散漫的庶民被组织起来，形成了宋明宗族。普通民众参祠堂为中心的公共生活，并在绅士领导下，在基层社会自我治理。

与此前相比，宗族由多个家庭共同治理。在周代乃至汉晋等级制社会中，宗族领导权相对集中于宗子。在宋明平民化社会中，宗族领导权则相对分散，宗族治理结构乃是一群人共同领导。领导群体通常包括两部分人：一部分是按照血缘原则产生的宗子及各房长，及辈分较高的长老；另一部分人则是接受过较好教育或曾经为官而具有广泛社会联系且具有治理能力的绅士。两者合作，共同治理宗族。

宗族管理的事务极为广泛，无所不包：宗祠祭祀、迎神赛会、子弟教育、慈善救助、修桥铺路、纠纷解决、族外交涉等等举凡基层社会一切事务，宗族皆予以管理。为承担这些功能，宗族拥有自己独立的财产：族田。族田来自族人捐赠，但不属于任何个人，而是合族人之共有财产，其利益为族人共享。族田通常租佃给族内成员耕种，其收入悉数用于族内公共事务，主要是祭祀、教育和福利保障。族田之类的共有财产是宗族公共生活之财产基础。

为管理这些事务，宗族订立族规。族规常由始迁祖或本族绅士等制定，而获得族内长老认可。全国各地族规具有共同的价值取向，无一例外提倡勤劳俭朴、尊师重道、扶危济困、正直廉洁、舍身成仁等美德，禁止赌博、嫖娼、吸毒、奢侈浪费、乘人之危、溺杀女婴等不良行为。族规常书于族谱，刻石立于祠堂，长老常以此教育本族子弟悉心遵守。

族规并不只是道德劝喻，而具有法律效力。族规会对涉及族内秩序的各方面事务予以规范，同时规定相关惩罚措施，如罚跪、笞责甚至处死等惩罚办法。族规实际上是适用于本族成员的地方性法律。

宗族拥有执行这些规范的司法权。对较为细微的过失，绅士、族长、长老予以申斥即可。对宗族成员之间的纠纷，绅士、族长、长老通常优先予以调解。如族人所犯过失较重，会施加笞责、罚款、记过等惩罚，这需由族长、族正等人依照严格的程序公开做出裁决，裁决的场所常在祠堂。这一裁决过程在有些地方被称为"开祠堂"。开祠堂意味着一套严格的司法程序之启动。通常，族内绅士、长老共同组成合议庭，经集体审议做出裁决。当事人也拥有辩护的权利。当族人犯有较重过失，可能处以较重惩罚比如出族，绅士、长老更不能擅自裁断，而须将族众召集到祠堂，共同议决。这是一个相当严格的司法程序。

至关重要的是，宋明地方官通常默认宗族之司法权，甚至支持宗族积极行使司法权。宗族一般不能禁止本族成员至官府诉讼，然而，对大量琐碎案件，地方官经常要求这些当事人回本族处理。也因此，宋明两代政府制定刑律即可，并无必要制定民事法律，因为，以族规为核心的民间习惯已对基层民众生活中可能涉及的最为重要的民事关系和活动予以规范。即便族规没有规范，宗族也可执行本地的惯例。这样，国家法律与民间法律之间形成分工合作关系，宗族行使司法权，大幅度降低国家治理成本，甚至更有助于治理之公正。

制礼与乡约

宋明基层社会以祠堂的共同祖先祭祀为纽带，平铺而分散的民众整合为宗族，从而生成基层公共生活空间，绅士在此发挥领导作用。这是宋明治理秩序之根基。但宗族之治理范围受血缘关系之天然限制，故在此制度外，宋明儒家士大夫努力发展其他制度，推动基层社会的教化。

儒家士人本身就是教化者，范仲淹之师戚同文讲学于乡里：

> 人有丧者，力拯济之。宗族、同里贫乏者，周给之。冬月多解衣裘与寒者。不积财，不营居室。或勉之，辄曰："人生以有义为贵，焉用此为！"由是，深为乡里推服。有不循孝悌者，先生必谕以善道。①

所有具有道德理想主义的儒者都通过言传身教，教化乡里。儒家士大夫为官地方，也会奖励孝悌，以敦本善俗为先。

而礼为维系人际关系从而维持基层社会优良治理之大本，故宋明儒家士大夫致力于为平民社会制礼。三代、汉晋礼制皆以等级制为前提，君子、士族之礼仪极为繁琐，庶人则礼仪简陋无文。社会平民化，士大夫、庶人之别模糊，士大夫无力承担繁琐的礼仪，更不能统摄庶人，这个平铺而散漫的社会需要一套普遍适用于中等人家而相对简易的礼仪，为此，宋儒展开了制礼事业。

司马光敏锐地意识到礼的重要性，故在《资治通鉴》开篇，为周王策命晋三家为诸侯之事痛心疾首，并指出礼对于优良治理之重要性。在现实中，司马光首先对平民社会的礼制进行系统探索，作《司马氏书仪》，涵盖冠、婚、丧、祭等平民生活所需之礼仪。《温公家范》对后世影响也很大。程颐也曾定六礼。

不过，在为平民社会制礼方面，思考最为系统、成就最大、影响最广远的，当属朱子所作之《家礼》。在序言中，朱子首先从理论上阐明，"凡礼有本、有文，自其施于家者言之，则名分之守、爱敬之实，其本也。冠婚丧祭，仪章度数者，其文也"。礼之本是亘古不变的，礼

---

① 《宋元学案·高平学案》。

之文却可因时而变。在宋代平民化社会中，欲行古代繁缛之礼节，与人情世事不合，难以奏效。因此，《家礼》采取务实态度，"略浮文、务本实"，采取当时社会所行之俗，而依据儒家义理予以删修、整齐。在《书仪》和《家礼》中，可看到大量"今从俗"、"且须从俗"、"可从众"、"今从便"、"以从简便"等字样。朱子坚持了"礼，时为大"的传统制礼原则。

也因此，宋儒所立之礼，尤其是《朱子家礼》，为宋明社会确立了法度。元、明、清三代直至民国时期，人们都把《家礼》奉为制定家礼之重要参照，并将其改编成节要、仪节、会成、会通、集要、集注、铨补、笺补、简编、图解、辨定等多种形式，广泛传布。《家礼》规范渗入社会每个角落。宋明家庭、家族、宗族等基本社会单位内的人际关系，就由《家礼》塑造，或者可以说，宋明民众之生命形态、生活方式，就由《家礼》塑造。

为实施这些礼，为化民成俗，宋代士大夫也努力建立制度化的教化渠道，比如乡约。乡约最早由陕西蓝田儒者吕大钧所创。吕大钧与关学创始人张载为同年之友，闻张载之学，悦而好之，遂执弟子之礼虚心就教。而张载之学以礼为先，他痛心于当时礼崩乐坏之局面，而倡导恢复古礼，教导童子以洒扫应对。女子未嫁者，也使之观祭祀、纳酒浆，以养逊顺之德。由此，关中风俗为之一变。遵循张载之教，吕大钧在家乡创立乡约，包括四项内容：

德业相励：同约之人各自进修，互相劝勉。会集之日，相与推举其能者，书于籍，以警励其不能者。

过失相规：同约之人各自省察，互相规戒。小则密规之，大则众戒之。不听，则会集之日，值月以告于约正，约正以义理诲谕之。谢过请改，则书于籍以俟。其争辩不服与终不能改者，皆听其出约。

礼俗相交：礼俗之交，一曰尊幼辈行，二曰造请拜揖，三曰请召送迎，四曰庆吊赠遗。礼俗相交之事，值月主之，有期日者为之期日，当纠集者督其违慢。

患难相恤：凡有当救恤者，其家告于约正，急则同约之近者为之告，约正命值月遍告之，且为之纠集而绳督之。凡同约者，财物、器用、车马、人仆皆有无相假。若不急之用及有所妨者，则不必借。可借而不借，及踰期不还，及损坏借物者，论如犯约之过，书于籍。邻里或有缓急，虽非同约而先闻知者，亦当救助。或不能救助，则为之告于同约而谋之。有能如此，则亦书其善于籍，以告乡人。①

乡约是绅士发起并领导的区域性民众自我教化组织。乡约与宗族血缘没有直接关系，民众自愿加入，在绅士领导下结成精神性、互助性团体，相互砥砺、相互监督，以儒家价值提升自身生活。

不过，也正因为乡约既没有血缘之自然纽带，也没有神灵之恐吓或诱惑，而为一纯粹道德伦理性团体，故对普通民众吸引力不大，在儒家绅士比例较小的时代，乡约难以维系。吕大钧离世后，吕氏乡约就停办了。

尽管如此，乡约作为超越宗族的化民成俗制度，深为关注社会教化之儒家士大夫器重。朱子对《吕氏乡约》进行修订，成《增损吕氏乡约》。唯朱子有生之年，没有亲力亲为地实践过。其门人阳枋曾在四川两次推行乡约，可惜也未能长期坚持。

到明代，乡约则在一些地区有效运转。有明开国，解缙等儒家士大夫就倡导兴办乡约，然而，明开国者对民众结社心怀警惕，无意推行。士大夫零星兴办，也困难重重，甚至遭遇官府疑忌。明中期以后，士人道德理想主义精神高涨，始冲破政治阻力，纷纷倡行乡约于乡里或任所。

尤其是王阳明倡兴之南赣乡约，影响巨大。赣南山区地旷人稀，匪盗丛生，社会秩序混乱。正德十二年，王阳明就任南赣巡抚，首先实施"十家牌法"，也即保甲制，以维护地方治安。然而，作为大儒，阳明深知，这仅是治标之策，治本之道则在"道之以德，齐之以礼"，须兴起礼乐教化。为此，王阳明接续宋儒努力，兴办南赣乡约。阳明详尽规划乡约之制度架构：

同约中推年高有德、为众所敬服者一人为约长，二人为约副，又推公直果断者四人为约正，通达明察者四人为约史，精健廉干者四人为知约，礼仪习熟者二人为约赞。置文簿三扇：其一扇备写同约姓名，及日

① 《宋元学案》，卷三十一，《吕范诸儒学案》。

逐出入所为，知约司之；其二扇一书彰善，一书纠过，约长司之。

同约之人每一会，人出银三分，送知约，具饮食，毋大奢，取免饥渴而已。

会期以月之望，若有疾病事故不及赴者，许先期遣人告知约；无故不赴者，以过恶书，仍罚银一两公用。

立约所于道里均平之处，择寺观宽大者为之。

乡约胪列了具体的伦理劝谕：通约之人彰善纠过，危难相助，约长督促寄庄人户纳粮，禁高利贷，禁小忿报仇，禁阴通贼情，禁差役扰民，新民不得怀前仇，新民改过自新，婚嫁从俭，丧葬合乎礼仪等。乡约最后一部分详尽规范了同约会议的礼仪、程序。至于兴办乡约之宗旨，阳明这样宣告：

故今特为乡约，以协和尔民。自今凡尔同约之民，皆宜孝尔父母，敬尔兄长，教训尔子孙，和顺尔乡里，死丧相助，患难相恤，善相劝勉，恶相告戒，息讼罢争，讲信修睦。务为良善之民，共成仁厚之俗。

阳明弟子众多，这些弟子多仿效阳明兴办乡约，或以士人、绅士身份自行兴办，或以官员身份自上督导。明代乡约略成气候，成为基层社会治理的一项重要制度。

此后，乡约与宗族制度相互交融。明代中后期乃至清代，大量出现"宗族乡约化"现象。地方官常要求宗族设立乡约，不少宗族绅士与长老也在本宗族内部积极兴办乡约，设立约正，讲习约条。由此，乡约获得了一个更为组织化的载体，从而更为有效地维系并发挥作用，基层社会也因此而建立了更为健全的秩序。

自治性福利制度

宋代政府兴办了相当完善的社会保障体系。赈灾方面有常平仓、义仓等，其实，官府所设各粮仓均承担赈灾功能。政府也设立了救助福利机构：中央政府设立福田院，救济老疾孤穷丐者；居养院，收养鳏、寡、孤、独、癃、老、疾、废、贫乏不能自存之人；安济坊，与居养院功能一样，但安置医生，提供免费治疗；漏泽园，提供棺椁，瘗埋贫不能葬、毙于道路之人。南宋中央政府又增设养济院，与居养院、安济坊功能相近；慈幼局，收养道路遗弃初生婴儿；药局，为贫民提供免费治疗。地方政府也设立了种种救助机构。

不过，政府设立的救助机构覆盖范围有限，多以城市为限，乡村基层民众难以享受。同时，政府机构普遍存在效率低下的问题。比如，面对灾荒，政府官员逐级请示，耽误时机。面对这种情况，具有治理天下之主体意识的儒家士大夫除推动官方福利体系改革外，更在民间自主兴办福利制度。

范仲淹树立了典范。范仲淹晚年到杭州任职，常与苏州族人接触，为整合族人，重建乡里秩序，范仲淹捐款购置千亩土地，创办义庄，以济养宗族。范仲淹手订《义庄规矩》，详尽规定救助对象和数额。此后，范仲淹之子范纯仁等人继续购置土地，完善规矩，义庄规模扩大，赡养之族人也随之扩大。范氏后人苦心经营，历经宋、元、明、清，直到晚近消失。

义庄是完全民间的公益慈善组织，自筹资源，成为族人共有财产，并由族内绅士自我管理，以救助族人为主。宗族制之成熟推动了义庄的发展，宋明绅士多有仿效设立义庄之举。

朱子创办了社仓。朱子长期在家乡武夷山下五夫里居住，目睹灾荒中基层民众得不到救助的苦情，乃起意在乡里设仓。为此，他游说地方官予以支持，兴建五夫里社仓，以官府赈灾粟为底仓，一年一散，民贷粟皆由自愿，杜绝强迫。社仓设立看守、账目，推举素有德行、退居乡里的乡绅若干名执掌其事。社仓瞄准最为基层的农民，为此，设立在乡村而不在城镇，以救济穷困为目的，同时，社仓的管理者不是官吏而是基层绅士。五夫里社仓经历代重建、维护，历经宋、元、明、清数代而始终发挥作用。朱子创制之后，各地也有贤士大夫效仿。

明代政府之福利体系尚不及宋代，这刺激了民间福利体系建设，但其兴起同样在明中期儒家士人道德理想主义觉醒之后。尤其值得注意的是，明代士人秉承阳明立会理念，创造诸多慈善团体。

万历十八年，时任礼部给事中的杨东明在家乡河南虞城县创设"同善会"，联络地方缙绅冠盖之流，定期捐助会费，以举办救济贫病、资助婚丧或修路架桥的善事。这一制度创新引起儒家士大夫关注，万历后期到崇祯年间，江南地区绅士设立多个同善会，开风气之先者多为东林党人。钱一本在其家乡常州府武进县创立江南地区最早的同善会，高攀龙为之作《同善会序》。这个同善会每年聚会四次，除筹集经费、确定救济对象外，还轮流演讲，以劝人为善、敦睦风俗为旨归。同善会对救助对象提出严格道德要求：对于贫困无依的孝子、节妇，优先给予救济，其次救济那些贫困潦倒而不愿为乞的贫老病人。至于不孝不悌、赌博健讼、酗酒无赖及年少强壮、游手好闲以致赤贫者，一律不予救助。因此，同善会带有一定宗教组织性质。

到清代，慈善团体更为发达。其繁荣发展同样在清代中期，儒家士人之道德理想主义精神觉醒之后。地方绅士发起组织各种各样的慈善公益团体，也即善会、善堂：收容孤老贫病者的安济堂，收容流浪者的栖流所，收养遗弃婴儿的育婴堂、保婴堂、恤孤局，救济贞女节妇的清节堂、儒寡会，管束不肖子弟的洗心局、归善局、迁善局，实施综合性救济的芹香堂、同仁堂、博济堂等。

与此前不同，商人成为清代慈善团体的重要参与者，而普通民众也卷入其中。即便穷乡僻壤，也存在这样的组织。当然，这些善会、善堂的领袖一般都是绅士。

宋代发轫，明代趋于组织化，至清代成熟、繁荣的善会、善堂，构筑了一个遍布全国各地、覆盖城乡的公益慈善网络。他们全由儒家绅士发起、组织，商人提供资源，普通市民、农民广泛参与。由此，基层社会被纵横交错的组织联结起来，民众在此不仅可以得到物质救济，更可生成休戚与共之共同体感。这是稳定的社会治理秩序之根基。

第三十章　天下格局

四千多年来，中国之文化、政治地理格局有过巨大而深刻的变化。华夏文明兴起于晋南，不断向外扩展，至周代，就成为超大规模之文明与政治共同体。由此一直到唐代，中国文明之中心在北方，战略轴线在长安、洛阳一线。此后，文明中心转移到南方，战略轴线为京杭大运河。几乎与此同时，中国也卷入新兴的世界海洋体系中，内陆与沿海之关系成为天下战略之要害。

关中之三起三落

华夏文明中心，尧舜禹时代局限于晋南小块区域。殷商兴起，向东扩展。周人兴起并克殷，立刻引发空前的政治地理难题，或曰超大规模治理难题：周人根本在西方之关中，而华夏文明主体却在东方。正因为此，克殷之后，周武王内心相当忧惧，《逸周书》多篇文献记载了周武王的焦虑心理。为此，周武王首先做出具有重大历史意义的决策：营建洛邑。此计划由周公、周成王完成。

周武王、周公此一战略决策，实开启中国此后两千年之政治地理格局，贯穿汉、唐。这两千年间中国政治地理之大势为东、西方关系。周人兴起，华夏共同体从团状的黄河中游，拉长为条状的渭河—黄河中游，生、死之机分布于此一战略轴线两端：天下重心在陕以东，经济文化发达。此为中国之生机所在。华夏之外患主要来自西方、西北方，此为华夏之死机所在。偏安西方，则不利于掌握天下之全局，失去生机。定鼎东方，则西部空虚，戎狄东进，东方也不得安宁。

唯一合理的战略安排就是周武王、周公之决策：设立双都。东方之都是文化、经济之都，西方之都是政治、军事之都。双都格局营造了一个资源转移的政治走廊。东方设都，负责维护东方秩序，筹集资源。周王常驻关中，首当戎狄之冲，此恰为天下安宁之根本保障。为此，周王必调动东方资源聚集于前线附近，以震慑戎狄，必要时出击戎狄。东方向西方转移资源，西方则为东方提供安全。

故《史记·匈奴列传》说"武王伐纣而营雒邑，复居于丰、镐，放逐戎夷泾、洛之北，以时入贡，命曰荒服"，从此有二百年安宁。周穆王伐犬戎，荒服不至。即便如此，还得再过二百年，才有犬戎攻杀周幽王于骊山之下的惨事。而考察周幽王之败，原因在其践踏礼制、诸侯离心、权威流失，无力纠集东方之力量转输至西方。周成王为戎狄内侵之第一个牺牲品。

周王东迁之后的故事再清楚不过地说明，丧失西都，政治军事力量收缩于东方，则关中立刻戎狄化。一旦丧失西方屏障，戎狄不仅可从西方东进，也可从北方包抄，从两个方向入侵东方，东方绝不可能得到安宁。事实上，周室东迁几十年后，就有戎狄从北方南下而灭邢、卫之事，齐桓公、晋文公不得不起而"攘夷"。但即便如此，秦人成长于戎狄化环境中，其文化、制度均有戎狄色彩，最终攻灭六国，兴起于东方之文化遭到重创。

秦行暴政，东方豪杰起而反抗，然而，项羽、刘邦二人逐鹿中原，最终的胜败则由二人之战略选择决定：项羽攻下关中，火焚咸阳而去，退居楚地以为根本，这已注定其失败的命运。刘邦则率先入关，立足西方，向东攻略。不过，刘邦及其功臣集团多为东方人，故平定天下之后，"高祖欲长都雒阳，齐人刘敬说，乃留侯劝上入都关中，高祖是日驾，入都关中"。[①] 刘敬、张良力劝刘邦定都长安，刘邦听从，方奠定汉王朝四百年基业，西部有第二次繁荣。

西汉建都长安，打开东西方资源转移之通道，奠定了华夏有效防御西、北之患的基础。

战国以前，华夏族群点状分布于黄河中下游地区，其间的山区居住着文明相对落后的戎、狄，互不统属。故此时，华、夷杂处，双方仅有小规模冲突。战国始，华夏族群人口增长，主权性国家形成领土观念，排挤、驱逐蛮、夷、戎、狄。后者聚集于四裔，得以建立较大规模的共同体，尤其是匈奴，控弦三十万，反成华夏之大患。秦之一统与匈奴之

---

① 《史记·高祖本纪》。

成大国，几乎同时。而秦之根本在西北，匈奴是近在眼前的灭顶大患，故秦始皇派蒙恬统帅三十万大军北逐戎狄，收复黄河以南地区，并构筑长城、修建直道。实际上，正是为了防御边患，秦征调人力过度，为此付出亡国代价。

汉高祖立国之后也立刻看出，来自西北的匈奴是国家大患。刘邦御驾亲征匈奴，而有平城之围。汉高祖不得不同意刘敬的提议，与匈奴缔结"和亲之约"。匈奴与汉约为昆弟，嫁公主于匈奴单于，每年又向匈奴贡纳财帛。正是刘敬，为汉高祖筹划了立国之根本大计。《史记·刘敬叔孙通列传》记载，刘敬与匈奴和亲，深入匈奴考察，自匈奴归来后指出了天下大势："匈奴河南白羊、楼烦王，去长安近者七百里，轻骑一日一夜可以至秦中。"为此，刘敬建议刘邦迁徙六国贵族及豪杰、名家入关中，"无事，可以备胡；诸侯有变，亦足率以东伐。此强本弱末之术也"。这一人口迁徙政策一直实施到西汉中期。

由此，西汉得以安宁。普天之下，以关中的文化、经济最为发达。而且，西迁人口中，多有豪杰善战之士，西汉不少名将出自其中。定都长安尤其带来一个重大的政治效应：天子暴露于戎狄直接威胁之下，故君臣皆有忧患意识、进取精神。因此，面对戎狄，西汉始终有积极进攻的战略意志。

借此，西汉得以击溃匈奴。汉、匈虽然和亲，但匈奴的文化习俗、游牧生存条件和军事强势地位使之必然频繁入侵和劫掠。中国一直隐忍，因为首须解决马匹问题，匈奴为骑兵，善于远距离快速移动作战，中国也须以骑兵回应。漠北距离遥远，必须依靠马匹解决后勤供应难题。经大半个世纪积累，汉家积聚了强大的力量，也涌现出一批天才般的将领，如卫青、霍去病。汉武帝乃发动大反击，共分三大战役：

首先，元朔二年后，汉军频频向北出击，是为漠南之战。四五年间，取得黄河以南之地，占有黄河天险之利。

其次，汉军发动河西之战，向西北进击，取得陇西、河西等地，切断匈奴与西域各国之联系，解除后顾之忧。

最后，汉军发动漠北之战。元狩四年春，汉武帝下令大将军卫青、骠骑将军霍去病各率五万骑兵分两路出击，配合这场战役的步兵达数十万。卫青率军越过沙漠，与单于对阵。《史记·卫将军骠骑列传》描述当日惊心动魄的战斗场面：

　　而适值大将军军出塞千馀里，见兵陈而待，于是大将军令武刚车自环为营，而纵五千骑往当匈奴。匈奴亦纵可万骑。会日且入，大风起，沙砾击面，两军不相见。汉益纵左右翼绕单于。单于视汉兵多，而士马尚强，战而匈奴不利，薄莫，单于遂乘六羸，壮骑可数百，直冒汉围西北驰去。时已昏，汉匈奴相纷挐，杀伤大当。

　　此战卫青斩捕匈奴军一万九千级。霍去病部之战果更为辉煌，斩首、俘虏匈奴军士七万余。总计两将军出击匈奴，所杀虏八九万，而汉士卒死亡亦数万。汉军出兵时约有马十四万匹，复入塞者不满三万匹，可谓损失惨重，不过，这些损失相对于中国庞大的生产能力并不是致命的，而由此，中国取得绝对战略优势："是后匈奴远遁，而幕南无王庭"①。

　　此后，西北得到开发。为国家安全，汉廷向西、向北驻军屯田，或迁徙民众。西汉中后期的河西走廊，人口相当繁庶，经济相当发达。

　　然而，东汉复国，却没有定都长安，而是向东退却，定都洛阳。汉高祖立基于关中、蜀汉，东出与项羽逐鹿天下，因而较为信仰关中之战略优势。刘秀争夺天下的根本却在东方的河北，倾向于定都洛阳。更为重要的原因似乎是经学的影响。汉中后期谶纬说经，谶纬家基于成周历史经验，多言洛阳位于天下之中，天子当徙都其地，而光武帝较为信奉图谶。而光武帝性格平实，凡事追求安稳。从战略上看，洛阳居天下之中，远离戎狄蛮夷，较为安全。又洛阳交通便利，东方物资供应都城之成本较低，不至于加重民众负担。

　　然而，东汉定都洛阳，在战略上大为不利。中国已是超大规模共同体，文化、财富、人口、社会组织化等资源的地域分布必然不均衡。这种不均衡本身就可能引发内部冲突，并不利于对外安全。中央政府的重要功能就是在自然秩序之外，另建政治性资源转移通道，引导资源在广大的国土上更为均衡地布局。

　　唐以前中国，东西发展不均衡，周、西汉的繁荣、强盛即由于其构筑了资源东西向流动的政治通道。东汉定都洛阳这个通道不复存在，东方资源不再向西部流动。其直接后果是，关中经济衰败，户口大减。东

---

　　① 《史记·匈奴列传》。

汉时期，关中及以西诸郡人口，大约只有西汉的三成。关中败落立刻导致国家安全隐患：羌戎产生东进之野心。在戎狄压迫下，中国之西北边界不断向东移动。这引起连锁反应：北方边患压力也加大，中国边界向南移动。到东汉末年，西汉的西方、北方诸郡大多已经省废，或失去其大半属县。

西北空虚、戎狄压迫，东方自然不得安宁。羌戎的人口规模和战斗力远不如匈奴，然而，终东汉一代，羌戎内侵不断，朝廷疲于应付。接下来的故事则是：东方黄巾军叛乱，董卓立刻从西部崛起，以其强悍的武装与粗暴的政治风格，给东汉政治秩序以致命一击。

尽管如此，西北在隋、唐经历了第三次繁荣。隋唐开国者为北周关陇军事集团成员，均以西北为根本，向东、向南平定天下。

这个时代，中国的文化经济中心已向南移动至长江中下游，为此，隋炀帝不得不开凿大运河。尽管如此，山东与江南大约还在持平状态。隋唐之强盛，原因也正在于此：天下有两个发展较为均衡的经济中心。

借助这样的力量，隋唐有效地控制了突厥对中国的威胁。突厥本身的政治演进较慢，组织化程度不高，战斗力并不甚强。北朝各国统治者或出身胡人，或虽为汉人而高度胡化，较为重视马政，在西北开辟了大量牧场，饲养马匹。隋唐两朝精英多为胡、汉混血，较有尚武精神。这两者加上东南的资源转输，隋唐拥有较为强大的战斗力，得以较为迅速地击破突厥，并且向西拓展，经营西域。由此而有中国与中亚深度交流的历史时期。西北再度繁荣，长安甚至成为国际性城市。

然而，唐以东南资源供养北方健儿，又酿成肘腋之患，引发安史之乱。参与反叛的军队皆为胡人或高度胡化的汉人，他们仰赖南方资源而羽翼丰满，反噬其主。而安史之胡军入关中，尽情杀戮、破坏。由此，西北元气再也不能恢复。中晚唐，皇室仍在关中，但权威削弱，资源转移不畅。而传统的尚武精英群体已自然地消散。两相结合，作为政治中心的长安，比历史上任何时候都虚弱。由此招致来自西方的回纥、吐蕃先后兴起、内侵，唐始终无力荡平。

此后，关中再也没有成为都城，西北再也无法恢复繁荣景象，始终处于衰败状态。

北方的繁荣与衰落

今人所言之北方，在唐以前的华夏政治地理格局中为东方。周人分天下为东西，分界线在河南陕县。战国以来人说"山东"，是指华山以东。至于河北，则是山东的一部分，就是黄河以北。

华夏文明兴起于晋南，由此向东、向南扩展。至西周，除了保有殷之故土外，又封建亲戚于边疆地区，向东、向北拓展，覆盖整个黄河中下游地区。因有殷商的基础，故这个地区的文化、经济一向发达，关中之政治中心需依赖东方的资源转输，才有能力稳定天下。

最值得注意的是，孔子以降，东方思想、学术异常发达。周室东迁，西方蛮夷化，东方仍保有礼乐文明。在宋、鲁、齐、卫等地，孔子还可见先王遗典，随时碰到博雅君子。尤其重要的是，这里有自由的环境。当然，这里也有好学之士追随孔子。孔子据此删述六经，提出儒家思想，构造教育、学术，养成新兴君子。以鲁为中心，思想、学术向四周扩散，遍及于东方，并形成深厚的思想、学术、教育传统。

这样，从战国开始，东方、西方的文化、社会走势就有所不同：西方崇尚暴力，东方较为开明。秦人以暴力东进，兼有天下，并拒绝与山东分享权力。相反，秦廷大规模征调山东人力远距离跋涉到关中劳役或到北方边界戍守。楚人受害最深，故反抗最烈，推翻秦政。汉初君臣多为楚人，但很快，山东就凭借其文化优势，在政治上兴起。推动更化之儒生皆来自山东，他们以文化主张权力。汉武帝表彰六经，实即接受山东之文化权威，将西北、北方的武力与山东的学术、文化融为一体，完成超大规模共同体之整合。此为汉家根基所在。

此后，大臣多出自山东。这些获得权力的山东人又以其文化和政治资源，深度重建山东之基层社会。士族率先成熟于山东，山东的士族社会结构也最为紧密坚实。和平时代，儒家士大夫凭借其社会组织传承文化，借以提撕社会道德，塑造优美风俗，从而保持较高的生产效率。战乱之时，儒家士大夫则有效地组织防御，将人员和财产损失控制在最低限度。

尤其重要的是，关中的力量主要来自政治转移，山东的力量则是内生的，扎根于基层社会。因此，经历西汉末、东汉末、西晋末的战乱，关中渐趋残破，新政权的建立者乃放弃以此为都城，而居于山东。山东却始终保有元气，可以自我恢复。

山东遭受巨创当在五胡乱华时。西晋永嘉之乱，内迁胡人之政治意识觉醒，纷纷建立政权。晋室南迁，山东最有实力的士族随之南迁。即便如此，留存下来的山东士族仍依靠其强固的社会组织，与胡人博弈，推动其华夏化。由此揉成隋唐之胡汉混合文明，而包括关中、山东在内的北方，仍然不逊于南方。

致命一击是安史之乱以及随后的北方藩镇割据、五代之乱。安史之乱中，士族再度南迁，北方社会资源流失，社会结构松散，经济凋敝。最为麻烦的是，此后，北方多数时期是在胡人统治之下：北宋时先是辽统治，随后西北是西夏，北方是金。代之而兴者是蒙元。在这漫长的三百多年中，北方反复遭受战争蹂躏，而胡人的统治也极不理性。

比如金实行屯田制度，将在东北地区的女真、奚、契丹等人内迁中原，计其户口，授以官田。它们筑寨于村落之间，与汉人杂处，而不属州县，自成组织。胡人占有大量良田，却不能妥加耕种，经常将其改为牧场。汉人农民有耕种技术，却没有良田可种，而赋税负担极重。如此，北方经济退化。最严重的是，胡人杂于汉人中间，北方基层社会之固有组织遭到严重破坏，且无从重建。

正是这一点，让蒙古人可以迅速扫荡北方。蒙古人又蹂躏北方，铁骑所过之处，人口常不及往日十分之一。尤其是蒙古人毁灭了很多城镇，导致北方经济失去中枢。

总之，经过辽、西夏、金、元这四个北方胡人政权之统治，北方元气丧尽。满洲人入关，北方所遭破坏倒也并不大，因为北方已不能组织有效抵抗，满洲人在北方可谓长驱直入。

值得一提的是，正是由于北方战乱及由此导致的社会组织松散，黄河才成为祸害。天灾多出自人祸，尤其是水灾，有善治则无水灾。自觉的华夏文明诞生之关键之一就是大禹治水，大禹之所以能够治水成功，就是因为尧舜肇造华夏共同体，邦国间高效率合作，故能导水入海。此后，山东文化发达，社会组织坚固，故大体没有水灾。当北方频繁遭遇战乱后，文化败落，北方社会组织松散，无法进行跨区域合作，或截断河流，或以邻为壑，违背河水内在之理，河水自然成为祸害。

江南之开发与繁荣

南方是上天为华夏文明准备的大后院。南方又可分为江南和东南沿海两个地区，其开发时间不同。

江南的开发发端于楚、吴、越之华夏化，尤其是楚。大约在春秋中期，楚完成华夏化。随后，楚向南、向东扩展。至战国时代，长江中游、江淮之间皆为楚地。当时各国，楚的实力最大，只不过，其组织化程度不如秦高，因而被秦所灭。不过，很快，楚人又灭秦，建立汉朝。由此，楚文化大规模北上，这是南方文化第一次反哺北方。

从秦开始，中国的治理权已覆盖今日南方之全部，包括海南岛，甚至一度深入越南中北部。不过，除长江流域外，大部分地方没有得到深度开发。西汉末年的战乱，促使不少山东人向南迁移。因此，东汉时，长江流域人口有所增加，但仍远不能与北方相提并论。

江南开发之转机在魏晋南北朝时期。汉末天下大乱，孙氏作为北方士族南下，经营江南。随从南下者有不少士族。这是华夏精英第一次较大规模迁入江南。随之是晋室崩解，战乱四起，北方人民大批南迁。

也只有这个时候，北方人民方有能力大量南迁。强有力的组织是大规模、远距离迁徙的前提。战国、秦末虽然战乱严重，并无人口迁徙之事，因为人们没有这种能力。董仲舒—汉武帝更化以后，儒家士大夫以儒家价值构建社会，尤其是东汉，儒风更盛，山东民众的组织化程度大幅提高，因此具备了远距离、大规模迁徙的组织能力。秦汉时代的人口迁移通常是政府组织的，因而带有强制性质，而这一次空前的人口南迁，完全是社会自行组织的。

在晋室南迁过程中，钱塘江显示了特殊地位。建业周围的江南地区分布着三国时代成长起来的士族，其根基深厚。以王导、谢安为代表，原来居住于洛阳周围包括琅玡等地的上层士族南迁，不可或不愿与吴中豪强争锋，乃选择渡过钱塘江，分布于会稽一带。此处距离建业不远，较为安全，又地域宽阔，便于开发繁殖。王羲之家族就是代表，《晋书·王羲之传》记载：

> ［王］羲之雅好服食养性，不乐在京师，初渡浙江，便有终焉之

志。会稽有佳山水，名士多居之，谢安未仕时亦居焉。孙绰、李充、许
询、支遁等皆以文义冠世，并筑室东土，与羲之同好。尝与同志宴集于
会稽山阴之兰亭，羲之自为之序以申其志。

王羲之家族在北方最为尊贵。会稽本来比较蛮荒，恰恰是这一点吸
引了北方最尊贵的士族。王、谢两家都来到这里。《兰亭集序》其实反
映了中国文化史上一次绝大转机：参加这场聚会的是文化程度最高的士
人。本来蛮荒的钱塘江以南地区，一跃成为中国文化程度最高的地区。
由此，钱塘江成为中国文化的一条重要分界线，华夏文明从长江流域延
伸到钱塘江流域。谢灵运的名作《山居赋》及其众多山水诗，实际上
是在表达好财之士族开发山林的喜悦。

另外一支人口迁徙路线是从南阳到襄阳、江陵等。这一支士族的等
级略次于迁往江南者，但文化水平相当之高。由此，汉水流域和长江中
游地区得到充分开发。

换言之，东晋南朝，长江中下游包括钱塘江流域，都有深度开发。
到隋唐，黄河流域与长江流域的发展水平已经相当，江南人口且略超北
方。而江南显然比北方更有优势：北方土地已充分垦殖，江南还有广阔
的空间。北方已不得不部分地依赖南方的粮食。隋炀帝开凿大运河，实
有不得已处。当然，大运河的走向已经清楚地显示，中国文化、经济的
轴心已处于从东西向转到南北向的过程中，呈现为西北—东南向。"东
南"一词也就频繁地出现在当时的政治话语中。

安史之乱结束了北方的中心地位，中国的文化、经济中心倒向南
方，而且，两者的差距越来越大，一直延续至今。因为江南享有有利的
位置：戎狄总是从北方南下，因此，北方不断遭受蹂躏，江南则没有这
种祸乱。

总之，到宋元之际，包括江南和东南沿海的南方已全部得到充分开
发，文化、经济十分繁荣。而北方经历多次严重破坏，远落后于南方。
在科举考试中，南方中第者远多于北方。这样，政府官员中，南方人远
多于北方。

由此形成一个重大的政治地理难题：文化经济中心与政治中心之南
北分立。这一方面缘于南方之发达，另一方面由于中国边患之移位。唐
以前，边患主要在西北，故都城多设立关中。唐以来，戎狄主要来自正

北方和东北。宋人定都开封，还曾经讨论迁都长安，其实不得要领。蒙元立国，自然地选择北京为都城。反抗蒙元统治之义军出自江淮一带，明初顺势定都南京。然而，明成祖继位，则断然迁都北京。朱棣本为燕王，与戎狄接触，故深知，塞北是中国死机之所在。迁都北京，乃是一个极为明智的政治决策。

这与汉灭秦之后却继续立都于长安的理据完全相同：都城设于前线附近，天子首当其冲，借中央之政治权威调集南方资源，可有效地保卫华夏文明与政治共同体。中国的战略轴线从东西完全转换为南北，其象征仍然是大运河，不过，这一次是京杭大运河。大运河是南方资源滋养北方的生命线。

中国南北差距拉大，让维持南北平衡成为最重要的国家政治议题之一。政治中心远离文化经济中心的政治安排本身就有助于带动资源向北流动。大量精英、士兵聚集首都，可在北方维持大城市，带动其商业发展，其好处向北方其他地方溢出。调集资源的通道，比如运河本身，也可为其途径的北方地区衍生经济机会。南方文化人物来往政治中心，也可给沿途北方社会输入文化活力。

当然，宋、明政府也采取了很多明智措施，对治南北差异带来的问题。南方文化发达，在科举考试中占有极强优势。如果完全放任这种状况，北方人的政治代表性将会不足，政治可能失衡。为此，明代科举考试分南、北、中三卷进行，难度逐渐降低。政治上人为维持北方的比例，有助于共同体保持凝聚力。

不过，这次政治地理转换，给中国带来不利影响：相比于东西战略轴线，南北战略轴线更长，资源转移的成本更高，这就是明代面临的困境所在。

西南的稳步融合

周人立国，首先控制西南。周武王征伐殷纣王的军队中，有庸、蜀、羌、髳、微、纑、彭、濮人。这应该是西南首次纳入华夏文明共同体，但并不紧密。

秦立国，沿着同样的路径，首先构筑西南为大后方。《史记·张仪列传》记载，秦惠文君九年面临一次重大战略抉择：是利用蜀中部族相残之机发兵取蜀，还是迎击东方的韩？秦王犹豫不决，张仪主张向东伐韩，司马错则主张伐蜀，秦王最终采纳司马错的意见，派其起兵伐蜀，迅速据有蜀地。其好处立刻显现出来："蜀既属秦，秦以益强，富厚，轻诸侯。"秦人用心经营蜀地，比如，秦昭王时，李冰父子在蜀地治理多条河道，最为著名的是修建都江堰。蜀地得到开发，其资源也就支持着秦向东方开拓。单靠关中之资源，秦是无力兼有天下的。

楚则从东向西南渗透。楚威王时，将军庄蹻率兵沿江西上，攻略巴、黔中以西，远至滇池，以兵威定其属楚。秦夺取巴、黔中郡，这些楚人与楚国不能相通，就干脆从蛮夷之俗。汉武帝平服此地，设立了益州郡。秦汉之际，真正得到开发的还是巴、蜀，尤其是蜀的经济开始发展。

汉景帝末年担任蜀郡太守的文翁，对西南开发做出巨大贡献。蜀郡文化低下，文翁不能不借助官方力量兴办教育。由此，华夏文化进入蜀地，巴蜀好文雅，出了司马相如这样的人物。司马相如是第一位产生全国性影响的蜀人。到东汉，蜀地出了一些人才，比如扬雄。扬雄的祖先是晋人，战国时逃亡到楚巫山，后来溯江西上。杨雄著《法言》、《太玄》，其治学理路完全不同于主流经学。扬雄又擅长作赋。司马相如和扬雄的气质似乎奠定了蜀地文人之气质。

三国时代，刘备立蜀，推动了蜀地的深度开发。此后，蜀地没有直接遭受战乱破坏，文化、经济稳步发展。到隋唐，蜀地已属于发达地区。接下来，安史之乱及随后的唐末、五代之乱，不少北方士族迁入蜀地。到宋代，蜀地文化爆发出灿烂的光辉，三苏是最佳代表。而三苏的气质与司马相如、杨雄一脉相承，文学是其精神活动的基底，这一点不同于北方的质朴，也不同于南方的精密。

至于西南其他地方，中央政府一直采取怀柔政策。大约因为地理关系，西南之夷始终比较分散，对华夏本部不构成严重威胁，而统治的成本很高，故历朝中央政府一方面保持武力威慑，另一方面怀柔远人，承认其既有地位，而赐以名号，同时用和亲、朝贡、互市等利益相笼络。这就是羁縻政策。

羁縻政策也有变化：秦汉时代，蛮夷自相统属，朝廷予以册命而已。唐宋则建立羁縻行政体系，在蛮夷地区设立州、县建制，但以部落首领为州、县之长官，且可世袭。此即"土官"。这样，蛮夷地区已被纳入统一的行政体系中，尽管官员并非中央政府委派。明清则更进一步采取改土归流政策，羁縻州县之世袭的土官改为中央政府委派的流官。由此，西南地区完全纳入全国统一的行政管理体系中。到清代中叶，这一改制过程基本完成。这样，西南的融入过程即告完成。

东南沿海与世界

中国并非内地国家，而是一个以内陆为本而面向海洋的国家。中国文明始终与海洋相关联。

华夏共同体的核心最早虽在晋南，然对海洋已有一定认识，大禹治水，就是将水导入海中。

中国最早打交道的海洋是渤海、黄海。商人占卜的龟甲来自大海，而历史记载最早具有海洋意识的华夏族群是齐人。周武王封建功臣，封吕尚于齐营丘，《史记·齐太公世家》说："太公至国，修政：因其俗，简其礼，通商工之业，便鱼盐之利。而人民多归齐，齐为大国。"鱼盐之利来自大海。春秋时代，第一个起而保卫华夏文明的诸侯国，正是齐国。

战国时代，滨海之齐国、燕国的学术、文化最为发达，与鲁、晋有过之而无不及。且因为滨海，燕、齐士人气质明显不同于鲁人、晋人，更有想象力。齐人邹衍提出大九州观念，发展出阴阳学，深刻塑造中国人之观念。黄老之学形成于此，成为汉初主流治国理念。

同时，燕人、齐人最早形成神仙观念，齐人徐福曾上书秦始皇，言海中有三神山，名曰蓬莱、方丈、瀛洲，仙人居之。道教又兴起、传播于齐、淮海滨，并于东晋时传播到江南滨海之地。

也就是说，周秦大转型时代的诸多新观念，皆兴起于东方之海滨。

此后，东海之沿海渐次得到开发。晋室南迁给中国带来一次巨大变化：沿海变成中国与外部世界连接的大门。原来，中国与世界通过陆路沟通，此即陆上丝绸之路，最多加上西南通道。五胡扰乱北方，陆上丝绸之路被切断，而中国人当时正在热烈接受印度传来的佛教，人们渴望获得正宗佛教经典，乃探寻海上求经之路。东晋法显和尚从陆路去印度，经海路回国，就极具象征意义。他留下的《佛国记》是中国人关于南洋的第一次详尽记载。

再往后，更南之东南沿海，也即包括今日福建、广东、海南、广西之东南沿海，才得到开发。

秦在南方设立桂林郡、南海郡、象郡。秦汉之际，真定人赵佗占据南粤称王，然其生存严重依赖中原，高后当政，禁止出售铁器给南粤，南粤立刻陷入困境。赵佗反叛，陆贾南下游说，赵佗放弃了天子僭号。汉武帝则出兵破南粤，于其地设立九郡。然而，这些地方始终相当蛮荒，只有北方罪人迁入。武帝同时破闽粤，而将其民徙处江、淮之间，东粤地遂空虚。原因在于，当地文明程度较低，而与关中距离遥远，治理成本太高。总之，唐以前，中国人南下，一般至长江流域。

到唐代，因为江南、江陵等地已由魏晋移民开发，故安史之乱后到五代十国二百年间，北方包括江淮地区的人口向南迁徙，主要迁入今日之皖南、江西、福建。《新唐书》卷一百九十《王潮传》记载一支中原民众迁徙路径：从光州也即今河南潢川，经安徽六安，到九江，沿着赣江溯流南上，再越过赣闽之间山区到漳州，后来又沿海北上落脚于福州。王潮带领这支队伍在福建割据自治，"乃作四门义学，还流亡，定赋敛，遣吏劝农，人皆安之"。他的兄弟王审邽继续治理福建：

> 为泉州刺史，检校司徒。喜儒术，通《书》、《春秋》。善吏治，流民还者假牛犁，兴完庐舍。中原乱，公卿多来依之，振赡以财，如杨承休、郑璘、韩偓、归传懿、杨赞图、郑戬等赖以免祸，审邽遣子延彬作招贤院以礼之。

这一次迁徙而来的北方人口构成今天"闽南人"的主体。

宋室南迁，北方士人南逃，带动江南、钱塘江流域的再次发展。同时，相当数量的人口也在这个时期迁入湖南。北宋末年之乱和南宋灭亡，则有大量人口沿赣江翻越大庾岭进入岭南，由此形成"广府人"。宋末元初，赣闽一代人口向南、向西迁移，形成"客家人"。

由此，中国文化、经济中心从江南扩散到东南沿海，而覆盖大南方。略加细分，东南沿海之文化与江南有所不同。宋代，皖南、江西、福建等地文化异常繁荣，尤其是在全国最具有创造性。宋代前两位出自南方的宰相王钦若、晏殊，都是江西人。宋的开国者皆为北方人，因此曾确立一条政治惯例：宰相皆用北人。然而，南方人才辈出，朝廷不能不对南方人开放权力。晏殊既是宰相，又是风流倜傥之文人，其风格完全不同于北方人。同时，对宋代文学产生重大影响的欧阳修是江西人，大刀阔斧进行政治改革的王安石是江西人，宋代理学之集大成者朱子祖籍皖南，长期生活、教学于福建。福建活跃着一大批儒者。心学代表人物陆九渊是江西人。到明代，《明儒学案》所列第一位明代大儒吴与弼是江西崇仁人，胡居仁是江西余干人。六祖慧能之大阐禅理，标志着南粤在文化上的崛起。明代大儒陈献章是广东新会人，其弟子湛若水是增城人，这是当时唯一能与阳明相拮抗之大儒。而阳明为余姚人，其弟子多在浙江、江西。至于现代，康有为、梁启超、孙文、严复等皆出自东南沿海，说明东南沿海实为中国近千年气运之所钟。

此何以故？东汉末年以来，每一次北方战乱，都促使北方文化水平最高的精英群体向南迁移。此文化以儒家为本，而儒家所关注者为合群，儒家士君子的核心功能就是合群。文化程度较高意味着组织化程度较高，这样的人群有能力进行大规模、远距离的迁徙，而从魏晋以后，随着南方的开发，北方人口迁徙的距离越来越远。因此，有能力迁入南方的人群都是儒家价值最为深厚、坚定的人群。而且，迁入地的环境越来越艰苦，为了生存，他们必然继续保持甚至强化其较高的组织化。达到这一目的的手段是强化儒家文化对人群的渗透与支配程度，以保持和提升其组织化。这样，魏晋以来一波又一波的人口迁徙，使得东南沿海成为儒家价值渗透率最高的地区，也成为儒家式社会组织最为健全的地区。正是凭借这种文化优势，东南沿海得以成为经济繁荣之地，并进入世界。

包括南方和东南沿海的南方，人多地少，商业发达，且自然地向海洋延伸。由此，中国与更广阔的世界建立了实质性联系。唐宋两代，泉州是世界性贸易中心城市。宋代在广州、杭州、明州（今宁波）、温州等多处设立市舶司，监管国际贸易。

随着经济中心继续南移，沿海对中国日益重要。由此而有了郑和之下南洋、西洋。此一伟大举动与西方人之大航班几乎同时而略早。由此，"世界"诞生了。在此之前，没有世界。而中国人参与了世界的构造。因此，中国人从来就在世界中。郑和出海之后，东南沿海中国人大量移民南洋，与荷兰、英国等国殖民者相遇而共同开发南洋。

经由东南沿海，中国人卷入大规模跨洋贸易，中国经济卷入全球分工与贸易体系。丝绸、瓷器、茶叶等产品大量出口，白银大量流入中国，成为基本货币。玉米、白薯等农作物由东南沿海输入中国，提高了农业产量，中国人口得以大幅度增长。在观念领域，天主教经由东南沿海传入中国，儒家等中国古典价值、理念又通过天主教教士传入欧洲，对十七、十八世纪欧洲思想产生过强大冲击。郑成功击退台湾的荷兰殖民者，也是英国取代荷兰之世界领导权的世界历史过程的有机组成部分。

总之，经由东南沿海，中国已在世界中。部分士大夫的天下理念已在扩展，从传统的大陆扩展及于海洋。《明史》的蛮夷列传已经远不同于前朝，包括了今日之东南亚及南洋各国。

到明、清两代，中国的政治地理格局比以前更为复杂：西部相对落后，又有宗教、民族问题，及传统的陆疆安全问题。东北有女真问题、朝鲜问题。东南是经济文化中心及对外交流中心，新增海疆问题，中国须与十分陌生的西洋国家打交道：明代有"倭寇"问题，有海盗问题，更有西洋传教、殖民等问题。

似乎正是这样的复杂性，导致始终有政权正当性焦虑的满清采取"闭关"政策。满清政府压制基督教传播，也管制国际贸易，管制中国人向外移民。中国人创造世界的自发的历史过程遭到蛮横限制。不过，即便清代，中国也仍活跃在世界之中，否则就不会有鸦片战争：英国商人向中国贩卖鸦片的原因是，中国在国际贸易中有大量入超。

卷六

现代

第三十一章　曾国藩

满清入关，为巩固部族政权，刻意而全面地摧抑士气，士大夫群体陷入普遍的堕落、腐败状态，社会深陷败坏、失范、绝望状态。然而，绝处逢生，士人出现一股道德觉醒之潜流，最终汇集于曾国藩之道德与政治自觉。在平定叛乱过程中，曾国藩唤醒儒家士君子之道德自觉与政治主体意识。这些士大夫在政治上崛起，改变了满清部族政权之性质，回向共治体制，由此打开晚清制度转型之文化与政治通道。

清儒之道德觉醒

满清开国，学术出现了朝、野之异曲而同向之运动：在朝廷，顺治、康熙皆崇尚程朱理学，旨在以道统确立统治正当性。在野，明遗民有感于阳明末学之空疏，而以"实学"相标榜。此处之"实"有两个不同的指向：或强调实行，也即道德理想之践行，经世济用；或强博学于文，精研经史。在明遗民如黄宗羲、王夫之、顾炎武等明清之际三杰身上，这两者都有充分表现：其学问广博，其精神饱满，其论政切中时弊，更有诸多思想创见。

接下来又发生了朝野的另一轮同向运动：满清摧抑士气。明清之际形成的宏大学术范式甫一诞生就中绝，实际上，其著述不能面世，诸多创见当时不为士林所知。相反，士人群体整体上躲避政治，逃离治道，训诂考据之学因此兴起，并与坚守宋学者展开激烈争论。而在朝廷上，雍正皇帝崇奉佛教，对程朱理学没有兴致。乾隆皇帝登基最初十几年崇奉程朱，但也许是他认为，满清统治已经稳定，不必借由程朱攀附道统，而汉学对朝廷更为安全。故乾隆三十八年，诏开四库馆，训诂考据之学成为学界主流，盛行于乾隆、嘉庆之间。

从学术角度看，乾嘉汉学矫正明代学术空疏之病，重新回到经学。

但这只是半个经学，仅止乎训诂考据，而没有推明治道。治此经学者鄙视宋学，因而缺乏道德理想精神。这样的经学不能养成士君子，其经学也没有修身、齐家、治国、平天下之用。

士人内部自然激发出一种反弹，其中得风气之先者为桐城派与常州学派，湖湘学派也特立独行。

常州学派创始人为武进庄存与，其外孙刘逢禄为代表人物。常州学派于春秋公羊学中断上千年后，重新抉发之。而且，常州学派无意于文字训诂，而致力于寻求微言大义。龚自珍、魏源即为此一传统中人。

龚自珍外祖父是乾嘉汉学大师段玉裁，但二十八岁那年，龚自珍从刘逢禄受春秋公羊学，由此不屑于琐碎饾饤之考据训诂，而致力于推明治道，据以纠弹时弊，畅论政制，开一代风气之先。龚自珍痛感当时士风之败坏："士皆知有耻，则国家永无耻矣；士不知耻，为国之大耻。历览近代之士，自其敷奏之日，始进之年，而耻已存者寡矣！"[①] 龚自珍疾呼改革："一祖之法无不敝，千夫之议无不靡，与其赠来者以改革，孰若自改革？"[②]

魏源为湖南邵阳人，最初崇尚程朱理学，后受刘逢禄影响，习春秋公羊学。在《两汉经师今古文家法考叙》中提出为学之道："由训诂声音以达于东京典章制度，此齐一变至于鲁也；由典章制度以进于西汉微言大义，贯经术、政事、文章于一，此鲁一变至道也。"魏源的理想就是西汉儒术之通经致用。因此，魏源一生致力于经世济用，曾受同样具有经世致用理念之江苏布政使贺长龄之聘，辑《皇朝经世文编》120卷。

鸦片战争后，魏源立刻意识到，国门已开，中国须了解海外。他依据林则徐所辑《四州志》，参以历代史志、明以来《岛志》及当时夷图、夷语等资料，编纂《海国图志》50卷，后经修订、增补，到咸丰二年成百卷。该书缕述各国地理、历史、政制、经济、宗教、历法、文化、物产等事，并提出"以夷攻夷"、"以夷款夷"、"师夷之长技以制夷"等理念，系学人从知识上对西方第一次进行系统研究。

方苞、姚鼐、刘大櫆等人创立的桐城派虽被今人目为一个文学流

---

① 《明良论二》。
② 《乙丙之际著议第七》。

派，然而，它首先是一个思想流派。曾国藩在《欧阳生文集序》一文中这样概述桐城派理念：

当乾隆中叶，海内魁儒畸士崇尚鸿博，繁称旁证。考核一字累数千言不能休，别立帜志，名曰"汉学"。深摈有宋诸子义理之说，以为不足复存。其为文尤芜杂寡要。姚先生独排众议，以为义理、考据、辞章三者不可偏废，必义理为质，而后文有所附，考据有所归。

在汉学盛行之时，桐城派治经以宋儒为宗，尤致力于《春秋》、《三礼》，倡导士人修己立德；为文则首重"义理"。桐城派之义理就是程朱理学，姚鼐在《程绵庄文集序》一文中说："论继孔、孟之统，后世君子必归于程、朱者，非谓朝廷之功令不敢违也，以程、朱生平行己立身，固无愧于圣门，而其论说所阐发，上当于圣人之旨，下合乎天下之公心者，为大且多。使后贤果能笃信，遵而守之，为无病也。"

桐城派在晚清儒学复兴中的作用，类似于韩柳之古文运动对宋代道学兴起之作用。当朝廷转向训诂考据时，桐城派固守程朱理学，且以立身笃行相标榜，唤起士人道德自觉，且以文明道，产生广泛影响。这股潮流对湘乡曾文正公产生巨大影响。

曾文正之学

湖南人在"五千年未有之大变局"时代之早期扮演了重要角色，而由曾文正开其端。湖南学风对此具有决定意义。

湖湘之学可溯源于北宋周敦颐。周氏长期在湘、赣讲学传道，二程也曾受教于周氏。其后，胡安国私淑二程，与程门高足杨时、游酢有密切的学术交往，其子胡宏秉承父学，且从学于杨时。胡氏父子隐居衡山，授徒讲学，开创湖湘学派。名相张浚之子张栻从学胡宏，后主持岳麓书院，与朱子会讲。朱子后来又任职湖南，亲手整顿岳麓书院。因此，程朱理学在湖南流布甚广，构成湖湘学派之基底。

然而，北方士族迁入湖南较少，又比较封闭，故元明两代，湖湘学术相对平平。明清之际，虽有王夫之这样不世出之人物，却不为人知。但也正是这样相对封闭的环境，让湖南较少受外部学风变幻之影响，湖湘学人既少受晚明王学之影响,也免于清代训诂考据之学之冲击,固守程朱理学,岳麓书院等湖南书院也始终以程朱理学授徒。

这样,到嘉庆、道光之际,士林厌倦训诂考据之学,一向不为人关注的湖湘之学却显示出其可贵、可取,异军突起。关键人物是湖南善化人唐鉴,曾文正出自其门下。

唐鉴治学,潜研性道,宗尚闽洛诸贤,重申道统之论,其重要著作是《国朝学案小识》,该书《后序》说:"道不变,而学未尝不变也。学未尝不变,而道终未尝变也。千古一孔子而已矣,千古一颜子、曾子而已矣,千古一子思、孟子而已矣,千古一程子、朱子而已矣。"朱子为学有四纲,即"立志以定其本,居敬以持其志,穷理以致其知,反身以践其实",唐鉴奉此求道,尤其致力于践行。

唐鉴此说,可谓平地春雷,对学界产生巨大冲击力。唐鉴在京师讲学,吸引大批学者求道问业,包括倭仁、吴廷栋、曾国藩、窦序、何桂珍、吕贤基、邵懿辰等。师生陋室危坐,精思力践,儒家士人之道德理想主义精神因此苏醒。

湖湘学派还有另外一翼:经世致用,其倡导者是与唐鉴相友善的同乡贺长龄及湖南安化陶澍。两人皆官至督抚,而深受湖湘程朱之学影响,贺长龄平生笃宗理学,以导养身性为主,曾主讲岳麓书院,与魏源等人交往密切,因此邀请魏源编纂《皇朝经世文编》。陶澍有知人之明,与左宗棠结为儿女亲家,又将女儿嫁与胡林翼。

曾文正曾就读于岳麓书院,接受湖湘学派熏陶。道光十八年,曾文正二十七岁,中进士,即任职于京师。在这里,曾文正得以接触桐城派,又师从唐鉴,与吴廷栋、倭仁等人交游,形成自己的理念体系。晚年著《劝学篇示直隶士子》概括为学之规模:

> 为学之术有四:曰义理,曰考据,曰辞章,曰经济。义理者,在孔门为德行之科,今世目为宋学者也。考据者,在孔门为文学之科,今世目为汉学者也。辞章者,在孔门为言语之科,从古艺文及今世制义、诗赋皆是也。经济者,在孔门为政事之科,前代典礼、政书,及当世掌故皆是也。

曾文正以宋儒正心诚意功夫为根底,以修身齐家为入手处,以治国平天下为己任；不偏废文章之学，因为，文可以载道；对训诂考据也并不拒绝，因为，考据可以明经；又突出经济之学，以求行道于天下。

然而，如何行道？曾文正不只是尊崇程朱，对阳明学，曾文正虽有批评，并不一概拒绝，实际上，在一个关键环节上，曾文正深受阳明影响：他更强调士君子之治理主体性。曾文正名篇《原才》即清楚表明这一点：

风俗之厚薄奚自乎？自乎一二人之心之所向而已。此一二人者之心向义，则众人与之赴义；一二人者之心向利，则众人与之赴利。众人所趋，势之所归，虽有大力，莫之敢逆……

然则转移习俗而陶铸一世之人，非特处高明之地者然也。凡一命以上，皆与有责焉。有国家者，得吾说而存之，则将慎择与共天位之人。士大夫得吾说而存之，则将惴惴乎谨其心之所向，恐一不当，而坏风俗，而贼人才。循是为之，数十年之后，万一有收其效者乎，非所逆睹已。

曾文正将风气之转移也即天下治理之优劣，系于士君子之德、言、行，而士君子群体之气节也即整体之士气，则系于"一二人"之自觉与努力，这一点，曾文正在《书周忠介公手札后》中说得更为直白："世多疑明代诛锄搢绅，而怪后来气节之盛，以为养士实厚使然。余谓气节者，亦一二贤臣倡之，渐乃成为风会，不尽关国家养士之薄厚也。"在曾文正心目中，相对于君主，士君子是具有主体性的。他所勾勒的优良治理之动力机制是：一二先知先觉之士的道德自觉，带动士君子群体之道德觉醒，进而改变社会风俗。士君子自当修身养性，但最后必归于齐家、治国、平天下之社会、政治实践。因此，曾文正心目中理想的士君子，用《书学案小识后》中的话说，"居敬而不偏于静，格物而不病于琐，力行而不迫于隘"。

总之，身处沉闷而国家没有方向感的时代，曾文正综合程朱之学、陆王之学、桐城文章、乾嘉训诂考据之学及湖湘经世致用之学，由此完成清代思想学术之更化。他的道德实践与思想观念唤醒士人正心、修身之道德责任感，也唤醒其齐家、治国、平天下之政治主体意识。晚清儒家士人群体精神为之一振，而有意愿、有能力应对中国面临之内忧外患。

唤醒绅士

有上述道德、政治主体意识之觉醒，当洪杨乱起，曾国藩立刻奋起救世。当然，曾文正清楚，欲拯救天下，单靠一己之力是不够的，而必须唤醒整个士君子群体。这正是曾文正兴兵之初所拟《讨粤匪檄》之用意。

该檄文第一段描述粤匪荼毒生灵之状，诉诸士君子"民胞物与"之情。第二段直接对儒家士人发言，以夷夏之辨唤醒士君子保卫华夏名教之道德勇气：

> 自唐虞三代以来，历世圣人，扶持名教，敦叙人伦。君臣父子，上下尊卑，秩然如冠履之不可倒置。粤匪窃外夷之绪，崇天主之教……举中国数千年礼仪人伦、诗书典则，一旦扫地荡荆。此岂独我大清之变，乃开辟以来名教之奇变，我孔子、孟子之所痛哭于九原！凡读书识字者，又乌可袖手安坐，不思一为之所也！

粤匪之乱与历代匪祸相同，均借助于新兴的激进宗教动员底层民众。粤匪对基督教，亦作如是观。但基督教确实源自外夷，这一点让曾文正立刻联想到儒家之核心理念，"内诸夏而外夷狄"。当然，更为重要的是，与以往匪祸不同，粤匪之激进信仰具有强烈的排他性，对儒家名教、制度采取全盘摧残策略，捣毁文庙，破坏宗祠，拆除庙宇。由此，粤匪与儒家士君子群体势成水火。曾文正指出，儒家士君子此番所面临之前景，不只是亡国之难，更是亡天下之惨祸。曾文正于此非常时刻，揭示了儒家士君子之深层政治理念：他们所护持的乃是儒家价值及由此价值所支持的人民，至于君主之统治权并不是至关重要的。

因此，曾文正呼吁，凡读书识字者，不管君主是谁，现在最为重要的使命是起而捍卫名教秩序。《讨粤匪檄》主要是写给儒家士君子的：

> 倘有血性男子，号召义旅，助我征剿者，本部堂引为心腹，酌给口粮。倘有抱道君子，痛天主教之横行中原，赫然奋怒以卫吾道者，本部

堂礼之幕府，待以宾师。倘有仗义仁人，捐银助饷者，千金以内，给予实收部照；千金以上，专折奏请优叙。

本檄文固然是讨匪之檄，更是儒家士人道德与政治觉醒的召唤令，是绅士的政治动员令。曾国藩主要是对儒家士君子言说的，也诉诸其伦理与政治主体意识。这样一篇檄文乃是清代历史之转折点。

以曾氏为中心而组成的"勇"，全部由接受过儒家教育、具有一定程度道德理想主义的绅士组织、领导。曾氏固然不用说，另一位灵魂人物罗泽南，大约可以归入曾文正所说的先知先觉之"一二人"。曾文正在《罗忠节公神道碑铭》中说，"湘中书生多拯大难，立勋名，大率公弟子也"。此皆因为，壮年之时，罗氏"假馆四方，穷年汲汲，与其徒讲论濂洛关闽之绪，瘏口焦思，大畅厥旨"，从其游学者数百人，养成一批具有道德理想主义精神之门弟子。对罗氏之学，曾文正于《神道碑》中有详尽描述：

咸丰四五年间，公以诸生提兵破贼，屡建大勋，朝野叹仰，以为名将。而不知其平生志事，裕于学者久矣。公之学，其大者以为，天地万物，本吾一体。量不周于六合，泽不被于匹夫，亏辱莫大焉。凛降衷之大原，思主静以研几，于是乎，宗张子而有《西铭讲义》一卷，宗周子而著《人极衍义》一卷。幼仪不慎，则居敬无基，异说不辨，则谬以千里，于是乎，宗朱子而著《小学韵语》一卷、《姚江学辨》二卷。严义利之闲，穷阴阳之变，旁及州域形势、百家述作，靡不研讨，于是乎，有《读孟子札记》二卷、《周易本义衍言》若干卷、《皇舆要览》若干卷、《诗文集》八卷。其为说虽多，而其本躬修以保四海，未尝不同归也。

曾文正又描述罗氏于军中之行止：

公在军四载，论数省安危，皆为一家骨肉之事，与其所注《西铭》之指相符。其临阵审固乃发，亦本主静察几之说。而行军好相度山川脉络，又其讲求舆图之效。君子是以知公之功所蓄积者夙也，非天幸也。

罗氏之所以公忠善战，皆因其具有道德理想，而又以学而有谋。罗氏身为"一二"先知先觉者，教养出数十士君子，其门弟子中，与乃师共同起事、投身湘军而留名史册者，有王鑫、李续宾、李续宜、蒋益澧、杨昌濬、潘鸿焘等十数人。湘军正以这些士君子为核心组织而成。

另一方面，不论是曾文正、罗泽南，军行所到之处，第一件事通常是寻找、召唤当地的儒家绅士，催促其起而行动，文正文集中收录诸多此类文书。《罗忠节公年谱》也记载，罗泽南每攻克一地，都要"召见士绅，慰免以忠义，出示令行团练法，以自相保卫"。

这就是湘军与当时正规军队八旗、绿营之根本不同处。与满清部族政权一样，八旗、绿营已完全腐败。曾文正、罗泽南、胡林翼之湘军则在体制外，通过回归儒家义理而兴起。湘军之根本组织特征是"书生领兵"，其领导层是接受过濂洛关闽之学之教养的先知先觉者。由他们激励、教养形成一个士君子群体，构成各军之中高级将领。他们又影响更多一般士人，充当中级军官。

正是借助这样一支支由士君子军官组成的军队，曾文正与其同道们平定这场空前惨烈之匪乱。曾文正在《湘乡昭忠祠记》中描述这些士君子之力量曰：

> 君子之道，莫大乎以忠诚为天下倡。世之乱也，上下纵于亡等之欲，奸伪相吞，变诈相角，自图其安而予人以至危，畏难避害，曾不肯捐丝粟之力以拯天下。得忠诚者起而矫之，克己而爱人，去伪而崇拙。履诸艰，而不责人以同患；浩然捐生，如远游之还乡而无所顾悸。由是，众人效其所为，亦皆以苟活为羞，以避事为耻。呜呼！吾乡数君子所以鼓舞群伦，历九州而戡大乱，非拙且诚者之效与？亦岂始事时所及料哉！

正是靠着拙且诚，湘军才得以屡败屡战，苦撑到胜利。在此过程中，自曾、胡、罗以下领兵之书生，具杀身成仁之道德勇气，湘勇将领之阵亡率是大大高于绿营的。至关重要的是，唯有这些儒家士君子，有能力组织、凝聚乡下朴实之农民，令其放下锄头而成为顽强的战士。这些农民就生活于儒家式社会秩序中，他们自然服膺那些最为虔敬地遵奉儒家价值之士君子。儒家士君子之"士"气，渲染发展成为湘军之

"士气"，而若无如此士气，不可能抗衡、战胜依靠新兴宗教动员起来的粤匪。

这个儒家士君子群体还有另一个巨大优势：他们横跨于政府、社会之间。曾文正以兵部右侍郎衔丁忧在籍，奉旨帮办团练。在正规军事系统之外，他动员乡村绅士、农民，组织湘勇。反过来，他又能利用自己在政府内的人脉获得各种资源，与各地官员打交道。同时，儒家士君子也向来是全国性群体，故曾文正领导之团练具有自我扩张的内在机制。各地绅士基于共同信念，起而响应曾文正。不同地方绅士领导的军队始终保持独立性，又可以密切合作。因此，曾文正能综合利用社会、政府之力量，而获得成功。而此过程又让儒家绅士之力量得以积聚、成长，最终改造了满清政体。

共治体制之回归

透过道德觉醒，曾国藩等儒家士君子领导农民平定匪祸，并从根本上颠覆了满清建立已二百年之带有强烈殖民性质之统治格局。

战争初期，满蒙贵族之瞒顸无能已昭然于天下，满清皇帝为维护统治权，被迫抛弃八旗、绿营，任由汉人绅士组织团练。由此，满蒙贵族之权威大幅度跌落，尤其是军事控制力大大缩小。

相应的，汉人军政、民政官员的政治地位大幅提升，从而部分恢复了士人政府。以前的政府是满蒙贵族主导，不学无术。平定匪乱后，汉人官僚开始居于主导地位，他们普遍接受儒家教育，具有行道天下之自我期许。他们恢复了士人政府，带来了"同治中兴"。

这群汉人士大夫带着重整秩序的全副蓝图，因战功而掌握权力、担任地方督抚后，立刻致力于改变他们所批判的局面，包括整顿吏治，裁撤陋规，减轻民众负担，兴办书院，鼓励民间自治等等。满清吏治，至此为之一振。这就是"同治中兴"的根源。同治中兴的精神源头就是儒家真精神之复兴，平定匪乱则给了士君子以进入政府之机会，部分地扫荡了嘉道以来沉闷、败坏的政治、社会风气。

同样重要的是，儒家绅士在地方上全面崛起，极大地扩大了其治理权。为维护殖民统治，满清统治者禁止士人结社和上书言事，儒家绅士在基层社会之治理主体性受到抑制。在平匪过程中，绅士起而组织团练，其权威大幅度提升。他们与地方政府的关系也因此发生重大变化：社会与政府分工治理的格局得以恢复，非官方的绅士在整个治理架构中的地位大幅度提升了。

凡此种种，都在同治中兴时代展开，并持续发展。其结果是十分重大的。首先，随着汉人社会治理地位大幅度上升，满清的殖民统治体制瓦解，华夏已相当顺利地完成了一次从政治上"驱逐鞑虏"的事业。曾文正平定匪乱，不仅拯救了名教，从而保住了华夏天下，也拯救了满人。已获得共同治理之主体资格的儒家士大夫，不惮于承认满人在文化和政治上的正当性。此时的满清皇族已不再是外来的殖民者，而是脱去种族敏感性的华夏天下权威与秩序的象征。也因此，晚清的宪政主义绅士们可以从容地主张"君主立宪"，而反对排满革命。

随着儒家士大夫权威之提升和扩展，传统的儒家士大夫与皇权共治体制得以恢复。似可从这个意义上理解"同治"年号之含义。一般认为，"同治"指两宫太后"共同治理"。然而，同治与宋儒所说的共治之间恐有某种关联，"同治中兴"的深层含义恐怕就是传统共治体制之中兴，所谓中兴，实为共治体制之重生。

总之，曾文正公推动了满清部族政权之更化，这本身就构成一场宪政主义革命：满清种族性殖民统治转换成为传统中国的共治体制。经此更化后，旨在建立现代国民国家的绅士宪政主义运动才有可能。曾国藩实为中国现代史之开端。

同治中兴

曾国藩等儒家绅士平定洪杨之乱，满清政权之性质大大改变，政治开出一全新局面，时人称为"同治中兴"。同治中兴之主力是战争中涌现出来的曾国藩、李鸿章、左宗棠及其门人弟子，早逝的胡林翼、罗泽南等人之门人弟子。

同治中兴与历朝之中兴多有重叠，比如整顿吏治、税制、漕运等等。值得一提的是，这些中兴功臣按照儒家之为政理念，多致力于兴学。洪杨之乱中，南方文教设施遭到严重破坏，各府州县学旧藏书籍大半散佚。曾、胡、李、左等人起兵，乃以保卫纲常明教相号召，故每平定一处，立刻修复当地文教设施。

曾国藩攻克南京，其幕僚臣属连办公用房都难找到，却立即开始修复江南贡院，并奏请朝廷立刻举办乡试，一慰群士进取之志。同时，曾文正迅速修复钟山书院、尊经书院、惜阴书院。曾国藩又设立官书局，刊刻书籍。罗泽南同样积极从事文教事业之恢复，驻军衡州时，修复石鼓书院。李续宜亦与曾国藩共同出资将胡林翼倡办的箴言书院最终建成，以陶铸益阳之士。罗氏弟子蒋益澧护理浙江巡抚时，在浙江全省增书院膏火，建经生讲舍，设义学，兴善堂。

这些措施迅速安定了基层社会，尤其是，本轮文教重建，给曾、胡、罗等人传布自己的学术理念，提供了绝好机会。曾国藩担任直隶总督期间，推动教育事业，作《劝学篇示直隶士子》，全面论述了自己综合义理、考据、辞章、经济的为学之道，而特别指出，为学莫急于义理之学，为此，"与直隶多士约：以义理之学为先，以立志为本……志既定矣，然后取程朱所谓居敬穷理、力行成物云者，精研而实体之。然后求先儒所谓考据者，使吾之所见证诸古制而不谬；然后求所谓辞章者，使吾之所获达诸笔札而不差"。这个士君子养成方案彻底突破了乾嘉之学的藩篱，清代学风、士风为之一变。晚清、民初士人都在这种学风下成长。

本乎经世致用思想，中兴名臣也很自然地对西方采取开放态度，从而形成人们所说的自强运动或者说洋务运动。

这一点在曾国藩身上已有显著体现。曾国藩对西学采取开放心态。他对林则徐、魏源以来"师夷长技"的思想有所体察，在《遵旨复奏借俄兵助剿发逆并代运南漕折》中明确地提出："师夷智以造炮制船，尤可期永远之利。"曾国藩身体力行这种理念，设立安庆内军械所，开始仿造火轮船，中国自制的第一艘木壳轮船"黄鹄号"即出自该厂。

曾国藩还推动了中国第一批留学生之派遣。这源于曾国藩与容闳之相知。容闳是中国第一位留学美国的学生，毕业于耶鲁大学。同治三年入曾国藩幕府。曾国藩问容闳，今日欲为中国谋最有益最重要之事业，当从何处着手？容闳建议，设立一所制造机器之机器厂。在战争中，曾国藩对此已有深切体会，故委派容闳出洋采办机器，后来建成江南制造局。同治六年，曾国藩视察江南制造局，容闳劝他于工厂旁设立一所兵工学校，招收中国学生，授以机器工程理论与实验，以期中国将来不必需要外国机械及外国工程师。曾国藩极为赞许，不久实施。这所学校不断扩大，培养了大量工程技术人才。

曾国藩很快知道，"夷智"并不止乎工程制造，而在于学。因此，曾国藩接受容闳的建议，先是单独奏请派遣中国学子留学，又于同治十年与李鸿章联名上奏《拟选弟子出洋学艺折》，提出选派聪颖幼童，送赴泰西各国书院，学习军政、船政、步算、制造诸书，使"西人擅长之技，中国皆能谙悉，然后可以渐图自强"。此议为朝廷采纳，近代官费留学自此开始。

曾国藩以外，李鸿章、左宗棠等人都积极兴办洋务。清咸丰五年，罗泽南弟子蒋益澧刚任广东巡抚，就向朝廷建议，在沿海省份建设铁厂，制造轮船。他担任广东巡抚不到两年，就向法、英等国购买澄清、绥靖、镇海等七艘轮船。杨昌濬也认为，自强之计，宜用外人之器，师外人之长。故担任浙江巡抚后，命令士兵练习洋枪、洋炮。升任陕甘总督后，更奏请铺设西安至嘉峪关的陆路电线。

由此可见，自强运动或洋务运动，实为晚清儒家士大夫依其经世致用理念重理想秩序之自然产物。只要士人之道德理想主义觉醒，其在政治上必有一番作为，必推动变法。这一次，中国与西方广泛接触，则儒家士大夫毫不犹豫地引入西方技术。

当时，与曾国藩同出唐鉴之门的倭仁等人对自强运动的某些做法提出批评。同治六年，同文馆议考选正途五品以下京、外官入馆，肄习天文算学，并聘西洋专家为教习。倭仁对此表示反对，认为治国的根本之图在人心不在技艺，尤以西人教习为不可。

倭仁因此而被斥为顽固守旧。然而，倭仁其实从来没有反对过设厂、造炮、制船等洋务活动。倭仁同样是同治中兴之名臣。倭仁等人同样主张自强，同样主张变革，只不过，更为重视风俗，以人心为秩序之本，尤其重视正君王之心："倘朝廷倡明于上，师儒讲求于下，道德仁义，树之风声，不数年间，人心风俗必有翕然丕变者。道岂远乎哉？术岂迂乎哉？"[1] 同治元年，倭仁以老成端谨，学问优长，而被两宫皇太后委为同治帝的师傅。倭仁辑录古代帝王事迹及古今名臣奏议，附上自己的解说呈进，赐名《启心金鉴》，于弘德殿向同治讲授。倭仁为人严正，同治帝十分敬惮。倭仁在中枢教导皇帝，维持风气。

---

[1] 《倭文端公遗书》，卷六。

同时，倭仁也主张士大夫发挥治理主体作用。《清史稿·倭仁传》记载，咸丰帝初即位，倭仁应诏言事云：

行政莫先于用人，用人莫先于君子、小人之辨……知人则哲，岂有他术？在皇上好学勤求，使圣志益明，圣德日固而已。宋程颢云："古者人君必有诵训箴谏之臣。"请命老成之儒，讲论道义；又择天下贤俊，陪侍法从……天下治乱系宰相，君德成就责讲筵。惟君德成就，而后辅弼得人；辅弼得人，而后天下可治。

这段论述极为重要。乾隆曾专门撰文言辞抨击程颢天下治乱系宰相之说，倭仁却要求咸丰帝回归程朱治国理念：以名儒教养皇帝，养成君德；而君之最高德性在得人、用人，与贤能共同治理天下。正是依凭倭仁所教导之君德，曾国藩等地方大员得以放手从事自强事业。从事洋务之曾、李，与主张正人心的倭仁，实相辅相成，乃或相反相成，共成中兴、自强之大业。

第三十二章　现代转型

中国现代史之主题是建立现代国家，也即国民国家（nation – state）。十六、十七世纪，欧洲各国走出封建制，纷纷建立现代国家。首先是王权制。随后经历宪政转型，建立代议制度，国家之组织化程度大幅提高。与战国时代之各国一样，这种主权性国家具有对外扩张的倾向，而形成殖民主义、帝国主义。十九世纪中期，这股帝国主义浪潮波及中国，推动中国进入国民国家构建期，这是继周秦之变、秦汉之变、唐宋之变后的另一大转型时代。

康有为之现代建国蓝图

康有为十九岁随岭南大儒朱次琦学习于礼山。朱次琦之学以程朱理学为主，特重气节，而主张经世济民，不为无用之空谈高论。这塑造了康南海于《我史》中申明之基本人生取向："但推恻隐之心以行吾仁，不计祸患，不计大小，不计成败也。"

康有为也受阳明学影响。据《我史》记载，问学朱次琦之第三年秋冬时节，康有为厌倦了埋首故纸堆的生活，欲求安心立命之所，乃捐弃各书，静坐养心："静坐时，忽见天地万物皆我一体，大放光明，自以为圣人，则欣然而喜。忽思苍生困苦，则闷然而哭"。这是阳明后学常有之宗教体验。

有此体验后，康南海开始阅读西学著述，次年又短暂游历香港。《我史》自述：在此，"览西人宫室之瑰丽、道路之整洁、巡捕之严密，乃知西人治国有法度，不得以古旧之夷狄视之"。这是一次心灵的冲击。过了几年，又到上海，见其繁盛，"益知西人治术之有本"。康南海如饥似渴地阅读当时所能得到的各种西学著作，由此，中学、西学在康南海头脑中混杂、发酵，生长出种种新奇的念头、想法。

　　三十一岁那年，康南海参加乡试进京，由此，涉入政治。他以生员身份上书，遭遇挫折。但由此得以布衣身份，与支持变法之官员建立联系。另外一个出乎意料而重大的收获是见到廖平的著述，转向今文经学。

　　董仲舒以春秋公羊学为复古更化张本，公羊学家一般具有创制立法之雄心。康南海之前的龚自珍、魏源已透过公羊学的特殊思考方式产生了变法意识，也开始关注西方。康南海将这两点予以极大发展。接受春秋公羊学之后，康氏思想完全成熟，它以公羊学为本，辅之以佛教大乘学和宋明心性之学及一些零星的西方科学与历史知识。

　　正是借助春秋公羊学，再加上其特有之狂，康有为第一个完整地提出了构建现代国家的蓝图。时在中日甲午战争后。战败消息传来，举国士人震动，敏感的士人群体认识到，中国面临深重危机，而日本成功经验已表明，现代国家之种种制度可实现富国强兵。由此，士大夫形成中国当建立现代国家之意识。1895 年可谓中国现代史之开端。

　　考察欧美各国可发现，健全的现代国家秩序至少需要整合四个方面的制度安排：高效率的现代财富生产体系，以及能确保共同体成员保持共同体感之财富分配体系；相对公正的法律体系，以及一个强有力的法律执行机制；能让国民较为广泛地参与公共治理的宪政制度，这包括权力的分立与制衡、民主以及社会自治等；最后也最重要的是精神文化制度体系，这包括被妥善安排的宗教，国民教育体系等等。

　　同治中兴时期的自强运动只涉及第一个方面。甲午战争后，士大夫对现代国家的认知才逐渐完整、清晰，康有为是先知先觉者。1895 年，康有为在《上清帝第二书》中大胆断言："方今当数十国之觊觎，值四千年之变局"，因此，"窃以为今之为治，当以开创之势治天下，不当以守成之势治天下；当以列国并立之势治天下，不当以一统垂裳之势治天下"。中国已处于根本变法之时刻，也即"立宪时刻"。据此政治判断，康有为系统提出"立国自强之策"，提出"富国之法"六项，兴办各种现代工商产业，"养民之法"四项。上述种种，涉及现代财富生产与分配体系。

　　康有为又提出君民共治的变法纲目，从这里可以看到，康有为实现了古典治理之道的现代转化：《上清帝第二书》中康有为首先指出，"夫先王之治天下，与民共之"。随后引用诸多经文，然后指出，"尝推先王之意，非徒集思广益，通达民情，实以通忧共患，结合民志"。接着提出：

> 伏乞特诏颁行海内，令士民公举博古今、通中外、明政体、方正直言之士，略分府、县，约十万户而举一人，不论已仕未仕，皆得充选。因用汉制，名曰议郎。皇上开武英殿，广悬图书，俾轮班入直，以备顾问。并准其随时请对，上驳诏书，下达民词。凡内外兴革大政，筹饷事宜，皆令会议于太和门，三占从二，下部施行。

这就是议会制度，康有为说，经由这一制度，可以做到"君民同体，情谊交孚，中国一家，休戚与共……合四万万人之心以为心，天下莫强焉！"一个月后的《上清帝第四书》更明确提出，"设议院以通下情也"，并说议院制度"实暗合经义之精"。

康南海在戊戌变法之前的《上清帝第六书》中明确提出设立"制度局"，负责规划、建立新制、新法，其中第一局就是"法律局"："考万国法律公法，以为交涉平等之计，或酌一新律，施行于通商口岸，以入万国公法之会。"

康有为最引人注目之构想是设立孔教会。通过《孔子改制考》，在思想上沿着公羊学孔子为"素王"之思路，康有为发展出孔子创教之理念。接下来，受西方教会制度影响，发展出孔子为教主的孔教会之构想。愈到晚年，康南海对此愈加用心，而不惜与袁世凯、张勋合作，引来诸多诟骂。

然而，恰恰这一点，体现了康有为建国规划之完整性与先见之明。董仲舒以来，儒家价值深入人心，儒家士大夫透过学成为社会治理者。虽有道统、政统之分，但政教统合于士大夫身上。联结华夏共同体、维系基本秩序之价值由士大夫守护。康有为预见到，现代国家的构建必让这样一套政教合一体制崩溃。康南海自己构想之变法核心主张就是废科举，令士子改习西学。士子由此将弃中国的君子养成、化民成俗之学，趋向专业化的工程技术之学，如此必出现一个严重问题：谁来守护儒家士大夫以学的方式所守护、对社会基础性秩序而言至关重要之价值？

康有为将此使命托付给孔教会。《上清帝第二书》第一次提出建立孔教会的构想，各地方政府均设立道学科，"其诸生愿入道学科者，为讲学生，皆分到乡落，讲明孔子之道，厚筹经费，且令各善堂助之。并令乡落淫祠悉改为孔子庙，其各善堂、会馆俱令独祀孔子，庶以化导愚民，扶圣教而塞异端"。康有为希望建立一个相对独立的国民教化体系。

辛亥革命之后，康有为著《中华救国论》，其中专门论述建立孔教对于维持共和之重大作用。康氏以为，共和政体对国民道德、伦理之要求甚至高于专制政体："夫共和政者，民自为治也。人能自治者，必其道德心盛，自行束修，蠢迪检押，夫若是则何待人治之，故自治可也……无人治己而进为自治，则一是皆以修身为本。"而欲重道德之俗，起畏敬之心，就须尊崇孔教。康有为并不反对政教分离原则，但他对政教关系的理解更深一层，看到了政教之隐秘而深刻的关系："各国皆妙用政教之分离，双轮并驰，以相救助，俾言教者，极其迂阔之论以养人心，言政者权其时势之宜以争国利，两不相碍，而两不相失焉。"

大体上，在戊戌维新之前，康有为已系统提出建立现代国家之完整规划。故在戊戌维新中，康南海急切地连续上书光绪皇帝，试图按照这样的规划，构建现代国家。时运不济，这一努力失败。康有为本人被迫流亡。但准备杀掉康有为的慈禧太后于义和团事件之后立刻实施新政，其实是回到康南海的方案，由此一路发展到清末立宪。事实上，此后数代中国人建立现代国家之事业，皆在康有为思想之范围中。

张之洞之中体西用

中国建立现代国家之事业是在外部冲击之下展开的，因而，中西文化、文明之抉择，始终构成国家构建中最为重大的问题。此一选择通常具有极为广泛的影响，张之洞提出的"中学为体，西学为用"方案，最为中正可行。

张之洞之学，试图综合汉学、宋学，以宋学养成德行，以汉学把握治理之大道。张氏早年即究心经世之务，以天下为己任，故入仕之后，在同治中兴时代为"清流"之代表。中年出任方面大员，尤其是长期在湖广总督和两江总督任上互换，经营新政，长江中游各种现代化事业无一不始于张之洞。自始至终，张之洞都是变法自强之主将。

然而，当比自己年轻二十岁的康有为在甲午战争前后掀起巨大政治波澜时，已有丰富政治经验的张之洞却冷静思考，于光绪二十四年三月，戊戌百日维新开始前撰写《劝学篇》，第一次系统表述了现代中国之保守主义理念。

《劝学篇》序言坦率承认，"今日之世变，岂特春秋所未有，抑秦汉以至元明所未有也"。处此大变局中，有两种极端的回应：守旧主义，或激进主义。张之洞认为，这两种态度都不可取："旧者因噎而食废，新者歧多而羊亡。旧者不知通，新者不知本。不知通，则无应敌制变之术；不知本，则有非薄名教之心。夫如是，则旧者愈病新，新者愈厌旧。"这两种极端主张相互激荡，张之洞担心，"吾恐中国之祸，不在四海之外，而在九州之内矣"，极端思潮将会撕裂社会。

张之洞提出一条中道转型之路。《同心第一》说："吾闻欲救今日之世变者，其说有三：一曰保国家，一曰保圣教，一曰保华种，夫三事一贯而已矣。保国、保教、保种，合为一心，是谓同心。"当时守旧者多关注捍卫名教，泥古而拒绝任何制度变革。激进者受当时流行的达尔文主义影响，仅关注制度变革。张之洞认为，这些看法均有偏颇。现代国家当同时具备三个条件：第一，一套可有效地整合民众之政体，它所支持的国家具有权威，具有动员能力，从而可参与国家间竞争；第二，一套稳定的价值和信念，在中国就是圣教，也即"经"所承载的价值及相关制度；第三，一群具有休戚与共之感的国民，或者民族。这三者对现代国家来说同等重要。

正是基于这一点，张之洞积极推动制度变革，为此而主张，中国应当大胆学习西方。张之洞敏锐指出，对中国现代转型来说，"西政"比"西艺"更重要，外篇之《设学第三》说：

> 一曰政、艺兼学，学校、地理、度支、赋税、武备、律例、劝工、通商，西政也；算绘、矿医、声光、化电，西艺也……大抵救时之计、谋国之方，政尤急于艺。然讲西政者，亦宜略考西艺之功用，始知西政之用意。

张之洞清楚，技术固然重要，但制度更为重要，他所说的"西政"涉及行政、财政、法律、商业、军事等各领域之制度，张之洞以开放态度，积极推动这些领域的制度变革。

但在文化、教育问题上，张之洞始终坚持中国之主体性。《设学第三》提出，处此时代，学子当"新、旧兼学：四书五经、中国史事、政书、地图为旧学；西政、西艺、西史为新学。旧学为体，新学为用，不使偏废"。《循序第七》论证，其实，这是各国惯例：

> 外国各学堂，每日必诵耶苏经，示宗教也；小学堂先习蜡丁文，示存古也；先熟本国地图，再览全球图，示有序也；学堂之书，多陈述本国先君之德政，其公私乐章，多赞扬本国之强盛，示爱国也。如中士而不通中学，此犹不知其姓之人，无辔之骑，无柁之舟，其西学愈深，其疾视中国亦愈甚。虽有博物多能之士，国家亦安得而用之哉？

建立现代国家不是从头再来，而是文明之新生转进，而文明从根本上就是由其教型塑的。西方各国之教在其现代转型中新生转进，而非弃之如敝屣。中国人亦当以同样模式处理中学、西学关系。《会通第十三》更具体地指出中学、西学对于现代中国人之不同功用：

> 中学为内学，西学为外学；中学治身心，西学应世事。不必尽索之于经文，而必无悖于经义。如其心圣人之心，行圣人之行，以孝弟忠信为德，以尊主庇民为政，虽朝运汽机，夕驰铁路，无害为圣人之徒也。

《劝学篇》面向当时士人，从学、也即个体养成为君子的角度立论。据此，旧学涉及价值、信念，人格之养成必赖旧学。西学则是建立优良社会治理秩序之工具。从国家构建的角度来说，"旧学"指中国文明。文明有道，四书五经是道之抽象化表述。中国欲完成现代转型，必须学习西方。但这种学习必须立定自身之主体性，以我为本，会通中西。中国的现代转型是中国文明之转型，而绝非自我否弃。张之洞说的旧学为体之"体"，就是中国文明之体，借助于西学之滋养，中国之体将更好地生长。

这种思维方式就是保守主义。保守主义是一种现代思想现象，是对现代的核心观念——历史主义、进步主义所催生之激进变革现象的反弹。面对法国大革命之激进，英哲爱德蒙·柏克阐明保守主义理念。柏克不反对变革，甚至曾支持美洲殖民者之独立斗争。但他反对任何试图变革宗教、习俗等属于自发秩序领域之制度的努力。张之洞的处境与柏克相同，却更为切身：他既主张变革，又抗衡激进地全盘变革之呼声。制度可以改变，技术可以引进。在这个意义上，他反对守旧派。但是，价值、信念、习俗、人伦不可变，这些是文明之体，而消灭自我的努力不可能让自我强壮。在这个意义上，他反对激进主义。因此，保守主义是中道，其基本原则，董仲舒早就阐明："王者有改制之名，无易道之实。"①

百年中国之挫折、曲折已证明，"中学为体，西学为用"是中国建立现代秩序之唯一正道。

梁启超论国民主义

梁启超为康有为弟子，早年追随康有为参加戊戌维新。维新失败后，与其师流亡海外，主要居住日本，以撰文为生。1902 年，梁启超创办《新民丛报》，在此开创了一种新文体，如梁任公本人说："务为平易畅达，时杂以俚语、韵语及外国语法，纵笔所至不拘束，学者竞效之，号新文体。老辈则痛恨，诋为野狐。然其条理明晰，笔锋常带感情，对于读者，别有一种魔力焉。"任公以这种文体"宣传"变法、立宪，对热烈寻求变革的士人及新兴青年留学生产生了广泛影响。

梁任公在《新民丛报》连载《新民说》各章，对现代国家之精神及其构成，进行了较为系统的思考，此后中国各家思想，从保守到激进，皆深受其影响。

梁启超实现了政治思考轴心之转移，《新民说》第一节《叙论》提出：

> 国也者，积民而成。国之有民，犹身之有四肢五脏筋脉血轮也。未有四肢已断，五脏已瘵，筋脉已伤，血轮已涸，而身犹能存者。则亦未有其民愚陋怯弱涣散混浊，而国犹能立者。故欲其身之长生久视，则摄生之术不可不明；欲其国之安富尊荣，则新民之道不可不讲。

古典思想主张民为邦本，但此为一政治神学命题。传统政治思考之

---

① 《春秋繁露·楚庄王篇》。

重心在君，至少也在君子。梁启超实现了政治思考的哥白尼式反转，断言国由个体的民积聚、联合而成。个体的民进入政治思考之视野，且立刻居于中心。这样，建立优良秩序之关键就不在于君如何，甚至也不在于君子如何，而在于民如何。

因此，第二节《论新民为今日中国第一急务》第一部分指出，有什么样的国民，就有什么样的政府，国民之文明程度决定着政治之文明程度，"君相常依赖国民，国民不倚赖君相"。既然如此，对中国而言，"苟有新民，何患无新制度，无新政府，无新国家？"由任公此一思想引发出后来的民众教育、国民性改造等重要文化、政治议题。

然而，中国之民何以需要新？梁启超深受社会达尔文主义影响。戊戌维新前夕，严复翻译、出版《天演论》，其对士人产生重大冲击力之核心理念是，"物竞天择，适者生存"。人与人之间、国家相互之间天然处于相互竞争状态，适应能力强者可以生存，适应能力差者则死亡，这是自然之公例或者公理。强者消灭弱者，也是公理，对此进行道德评判毫无意义。弱者唯一可做的事情是自强：模仿强者，改变自己。如此则可获得生存机会，如有可能，也可毫不犹豫地消灭原来的强者。这种观念强化了处于弱势的中国人之忧患意识，激发了他们的变法勇气。这种社会达尔文观念支配二十世纪中国之各思想流派。

梁启超也以此论证新民之道。中国将要亡国，这一事实证明了，中国不能适应自己生存的新兴国际环境，令中国陷入危境的是西方之国民—民族主义，第二节下半部分论证说：

自十六世纪以来约三百年前，欧洲所以发达，世界所以进步，皆由民族主义（Nationalism）所磅礴冲激而成。民族主义者何？各地同种族，同言语，同宗教，同习俗之人，相视如同胞，务独立自治，组织完备之政府，以谋公益而御他族是也。此主义发达既极，驯至十九世纪之末近二三十年，乃更进而为民族帝国主义（National Imperialism），民族帝国主义者何？其国民之实力，充于内而不得不溢于外，于是汲汲焉求扩张权力于他地，以为我尾闾。其下手也，或以兵力，或以商务，或以工业，或以教会；而一用政策以指挥调护之是也。

此处所说 nation、nationalism 均具有丰富含义。还原到欧洲历史，

nation 的基本含义是国民。十世纪，欧洲建立封建制度，每人都属于某领主。到十五六世纪，封建制瓦解，出现绝对王权制（absolutism），所有人成为国王之民，也即国民。由此形成具有较高凝聚力的新型政治体："国民国家（nation－state）。"与此相关的国民之情绪或理念是 nationalism，其基本含义是"国民主义"。国民国家具有较高的凝聚力，彼此间界限极为清晰，从而形成"民族"。与他国相对待之国民国家，或可称为"民族国家"。相对待之不同政治体之国民的猜疑、敌对情绪，即为"民族主义"。而国民之形成乃由于强有力的国家结构之联结，故 nation 有"国家"之义，nationalism 有"国家主义"之义。国家主义、民族主义其实均以国民主义为本。二十年代中国出现的国家主义思想和政治流派，包括曾琦、李璜等人领导的中国青年党，张君劢创建的国家社会党，均信奉国民主义。

梁启超指出，现代国民—民族国家天然处于竞争乃至冲突状态，而形成现代帝国主义。中国之危机来自帝国主义之入侵，而帝国主义国家之所以具有灭亡中国的力量，皆因为其建立了国民国家。第四节《就优胜劣败之理以证新民之结果而论及取法之所宜》以天演论对世界各族进行对对比："五色人相比较，白人最优；以白人相比较，条顿人最优。以条顿人相比较，盎格鲁撒逊人最优。此非吾趋势利之言也。天演界无可逃避之公例，实如是也。"而条顿人之卓越能力在于其"政治能力"，也即能够：

> 组织民族的国家（National State），创代议制度，使人民皆得参预政权，集人民之意以为公意，合人民之权以为国权。又能定团体与个人之权限，定中央政府与地方自治之权限，各不相侵。民族全体，得应于时变，以滋长发达；故条顿人今遂优于天下。

在此基础上，英国人更有诸多卓越之品质。中国人所遭受之外部灾祸，就是由西方民族国家带来。中国人要救亡图存，就须以其人之道还治其人之身，建立国民—民族国家。

但第五节《论公德》指出，中国人恰恰缺乏公德，具体地说，第六节《论国家思想》指出，中国人普遍缺乏国民国家理念："一曰知有天下而不知有国家，二曰知有一己而不知有国家。"这一点导致中国人处于一盘散沙状态，难以在社会达尔文主义的世界上自立。

要改变这种状况，就需要"新民"，培育严复最早提出的"民德、民智、民力"，其宗旨是培育国民之德，聚合国民之智、力为整体力量，而与外敌竞争。为此，需要开议会、行自治等制度安排。《新民说》主体部分对此进行了系统阐述：国民当具有进取冒险精神，权利思想，自由精神，自治能力，追求进步的意愿，自尊，合群能力，毅力，义务思想，尚武精神。此中既有观念之改造，也有制度之设计，关涉现代国家构建之所有领域。

所有这些努力之目标是整合国民之德、智、力，提升国家的组织化程度，提高国家的资源动员能力。梁启超以后，中国人不知国家、一盘散沙之说法，广泛流行，而各派进行思想、观念革命、建立各种现代制度之目的，也正是为了解决这个问题。

孙文之革命蓝图

同样出生在广东，且比康有为小七八岁，比梁启超大六七岁，但孙文的经历完全不同于康、梁，因而其建立现代秩序之构想，也就与之大不相同。

孙文出生于珠江三角洲乡村普通农家，生活艰难、朴实，然而不乏活泼。孙文也接受过私塾教育，熟读四书等经典。但此后的人生经历就与众不同：十二岁那年，由长兄接济，到檀香山在英国圣公会主教韦礼士主持的意奥兰尼书院修读英语、英国历史、数学、化学、物理、圣经等科目。这里采用全英语授课，孙文掌握了英语，同时，也接触了基督教。

四年后，孙文毕业，本拟入另一家学校深造，长兄见其心向基督教，乃将其遣送回家乡。在家乡，受基督教不拜偶像教义影响，孙文与友人陆皓东一起捣毁村中北帝庙神像，不为乡人所容。于是，孙文到香港，受洗加入基督教，教名取《大学》"苟以新，日日新，又日新"之义为"日新"，取其粤语谐音又号"逸仙"。随后，孙文居留香港，继续读书。二十岁后，孙文在香港西医书院习医五年，成绩优秀，毕业后即在澳门、广州等地行医。

有此经历的孙文对西方之价值、学术有深入理解。由此，孙文完全可以站在中国之外部，轻松地超越现有政制与政治观念之逻辑，构思中国的转型之路。他可以只思考未来政治秩序之正确性，而几乎不受现实可行性之约束。因此，他的政治理念注定了是激进的。

年轻的孙文于 1894 年 6 月份上书李鸿章，提出"人能尽其才，地能尽其利，物能尽其用，货能畅其流"等温和改革主张。李鸿章拒绝会见这个热心青年。失望之余，孙文即于 11 月在檀香山募款组织兴中会，与会者以"驱除鞑虏，恢复中华，创立合众政府，倘有贰心，神明鉴察"为誓，走上革命之路。

但由此誓言可以看出，孙文之革命党具有浓厚的传统会党色彩，海外华人社会活跃着很多会党，"驱除鞑虏"正是有些会党之理念。后来孙文组织的各种革命组织均具有这种色彩，孙文甚至加入洪门致公堂。革命依托力量的这一性质，决定了孙文革命理念之特质。孙文幼时接受传统教育，檀香山、香港等地华人团体完整保留中国风俗，坚持中国传统价值，而孙文之政治活动主要依赖这些华人华侨之支持。因此，孙文身上实混合激进与保守双重倾向：孙文之政治理念是西方的、激进的，其革命党成员相对而言却是最为传统的。故孙文思想基本在保守主义范围内：在文明框架内进行政体革命。

革命党提出了种种国内革命计划，但大部分时间，孙文都奔走于海外。因此便利，孙文得以对西方政制及政治观念进行观察、思考，逐渐形成完整的现代国家构建规划。1903 年，孙文在日本青山开办革命军事学校，改革命誓词为"驱除鞑虏，恢复中华，创立民国，平均地权"。

由此时起，革命派获得两股新生力量：士人和越来越多的留学生。"戊戌维新"遭到镇压，"庚子事变"中清廷之颠顶，令很多士人对满清完全失望，经学家章炳麟、曾经的翰林院编修蔡元培等人加入革命党。"庚子事变"后，清廷痛定思痛，开始新政，其中一项重要措施是各省派遣留学生，尤以日本为主。部分留学生迅速产生革命思想。孙文立刻与这两类人联络，1905 年中国同盟会成立，标志着革命党之构成发生重大变化：现在，它基本上是一个知识分子政党，仅以会党为应援。

这些革命党成员年轻，有热情，也有知识，亟需理想之指引。这一情况刺激孙文深入思考，其革命建国理论体系成熟：在《民报》发刊词中，孙文提出，中国革命当同时推进民族、民权、民生三大目标之实现，是为"三民主义"。在1906年制订的《革命方略》中，孙文确定，未来之国体为"中华民国"，建立中华民国之步骤为"军法之治、约法之治、宪法之治"，这就是后来军政、训政、宪政之第一次表达。

这是现代中国第一份完整的共和建国纲领，也是第一个完整的现代意识形态体系。它的词汇是全新的、西化的，故能对追求国家富强的青年产生强烈的吸引力。在很大程度上，孙文就是以理想的描述者角色获得革命党人之普遍尊重的。在革命党人中，只有孙文具有完全现代的知识体系。不过，孙文又对中国传统理念有深刻体认。因此，他能够描绘一个看起来完全现代的理想，而又将传统内置于其中。

第三十三章　绅士建国

从 1894 年士人产生建立现代国家之意志，到 1912 年清帝逊位、中华民国成立，短短十八年间，中国政治演进迅速经历四个关键环节：戊戌维新，清末新政，清末预备立宪，中华民国建立。至此初步完成现代国家之构建，而中国快速变化之驱动力量是接受儒家价值而对现代理念开放之现代儒家绅士。

现代绅士群体

概括而言，参与戊戌维新、清末新政、预备立宪、共和建立之社会力量乃是接受儒家价值之现代绅士，具体可以分解为四个群体，而彼此之间有密切联系。

第一个现代绅士群体是处在政治建制边缘或其外的儒家士人。

这类士人的代表有康有为、梁启超、严复、章炳麟等。他们均接受过良好的传统教育，且具有强烈的道德理想精神。他们也多少了解西方知识，而具有坚定的变革意志，要求建立宪政制度。在大变革时代，他们生产理念，动员社会各方面人士参与变革。正是他们锻造的词汇塑造了现代中国人的心智。他们有自己的门弟子网络，这既是文化网络，也是政治网络。

第二个现代绅士群体是绅商。

宋明清时代，士人平民化，就有士人进入工商业领域。中国与西方深度接触后，士人发现，西方军力之强大，实在于其工商业发达，中国欲救亡图存，就必须追求富强，为此就必须鼓励商业，发展实业。人们看到现代工业对于国家能力的重要性，故实业成为一个热门词汇。同治中兴时代，就有人提出"实业救国"理念。

甲午战败后，危机意识促使很多人突破原有观念框架，康、梁等人致力于政治之宪政化，另一些士大夫则决心以实业救国。而现代工商业也确实需要更有文化的人士来创办、经营，不少士大夫涌入工商业领域、尤其是实业领域，形成"绅商"群体。"绅"首先指其官员或士人身份，其次也表明，他们奉持儒家价值。

张謇是现代绅商群体之代表。张謇出身于农商兼营的中产之家，青少年时代接受过完整的传统教育。二十余岁即加入淮军将领吴长庆幕府，赴朝鲜处理军机。1894年考中状元，任职中央政府。但此时，张謇已意识到，中国救亡富强之路在兴办实业，士大夫既以天下为己任，自当首先承担这一责任。次年，张謇返回家乡，举办团练，就此脱离官场，成为绅士。他有状元的荣誉，可结交地方官员，在中央政府也有友朋。由此，张謇成为名重江南的绅士。他以绅士身份进入实业领域，在南通兴办大生纱厂，且一发不可收拾，兴办一系列工商企业。

然而，张謇之兴办企业，从一开始，就不以赚取利润为唯一目的、甚至不是首要目的。1903年，张謇访问日本的一则日记中说过这样一段话：

> 政者，君相之事。学者，士大夫之事。业者，农工商之事。政虚而业实，政因而业果，学兼虚实为用，而通因果为权。士大夫生于民间，而不远于君相，然则消息其间，非士大夫之责而谁责哉？[1]

这就是绅商的自我定位，绅商以士大夫之身份在商场中，自当扮演"通官商之情"[2] 的角色：一方面，向工商领域导入价值，引导工商业积极承担文化、社会与政治责任；另一方面，将工商业者的诉求导入政治过程中。总之，绅商的角色是沟通工商业、社会与政府。

张謇只是较为醒目的代表，当时有相当数量的商人具有绅商的自我定位，他们活跃在对外开放的现代城市和内地市镇。很多留学归来的创业者也很快具有绅商意识。当时各城镇大大小小的商界领袖都是绅商，也只有他们有能力把商人组织起来，成立各种商会。

绅商秉承了儒家以天下为己任的伦理意识，具有强烈的公共关怀。

---

① 《张謇日记》，光绪二十九年六月初四日。

② 张謇多次阐明这一点，比如光绪三十二年丙午《答南皮尚书条陈兴商务改厘捐开银行用人才变习气要旨》。

他们利用自己的资源兴办各种文化、社会事业。张謇在南通建立了全套现代公用设施，以一人之力创造了一个现代城市。更为重要的是，绅商天然具有政治意识，基于其强烈的社会责任意识，积极参与领导地方公共事务。在立宪运动中，绅商也积极参与全国性政治，而成为重要的立宪政治力量。

第三个现代绅士群体是政府高官。

经过洪杨之乱，政府官员结构发生巨大变化，尤其是重要地区的督抚，多由具有一定道德理想精神且才能出众的士大夫担任。皇权被驯化，也接受与士大夫共治天下之理念，赋予督抚以一定自由行动权，包括试验新政之自主权。晚清各个领域之新政，多由地方督抚发动、试验。中央政府进行的统一的制度变革，通常也综合地方督抚之意见。获得丰富经验的地方督抚则进入中央政府担任要职，推动新政。晚清政府汉人高官，李鸿章、左宗棠、张之洞、刘坤一、袁世凯等人，普遍具有变革意识。当然，因为身在体制中，他们通常在政治上较为审慎。

第四个现代绅士群体是学生和新军。

同治中兴期间，曾国藩推动中国开始派遣公费留学生，但此后，留学人数相当有限。进入二十世纪，清廷推行新政，教育改革是重点，其中一项重要政策是派遣留学生。各地方纷纷公费派遣留学生。同时在国内，政府大量废除原来的书院，兴建新式学堂。1905年，政府举办最后一次科举，以后废止。由于国内缺乏中等、高等教育设施，大量为科举而读书的青少年走上自费留学之路。公费、自费留学生人数陡增，因为距离较近，文字交流便利，加上日本打败中国、打败俄罗斯引发的日本热，海外留学生以日本最为集中。

教育体系的这一变化，革命党受益最大。大量留学生在日本加入革命党。留学生归国之后，多数进入国内新成立的教育机构、军队、企业，或者新兴的公共媒体领域。他们成为立宪、共和政治之社会主体。

新政另一重要措施是编练新军。与旧式军队不同，新军各级军官为读书人，中高级军官通常是士人，下级军官通常是在学堂接受过速成教育的青年学生或海外留学生。这些新式青年军人有知识，也就具有政治理想。其中也有不少人深受革命党影响。

戊戌维新至共和建立时代推动制度变革之政治主体，大约就是上述四个群体。至关重要的是，这四个群体具有共同的儒家价值，也部分分享着共同的经史知识，由此，大体维持着士大夫群体的结构性特征：体制内、外之间没有隔阂，而有诸多正式的尤其是非正式的沟通渠道。

以张謇为例，年轻的张謇因为吴长庆之幕宾而介入高层政治，甲午战争前后在京城也是政坛活跃人物。回到南方家中，凭借与两江总督刘坤一、湖广总督张之洞等人的关系，张謇始终参与当时全国性政治，尤其是北方拳乱及八国联军入京之际，张謇等绅士积极奔走牵线，推动刘坤一等督抚实行"东南互保"。随后，张謇参与了新政大纲，即1901年"江楚会奏变法三折"之起草工作。朝廷宣布预备立宪，张謇又推动地方督抚向朝廷表达立宪意愿，当时之地方督抚已有变法立宪之议，张謇则为张之洞、魏光焘起草了拟请立宪奏稿。为推动立宪，张謇舍人情而从大义，致信在朝鲜期间与之绝交，但当时执掌直隶与北洋之权臣袁世凯，游说其推动朝廷立宪。张謇也与满人大臣有联系，他托人将自己新印刷的《日本宪法义解》、《议会史》送给兵部侍郎铁良。五大臣考察西洋宪政归国，张謇又会晤端方、戴鸿慈与之说宪法，成立宪法会。绅商张謇固然在野，但与高官有密切联系。

正是体制内外的这种密切联系，让绅士群体大体上构成一个共同体，容易达成共识。即便彼此之间政治主张不同甚或冲突，比如革命党与立宪派之间，但也仍能保持理性，相互尊重，从而在立宪时刻实现妥协。

绅士之组织化

现代国家相对于传统国家之根本特征在于，组织化程度提高。从戊戌维新时代开始，士大夫就认识到这一点，并做出努力。此后，在社会各领域，尤其是伴随着各种现代制度之导入，国民之组织化程度大幅度提升，尤其是在城镇。绅士也正是依靠这些组织推动立宪与共和建立的。

结社是儒家士人一贯的存在形态，或者以朋，或者以友，同门曰朋，同志曰友。儒者主要以讲学方式联合，阳明后学曾发展出更为紧密的会。晚清绅士很自然地运用这些联合的技艺，结成各种会、社，并发展出政党。

康有为于光绪十七年初，在广州长兴里开万木草堂，收徒讲学。满清摧抑士气，士人不敢私自讲学，康有为则有意识地变易陋习，上追孔子讲学之旧风。讲学的目的在于"以文会友"，结成士人社团，共同追求道德理想主义的事业。正是通过万木草堂，康有为组织了自己日后从事政治活动的核心团队：在此之前，陈千秋、梁启超就从康有为学，草堂开办后，更是吸引岭南不少青年才俊，如麦孟华、徐勤等。学生人数起初不满 20 人，后增至 100 多人。而这个学堂具有浓厚的道德理想主义精神气氛，师生均以天下为己任，正是这种类似于宗教性质的精神，让康氏师生间关系远超出一般师生，而具有某种宗教情怀。这些学生成为康有为日后组织政党之骨干人物，康氏诸多政治实践多赖这些学生奔走操持。

康氏以此为本，组织更大的团体。观察康南海生平，可以发现一个非常引人注目的现象，那就是不断组织各种"会"：1895 年在北京组织强学会，后又组织上海强学会；1897 年在桂林组织圣学会，组织在京学者成立粤学会；戊戌年间则成立保国会，后又有保皇会，孔教会等。而从《上清帝第四书》可以清楚看出，康有为立会之理念，实系以西学实现中国固有制度之新生转进所致。

康有为所立之会，名义皆为学会。但这些学会就是政党。只不过，它们既不是英国十八世纪出现的执政型政党，也不是十九世纪欧美出现的选举型政党，更不是二十世纪出现的大众动员型政党，而是精英型政党，即"绅士党"。它以社会上层绅士为成员，规模不大，但成员文化程度较高，以理念相联合，具有明确的政治意图，定期活动，普通成员也具有一定的向心力。借助于共治体制特有的社会—文化—政治结构，这类政党对于政治可发挥相当大的影响。

应该说，1924 年国民党改组之前，中国的政党基本上都是绅士党，孙文组织的革命党也基本是绅士党，尽管其中有很多青年学生和会党成员。这类政党是二十世纪最初二十年政治活动之主体，包括立宪运动和共和建立。

清末新政之后，出现了更为专业性质的会，比如以研究学术、文化为目的的学会；以解决某种社会问题、移风易俗为宗旨的协会，如戒烟会、反缠足会等。绅士们认为，诸多风俗需要变革，为此，他们发起组织各种会，或者从我做起，相互监督，或者游说地方政府发布政令，或者通过出版报刊等方式教化普通民众。它们构成了晚清民国时代移风易俗的主体。

商会则是二十世纪初形成而产生了广泛社会、政治影响力的组织。此前，商人已有各种组织，主要是会馆，大体上是为在外经商之同乡互助组织。行业公会则是本地同行商人的自我监管组织。商会则成立于新政时代，1904 年初，朝廷颁行《商会简明章程》，谕令各省迅即设立商会，其中规定："凡属商务繁富之区，不论系省垣，系城埠，宜设立商务总会，而于商务稍次之地，设立分会。"政府鼓励设立商会的目的是发展实业。商会不同于会馆，也不同于行业公所，它是商人自治的地方综合性组织。商会领袖和积极分子通常是绅商，政府认可的商会建制给绅商提供了活动的组织平台。

绅商本身具有复杂身份，他们与官、学、宗教等各界精英保持密切联系；另一方面，商人掌握着财富，而教育、文化、宗教、传媒、慈善、公益、公用事业乃至社会治安等各领域之事业，均需要商人财富之支持，故绅商自然参与其中各项事业。上海绅商李平书同时担任城厢内外总工程局领袖议董、商务总会议董、南市商团公会会长、南洋劝业会淞沪协赞会会长、上海医学会创建人、上海书画研究会总理等，活跃于社会之各个领域。

由这样的绅商领导之商会，很自然地成为各种制度变革的推动力量，实际上是各种新式制度的构建者。清末、民初，商会是政府之外最为重要的社会组织权威。对于如何管理迅速成长的现代工商业城市，政府尚无现成模式，有些地方的商会扮演着大半个自治性政府的角色。商会甚至拥有自己的武装。

由于商人利益与法律、政制之间有密切关系，因此，商会除了致力于变革商业制度之外，很自然涉入法律与政制领域。以张謇等人为代表的清末立宪派基本上就是依托商会展开立宪之政治运动的。

二十世纪最初十年，各种现代专业制度也纷纷涌现：首先是学校。新式学校体系在全国范围内完整地建立起来，从小学到大学。新式教育培养出来的青年人进入这个体系求学，中国社会接受教育的人群有所扩大，他们进入政府、现代商业、事业领域，逐渐形成专业人群（professionals），这是一个新式中产阶级群体。

这一教育体系给政治场域带来一场重大变化：青年成为一支非常重要的政治力量。此前，青少年通常分散在基层社会接受教育，难以形成团体。士人通过科举考试取得一定功名，需耗费若干时日，因而其发挥政治作用之时，通常已到中年，心智较为成熟。现代高等教育体系则集中大量青年于同一场所，同一城市又集中若干大学。他们可以迅速获得各种文化、政治信息，又有青春期的躁动。变幻的信息触动青年学生敏锐的心灵，团体生活则让青年倾向于放纵激情。这样，青年学生比任何群体更勇于在政治上表达自己不成熟的意见，更容易有行动的冲动。青年成为现代中国政治场域中之冲击者，经常起到破局的作用。

现代教育体系培养出来的专业人群首先集中于工商领域之公司。与传统商号相比，现代公司的规模通常更大，组织体系更为严密，也更多地借重专业知识。现代学校毕业的青年学生大量进入公司，公司成为城镇中产阶级谋生之主要场所，是较为发达的城市社会中最为重要的组织形态。

现代教育体系培养出来的一些人士也进入大众媒体。传统中国士人群体内部有一个信息交换网络，比如官方有邸报，也即政府公报，民间私印"小报"。宋明士人之间有频繁通信。明万历年间出现商业性"京报"，清同治年间也有多家京报。不过，现代报纸形态是西人带入中国的，最早发行于香港、澳门。同治中兴期间，外人在内地办报，《申报》创刊于1872年。随后，中国人也创办报纸。推动制度变革的士人立刻发现了这种大众媒体的价值，康有为等人十分重视办报，而由梁启超实施，维新期间创办《时务报》，流亡日本期间，先后创办《清议报》、《新民丛报》。

现代教育体系培养出越来越多的专业人士，报刊拥有日益广泛的市场，报刊成为真正的大众媒体。与书籍不同，报刊可以迅速地对文化、社会、政治等事件做出反应，于是，报刊在政治变革过程中扮演着重要角色：报刊可迅速传播新观念；活跃的政治主体可用报刊发表声明，表达诉求和意见；报刊可让全国立刻知晓一个地方的行为，从而引发连锁行为。报刊推动了即时性全国政治网络之形成，从而大大提高了政治压力的强度，也大大加快了政治演进的节奏。立宪进程之所以快速推进，与此有极大关系。

清末立宪运动

清末短短十来年内，发生过三场宪政主义运动。

第一场是戊戌维新。它虽被称为"维新"或"变法"，实质是一次全面建立现代国家之努力。康有为等人推动朝廷在短短一百零三天内制定、颁布的三百余件诏令，涉及现代国家制度之方方面面。

第二场宪政主义运动是清末新政。维新运动虽因涉及宫廷斗争而失败，但现代绅士并未放弃构建现代国家之政治愿景。慈禧太后纵容本能性排外的义和团运动，招致八国联军干涉。由此产生一个意料不到的后果：慈禧太后的权势遭到极大削弱，主张现代建国、立宪的绅士群体又可以大胆地提出自己的主张。他们的共识是：要救国，就必须改制、立宪。

面对绅士们的巨大压力，慈禧太后于西逃途中发出《变法上谕》。其中明确反省此前变革的局限性："至近之学西法者，语言文字、制造器械而已。此西艺之皮毛，而非西政之本源也。"为求中国富强，当学习西方的本源，更张法令制度，其范围无所不包："举凡朝章、国故、吏治、民生、学校、科举、军政、财政"，均在变革之列。尤其重要的是，上谕要求，"严禁新旧之名，浑融中外之迹"。由此开始新政。新政涉及各个领域，包括建立现代教育体系，重构官制，编练新军，促进实业，其中最值得关注的，则是法律制度之系统重建。

光绪二十八年，朝廷委任沈家本、伍廷芳二人为修订法律大臣，又专门设立修订法律馆，筹备法律修订事宜。两人于《奏订新律折》中提出修订法律之基本原则为"参酌东西、择善而从"。不过，修订新律之基本策略是学习日本，间接地学习欧洲大陆法系，主要是德国法律体系。这是此后中国现代法律演进之基本方向。

依循这样的方针，在日本法律专家指导下，依照日本的法典体系结构，参照日本相关法典，修订法律馆等机构着手构造中国的现代法律体系。这项工作清末最后几年陆续完工，首先在修订《大清律例》基础上形成《大清现行刑律》，于 1910 年公布施行。同时全新制定了《大清新刑律草案》，于 1911 年初颁布。又编定《大清民律草案》、《大清商律草案》、《刑事诉讼法草案》、《民事诉讼法草案》，不过这些法典均未来得及实施。加上《钦定宪法大纲》，初步形成了宪法、刑法、民法、商法、刑事诉讼法、民事诉讼法的"六法体系"。这一现代法律体系结构为民国沿用。

这些法典之起草基本上采取经由日本全盘移植西方法典条文之模式。这种做法自然引发激烈争论，很多人批评新律毁弃中国礼俗。但朝廷锐意追求现代化，因而基本站在沈家本一边。以引入的现代法律在中国塑造现代生活，这是现代中国立法之基本原则，现代中国法律秩序建设之成就和问题，均渊源于此。

独立的司法体系也建立起来。新政期间，朝野形成了将司法机构从行政体系中剥离出来、构建独立司法体系的共识。当时人已把"司法独立"视为当然，刑部改为法部，专任司法行政。大理寺改为大理院，专掌审判，为中央最高司法裁决机关，即后来的最高法院。地方也设立了独立于行政的审判机构。当时也起草了律师制度相关法例。

清末第三场宪政主义运动是预备立宪。

新政启动，渐次触及一个敏感而重大的核心问题：君权之约束。"立宪"话语逐渐流行。1904 到 1905 年间发生在中国东北地界上的日俄之战，更是刺激了人们的立宪热情。新兴的日本击败俄罗斯，当时的《东方杂志》称："甲辰日俄战起，识者咸为之说曰：此非日俄之战，而立宪专制二政体之战也。"[1] 现代绅士由此得出一个结论：立宪才能救国。

基于这一认识，开明的宗室权贵和早就参与现代化的地方督抚呼吁朝廷走立宪之路。地方督抚再次掀起上书要求立宪的热潮，其中最为著名的是袁世凯。朝野逐渐达成救危亡之方只在立宪的政治共识。

立宪是需要知识的。袁世凯奏请派人考察日本及西方各国宪政制度，朝廷乃派遣载泽、端方等五大臣出洋考察各国宪政。虽发生革命党人在火车站袭击考察大臣事件，但考察计划继续执行，分两路到日本、美国及欧洲各国进行考察。半年有余，两支考察组先后回京复命，编写考察总报告，名为《列国政要》，其摘要名为《欧美政治要义》。这是中国人第一次对现代宪政体制进行系统实地考察和比较研究。考察团或集体或单个不断上书，汇报考察结果，要求尽快启动立宪。

---

[1] 东方杂志，第三年（丙午），临时增刊，第一页。

光绪三十二年七月十三日（1906 年 9 月 1 日），朝廷下发《宣示预备立宪谕》：

现在各国交通，政治法度，皆有彼此相因之势。而我国政令积久相仍，日处贴险，忧患迫切。非广求智识，更订法制，上无以承祖宗缔造之心，下无以慰臣庶治平之望。是以前派大臣，分赴各国考察政治。现载泽等回国陈奏，皆以国势不振，实由于上下相睽，内外隔阂，官不知所以保民，民不知所以卫国。而各国之所以富强者，实由于实行宪法，取决公论；君民一体，呼吸相通；博采众长，明定权限；以及筹备财用，经画政务，无不公之于黎庶。又兼各国相师，变通尽利，政通民和，有由来矣。

时处今日，惟有及时详晰甄核，仿行宪政。大权统于朝廷，庶政公诸舆论，以立国家万年有道之基。但目前规制未备，民智未开，若操切从事，涂饰空文，何以对国民而昭大信。故廓清积弊，明定责成，必从官制入手。亟应先将官制分别议定，次第更张。并将各项法律，详慎厘订。而又广兴教育，清理财务。整饬武备，普设巡警。使绅民明悉国政，以预备立宪基础。

著内外臣工切实振兴，力求成效。俟数年后规模粗具，查看情形，参用各国成法，妥议立宪实行期限，再行宣布天下。视进步之迟速，定期限之远近。著各省将军、督抚晓谕士庶人等发愤为学，各明忠君爱国之义，合群进化之理，勿以私见害公益，勿以小忿败大谋。尊崇秩序，保守平和，以豫储立宪国民之资格，有厚望焉。

由此，绅士公开参与立宪政治的大门被打开，已经初步形成的公民社会迅速地政治化，绅士的参政热情高涨。各地绅士、尤其是绅商迅速组建各种立宪团体。这些团体就是现代政党，由此，中国进入政党政治时代。

绅士们提出的立国规划之核心诉求是开议会、地方自治。这两个制度皆有中国渊源，共治体制中，儒家士大夫对政事进行审议，也在地方享有自治的权威。开议会是将士大夫议政传统予以提升，地方自治则是将绅士自治予以制度化。光绪三十三年，朝廷下诏拟设资政院、各省设咨议局。

光绪三十四年八月初一日（1908 年 8 月 27 日），政府颁布《钦定宪法大纲》、《议院法要领》、《选举法要领》、《逐年筹备事宜清单》等文件。《钦定宪法大纲》是中国第一份成文宪法文件，它保留君主制，而承认民众的自由和权利，并提出了开议会、建立独立司法机构、建立责任内阁等基本宪政架构。按照《逐年筹备事宜清单》，宪政设计者们将预备立宪期限定为九年，并详细开列了九年内应筹办的大事及其时间表。

据此，诸多宪政制度陆续建立。由于绅商的地方性质，咨议局的进展更为迅速，1909 年下半年，各省咨议局纷纷成立。绅商所成立、地位并不明确的政治团体，现在找到了合法的寄存之所。各省咨议局基本被绅商控制，成为推动朝廷立宪之制度性力量。各地绅商的立宪组织横向联合，并借助咨议局，推动国会请愿运动。中央的资政院则于 1910 年秋天成立。

在此过程中，绅士们一直在施加政治压力。现在，他们也可以运用公民社会的种种组织公开地进行政治动员，立宪派绅士们领导发动了1910 年的三次"国会请愿运动"。规模越来越大，范围也越出绅士，波及某些普通工商业者、农民甚至旗人。它是现代中国历史上绅士及民众第一次广泛参与的政治运动。同时，朝廷内部高官也呼应在野绅士之努力，要求朝廷加快立宪进程。朝廷不得不做出让步，宣布加快预备立宪步伐。

然而，接下来的种族问题，则让君主立宪之路中断。

共和国之建立

满汉种族隔阂始终是清代政治中隐秘而难缠的问题。洪杨之乱冲击了满人之政治权威，启动了满汉权力格局调整之过程。立宪政治中，重新安顿皇帝权力的问题，与满汉关系交织在一起，也就变得异常敏感而复杂。

最初，大多数士大夫与皇室都相信，通过立宪，可破除满汉之间的隔阂。戊戌维新时期，康有为上《请君民合治满汉不分折》，其中指出，宪政的实质是举国君民"合为一体"，自然不应存种族隔阂意识。预备立宪时期，宗室载泽在《奏请宣布立宪密折》中提出，透过立宪之君民合治，可破满汉之畛域，"合中国全体之力"。梁启超等立宪派与革命派之争的关键正是种族革命与政治革命之别：种族革命者欲以激烈手段推翻满清君主，政治革命者欲以和平手段运动政府实行宪政。革命派以种族之别设定政治议题，维新派坚持从政治角度处理种族问题，故强调"满汉一家"。维新派的努力理想指向了政治性"中华民族"概念。

预备立宪过程展开，绅士权威扩展，而绅士主要是汉人。1908 年底，慈禧太后与光绪皇帝先后驾崩，满人权贵对自己的控制能力丧失信心，而革命派的排满活动令这些信心流失的满人心生恐惧。他们逆转了满汉一家、共同走向政治民族的方向，选择了与革命者相同的策略：回归种族政治。他们采取防御性手段，建立"皇族内阁"。皇族加入内阁，这是不少国家现代转型初期出现过的现象，但在清末，却引发严重问题：皇族是满人。政治问题与种族问题交织，立刻引发种族间的猜疑。立宪党人、地方汉人督抚极为失望，对清廷的忠诚大幅度下降。结果，一桩突发事件引发 1911 年 10 月 10 日的武昌首义。

预备立宪过程中成长起来的各种政治力量被释放出来：首先是皇族，其次是首义的革命派，另有以袁世凯为代表的北洋实力派军政官僚，张謇等绅商领导的各地立宪派，康有为、梁启超等人领导的立宪派。各派力量之来源不同、大小不等：袁世凯的军政实力最强。但是，革命派代表着共和的政治理想，对满清已失望的绅商立宪派乐意支持共和，而其实力仅次于北洋派，尤其在南方省份拥有广泛影响力。因此，西历 1912 年 1 月 1 日，双方在南京成立临时政府，孙中山就任临时大总统，与袁世凯守护的皇室形成对峙。袁世凯决定放弃已无任何力量的满清皇室。共和成为绅士们的共识。在绅士的安排下，南北紧张谈判。1912 年 2 月 12 日，隆裕皇太后率宣统帝逊位，《清帝逊位诏书》说：

前因民军起事，各省相应，九夏沸腾，生灵涂炭。特命袁世凯遣员与民军代表讨论大局，议开国会，公决政体。两月以来，尚无确当办法。南北暌隔，彼此相持。商辍于途，士露于野。徒以国体一日不决，故民生一日不安。

今全国人民心理，多倾向共和。南中各省，既倡议于前；北方诸将，亦主张于后。人心所向，天命可知。予亦何忍以一姓之尊荣，拂兆民之好恶。是用外观大势，内审舆情，特率皇帝将统治权公诸全国，定为共和立宪国体。近慰海内厌乱望治之心，远协古圣天下为公之义。

　　袁世凯前经资政院选举为总理大臣，当兹新旧代谢之际，宜有南北统一之方。即由袁世凯以全权组织临时共和政府，与军民协商统一办法。总期人民安堵，海宇乂安。仍合满、汉、蒙、回、藏五族完全领土为一大中华民国。予与皇帝得以退处宽闲，优游岁月，长受国民之优礼，亲见郅治之告成，岂不懿欤？

　　诏书赋予即将成立之共和国以历史文化之正当性。它表明，此次革命虽废除皇权制，但中国历史仍保持连续性。清帝逊位同时，共和派同意皇室优待条例。由此，当时所有各派政治力量缔结大妥协。因此，整个革命过程中，没有发生多少暴力冲突，帝制到民国之大转型实为一场"光荣革命"。

　　清帝逊位、共和国建立意味着夏禹以来四千多年之家天下政制终结，然而，公天下政制之重建，亦颇多周折。

第三十四章　激进化与保守化

共和宪制建立为中国治理秩序之一大巨变，也就不大可能一蹴而就。事实上，这一宪制甫一诞生即陷入困境，无法确立和维护稳定的社会政治秩序。为解决秩序难题，袁世凯选择复辟帝制。这一愚蠢做法激起政治和文化之激进主义反弹。不过，激进化之后，又出现保守化转向。激进化与保守化之往复，是二十世纪中国历史之大势。

共和之挫折

民国成立之时，袁世凯的政治威望最高，故南京临时政府同意，袁世凯出任中华民国临时大总统。国民普遍满怀希望，孙文也准备投身于宏大的国家实业、交通建设事业中。

但很快，共和就陷入危机：1913 年 2 月，依据《临时约法》，举行国会选举，由同盟会联合多党组成的国民党所得议席最多，该党理事长宋教仁应出任内阁总理。然而，3 月 20 日，宋教仁在上海遇刺身亡。革命元勋孙文、黄兴等指控袁世凯授意暗杀，袁世凯断然否认。宋教仁案成为历史之谜。

当年 7 月，孙文组织中华革命党，联络一些南方省份督军发动"二次革命"，武力讨伐袁世凯，但很快失败。然而，武力由此登上民国政治舞台。袁世凯则下令解散国民党。共和最初的妥协破裂。此后，共和政治每况愈下。

共和立国，远非此前王朝更替所能比拟，实为夏禹立国以来中国政治之最大变化，不仅变换统治者，也不仅改变政制，更是秩序意向的根本转向：从家天下到公天下。延续了四千多年的政治观念、价值解体，支持政治秩序的各种要素亟需重新构建。因此，从武昌首义之后，中国进入四千年未有之最为重大的立宪或立国时刻。此前王朝更替，皆有现成政制范本，可供开国者调用。此次则没有现成的经验。故这个立宪时刻或立国时刻，需要四千年未有之立宪者或立国者：需要一个强有力的道德与政治团体，能够按照一个相对清晰的政制蓝图，坚定而审慎地推进宪制构建。这个团体须有清晰而可行的理想，又有强大的政治力量，从而可以带动各种政治力量共同创制立法。

然而，共和初创期恰恰缺乏如此有效之立宪政治主体。清帝退位后，政坛有三大派系：北洋军政系，立宪绅商系，同盟会系。立宪理想与政治力量在这三大派系中呈现高度不均衡之分布：立宪绅商系控制地方社会，亦不乏适度宪政理想，但派系林立，力量分散；同盟会系具有最为坚定的共和理想，也有最为清晰可行的政制蓝图，但因长期活动于海外，政治力量最弱，很快被袁世凯逐出正式立宪政治场域。

袁世凯掌控的北洋军政系实力最强：它掌握军队，控制行政系统。然而，北洋系基本没有理想。自新政以来，袁世凯积极推动各种现代制度之建立，袁世凯也是推动预备立宪之元勋，社会因此公推袁世凯担任临时大总统。然而，袁世凯终究只是浮沉宦场之官僚，中学、西学根底皆甚浅薄，既对中国治道未有深入体认，又对西方现代政制缺乏充分了解。故袁氏可在清末立宪运动中成为立宪功臣，却难以在立宪时刻发挥领袖作用。袁氏任大总统之后，只能左右弥缝，而无力创制立法。当共和秩序失调后，袁氏因为知识欠缺，唯有本能地回到帝制。此举既有悖共和之共识，又不通政治之大势，袁氏势成众矢之的。袁世凯之不学有术，拖累中国不能完成共和宪制之构建。

共和遭遇挫折，还因为宪法迟迟未能制定出来。清帝逊位，原有政治秩序彻底崩解。传统秩序想象中，皇帝自然可以带来秩序。只要新皇帝即位，哪怕任何制度都没有，政治形成秩序之核心就已树立，此一原动力可驱使创制立法渐次展开。清帝退位，共和建立，则政治形成秩序之中心就不在于人，而转移到宪法，哪怕袁世凯实力十分强大，也不可能具有皇帝之秩序构建能力。因此，共和的第一政治要务是制定宪法，以树立共和政治运作之中心。

然而，开国政治家犯了乍看起来细微、实则导致严重后果的错误。武昌首义之后，革命派联合部分立宪派成立南京临时政府，通过《中华民国临时约法》，其第五十四条规定，"中华民国之宪法由国会制定"。此条规定意在简化宪法制定手续，以便尽快制定出宪法，安定政治秩序。结果适得其反，宪法迟迟不能制定出来。通常，革命会打开立宪窗口期，此时，各派政治力量尚有革命激情，具有举国一家意识，且对未来抱有希望，愿意做出让步，也即，各派容易达成共识。此时若召开制宪会议，由数量较少的各派贤达制定宪法，则宪法可迅速制定并得到国民批准，从而完成立宪政治，转入日常政治阶段。

而共和开国后，各派力量过于均衡，没有及时召开制宪会议。临时约法将制宪权交给普通国会，也即交给日常政治，交给政党政治。此时，革命热情已过，各政党仅关注党派利益、诉求。结果，各派之宪法意见纷纭，且难以达成共识。宪法陷入难产，迟至1923年，才有《中华民国宪法》之订立。这也就意味着，在此前十年，共和政治是在没有正式宪法的状态下运作的，则政治当然处于无序状态。经过长期的政治无序状态，宪法即便制定出来，也没有多大意义了，因为，人们对政治秩序已丧失希望。

正因为宪法秩序迟迟未能建立，才有军人政治之兴起。平定洪杨之乱后，汉人士大夫政治地位迅速上升，一批阅历丰富、心智开明的汉人担任地方督抚。正是他们，于晚清兴办了各种现代化事业，包括现代工业，电报、铁路，现代教育，以及最为重要的，训练新式军队、警察。这些事业都获得中央政府批准，但财政资金由地方筹措，实际控制权在地方督抚手中。中国早期的现代化是以零散的方式进行的，带有强烈的私人化、地域化色彩。

当中央政府掌握着"名器"、尚能控制大局时，地方创新可为现代化之捷经。然而，皇权政治秩序解体，而宪法秩序又未建立，这些掌握各种现代力量的地方军政寡头也就失去约束。最为可怕的是军队私人化，原来积极推动现代化的地方督抚及其下属，现在堕落为军阀。军事力量从政治控制中脱缰而出，闯入政治场景，导致和平的立宪政治和日常政治成为不可能。中央政府之更迭也由军事力量之升降决定，中央权威丧失殆尽，政治进入无序状态。

中央权威丧失后，精英的注意力转向地方，地方治理获得了更为广泛的试验空间。这一阶段真正引人注目的治理变革就发生在地方层面：地方军阀与地方议会间形成微妙关系，前者借助地方民主强化自己相对于中央政府的独立性。省宪运动、联省自治运动就是在这一背景下出现的。同时，鉴于北京无法提供秩序，绅士、绅商也不得不自己筹集资源，维持地方秩序，地方自治组织甚至商人自治组织有效地对城市、乡镇进行治理。

这些立足地方的绅士仍要求建立稳定的全国性政治秩序。然而，由于立宪政治缺乏必要的秩序与精神基础，因而，看似热闹的地方自治却无法自下而上地构造出增进各自治单位共同利益的全国性宪法秩序。随后的历史就是合乎逻辑的：激进力量以武力建立新的宪法秩序。

知识分子与激进反传统之兴起

共和建国遭遇挫折，政治失序，新兴知识分子群体对此倍感失望，由此掀起了文化、政治上的激进运动。

知识分子是民国后才出现的新群体。在西方，知识分子（intellectuals）也是现代现象。现代教育训练出大量专业人士，其中有些人关心公共事务，并通过报刊等大众媒体表达意见，通常针对既有宗教、文化、社会、政治等一切建制发表批判性意见，而塑造舆论。此为知识分子。

周代君子、儒家士人均不是知识分子。现代中国的知识分子是清末发展现代教育之产物，这个体系养成的专业人士群体中具有公共关怀者，就是知识分子。现代大学、报刊、社团、政党等制度兴起，为知识分子议论公共问题、参与政治提供了便捷的渠道。

当袁氏称帝，民国政治秩序声誉扫地之时，这个群体正好成长起来，由此，中国政治场景的巨大变化。清末乃至民初之社会精英为绅士，像梁启超这样的人物虽接近知识分子，但依然不是，只是处于从传统士人到现代知识分子的过渡状态。现代绅士均接受过良好的古典教育，对中国文化始终保持忠诚。他们不仅具有文化、社会上的权威，也参与地方行政。立宪又为他们提供了参与地方乃至全国性政治的正规渠道。故总体而言，绅士在体制内，是秩序之构建、维护者。现代知识分子则普遍接受西式教育，寄居于现代城市，主要是沿海城市，与中国文化缺乏有机的联系。他们脱离基层社会，没有参与地方治理，在政治上属于边缘人物。他们在体制之外，故心态更为激进，不论在文化上还是在政治上。

同时期之西方思想也有激进化倾向。十九世纪初，西方进入意识形态时代，各种现代意识形态纷纷成立，如自由主义、民族主义、社会主义、无政府主义等，其共同特征是极端与激进化。中国现代绅士关注的是秩序构建，对这些意识形态了无兴致。现代知识分子则天然地热衷于意识形态，中国现代知识分子亦有此天性，他们积极而盲目地引入西方所有新兴之意识形态，并借助他们占有的各种现代文化、政治制度予以传播。这些现代意识形态对日益扩大而心情急躁的青年学生群体产生了广泛影响力。

由此出现新文化运动，催生出长期盘踞于知识分子群体的全盘性反传统情绪和观念。共和建政之挫折，令现代知识分子十分失望，他们寻找挫折的根源，最终归咎于传统。新文化运动的口号是"民主与科学"。此处之"民主"指个性解放，个体摆脱一切束缚，尤其是家族乃至家庭的束缚，这是新文化运动的一个重要主题，且对后来的文学艺术产生了广泛影响。"科学"是科学主义（scientism），相信科学及其背后的理性不仅可以解决工程问题，也可以彻底解决人生、社会、政治等领域的问题。

陈独秀、胡适、鲁迅等人以个性解放与科学主义审查中国既有价值和制度，并断言中国文化落后，中国人愚昧，中国传统政治是专制。他们认为，现代中国不需要传统的价值和制度，它们构成中国建立现代社会秩序之障碍。为此，他们掀起全盘反传统的观念浪潮，其具体主张包括：打倒"孔家店"，废除汉字，把中国书扔到茅厕，破除家庭，毁灭礼教，打破宗教迷信，改造中国人的"国民性"等等。他们相信，在传统的废墟上，中国可以通过"全盘西化"，建立现代秩序。

借助于现代报刊，全盘性反传统情绪和观念产生广泛影响，尤其是在青年学生中。新文化运动的一个重大成果是文言文被放弃，大众媒体、教科书、学术著作都纷纷采用白话文。新文化运动波及学术界，出现"古史辨"派，顾颉刚等人宣告，依据其"层累地造成的中国古史"方法，儒家之五经实为战国、秦汉人所伪造。在此之前，1912 年，蔡元培就任教育部长，即下令小学废止读经，大学取消经科。由此，古典学术传统中断。学术界建立现代学术体系，基本上移植自西方。

然而，这场反传统的文化运动刺激了保守主义之发展，尤其是新儒家初步形成。欧战爆发，中国思想界对西方文明的迷信已有幻灭。梁启超在《欧游心影录》中说，西方社会存在许多问题和弊端，西方文明已经破产，国人当光大自身文化，以东方固有文明拯救世界。新文化运动鼓动反传统之始，保守主义就已同步滋长，同步成熟，并主动反击，由此爆发两场影响深远的文化论战。

第一场是"东西方文化论战"，从 1915 年持续至 1927 年。梁漱溟著《东西文化及其哲学》发难，他认为，中国文化不同于西洋文化、印度文化。主编《东方杂志》的杜亚泉主张，中西文化各有特点，应相互调和，融西学于国学之中。以《学衡》杂志为平台的梅光迪、吴宓、胡先骕等人主张，当以中正之眼光看待中西文化，中国的新文化当兼取中西文明之精华，而熔铸之、贯通之。章士钊创办《甲寅》杂志，主张调和立国论，主张新机不可滞，旧德亦不可忘。挹彼注此，逐渐改善，新旧相衔，斯成调和。

1923 年则发生了"科学与玄学论战"，论战一方是丁文江、胡适、吴稚晖为代表的"科学"派，另一方是张君劢、梁启超为代表的"玄学"派。双方争论的焦点是：科学能否解决人生问题。张君劢的回答是：不能。中国人要解决人生问题，必须回到中国之学。张君劢在《再论人生观与科学答丁在君》中提出"宋明理学有昌明之必要"，中国当下之局势需要"新宋学之复活"。

这两场争论中，激进反传统派固然在青年学生中产生了广泛影响，但保守主义也在精英知识分子中扎下根。尤其是催生了现代"新儒家"。二十年代后期，新文化运动的激进狂潮褪去，整个思想文化界出现保守化倾向，调和、会通中西思想、文化，成为思想文化界的主流观点。

国民党之保守化与抗战建国

相比于梁启超等人主张的君主立宪，清末革命派多出两个诉求：革命派不仅改变政体，也要求推翻满清皇室，更要求颠覆持续数千年的深层的政治传统。因此，这个革命是激进的。

但武昌首义之后，革命派迅速经历了保守化转型。南京临时政府一成立，革命党人黄兴、宋教仁甚至汪精卫等领袖就倾向于保守。章太炎也是这方面的典型。他与孙中山一起排满反清，武昌起义后，却与立宪派走到一起，主张"革命军起，革命党消"。此后，章氏多次扮演保守派角色：新文化运动起，他主张读经；后又反对国民党联俄、容共等政策。

　　革命派之保守化，乃是势所必然。当时掌握中枢的是北洋军政实力派，在各省占据优势地位的是立宪派。革命派欲稳定局面，必须部分放弃其激进主张，由此，民国才有可能建立。

　　然而，民国建政之后，袁氏无力创制立法，宋教仁被刺，孙文等革命党人对袁氏不抱希望，乃发动"二次革命"，以图重回共和正轨。此后，共和秩序一直未能稳定建立，而孙文一直在筹谋革命。

　　一直到新文化运动之后，孙文的革命得到两项重大资源：第一项资源是新文化运动期间传入中国之俄罗斯革命思想。由此，激进革命获得了完全不同的革命观念资源，尤其重要的是列宁主义的先锋队组织理念。此后的激进革命相比于此前发生了一次飞跃：就革命领域而言，在文化革命之外，增加了社会革命、经济革命；就革命的手段而言，列宁式政党赋予革命以更为强有力的工具。据此理念，孙文于1924年改造国民党。孙文革命政府获得的第二项资源是新文化运动中成长起来的青年学生，他们大学毕业后纷纷南下，参加经过改造之广州国民政府。

　　依据苏俄资源，孙文改组国民党。1924年，国民党完成改组，标志着十九世纪末开始的绅士建国事业告终。国民政府发动了一场带有强烈的社会、经济革命色彩的国民革命，国民革命之锋芒深深地刺入社会之最基层，触及普通人民之日常生活。最终，国民政府以武力基本实现政治秩序的统一。

　　但在此过程中，国民党内部发生分裂，其实质是保守主义与激进主义之分裂。西山会议派清楚表明其夷夏之大防观念。在它推动下，国民党最终分共逐俄，并开始保守化转型。

　　孙文此一时期的思想，深得保守主义之真谛。一方面，他始终坚持建立民国，实现民有、民享、民治，为此而设计了完整的宪法架构。但孙文又始终坚信，民国理想扎根于中国文明："中国有一个正统的道德思想，自尧、舜、禹、汤、文、武、周公，至孔子而绝。我的思想，就是继承这一个正统思想，来发扬光大的。"[1] 孙文晚年演讲三民主义，追溯民权主义之源头于尧舜、孔孟。这种道统自觉、文明主体性意识让孙文在设计宪法时坚守一个原则：以我为主，并回到中国历史中。因

---

[1]　戴季陶著，《孙文主义之哲学的基础》，民智书局，中华民国十四年，第36页。

此，他拒绝联邦制，不顾革命同伴和主流宪法学之反对，始终坚持五权宪法。这表明了一个文明大国之立宪者自主地构建现代宪制之伟大抱负。

正是在孙文思想推动下，继任的国民党领袖蒋中正也有保守化转型。蒋虽信奉基督教，其思想根基却是王阳明、曾国藩，他毕生以儒家修身功夫自我约束。三十年代，蒋中正发起"新生活运动"，试图对儒家传统道德伦理纲目进行现代转化，以重建基层社会秩序。此后，融会儒家道德伦理纲目于现代生活中，成为蒋氏之文化政治纲领，这包括1966年在台湾发起之"中华文化复兴运动"。

当时活跃的另外两个重要政党也有明确的保守主义倾向。中国青年党坚持"国家主义"，国家社会党主要领导人是张君劢。这两大政党都在坚持宪政主义的同时，坚持中国文化之主体性。

三四十年代，抗日战争爆发，极大地推动了思想文化界之保守化。梁漱溟、熊十力、马一浮、钱穆、冯友兰、贺麟、蒙文通等人的思想趋于成熟。在这期间，又爆发了若干次规模略小的文化论战，与此前不同，现在，全盘西化论遭遇猛烈阻击。也就是说，到四十年代，经历了西学之最初震撼，中国主流文化人的精神正在趋向稳定。一种基于传统之现代思想体系，一种会通传统、现代的价值体系甚至生活方式，已逐渐形成。

正是这样一个在精神上、文化上树立主体性之中国，得以展开现代国家建设事业，由此出现"黄金十年"。这十年中，中国经济保持较高增长速度，文化学术和社会事业也相当繁荣。

日本大规模入侵打断了这一过程。但在这一战争中，政治与文化意义上的"中华民族"终于成熟。十九世纪末以来，为在竞争性世界中生存，士大夫致力于构建"国民"。但当时，满汉之隔阂为一大政治障碍。共和建政后，满汉隔阂消除，宪法秩序却迟迟不能建立，政治体趋向松动，各地多样的民众难以过上有效的全国性政治生活，也就没有凝聚成为国民。

抗日战争改变了这一切。这次战争是全面的，每个地方都动员起来，每个群体都卷入其中。战争迫使身处沿海地区的政府、工业、大学大迁徙，推动了原来比较疏远的沿海与内地之融合。从政治上说，战争推动具有不同信念、原本互不信任的群体在政治上团结。国民党实际上无力建立完整的党治秩序，在党内存在着不同派系，党外还有若干党派，除共产党之外，另有中国青年党、国家社会党、职业教育派、乡村建设派等。面对民族危亡，国民党为凝聚民心，团结国民力量，不得不解除党禁，承认各党派公开活动及参与治理之权利。

从中外关系角度看，抗日战争使中国获得完整主权。在这场战争前，中国已开始修订或废除晚清以来列强强加之不平等条约，实现关税自主，废除各国的治外法权。战争期间，中国为同盟国，英美等国废除针对中国之不平等条约。战后，作为战胜国，中国成为联合国五大常任理事国之一。至此，中国基本完成了从晚清开始的救亡图存大业。

抗日战争极大地触动了知识界，他们致力于通过学术构造中华民族之认同。傅斯年、雷海宗、顾颉刚、钱穆等人都提供了中华民族或者华夏文明，在以黄河流域为中心而不断扩展的疆域上连续演进的叙事范式。因应这样一种历史意识，三四十年代，"通史"大为流行。其叙述的历史主体是作为一个有机体的"中国"，它有变化，但有一不变的根本，钱穆把中国历史的演进视为中国"文化"展开的过程。当下中国之民族、疆域、文化，被认为具有一种历史的必然性，由此形成了作为一个有机体的"中国"的历史。

凡此种种社会、政治、观念上的变化，使得政治、精神、文化意义上的"中华民族"观念完整地形成。有识之士希望在此政治性民族基础上，结束训政，建立宪政，从而形成了另一场立宪政治运动。

1946年1月，各主要党派代表参加的带有制宪会议性质的政治协商会议召开。会议除协商军队整编、国大代表、改组政府、施政纲领等问题外，集中探讨"五五宪草"的诸多问题。《五五宪草》的起草人是吴经熊，于1936年5月5日由国民政府立法院通过。国家社会党领导人、新儒家代表人物张君劢在此基础上，进行结构性调整，草成《中华民国宪法》，获得政协会议各派共同认可。1946年底召开的制宪国民大会通过此宪法。目前，台湾地区仍行此宪法。

继续革命与改革开放

过去六十年的大陆，同样经历了激进革命与保守化之往复。

二十世纪中期继续革命之激进程度和范围是空前的。

在经济领域，持续两千多年的财产私人所有制先被限制，后被消灭，代之而起的是财产公有制为基础的集中计划体制。私人企业不复存在，经济活动主体为国营或者集体经济组织。

在社会领域，传统的宗族制度被消灭，大多数地方的祠堂被改建为学校，或被捣毁。商人成立的各种组织被取消，自治不复存在。所有民众被整合到"单位"中。在单位体制下，家庭的经济功能趋于弱化，其文化、社会功能也流失。

在文化领域，各种宗教被视为封建迷信，教育体系中不再教授传统价值，代之以变幻不定的意识形态。这个教育体系既与传统断裂，也与西方隔绝。

然而，如此建立的种种制度，在现实中很难正常运转。比如，各种经济组织缺乏效率，无法解决民众的温饱问题。在生存压力下，民众甚至于各级官员，不断地偏离正式制度，自发地回归传统制度。农民要求实行家庭承包制等类似制度的努力，从五十年代集体经营制度刚一建立，就此起彼伏。这种努力被官方称为"复辟"。就其性质而言，农民的努力只是根据自己的记忆，复归到传统制度。

民众自发恢复传统的努力，引发了政治上的"继续革命"或"不断革命"。二十世纪中期的历次政治运动，大体上都是为了压制传统制度回归之倾向而发动的。

然而，到二十世纪七十年年代末，基于权力直接控制每个人的集中计划体制，终于陷入严重困境，国民经济陷入崩溃边缘，而民众自发回归的力量已非常强大。在这种情况下，邓小平等领导人采取了更为明智的政策：承认民众以创新性违法方式创立的制度之合法性。由此而有了"改革"。

实际上，二十世纪七十年代末以来中国发生的制度变革之基本机制就是，民众突破原有制度，进行创新性违法，以回归传统制度的方式创立更为有效、健全的新制度。而政府通过制定政策、修改法律乃至宪法的方式，渐次予以承认：

在经济领域，各地农民自发地脱离既有的公有公营制度，回归私人产权和私人经营的传统制度。政府对此予以承认，由此而有了农村土地制度的变革，并带动农村治理模式的变化，即政社合一的人民公社之解散。同时，农民也循着其先辈的生存模式，自发进入工商业领域，大量农民企业家往来于乡村、城镇，这是中国第一批私人企业家。

在社会领域，传统也在回归。八十年代初，传统较为深厚的南方农民自发地恢复祭祖、修谱等活动，宗族治理传统也以"老人组"等方式介入村庄治理中。这些地方的社区治理普遍较好。同时，民众自发参与之慈善公益事业也在恢复。

思想、文化领域同样出现了强劲的复归。七十年代初，意识形态一统格局就已破裂，知识分子基于此意识形态之异端，对意识形态予以反思、批判。八十年代，文化一统格局被打破。传统宗教有了一次强劲复兴，尤其是佛教。其他传统，包括儒家，亦有复归，尽管此时再度出现了一次反传统浪潮。本轮反传统浪潮实为政治议题之文化表达，政治反思者将"封建专制"归因于传统文化。不过，这种指桑骂槐式批判终究难以为继。由于环境宽松，被长期压抑的新儒家仅存人物如梁漱溟等先生得以发声，中国文化书院致力于恢复、普及传统文化，介绍"港台新儒学"。由此开启了九十年代"国学热"，儒学进入大学建制。更进一步，在学院之外，涌现出坚守儒家信念之"儒者"。

总之，中国所发生的变化，就是反此前三十年之激进革命而动，而趋向于保守化。并不让人意外的是，恰恰是伴随着这样的回归过程，中国的现代化事业取得了巨大进展，经济增长成就固然最为引人注目，社会自治与文化多样化也有大幅度提升。与此同时，民主、法治等政治理念也开始被人们接受。一场全面的社会转型正在进行中。

后序　世界历史之中国时刻

尧舜时代，华夏—中国文明自觉、起步，历经近五千年之成功与曲折，辉煌与衰败，而来到今天，世界历史之中国时刻。

尽管遭遇诸多挫折，二十世纪一百年间，中国的现代化进程有极大推进。尤其是二十世纪七十年代末以来，中国经济持续高速增长，中国的物质性力量有极大增长。中国从各个方面极大地改变世界，推动世界秩序之调整，并且是有史以来最为深刻的调整。

然而，恰恰是这个时刻，中国礼崩乐坏，社会缺乏向上提撕之价值，国人普遍生活在焦虑、不安状态。官、学、商各界精英群体之败坏最为触目惊心。在国际上，中国人被人猜疑，被人担心，被人嫉妒，而不被人尊敬。

这是过去几百年中，逐次崛起之新兴大国从来没有过的现象。它最为清楚地说明了，世界历史的中国时刻既是一个令人振奋的时刻，也是一个严重的问题时刻。

问题出在哪儿？一言以蔽之，精英群体对自身文明缺乏自觉，也缺乏自信。这种状况已持续百年。

在十六世纪之前，没有世界。地球上存在着若干大体相互隔绝、至少没有深度交往的文明体，华夏—中国自成一体。而至少从尧舜时代始，华夏—中国就一直保持着文明的连续性。今日国人仍托命于尧舜禹汤文武周孔之大道，虽然极不自觉。

十五世纪的大航海开创了"世界"之历史，这包括郑和之下南洋、西洋。由此，相互分割的文明体开始深度交往，涉及贸易、宗教、军事、教育、生活方式等所有领域。这样的世界自有其秩序，即"世界秩序"。它是被创造的。创造秩序的是多个文明或政治共同体，其中位于欧洲的若干政治共同体最早呈现为现代国民—民族国家。也因此，其力量迅速增强，而轮替世界领导权。一般认为，按照历史次序，葡萄牙在十六世纪，荷兰在十七世纪，英国在十八、十九世纪，美国在二十世纪分别担纲世界秩序之缔造者和领导者。

这些国家在世界中的兴起，呈现为其文明之自然生长和扩展。他们把内部价值、制度自然地推展至世界，因而一开始就带着一幅世界蓝图，且充满文明的自信。其领导世界的本质是扩展自身之价值与制度。

与此同时，中国自十九世纪末以来的自觉的现代化，却以价值和制度之自觉的"去中国化"为其基本形态。精英群体看到，与西方的制度和力量相比，中国是落后的。他们对自身文明在世界历史中的有效性、正当性产生深刻的怀疑。追赶西方，是十九世纪末以来中国精英群体面对外部世界的基本心态，只不过在不同历史时期，追赶的对象不同，追赶的方式不同。

在此百年追赶路上，相当多的精英群体在自觉地、不自觉地偏离中国自身的文明。中国在其漫长历史中积累形成的各个领域的制度，在法律、政体等层面上被有意地废除，儒家守护的中国价值遭到否定。尤其是二十世纪中期的文化断裂，使精英群体对中国固有文明完全陌生，中国文明已不在其心智和知识范围之内。

在追赶西方时期，具有如此心智的精英，倒也毫无困惑。他们知道中国的方向，那就是朝西走，不断地朝西走。

然而，今天，当中国在物质方面追赶上西方后，中国的精英迷茫了。他们丧失了方向感。强大了的中国，反而在毫无方向地飘荡。中国人尤其是精英群体不知道自己从哪儿来，现在哪儿，要去哪儿。中国精英也不知道自己该对世界做些什么。这样的中国是危险的，世界也是危险的。

中国的方向何在？在文明复兴。"周虽旧邦，其命惟新"，中国不能不承担其世界历史责任，这是中国的天命所在。中国要膺此天命，即当通过文化复兴，实现中国文明之复兴，进而以"文德"化成更为文明的世界秩序。中国人需体认此一天命，而膺此天命之前提乃是打破中国文明已死、历史由今日开始之迷思。

为此，须重新理解中国历史，包括古典中国的历史，古代中国的历史，现代中国的历史，以及最为重要的，重新讲述刚刚发生的中国故事，以重新发现中国价值及其制度的性质和可能的现代意义。

本书已勾勒了一个虽粗略但尚算完整的中国历史演进框架，本书追溯了从尧舜以来中国文明发生、成长、成熟、挫折、重生之历程，试图揭示中国文明之生命力，这古老的生命力仍是活的，今天就在每个中国人身上。本书也指出，过去三十年来中国之所以强大，影响世界，主要是因为中国部分地重回自身文明。

只是，精英群体对此缺乏自觉。精英群体之心态、精神与历史进程之间的偏离，是中国当下最为严重的问题。对于今日中国而言，最为重要的问题是精英群体的文明自觉，文明自信。今日需要一次拨乱反正，中国精英群体需要对自己是谁，中国文明是什么，中国之生命力何在，进行一次深刻的文化思考。中国精英群体需要回到道统，重建自我的价值认同，重建文明的自我，重建中国式生活方式。

只有当中国人，尤其是曾经普遍具有全盘性反传统心态的精英群体具有复兴中国文明之自觉，世界历史的中国时刻才算真正开始。首先重建文明的自我，这就是世界历史之中国时刻的特殊之处。这是中国完成现代国家构建同时承担世界历史责任之关键。

世界历史的中国时刻实始于以"温情与敬意"、以文明主体性意识重新认识中国历史之时刻。